Transformation des kollektiven Arbeitsrechts in der Tschechischen Republik

Studien zum Arbeitsrecht und zur Arbeitsrechtsvergleichung

Herausgegeben von Manfred Weiss und Spiros Simitis

Band 7

PETER LANG
Frankfurt am Main · Berlin · Bern · Bruxelles · New York · Oxford · Wien

Nicole Löblich

Transformation des kollektiven Arbeitsrechts in der Tschechischen Republik

PETER LANG
Europäischer Verlag der Wissenschaften

Bibliografische Information Der Deutschen Bibliothek
Die Deutsche Bibliothek verzeichnet diese Publikation in der Deutschen Nationalbibliografie; detaillierte bibliografische Daten sind im Internet über <http://dnb.ddb.de> abrufbar.

Zugl.: Frankfurt (Main), Univ., Diss., 2004

D 30
ISSN 1615-4606
ISBN 3-631-52532-X

www.peterlang.de

Meinem Großvater

Mému dědečkovi ve věčné vzpomínce

Dr. jur. Libor Putna

Gutta cavat lapidem, non vi, sed saepe cadendo.

(Ovid, epistulae ex ponto)

Vorwort

Die vorliegende Arbeit wurde im Wintersemester 2003/2004 bei der Rechtswissenschaftlichen Fakultät der Johann Wolfgang Goethe-Universität in Frankfurt am Main als Dissertation zur Begutachtung eingereicht. Der Arbeit liegt die Rechtslage in der Tschechischen Republik bis zum September 2003 zugrunde.

Ich möchte mich sehr herzlich bei meinen Doktorvätern, den Herren Professoren Dr. Maximilian Fuchs, Katholische Universität Eichstaett in Ingolstadt, und Dr. Manfred Weiss, Johann Wolfgang Goethe-Universität in Frankfurt a.M., für das große Interesse an dem Thema, für die freundliche Betreuung meiner Dissertation und für die zügige Erstellung der Gutachten bedanken. Des weiteren möchte ich mich bei Herrn Doc. Judr. Petr Tröster, Karlsuniversität in Prag, für die inhaltlichen Anregungen bedanken.

Mein besonderer Dank gilt meiner Familie, die mich während meines Promotionsvorhabens unterstützt und motiviert hat, insbesondere meinen Eltern, meinem Onkel Libor, meinem Mann André, meiner Großmutter für Unterkunft und Verpflegung in Prag und meinem Bruder Robert, der mir neben der ständigen Frage: „Wann wirst Du denn endlich fertig?" computertechnische Hilfe geleistet hat. Unvergessen bleibt mein Großvater, der immer an mich geglaubt hat, der mir viel beigebracht hat und dem ich diese Arbeit widme.

Nicole Löblich — Frankfurt am Main, Februar 2004

Inhaltsverzeichnis

Abkürzungsverzeichnis ... 21

Einleitung:
Untersuchungsgegenstand und Aufbau der Arbeit ... 25

1.Teil: Grundzüge des Transformationsprozesses in der Tschechischen Republik ... 25

A. Einführung ... 25

B. Art und Weise der Transformation ... 28

I. Privatisierung ... 28

1) *Restitution* ... 30

2) *Kleine Privatisierung.* ... 31

3) *Große Privatisierung.* ... 32

II. Liberalisierung ... 35

1) *Liberalisierung der Preise und des (Außen-)Handels.* ... 36

2) *Rechtlich-institutionelle Rahmenbedingungen* ... 37

A) Änderung der Verfassung. ... 37

B) Änderung der zivil- und wirtschaftsrechtlichen Rechtslage ... 38

III. Stabilisierung ... 41

2.Teil: Transformation des Arbeitsrechts in der Tschechischen Republik ... 43

A. Zur Rechtslage vor 1989 ... 43

I. Einführung ... 43

1) *Entwicklung des Arbeitsrechts im Zeitraum vor 1989* 43

2) *Rechtsquellen des Arbeitsrechts* 46

A) Allgemein 46

B) Vier Kennzeichen des Arbeitsgesetzbuchs von 1965 48

a) Einheitlichkeit 48
b) Komplexität 49
c) Zwingender Charakter 49
d) Eigenständigkeit 50

3) *Stellung und Bedeutung des Arbeitsrechts in den gesellschafts-ökonomischen Anschauungen der Planwirtschaf* 51

A) Gesellschaftsökonomischer Kontext des Sozialismus im Vergleich zum Kapitalismus 51

B) Auswirkungen 53

a) Arbeitgebersubjekt im Rahmen eines Arbeitsrechts-verhältnisses 53

(1) Sozialistische Organisation 53
(2) Kein privater Arbeitgeber und kein privates Unternehmertum 55

b) Beseitigung der Lohnarbeit 60

C) Funktion des Arbeitsrechts im Sozialismus im Vergleich zum Kapitalismus 63

II. Kollektives Arbeitsrecht 65

1) *Bedeutung des kollektiven Arbeitsrechts im Rahmen der Planwirtschaft* 65

A) Funktion und Bedeutung der Gewerkschaft 65

B) Funktion und Bedeutung des Kollektivvertrages 73

2) *Einheitsgewerkschaft (ROH)* 77

A) Entstehung der ROH und Rechtsgrundlagen 77

B) Monopolstellung der ROH 79

C) Exkurs: Die Internationalen Abkommen von 1966 und die Charta 77 84

D) Organisation der ROH 86

a) Organisationsstruktur 86
b) Organisationsprinzipien 88

3) *Betriebliche Arbeitnehmervertretung (=Belegschafts-vertretung)* 90

A) Unternehmensmitbestimmung und betriebliche Mitbestimmung 90

B) Der Betriebsausschuß der ROH als Form der gewerkschaftlichen Belegschaftsvertretung 91

C) Beteiligungsrechte des Betriebsausschusses der ROH 95

a) Beteiligungsarten 95
b) Mitbestimmung 97
c) Mitwirkung 100

4) *Kollektivvertragsrecht* 101

A) Allgemeines 101

a) Arten der Kollektivverträge und Kollektivvertrags-parteien 101
b) Zwingender und fakultativer Abschluß eines Kollektiv-vertrages 103
c) Ausmaß der normativen Wirkung 104

B) Inhalt von Kollektivverträgen 104

a) Maßgebende Rechtsvorschriften 105
b) Möglicher Inhalt eines Kollektivvertrages 105
c) Vergleich des § 20 Abs.2 ZP Nr.65/1965 Slg. und

des § 20 Abs.2 ZP Nr. 188/1988 Slg. 107

d) Kollektivvertragliche Regelungsmöglichkeiten im Bereich von Lohn-/Lohnersatzansprüchen 110

(1) Exkurs: sozialistisches Lohnsystem 110
(2) Kollektivvereinbarungen über Lohn- und Lohnersatzansprüche 117

e) Sonstige kollektivvertragliche Regelungsmöglichkeiten 121

(1) Zwingender Inhalt von Kollektivverträgen 121
(2) Fakultativer Inhalt von Kollektivverträgen 123

(A) Regelungen nach der Regierungsverordnung Nr. 82/1989 Slg. 123
(B) Regelungen nach dem Arbeitsgesetzbuch 125

C) Verfahren bei Vorbereitung, Abschluß, Form und Laufzeit von Kollektivverträgen 129

5) *Beilegung von kollektiven Arbeitsstreitigkeiten* 131

A) Kollektivvertragliche Streitigkeiten 132

a) Rechtsstreitigkeiten (= Erfüllungsstreitigkeiten) 132
b) Regelungsstreitigkeiten: Unzulässigkeit des Arbeitskampfes 134

B) Sonstige kollektive Streitigkeiten 136

C) Bemerkung 137

6) *Zusammenfassung und Schlussbewertung* 138

B. Zur Entwicklung nach 1989 143

I. Einführung 143

1) *Entwicklung des Arbeitsrechts nach der ‚samtenen Revolution' im Jahr 1989* 143

A) Beschäftigungsverhältnisse zwischen natürlichen

Personen im Rahmen privater Unternehmertätigkeit 143

a) Wirtschaftsrechtliche Grundlagen 143
b) Umsetzung im Arbeitsrecht 143

B) Weitere Änderungen im arbeitsrechtlichen Bereich 146

a) Gesetz Nr. 1/1991 Slg. über die Beschäftigung 146
b) Gesetz Nr. 3/1991 Slg. und weitere Novellen des Arbeitsgesetzbuchs 148
c) Gesetz Nr. 2/1991 Slg. über Kollektivverhandlungen 152
d) Gesetz Nr. 120/1990 Slg. über die Beziehungen zwischen Gewerkschaften und Arbeitgebern 153

2) *Rechtsquellen des Arbeitsrechts* 154

3) *Stellung und Bedeutung des Arbeitsrechts in den gesellschafts-ökonomischen Anschauungen der Marktwirtschaft* 156

II. Kollektives Arbeitsrecht 158

1) *Bedeutung des kollektiven Arbeitsrechts im Rahmen der Marktwirtschaft* 158

A) Funktion und Bedeutung der Gewerkschaften 158

a) Vereinigungsfreiheit 159
b) Schutz der wirtschaftlichen und sozialen Interessen der Arbeitnehmer 160

(1) Stärkung der Interessenvertretungsfunktion der Gewerkschaften 160
(2) Prinzip der sozialen Repräsentation 162

c) Rechtliche und wirtschaftliche Unabhängigkeit 165

(1) Staatliche Neutralität 166
(2) Gegnerreinheit /-unabhängigkeit 168

B) Funktion und Bedeutung des Kollektivvertrages 169

2) *Arbeitnehmer-/Belegschaftsvertretungsrecht* 171

A) Weiterhin gewerkschaftliche Belegschaftsvertretung 171

a) Bedeutung 171
b) Unterschied zu anderen zulässigen Arbeitnehmervertretungen 173
c) Forderung nach einer Reform des Belegschaftsvertretungsrechts 180

B) Beteiligungsrechte der Gewerkschaften 187

a) Beteiligungsarten 187
b) Mitbestimmung 188
c) Mitwirkung 194
d) Probleme bei Gewerkschaftspluralität 199
e) Bewertung 202

3) *Kollektivvertragsrecht* 206

A) Allgemeines 206

a) Arten der Kollektivverträge und Kollektivvertragsparteien 206
b) Probleme bei Gewerkschaftspluralität 210

B) Inhalt von Kollektivverträgen 214

a) Normativer und schuldrechtlicher Teil 214

(1) Allgemeines 214
(2) Allgemeinverbindlicherklärung gem. § 7 Abs. 1 GKV. 216

b) Beschränkungen der Kollektivvertragsfreiheit 219

(1) Regelungen mit normativer Wirkung 219

(A) § 20 Abs. 2 S. 1 ZP: Aushandeln der Lohn- und anderen arbeitsrechtlichen Ansprüche „im Rahmen der Gesetze“ 219
(B) § 20 Abs. 2 S. 2 ZP: Beschränkung der Regelungsmöglichkeit durch Kollektivvertrag auf die Unternehmertätigkeit 225
(C) § 4 Abs. 2 c) GKV: Begrenzung im Lohnbereich und das Verhältnis von

Verbands- und Unternehmenskollektivverträgen 229

(2) Schuldrechtliche Regelungen: § 4 Abs. 4 S. 5 Gesetz Nr. 1/1992 Slg. a.F. 232

(3) Exkurs: Interne Vorschrift i.S.d. § 21 Abs. 1 ZP 233

c) Kollektivvertraglicher Regelungsspielraum im einzelnen 235

(1) Kollektivvereinbarungen über Lohn- und Lohnersatzansprüche 236

(A) Exkurs: Rechtliche Lohnvorschriften 236
(B) Kollektivvertragliche Regelungsmöglichkeiten 240

(2) Kollektivvereinbarungen über andere arbeitsrechtliche Ansprüche 245
(3) Schuldrechtliche Vereinbarungen 248
(4) Bemerkung 249

C) Verhältnis Kollektivvertrag – Individualarbeitsvertrag 251

D) Verfahren bei Abschluß, Form und Laufzeit von Kollektivverträgen 253

4) *Schlichtungsrecht* 256

A) Allgemein 256

B) Schlichtungsverfahren: Verfahren vor dem Schlichter (*zprostředkovatel*) 257

C) Verfahren vor dem Schiedsrichter (*rozhodce*) 259

5) *Arbeitskampf* 261

A) Allgemein 261

B) Streik 263

a) Definition und Rechtsgrundlage 263
b) Rechtmäßigkeitsvoraussetzungen 264

(1) Führung durch die Gewerkschaft ... 264
(2) Abschluß oder Änderung eines Kollektivvertrages als Kampfziel ... 265
(3) Verfahrensrechtliche Voraussetzungen ... 267

(A) Erfolgloses Schlichtungsverfahren ... 267
(B) Kein Schiedsverfahren ... 267
(C) Entscheidung über die Bekanntmachung und Eröffnung des Streiks ... 267
(D) Abstimmung der Arbeitnehmer über den Streik ... 268
(E) Schriftliche Mitteilung an den Arbeitgeber ... 269
(F) Vorlage des Namensverzeichnisses der Streikteilnehmer ... 269

(4) Keine Streikverbote ... 269

c) Rechtsfolgen des Streiks ... 270

(1) Hauptleistungspflichten des Einzelarbeitsverhältnisses ... 270

(A) Kampfbeteiligter Arbeitnehmer ... 270
(B) Kampfunbeteiligter Arbeitnehmer ... 272

(2) Haftung für die während des Streiks verursachten Schäden ... 272
(3) Auswirkungen der Streikteilnahme auf die Kranken- und Sozialversicherung ... 273

d) Bemerkung ... 274
e) Sonstiges ... 275

f) Zulässigkeit von Streiks außerhalb von Kollektivverhandlungen nach dem GKV ... 275

C) Aussperrung ... 277

a) Definition und Rechtmäßigkeitsvoraussetzungen ... 277
b) Rechtsfolgen ... 278

6) *Gerichtliche Beilegung von kollektiven Arbeitsstreitigkeiten* ... 279

7) *Empirische Angaben* 280

8) *Zusammenfassung und Schlussbetrachtung* 289

A) Die wichtigsten Änderungen im Bereich des kollektiven Arbeitsrechts in neun Thesen 289

B) Notwendige Reformen im Bereich des kollektiven Arbeitsrechts in zehn Thesen 293

Literaturverzeichnis 303

Abkürzungsverzeichnis

a.A.	andere Ansicht
Abkommen Nr. 87/1948	Abkommen Nr. 87 über die Freiheit der Gewerkschaften und über den Schutz des Rechts, sich in einer Gewerkschaft vereinigen zu können, aus dem Jahr 1948, vereinbart durch die Internationale Arbeitsorganisation und veröffentlicht unter Nr. 489/1990 Slg.
Abs.	Absatz
a.E.	am Ende
AKV	Associace pro rozvoj kolektivního výjednávání [*Übersetzung*: Vereinigung für die Entfaltung von Kollektivverhandlungen]
ArbuR	Arbeit und Recht (Zeitschrift)
Art.	Artikel
AwskR 1966	Abkommen für wirtschaftliche, soziale und kulturelle Rechte aus dem Jahr 1966, das die tschechoslowakische Regierung 1975 ratifizierte und unter Nr. 120/1976 Slg. bekanntgemacht ist.
Beschluß IV.ggK/1959 Slg.	Beschluß des IV. gesamtgewerkschaftlichen Kongresses über die Betriebsausschüsse der Grundorganisationen der ROH (Anlage zu Gesetz Nr. 37/1959 Slg.). Der gewerkschaftliche Beschluß regelte die Rechte der ROH-Gewerkschaftsorgane im Verhältnis zu den sozialistischen Organisationen und hatte Gesetzeskraft.
BOZP	Bezpečnost a ochrana zdraví při práce [Übersetzung: Sicherheit und Gesundheitsschutz bei der Arbeit]
Charta Nr. 23/1991 Slg.	Charta über die Grundrechte und Grundfreiheiten, die durch das Verfassungsgesetz Nr. 23/1991 Slg. bekanntgemacht wurde.
Charta Nr. 2/1993 Slg.	Charta über die Grundrechte und Grundfreiheiten, die nach Auflösung der Tschechoslowakischen Republik durch Beschluß des Vorsitzenden des Tschechischen Nationalrates (ČNR) zum Bestandteil der Verfassungsordnung der Tschechischen Republik erklärt wurde.
č.	čislo [Übersetzung: Nummer]

čl.	článek [Übersetzung: Artikel]
ČNR	Česká narodní rada
ČMKOS	Českomoravská konfederace odborových svazů [Tschechisch-Mährische Konföderation der Gewerkschaftsverbände]
ČR	Česká Republika [Tschechische Republik]
ČSFR	Československá Federalní Republika [Tschechoslowakische Föderative Republik]
ČSSR	Československa Socialistická Republika [Tschechoslowakische Sozialistische Republik]
ders.	derselbe
d.h.	das heißt
dies.	dieselbe
EGV	Vertrag zur Gründung der Europäischen Gemeinschaft
et.al.	et alii (und andere)
EU	Europäische Union
f.	folgende
ff.	fortfolgende
Fn.	Fußnote
ggf.	gegebenenfalls
GKV	Gesetz über Kollektivverhandlungen (=Gesetz Nr. 2/1991 Slg.)
H.	Heft (Heftangabe bei der Zitierung eines Aufsatzes in einer Zeitschrift)
Hrsg.	Herausgeber
Hs.	Halbsatz
I.A.O.	Internationale Arbeiterorganisation
i.d.F.	in der Fassung von (einem Gesetz oder Rechtsverordnung)
i.d.R.	in der Regel
i.S.d.	im Sinne des
i.V.m.	in Verbindung mit
JZD	Jednotna zemědělská družstva [Einheitliche Landwirtschaftsgenossenschaft]

KOS	Konfederace odborových svazů [Konföderation der Gewerkschaftsverbände]
m.E.	meines Erachtens
MfAS	Ministerium für Arbeit und soziale Angelegenheiten
Nr.	Nummer
o.s.ř.	občanský soudní řád [Zivilprozeßordnung]
OZ	občanský zákoník [Bürgerliches Gesetzbuch]
RdA	Recht der Arbeit (Zeitschrift)
RHSD	rada hospodářské a sociální dohody [Rat für wirtschaftliche und soziale Übereinkommen]; Drei–Parteien-Organ, das sich aus Verbänden der Gewerkschaften, der Arbeitgeber und des Ministeriums zusammensetzt, und an dessen Verhandlungsergebnissen sich der Inhalt von Verbandskollektivverträgen orientieren soll.
Rn.	Randnummer
ROH	Revoluční odborové hnutí [Revolutionäre Gewerkschaftsbewegung]; Einheitsgewerkschaft in der ČSSR
RVO	Rechtsverordnung
S.	Satz
s.	siehe
Sb.	Sbírka zákonů [Gesetzessammlung], amtliche Gesetzessammlung der ČR
Slg.	Sammlung (amtliche Gesetzessammlung der ČR)
str.	streitig
TVG	Tarifvertragsgesetz (in Deutschland geltend)
ÚRO	Ústřední rada odborů [Zentralrat der ROH]
ÚVOS	Ústřední výbory odborového svazu [Zentralausschüsse des Gewerkschaftsverbandes der ROH]
Var.	Variante
vgl.	Vergleich

z.B.	zum Beispiel
ZfA	Zeitschrift für Arbeitsrecht
ZO ROH	základní organizace ROH [Grundorganisation der ROH]
ZP	zákoník práce [Arbeitsgesetzbuch]
z.T.	zum Teil
ZV ROH	závodní výbor ROH [Betriebsausschuß der ROH]

Transformation des kollektiven Arbeitsrechts in der Tschechischen Republik

Einleitung: Untersuchungsgegenstand und Aufbau der Arbeit

Nach dem politischen Umbruch im Jahre 1989 begann in der ehemaligen ČSSR eine umfangreiche Reform der gesamten Rechtsordnung. Neben wesentlichen Änderungen der Staatsverfassung beabsichtigte die Reform hauptsächlich, rechtliche Grundlagen für den Übergang von einer stark zentralisierten Planwirtschaft zu einer „sozialen Marktwirtschaft" westeuropäischen Typs zu schaffen.
Im Rahmen der Abhandlung erfolgt im ersten Teil eine kurze allgemeine Darstellung des Transformationsprozesses von der Plan- zur Marktwirtschaft in der ehemaligen ČSSR.
Der zweite Teil der Untersuchung bezieht sich auf die Transformation des Arbeitsrechts nach der Samtenen Revolution im Jahr 1989 und stellt die Rechtslage vor und nach der Wende getrennt dar. Dabei geben zunächst Einführungen einen Einblick in die arbeitsrechtliche Rechtslage vor bzw. nach der Wende und in den zugrundeliegenden gesellschaftsökonomischen Kontext. Der Schwerpunkt der Arbeit befaßt sich dann mit der Rechtslage des kollektiven Arbeitsrechts und seiner Umwandlung. Der Arbeit zugrunde lag die Rechtslage bis Februar 2003.

1. Teil: Grundzüge des Transformationsprozesses in der Tschechischen Republik

A. Einführung

Unter der Wirtschaftstransformation, der wir Ende der 1980er/Anfang der 1990er Jahre in den postsozialistischen Ländern Osteuropas und in Sowjetrußland begegneten, versteht man die Ersetzung eines Wirtschaftsystems, der zentralen Planwirtschaft, durch ein völlig anderes Wirtschaftssystem, die Marktwirtschaft[1]. Nicht zu verwechseln ist diese Systemtransformation mit einigen sozialistischen Reformen in der Endphase der sozialistischen Regierungszeit (zum Beispiel in der Tschechoslowakischen Republik insbesondere durch das Gesetz Nr. 188/1988 Slg.), die das Wirtschaftssystem der Planwirtschaft und das Staatseigentum an Produktionsmitteln grundsätzlich unangetastet ließen[2].
Der Ablauf der Wirtschaftsprozesse im Rahmen der Marktwirtschaft wird maßgeblich durch individuelle Wirtschaftssubjekte bestimmt, deren Koordinierung durch die sich am freien Markt gemäß Angebot und Nachfrage bildenden Preise erfolgt[3]. Bei der Planwirtschaft entschied demgegenüber ein von einer zentralen staatlichen Stelle festgesetzter ökonomischer Gesamtplan über den Ablauf des

---

[1] *Jonáš*, Ekonomická transformace, S. 7; *Boulin/Ducrueux* (-Bauer), Transformace, S. 58.
[2] *Jonáš*, Ekonomická transformace, S. 7; *Havlan*, Transformace, S. 27.
[3] Vgl. *Havlan*, Transformace, S. 50.

Wirtschaftsprozesses, so daß eine selbständige Entscheidung der Wirtschaftssubjekte über Produktion ohne entsprechende Behördenanweisung nicht möglich war[4].
Mit anderen Worten regelt sich die Marktwirtschaft durch Koordination der Handlungen der Wirtschaftssubjekte auf horizontaler Ebene, die das Prinzip Angebot und Nachfrage und die Konkurrenzsituation bewirken, selbst (sog. autoregulierender Mechanismus); die Planwirtschaft beruht auf einer vertikalen Koordination durch behördlichen Auftrag und Plankennziffern[5]. Die Transformation zur Marktwirtschaft bedeutet folglich auch ein Reduzierung der Rolle des Staates im Rahmen der Wirtschaftsabläufe[6].
Während dem System der Planwirtschaft Begriffe wie „Monopol", „Kollektivismus", „feste Organisation" zugeordnet werden konnten, zeichnet sich die Marktwirtschaft durch Begriffe wie „Konkurrenz", „Individualismus" und „Freiheit" aus und ermöglicht die Verwirklichung individueller Wirtschaftsinteressen der Bürger[7].
Die Planwirtschaft führte letztendlich zu einer Mangelwirtschaft und die Tschechoslowakische Republik (sowie die meisten anderen sozialistischen Länder) erzielte im Vergleich zu den Bruttoinlandsprodukten von kapitalistischen Ländern Ende der 1980er nur eine sehr geringe Quote pro Kopf[8].
Bereits 1988 äußerte sich die Unzufriedenheit der tschechoslowakischen Bevölkerung mit der sozialistischen Regierung in kleineren Demonstrationen, welche die Regierung allerdings durch Polizeigewalt immer wieder auflösen ließ, und in der Gründung der Oppositionsallianz „Bürgerforum"[9]. Unter dem Einfluß des erfolgreichen Widerstandes in der DDR, der zum Fall der Mauer führte, und der Besetzung der westdeutschen Botschaft in Prag 1989 durch flüchtige ostdeutsche Bürger überstürzten sich im November 1989 auch in der Tschechoslowakei die Ereignisse: Die sozialistische Regierung konnte eine Demonstration mit etwa 200.000 tschechoslowakischen Bürgern gewaltsam nicht mehr niederschlagen, so daß sich die Regierung auf erste Verhandlungen mit der Opposition einlassen und dabei auch einer Verfassungsänderung zustimmen mußte[10]. Verfassungsbestandteile wie die Führungsrolle der Kommunistischen Partei und die „Erziehung im Geiste des Marxismus – Leninismus" wurden gestrichen[11]. Als

[4] Vgl. *Havlan*, Transformace, S. 50 und S. 53; vgl. auch *Mervart*, Politická ekonomie 1991, H. 5, S. 422 zum Prinzip der „unsichtbaren Hände" im Rahmen der Marktwirtschaft, mit dem er den autoregulierenden Mechanismus anspricht.
[5] *Havlan*, Transformace, S. 50 und S. 54; vgl. auch *Kornai*, Cesta ke svobodné ekonomice, S. 21 f
[6] *Havlan*, Transformace, S. 53.
[7] *Havlan*, Transformace, S. 53.
[8] *Jonáš*, Ekonomická transformace, S. 11 f.
[9] *Haarland/Niessen*, Transformationsprozeß, S. 13 f.
[10] *Haarland/Niessen*, Transformationsprozeß, S. 15.
[11] *Haarland/Niessen*, Transformationsprozeß, S. 15; vgl. Art. 1 Nr. 1 Verfassung Nr. 100/1990 Slg

bedeutende Oppositionsführer wurden Alexander Dubček zum Vorsitzenden des Parlaments gewählt und Vaclav Havel zum Präsidenten ernannt.
Im Juni 1990 fanden Neuwahlen in der Tschechoslowakischen Republik statt, im Rahmen derer in beiden föderalen Parlamenten die demokratischen Parteien über die kommunistischen Gegner siegten: In Böhmen und Mähren erreichte das „Bürgerforum" 51 Prozent der Stimmen, die altkommunistische Partei dagegen lediglich 13,5 Prozent[12].
Allerdings trennte sich das „Bürgerforum" aufgrund von Meinungsunterschieden über die zukünftige Politik bald in zwei Lager, nämlich in die Gradualisten, denen sich die slowakische politische Mehrheit anschloß, und in die Neoliberalen (Radikalen) um Vaclav Klaus[13]. Zwar bestand Einigkeit über das „Ob" der Transformation, d.h. über die Ablösung der Planwirtschaft und die Einführung der marktwirtschaftlichen Ordnung. Streit herrschte aber über das „Wie" der Transformation, also die nähere Vorgehensweise und Ausgestaltung: Während die Radikalen eine schnelle Umgestaltung des Wirtschaftssystems, d.h. eine schnelle Privatisierung und Liberalisierung, befürworteten (sog. „Schocktherapie"), sprachen sich die Gradualisten eher für eine langsame, schrittweise Einführung der Marktwirtschaft unter Vermeidung sozialer Härten aus, wobei der Staat eine wichtige Lenkungsfunktion haben sollte[14]. Im einzelnen plädierten die Anhänger der Schocktherapie für eine sofortige und einmalige Liberalisierung der Preise, ohne auf eine vorangegangene Entflechtung der wirtschaftlichen Monopolstrukturen zu warten, und für eine schnelle Durchführung der Privatisierung zur Erzielung von Konkurrenzdruck und Marktverhalten[15]. Hingegen wollten die Gradualisten die Preise schrittweise und erst nach Zerschlagung der inländischen Handelsmonopole und nach Einführung von Wettbewerbsverhältnissen freigeben und den umfangreichen öffentlichen Bereich, insbesondere die Staatsbetriebe, für eine längere Zeit akzeptieren[16].
Die Gradualisten begründeten ihre Forderung nach einer schrittweisen Preisliberalisierung insbesondere damit, daß in der tschechoslowakischen Wirtschaft angesichts der vorherrschenden, administrativ festgelegten Monopolstrukturen nur eine sehr niedrige Konkurrenzsituation herrsche und im Falle der sofortigen vollen Preisliberalisierung gerade die Monopolunternehmen zu einer übermäßigen Erhöhung der Preise und somit zu einer Inflation beitragen könnten[17]. Demgegenüber sahen die Radikalen gerade in einer schnellen und einmaligen Preisliberalisierung und damit einer effektiven Angebots- und Nachfragepolitik die Vor-

---

[12] *Haarland/Niessen*, Transformationsprozeß, S. 15.
[13] *Haarland/Niessen*, Transformationsporzeß, S. 16.
[14] *Jonáš*, Ekonomická transformace, S. 18; *Haarland/Niessen*, Transformationsprozeß, S. 16; vgl. auch *Janáčková/Janáček*, Politická ekonomie 1991, H. 7-8, S. 592 f.; *Mlčoch*, Zastřená vize, S. 53 f.
[15] Vgl. *Jonáš*, Ekonomická transformace, S. 78 f.; *Janáčková/Janáček*, Politická ekonomie 1991, H. 7-8, S. 592 f.
[16] Vgl. *Jonáš*, Ekonomická transformace, S. 78 f.
[17] Vgl. *Jonáš*, Ekonomická transformace, S. 78.

aussetzungen für die Schaffung von Konkurrenz- und Wettbewerbsverhältnissen und für die Beseitigung der Mangelwirtschaft[18]. Nach den Vertretern der Schocktherapie führt auch eine schnelle Durchführung der Privatisierung zur Überwindung der Unsicherheiten hinsichtlich der Eigentumslage und damit zu einer effektiven Unternehmensführung[19].
Bei den Neuwahlen im Juni 1992 ging auf tschechischer Seite die Demokratische Bürgerpartei von Vaclav Klaus als stärkste Partei hervor, so daß sich letztendlich die radikale Auffassung –wenn auch in modifzierter Form- durchsetzte[20].
Die Durchführung der Transformation hängt im übrigen auch von der Bereitschaft der Bevölkerung ab, das neue Wirtschaftssystem anzuerkennen und die neuen marktwirtschaftlichen Prinzipien zu akzeptieren[21].

B. Art und Weise der Transformation

Die für die Transformation einer Plan- in eine Marktwirtschaft unabdingbaren Veränderungen der Ordnungspolitik beruhen in der Privatisierung. Liberalisierung und Stabilisierung[22]. Zu berücksichtigen ist dabei, daß jedes postsozialistische Land unterschiedliche Voraussetzungen aufweist und somit ein einheitlicher Transformationsprozeß nicht möglich ist (sog. *path dependency*[23]).

I. Privatisierung

Die Einführung des Rechts auf Privateigentum und eine genaue Definition der Eigentumsrechte reichten allein nicht aus, um die Dominanz der nicht-privaten Unternehmen zu ändern. Erforderlich war eine Privatisierungspolitik, die darauf abzielte, staatliche Unternehmen in das Eigentum privater Entscheidungsträger, wie zum Beispiel natürlichen Personen oder Handels- und Aktiengesellschaften, zu überführen[24].
Die Tschechoslowakische Republik zählte von den osteuropäischen Staaten (insbesondere im Vergleich zu Ungarn, Polen und der DDR) zu den Spitzenreitern in bezug auf das Ausmaß der Verstaatlichung der Wirtschaft und des Eigen-

---

[18] *Jonáš*, Ekonomická transformace, S. 79.
[19] *Janáčková/Janáček*, Politická ekonomie 1991, H. 7-8, S. 592 f.
[20] *Haarland/Niessen*, Transformationsprozeß, S. 16 f.
[21] *Haarland/Niessen*, Transformationsprozeß, S. 43; vgl. *Mervart*, Politická ekonomie 1991, H. 5, S. 425 zum grundlegenden Prinzip der Marktwirtschaft: der freien Konkurrenz.
[22] Vgl. *Jonáš*, Ekonomická transformace, S. 16; *Klacek*, Politická ekonomie 1991, H. 9-10, S. 721 und S. 723.
[23] S. nur *Mlčoch*, Zastřená vize, S. 27.
[24] *Rychetník*, Politická ekonomie 1990, H. 10, S. 1179; *Čermák*, Národní hospodářství 1991, H. 9, S. 1.

tums[25]. Angesichts des strengen planwirtschaftlichen Systems in der Tschechoslowakei wurde nur ein halbes Prozent des Bruttoinlandproduktes vom Privatsektor erwirtschaftet[26].

Die Privatisierung des staatlichen Eigentums war somit ein grundlegender Schritt im Rahmen des Übergangs von der Plan- zur Marktwirtschaft[27]. Die neue Verfassung Nr. 100/1990 Slg.[28] enthielt sogar in Art. 9 Abs. 2 die Beauftragung des Gesetzgebers, die Bedingungen für die Übertragung des staatlichen Eigentums auf Privatpersonen festzulegen.

Der Privatisierung lag der Gedanke zugrunde, daß im Gegensatz zum Staat die Privatperson, die nun Eigentümer eines Unternehmens war und deren Existenz von dem Unternehmen abhing, eine effiziente und marktorientierte Unternehmensführung mit Gewinnerzielungabsicht betrieb, indem sie Aufwendungen minimierte, den Gewinn erhöhte, effektive Investitionen ausführte und auf die Bedürfnisse des Marktes reagierte[29]. Ziel der Privatisierung war die Entwicklung und Aufrechterhaltung der Anreizfunktion, die aus Privateigentum erwächst[30]. Für ein rationales Funktionieren der Marktwirtschaft ist folglich ein Übergewicht an Unternehmen im Privateigentum erforderlich, d.h. der überwiegende Teil des Bruttoinlandproduktes sollte von dem privatrechtlichen Sektor erzielt werden[31].

Wichtig war dabei auch die Einführung von harten Budgetschranken für die Unternehmen. In der sozialistischen ČSSR bestanden für staatliche Unternehmen bisher nur weiche Budgetschranken[32]. Das bedeutete, daß sich die Unternehmen nicht notwendig selbst finanzieren mußten und fehlende eigene Finanzmittel durch externe Unterstützung (z.B. durch individuell aushandelbare Steuerbeträge, Subventionen, Kredite und Preise ohne einheitliche Regeln) ersetzt wurden, so daß sich die Budgetschranken letztendlich den Ausgaben anpaßten (sog. weiche Budgetschranke)[33]. Folge war, daß die sozialistischen Unternehmen keinen

---

[25] *Janáčková/Janáček*, Politická ekonomie 1991, H. 7-8, S. 590; *Čermák*, Národní hospodářství 1991, H. 9, S. 1.

[26] *Haarland/Niessen*, Transformationsprozeß, S. 30.

[27] *Havlan*, Transformace, S. 53; *Boulin/Ducrueux* (-Bauer), Transformace, S. 58; *Čermák*, Národní hospodářství 1991, H. 9, S. 1; *Jonáš*, Ekonomická transformace, S. 15.

[28] Abkürzung für Sammlung der Gesetze (tschechisch: *Sbírka zákonů*; im folgenden abgekürzt als „Sb.") der Tschechischen und Slowakischen Föderativen Republik (ab 1993 der Tschechischen Republik); bis 1992 wurden hier die Gesetze und andere Rechtsvorschriften sowie der Föderation, als auch der beiden Teilrepubliken veröffentlicht.

[29] *Rychetník*, Politická ekonomie 1990, H. 10, S. 1183; *Čermák*, Národní hospodářství 1991, H. 9, S. 1; vgl. auch *Havlan*, Transformace, S. 58.

[30] *Kornai*, Cesta ke svobodné ekonomice, S. 63; *Rychetník*, Národní hospodářství 1991, H. 2, S. 11.

[31] *Klacek*, Politická ekonomie 1991, H. 9-10, S. 728; *Jonáš*, Ekonomická transformace, S. 15; *Kornai*, Cesta ke svobodné ekonomice, S. 53.

[32] Vgl. *Klusoň*, Politická ekonomie 1990, H. 3, S. 275.

[33] Vgl. *Klusoň*, Politická ekonomie 1990, H. 3, S. 275; *Jonáš*, Ekonomická transformace, S. 132.

Anreiz zur kostenminimalen und effizienten Produktion hatten. In der Marktwirtschaft ist die Wettbewerbs- und Überlebensfähigkeit der Unternehmen dagegen davon abhängig, daß langfristig die Ausgaben durch eigene Einnahmen gedeckt sind (sog. harte Budgetschranke)[34].
Als mögliche Privatisierungsformen in Betracht kamen der Verkauf des Staatseigentums (Direktverkauf, Auktion, Börse) sowie die kostenlose Übertragung durch Naturalrestitution, d.h. durch Rückgabe an den enteigneten Alteigentümer, oder durch das Kuponverfahren[35].
Die Privatisierung der staatlichen Betriebe vollzog sich in den postsozialistischen Ländern (wie Ungarn, Polen, DDR, Rußland, Tschechoslowakische Republik) in der Regel auf drei Ebenen: der Restitution oder Entschädigung bei Enteignungen durch die sozialistischen Regierungen, der kleinen Privatisierung und der großen Privatisierung[36]. Die Durchführung der großen Privatisierung erfolgte entweder durch Verkauf (wie hauptsächlich in Ungarn und in der ehemaligen DDR durch die Treuhandanstalt) oder durch kostenlose Übertragung (wie überwiegend durch das Kuponverfahren in der Tschechischen Republik)[37].
Privatisiert werden sollten sinnvoller Weise nur Unternehmen, die sich in einem guten Wirtschaftszustand befanden und Aussicht auf Gewinnerzielung hatten; die Unrentabilität vieler Betriebe, deren Erfolg in der sozialistischen Wirtschaft lediglich nach der Planerfüllung bemessen wurde, war daher zunächst vor der Privatisierung festzustellen und die Auflösung dieser Betriebe herbeizuführen[38].

1) Restitution

Im Rahmen der Restitution sollten enteignete Objekte den ehemaligen privatrechtlichen Eigentümern rückübertragen werden[39]. Statt einer Entschädigungslösung den Vorzug zu geben, sah das tschechoslowakische Recht in dem Gesetz Nr. 403/1990 Slg.[40] (i.d.F. Nr. 458/1990 Slg.) eine großzügige Restitutionslösung vor – im Gegensatz zu Polen und Ungarn[41], die eine Restitution nur beschränkt gewährten. Reprivatisiert wurden alle Objekte, die ab dem 25.2.1948 in der ČSSR verstaatlicht wurden, wobei es sich vorwiegend um kleine und mittle-

---

[34] Vgl. *Klusoň*, Politická ekonomie 1990, H. 3, S. 275; *Jonáš*, Ekonomická transformace, S. 132; *Rychetník*, Politická ekonomie 1990, H. 10, S. 1183.
[35] Vgl. *Boulin/Ducrueux* (-Bauer), Transformace, S. 59; *Čermák*, Národní hospodářství 1991, H. 9, S. 3.
[36] Vgl. *Janáčková/Janáček*, Politická ekonomie 1991, H. 7-8, S. 590 ff.
[37] *Boulin/Ducrueux* (-Bauer), Transformace, S. 59.
[38] *Rychetník*, Politická ekonomie 1990, H. 10, S. 1184; *Klusoň*, Politická ekonomie 1990, H. 10, S. 1166; *Haarland/Niessen*, Transformationsprozeß, S. 23.
[39] *Čermák*, Národní hospodářství 1991, H. 9, S. 1; *Fiala/Pekárková*, Právo a zákonnost 1991, H. 3, S. 154.
[40] Zákon č. 403/1990 Sb. o zmírnění následků některých majetkových křivd [*Übersetzung*: Gesetz Nr. 403/1990 Slg. über die Milderung der Folgen einiger Eigentumsungerechtigkeiten].
[41] Vgl. hierzu *Janáčková/Janáček*, Politická ekonomie 1991, H. 7-8, S. 593.

re Betriebe handelte[42]. Auf die Betriebe, die zwischen 1945 und 1948 in der sog. Nationalisierungswelle enteignet wurden (zumeist große Industriebetriebe und Banken), konnte dagegen kein Privatisierungsanspruch geltend gemacht werden. War die Rückgabe nicht mehr möglich, weil die Betriebe inzwischen stillgelegt oder abgerissen waren, so besaß der Alteigentümer bzw. der Rechtsnachfolger einen Anspruch auf Entschädigung[43].

2) Kleine Privatisierung

Die kleine Privatisierung in der Tschechischen Republik regelte das Gesetz Nr. 427/1990 Slg.[44]. Die kleine Privatisierung bezog sich auf die Übertragung von beweglichen und unbeweglichen Sachen als Betriebsteile einer staatlichen Organisation, die im Dienstleistungs-, im Handelsbereich und in anderen Bereichen als der Landwirtschaftsproduktion verwendet wurden und die eine abgerundete Wirtschafts- oder Vermögenseinheit, sog. *provozní jednotka* (‚Betriebseinheit'), darstellten (§ 2 Abs. 1 Gesetz Nr. 427/1990 Slg.). Im Rahmen der kleinen Privatisierung erfolgte also vorwiegend die Veräußerung von kleineren Einheiten (z.B. Kleinbetrieben) an private Rechtssubjekte[45]. Dabei kam es allerdings nicht zum Übergang auch der schuldrechtlichen Berechtigungen und Verpflichtungen der staatlichen Organisation[46]. Ziele waren die schnelle Etablierung eines Mittelstandes und die Schaffung einer Startbasis für eine große Zahl von Kleinunternehmern[47].

Die kleine Privatisierung vollzog sich durch Verkauf im Rahmen von öffentlichen Versteigerungen gem. §§ 4 ff. Gesetz Nr. 427/1990 Slg. (nur ausnahmsweise auch durch direkten Verkauf i.S.d. § 16 Gesetz Nr. 427/1990 Slg.). Im Gegensatz zur Privatisierung in anderen osteuropäischen Staaten (wie z.B. Polen), wo Mitarbeiter und Angestellte der Betriebe ein Vorkaufsrecht besaßen, konnte bei der Versteigerung in der ČSSR jeder, der über genügend Geldkapital verfügte, einen Betrieb ersteigern[48]. Gegenüber den anderen osteuropäischen Ländern führte dies zu einer erhöhten Nachfrage und einem höheren Preis pro Verkaufsobjekt, so daß für den Staat der höchst mögliche Privatisierungserlös erzielt werden konnte[49].

---

[42] *Haarland/Niessen*, Transformationsprozeß, S. 22; vgl. auch § 1 Gesetz Nr. 403/1990 Slg.

[43] *Haarland/Niessen*, Transformationsprozeß, S. 22.

[44] Zákon č. 427/1990 Sb. o převodech vlastnictví státu k některým věcem na jiné právnické nebo fyzické osoby [*Übersetzung*: Gesetz Nr. 427/1990 Slg. über den Übergang des staatlichen Eigentums von einigen Sachen auf andere juristische und natürliche Personen].

[45] *Boulin/Ducrueux* (-Bauer), Transformace, S. 58.

[46] *Havlan*, Transformace, S. 78.

[47] Vgl. *Haarland/Niessen*, Transformationsprozeß, S. 22; *Havlan*, Transformace, S. 81 f.

[48] *Haarland/Niessen*, Transformationsprozeß, S. 23.

[49] *Haarland/Niessen*, Transformationsprozeß, S. 23.

In der Tschechischen Republik war die kleine Privatisierung bereits 1993 abgeschlossen; der Staat erhielt dabei einen Versteigerungserlös von ca. 30 Milliarden Tschechischen Kronen[50].

3) Große Privatisierung

Die große Privatisierung in der Tschechischen Republik erfolgte im Rahmen des Gesetzes Nr. 92/1991 Slg.[51]. Gegenstand der großen Privatisierung konnten alle staatlichen Unternehmen (einschließlich staatlicher Versicherungen und Geldanstalten) sein sowie auch die vermögensrechtlichen Beteiligungen des Staates an Unternehmen, die einem anderen Rechtssubjekt als dem Staat zuzuordnen waren (§ 1 Abs. 1 Gesetz Nr. 92/1991 Slg.).

Die große Privatisierung hatte insbesondere zum Ziel, die großen Staatsbetriebe an Privatpersonen oder Privatunternehmen zu übertragen[52]. In der Tschechischen Republik blieben lediglich ca. 2.400 Konzerne (zumeist Versorgungsbetriebe) im Besitz der öffentlichen Hand[53].

Die große Privatisierung konnte neben der kleinen Privatisierung alternativ zur Anwendung kommen, zum Beispiel wenn staatliche Unternehmen wirtschaftlich nicht sinnvoll in kleine, eigenständige Betriebseinheiten aufgespaltet werden konnten (vgl. § 4 Gesetz Nr. 92/1991 Slg.). In der Regel war allerdings die kleine Privatisierung bereits vorher abgeschlossen[54].

Im Gegensatz zur kleinen Privatisierung[55] führte die große Privatisierung auch zum Übergang der schuldrechtlichen Rechte und Pflichten der staatlichen Organisation auf den neuen privaten Entscheidungsträger (vgl. § 2 Gesetz Nr. 92/1991 Slg.).

Ein weiterer wesentlicher Unterschied zur kleinen Privatisierung, die sich nur auf bewegliche oder unbewegliche Sachen bezog[56], bestand in der Möglichkeit der Privatisierung auch von staatlichen Vermögensbeteiligungen[57]. Damit erfaßte die große Privatisierung auch Anteile an Aktiengesellschaften, die sich nach der Wende formal aus staatlichen Unternehmen transformiert hatten und deren einziger Aktionär der Staat war[58].

---

[50] *Haarland/Niessen*, Transformationsprozeß, S. 23.

[51] Zákon č. 2/1991 Sb. o podmínkách převodu majetku státu na jiné osoby [*Übersetzung*: Gesetz Nr. 2/1991 Slg. über die Bedingungen der Übertragung des Staatseigentums auf andere Personen].

[52] *Haarland/Niessen*, Transformationsprozeß, S. 23.

[53] *Haarland/Niessen*, Transformationsprozeß, S. 23.

[54] Vgl. *Havlan*, Transformace, S. 83.

[55] Vgl. 1. Teil, B.I.2).

[56] Vgl. 1. Teil, B.I.2).

[57] *Havlan*, Transformace, S. 79.

[58] *Čermák*, Národní hospodářství 1991, H. 9, S. 2; *Havlan*, Transformace, S. 79; näher hierzu und zur Umwandlung von Staatsunternehmen in Aktiengesellschaften *Klusoň*, Politická ekonomie 1990, H. 10, S. 1159 ff.

Des weiteren konnten sich bei der großen Privatisierung auch natürliche oder juristische Personen des Auslands am Kauf der großen Staatsbetriebe beteiligen (§ 1 Abs. 1 a.E. Gesetz Nr. 92/1991 Slg.), während sich die kleine Privatisierung grundsätzlich nur auf inländische Personen bezog (§ 3 Gesetz Nr. 427/1990 Slg.). Durch die Ausdehnung der großen Privatisierung auf ausländische Investoren sollte zum einen dem Kapitalmangel im eigenen Land entgegengewirkt werden und zum anderen westliches Know-how ins Land geholt werden[59].
In der Tschechischen Republik erfolgte die Durchführung der großen Privatisierung gemäß eines Privatisierungsprojektes, das für jedes Objekt konkret ausgearbeitet wurde und das ein staatliches Organ genehmigen mußte (vgl. §§ 5 bis 10 Gesetz Nr. 92/1991 Slg.). Es handelte sich dabei um ein Dokument, das alle wesentlichen Fragen, die mit der Privatisierung des betreffenden Objekts zusammenhingen, regelte[60]. Nach der Genehmigung des Privatisierungsprojektes wurden die zu privatisierenden Unternehmen dem Nationalen Vermögensfonds als Eigentümer unterstellt (§ 11 Abs. 2 Gesetz Nr. 92/1991 Slg.), der als eine vom staatlichen Haushalt unabhängige Behörde (vgl. § 12 Abs. 1 Gesetz Nr. 92/1991 Slg.) Ausführungsorgan des Privatisierungsprojekts war (vgl. § 12 Abs. 2 Gesetz Nr. 92/1991 Slg.).
Wie bereits erwähnt[61] vollzog sich die große Privatisierung in den postsozialistischen Ländern entweder durch Verkauf oder durch kostenlose Übertragung. Eine besondere, speziell in der Tschechischen Republik angewandte Privatisierungsart war das sog. „Kuponverfahren“, eine Form der kostenlosen Übertragung. Die große Privatisierung in der Tschechischen Republik ist allerdings nicht ausschließlich mit der Kuponprivatisierung gleichzusetzen, da auch entgeltliche Übertragungsformen in Betracht kamen[62]. Im Rahmen der Ausarbeitung des Projektisierungsprojektes wurde die jeweilige Übertragungsart (z.B. Direktkauf, Auktion, Einschaltung der Börse, Kuponverfahren) für jedes Objekt individuell bestimmt (vgl. § 6 Abs. 1 e) Gesetz Nr. 92/1991 Slg.). Im Gegensatz dazu vollzog sich die kleine Privatisierung grundsätzlich nur durch Verkauf im Rahmen der öffentlichen Versteigerung[63].
Im Rahmen der Kuponprivatisierung durften alle erwachsenen Bürger der Tschechischen Republik zu einer niedrigen Gebühr Kupons kaufen, die sie dann gegen Aktien an einem Betrieb, der zu Privatisierungszwecken in eine Aktiengesellschaft umgewandelt wurde, oder die sie gegen den Erwerb der Beteiligung an einer Handelsgesellschaft eintauschen konnten (vgl. § 22 Abs. 1 S. 1 und

---

[59] *Haarland/Niessen*, Transformationsprozeß, S. 23; *Klusoň*, Politická ekonomie 1990, H. 10, S. 1170; die Bedeutung von ausländischem Kapital betonen besonders *Janáčková/Janáček*, Politická ekonomie 1991, H. 7-8, S. 596 f. und *Boulin/Ducrueux* (-Bauer), Transformace, S. 67.
[60] *Čermák*, Národní hospodářství 1991, H. 9, S. 2.
[61] Unter 1. Teil, B.I.
[62] Vgl. *Janáčková/Janáček*, Politická ekonomie 1991, H. 7-8, S. 594.
[63] S. 1. Teil, B.I.2).

§ 25 Gesetz Nr. 92/1991 Slg.). Die Kupons stellten Wertpapiere dar (§ 22 Abs. 1 S. 1 Gesetz Nr. 92/1991 Slg.).
Im Gegensatz zu den sonstigen üblichen Standardverfahren (Kauf, öffentliche Versteigerung) mußten die Privatpersonen für den Erwerb von vermögensrechtlichen Beteiligungen im Rahmen des Kuponverfahrens in der Regel kein geldwertes Äquivalent erbringen[64]. Die Gebühr für den Erwerb der Kupons deckte lediglich die Verwaltungskosten des Privatisierungsprojekts ab[65]. Fast 80 % der Bevölkerung kauften Kupons und jeder Bürger erhielt einen Buchwert von 1.250 US-Dollar, den wiederum 75 % der Bürger einem der vielen Investmentfonds übereigneten[66]. Der Preis für die Aktien der Unternehmen war zu Beginn einheitlich, wurde aber in den ersten Versteigerungsrunden dann durch die Nachfrage der Kuponbesitzer bestimmt[67].
Die Kuponprivatisierung war sehr erfolgreich, um eine schnelle Privatisierung zu gewährleisten[68]. Sie stellte als kostenlose Übertragungsform sicher, daß die Privatisierung der Großbetriebe nicht an der Kapitalknappheit der Bürger im Inland scheiterte und daß sich die Privatisierung nicht über viele Jahre erstreckte[69].
Allerdings fand die Kuponprivatisierung auch Kritik. Angesichts der großen Zahl an Kleinaktionären konnte sie zu einer zu großen Streuung der Eigentumsrechte führen und damit den Sinn der Privatisierung, der darin bestand, eine Schicht von privaten Unternehmern mit einer effizienten und marktorientierten Unternehmsführungsstragie zu schaffen[70], verfehlen[71]. Denn der Kleinaktionär hatte in der Regel keinen Einfluß- bzw. keine Kontrollmöglichkeit auf die Unternehmesführung und empfand den momentanen (Aktien-) Gewinn wichtiger als eine lange erfolgreiche Tätigkeit des Unternehmens[72]. Es bestand die Gefahr, daß viele ihre Aktien wieder weiterverkaufen und dadurch einen inflationären Druck auslösen könnten[73]. Selbst in den traditionellen kapitalistischen Staaten besteht nur ein kleiner Teil der Bevölkerung aus Aktionären, die sich mit dem Börsengeschehen lange Zeit vertraut machen konnten; bei der Bevölkerung in

---

[64] *Havlan*, Transformace, S. 87.
[65] *Haarland/Niessen*, Transformationsprozeß, S. 23.
[66] *Haarland/Niessen*, Transformationsprozeß, S. 23.
[67] *Haarland/Niessen*, Transformationsprozeß, S. 23.
[68] *Janáčková/Janáček*, Politická ekonomie 1991, H. 7-8, S. 594.
[69] *Klacek*, Politická ekonomie 1991, H. 9-10, S. 728; *Boulin/Ducrueux* (-Bauer), Transformace, S. 60; *Havlan*, Transformace, S. 88; *Haarland/Niessen*, Transformationsprozeß, S. 23; *Rychetník*, Národní hospodářství 1991, H. 2, S. 13; *Čermak*, Národní hospodářství 1991, H. 9, S. 4.
[70] Vgl. 1.Teil, B.I.
[71] *Boulin/Ducrueux* (-Bauer), Transformace, S. 61; *Janáčková/Janáček*, Politická ekonomie 1991, H. 7-8, S. 594; *Rychetník* Národní hospodářství 1991, H. 2, S. 13.
[72] *Rychetník*, Politická ekonomie 1990, H. 10, S. 1186; *Janáčková/Janáček*, Politická ekonomie 1991, H. 7-8, S. 594, ähnlich auch *Boulin/Ducrueux* (-Bauer), Transformace, S. 61.
[73] *Klacek*, Politická ekonomie 1991, H. 9-10, S. 728; *Janáčková/Janáček*, Politická ekonomie 1991, H. 7-8, S. 594.

einem postsozialistischen Land kann ein solches Wirtschaftsverständnis nicht sofort erwartet werden[74].
Der Streuung der Eigentumsrechte konnte allerdings etwas dadurch entgegengewirkt werden, daß die Kuponinhaber ihre Kupons auf Investmentgesellschaften übertragen konnten und dann nur am Investmentfonds beteiligt waren[75].
Ein weiteres Problem bestand darin, daß die Kuponprivatisierung einen funktionierenden Aktienmarkt voraussetzte, um den Wert der Aktien nach marktwirtschaftlichen Verhältnissen bemessen zu können[76]. Der Aktienmarkt befand sich in der Tschechischen Republik aber erst im Entstehen. Im übrigen kommt in einem kapitalistischen Land ein Unternehmen erst dann zur Börse, wenn es eine gewisse (finanzielle) Stabilität aufweisen kann[77] - ein Aspekt, der bei den zu privatisierenden Objekten im postsozialistischen Land noch nicht erprobt war.

II. Liberalisierung

Ein weiterer wichtiger Pfeiler im Rahmen der Transformation war die Liberalisierung der Wirtschaft, also die Abschaffung der wirtschaftlichen Fesseln des Sozialismus (wie die Beschränkung einzelwirtschaftlicher Entscheidungsfreiheit, die Festlegung gesetzlich fixierter Preise, die Handelsmonopole). Zur Liberalisierung gehören die Einführung eines effektiv funktionierenden Kapitalmarktes, eines freien Arbeitskräfte-, Waren- und Dienstleistungsmarktes und insbesondere die Liberalisierung der Preise und des (Außen-)Handels verbunden mit freien Wechselkursen[78].
Während der Privatsektor (insbesondere private Unternehmen) voll und ganz liberalisiert werden mußte, sollte der Staatssektor nicht bedingungslos liberalisiert werden, sondern Beschränkungen (wie der Begrenzung von Kreditvergaben des Staates an Staatsunternehmen sowie der Kontrolle der Löhne und Investitionen im Staatssektor) unterliegen[79]. Denn Staatsunternehmen zählen eher zu der Sphäre der Politik als der Wirtschaft und geben letztendlich das (Steuer-)Geld der Bürger aus, so daß meist ökonomische Überlegungen nachrangig sind[80]. Durch die Kontrolle des Staatssektors wird garantiert, daß der Privatsektor, der harten Budgetschranken ausgesetzt ist[81], nicht durch den Staatssektor verdrängt wird[82].

---

[74] *Boulin/Ducrueux* (-Bauer), Transformace, S. 60.
[75] *Klacek*, Politická ekonomie 1991, H. 9-10, S. 728 f.
[76] *Rychetník*, Politická ekonomie 1990, H. 10, S. 1191 und *ders.*, Národní hospodářství 1991, H. 2, S. 13.
[77] *Boulin/Ducrueux* (-Bauer), Transformace, S. 60.
[78] *Jonáš*, Ekonomická transformace, S. 15; *Kornai*, Cesta ke svobodné ekonomice, S. 23 f.
[79] *Kornai*, Cesta ke svobodné ekonomice, S. 39 und S. 43.
[80] *Kornai*, Cesta ke svobodné ekonomice, S. 39.
[81] Vgl. 1. Teil, B.I.
[82] *Kornai*, Cesta ke svobodné ekonomice, S. 44; vgl. auch *Havlan*, Transformace, S. 91 f.

1) Liberalisierung der Preise und des (Außen-)Handels

Ein bedeutender Schritt im Rahmen der Transformation zu einer Marktwirtschaft ist die Liberalisierung der Preise (und auch der Löhne des Privatsektors) durch die Abschaffung des bisher zentral gelenkten Preissystems[83]. In der sozialistischen Planwirtschaft hatte das Geld keine Signalfunktion, d.h. Preise waren keine Marktpreise, die über Angebot und Nachfrage informierten und so die effektive Verteilung der Güter ermöglichten, sondern sie waren (nachfrageunabhängig) behördlich festgesetzt[84]. Der Preis im Sozialismus galt als „Kostenpreis", d.h. der Preis orientierte sich lediglich an den offiziellen Kosten der Produktion, die allerdings nicht die tatsächliche Kostensituation eines sozialistischen Betriebes widerspiegelten[85]. Denn politische anstatt betriebswirtschaftliche Bewertungen der Ressourcen und hohe staatliche Subventionen verfälschten die Kostensituation der Betriebe und führten zu irrationalen Preisen und Planungsentscheidungen[86]. In der Marktwirtschaft paßt sich demgegenüber die Produktion und das Angebot der Nachfrage an, die auch den Preis bestimmt.
Neben der Preisliberalisierung bedeutend war die Liberalisierung des Außenhandels. In der sozialistischen ČSSR richtete sich die Ein- und Ausfuhr von Waren nach den Planvorgaben (staatliches Außenhandelsmonopol) und nicht nach Nachfrage und Preisen[87].
Die Liberalisierung des Außenhandels förderte zum einen die Wettbewerbssituation und führte zum anderen zur Anpassung der tschechoslowakischen Wirtschaft an die relativen, also angebots- und nachfragebestimmten, Preise der Weltmärkte[88]. Insbesondere Importe erhöhten den Wettbewerb auf dem Inlandsmarkt und hoben dadurch auch den technischen Standard und die Qualität von Produkten und Dienstleistungen[89]. Wichtigste Voraussetzung für freie Im- und Exporte waren ein einheitlicher offizieller Wechselkurs und die Konvertibilität der Währung[90]. Problematisch bei der Einführung der Währungskonvertibilität war die große Abwertung der tschechischen Krone aufgrund des niedrigen Technik- und Produktionsniveaus der Waren im Vergleich zum Ausland, was zur Preiserhöhung für inländische Produkte führte[91].

---

[83] *Haarland/Niessen*, Transformationsprozeß, S. 20; *Carabelli/Sciarra* (-Tomeš/Tkáč), Collective labour law, S. 61.
[84] *Jonáš*, Ekonomická transformace, S. 11 und S. 14.
[85] *Haarland/Niessen*, Transformationsprozeß, S. 20.
[86] *Haarland/Niessen*, Transformationsprozeß, S. 20.
[87] *Jonáš*, Ekonomická transformace, S. 105 und S. 109.
[88] *Jonáš*, Ekonomická transformace, S. 110; *Janáčková/Janáček*, Politická ekonomie 1991, H. 7-8, S. 598.
[89] *Kornai*, Cesta ke svobodné ekonomice, S. 111 f.
[90] *Kornai*, Cesta ke svobodné ekonomice, S. 111.
[91] *Janáčková*, Politická ekonomie 1991, H. 9-10, S. 784; *Klacek*, Politická ekonomie 1991, H. 9-10, S. 725.

In der Tschechoslowakischen Republik existierte im Jahre 1990 vorübergehend ein gemischtes Preissystem aus zentralisierten und dezentralisierten Preisen: Es gab zentral festgelegte Preise, zentral regulierte Preise, die sich zwar nach dem Markt richteten, aber nur unter den Voraussetzungen und in dem Umfang, den der Staat bestimmte, sowie tatsächliche Markt- (Vertrags-) Preise ohne staatliche Eingriffe[92]. Am 1. Januar 1991 erfolgte eine einmalige Preisfreigabe der meisten Güter und Dienstleistungen und eine umfangreiche Liberalisierung des Außenhandels[93].

2) Rechtlich-institutionelle Rahmenbedingungen

Rechtlich-institutionelle Rahmenbedingung für die Liberalisierung der Wirtschaft sind die Einführung des Privateigentums, der Vertrags- und Gewerbefreiheit, der Einführung von Wirtschafts- und Unternehmensrechten, der Niederlassungsfreiheit, der Beschäftigungsfreiheit, der freien Berufs- und Arbeitsplatzwahl und freier Löhne[94].

A) Änderung der Verfassung

Eine grundlegende Änderung der Verfassung stellte die neue Eigentumsordnung dar, die das Eigentum einheitlich schützt. Die Verfassungsnovelle im Jahr 1990 (Nr. 100/1990 Slg.) unterschied im Rahmen des Eigentumsschutzes nicht mehr zwischen den Eigentumssubjekten (Staat, natürliche oder juristische Person), sondern sie ging von einem einheitlichen Eigentumsbegriff aus (Art. 7 Abs. 1 Verfassungsgesetz Nr. 100/1990 Slg.) und schützte das Eigentum jedes Rechtssubjekts gleichermaßen (Art. 7 Abs. 2 Verfassungsgesetz Nr. 100/1990 Slg., s. auch Art. 11 Abs. 1 S. 1 und 2 Charta der Grundrechte und –freiheiten Nr. 2/1993 Slg.[95]). Im Gegensatz dazu ging das Rechtssystem der sozialistischen ČSSR von einem gestuften Eigentumsbegriff aus: Die sozialistische Verfassung Nr. 100/1960 Slg. erkannte hauptsächlich nur „gesellschaftliches Eigentum“, also das Eigentum des Staates und von Genossenschaften, an (Art. 8 Abs. 1 Verfassung Nr. 100/1960 Slg.). Der einzelne Bürger durfte Eigentum nur zu persönlichen und häuslichen Bedarfszwecken erwerben (Art. 10 Abs. 1 Verfassung Nr. 100/1960 Slg.), während das Eigentum insbesondere an Produktionsmitteln nur dem Staat und den Genossenschaften vorbehalten blieb (vgl. Art. 7 Abs. 2 Verfassung Nr. 100/1960 Slg.).

---

[92] *Jonáš*, Ekonomická transformace, S. 81.

[93] *Haarland/Niessen*, Transformationsprozeß, S. 20; *Jonáš*, Ekonomická transformace, S. 82; *Klacek*, Politická ekonomie 1991, H. 9-10, S. 732.

[94] Vgl. *Kornai*, Cesta ke svobodné ekonomice, S. 23.

[95] Bekanntmachung des Wortlauts der Charta der Grundrechte und –freiheiten unter Nr. 2/1993 Slg Im folgenden wird die Charta der Grundrechte und –freiheiten als „Charta Nr. 2/1993 Slg.“ abgekürzt.

Die Verfassungsnovelle ermächtigte den Gesetzgeber zu einer detaillierten Regelung der Eigentumsrechte (Art. 24 a) Verfassung Nr. 100/1990 Slg.). Die Novelle des Bürgerlichen Gesetzes (Nr. 509/1991 Slg.) definierte in den §§ 123 ff. eindeutig die Eigentumsrechte. Wichtig war unter anderem auch die Regelung, daß nach der Wende die Eigentumsrechte teilbar und übertragbar wurden[96]. Demgegenüber widersprachen diese rechtlichen Definitionen des Eigentums dem sozialistischen Verständnis des „gesellschaftlichen Eigentums", das davon ausging, daß der Staat als Repräsentant aller Arbeiter Eigentümer ist und auch bleibt[97].
Des weiteren beauftragte die Verfassungsnovelle den Staat zur Entfaltung und zum Schutz der Unternehmertätigkeit und des wirtschaftlichen Wettbewerbs (Art. 13 Verfassung Nr. 100/1990 Slg.).

B) Änderung der zivil- und wirtschaftsrechtlichen Rechtslage

Nach dem zweiten Weltkrieg trat in der Tschechoslowakischen Republik das Zivilgesetz aus dem Jahre 1950 (Nr. 141/1950 Slg.) in Kraft. Es löste das österreichische Allgemeine Bürgerliche Gesetzbuch aus dem Jahr 1811, das für die Gebiete Böhmen und Mähren galt, sowie das ungarische Bürgerliche Recht, das sich als Gewohnheitsrecht auf das Gebiet der Slowakei erstreckte, ab und beseitigte damit den im Zivilrecht bestehendenen territorialen Rechts-dualismus[98].
Das Zivilgesetz von 1950 war nach marxistischen Grundsätzen verfaßt (vgl. § 1 Gesetz Nr. 141/1950 Slg.), d.h. es ging insbesondere von der Idee der moralisch-politischen Einheit der Bürger in der sozialistischen Gesellschaft aus[99]. Es regelte auch die wirtschaftsrechtlichen Beziehungen, indem es für die „Verpflichtungen aus der Durchführung des einheitlichen Wirtschaftsplanes" das Zivilgesetz für anwendbar erklärte (§ 212 Abs. 2 Gesetz Nr. 141/1950 Slg.). Das Prinzip des „öffentlichen Interesses" wurde leitender Grundsatz, der den Grundsatz der Vertragsfreiheit durchbrach und die erfolgreiche Erfüllung des Wirtschaftsplanes hervorhob[100].
Das Zivilgesetz, das einheitlich für den zivil- und wirtschaftsrechtlichen Bereich gültig war, wurde jedoch im Jahre 1964 durch drei Gesetzeswerke ersetzt, nämlich durch das Bürgerliche Gesetz (Nr. 40/1964 Slg.), das neue Wirtschaftsgesetz (Nr. 109/1964 Slg.) und das Gesetz über die Rechtsbeziehungen bei internationalen Handelsbeziehungen (Nr. 101/1963 Slg.). Seitdem herrschte ein Rechtsdualismus im Bereich des Zivil- und Wirtschaftsrechts; die Gesetze schlossen sich im Anwendungsbereich gegenseitig aus. Die Gesetze regelten die gleichen

---

[96] *Klusoň*, Politická ekonomie 1990, H. 3, S. 278; *Rychetník*, Národní hospodářství 1991, H. 2, S. 11.
[97] *Klusoň*, Politická ekonomie 1990, H. 3, S. 278 und S. 280; *Havlan*, Transformace, S. 38.
[98] *Kanda*, Právník 1991, H. 6, S. 518 f.
[99] Vgl. *Kanda*, Právník 1993, H. 12, S. 1043.
[100] Vgl. *Kanda*, Právník 1993, H. 12, S. 1043.

Rechtsbeziehungen unterschiedlich und zwar je nach dem, welche Rechtssubjekte beteiligt waren[101]. Das Bürgerliche Gesetzbuch Nr. 40/1964 Slg. bezog sich auf Beziehungen zwischen den Bürgern untereinander oder zwischen dem Bürger und der sozialistischen Organisation bei der „Befriedigung der materiellen und kulturellen Bedürfnisse der Bürger“ (§ 1 Gesetz Nr. 40/1964 Slg.). Demgegenüber regelte das Wirtschaftsgesetzbuch von 1964 lediglich Wirtschaftsbeziehungen zur Erfüllung der Wirtschaftspläne zwischen den sozialistischen Organisationen untereinander, nicht aber zu oder unter Privatpersonen bzw. zu anderen als den sozialistischen Organisationen (§ 1 Gesetz Nr. 109/1964 Slg.).
Im Rahmen der Transformation erfolgte nun eine umfangreiche Änderung der zivil- und wirtschaftsrechtlichen Rechtsordnung. Das Bürgerliche Gesetz wurde nach der Wende umfassend durch das Gesetz Nr. 509/1991 Slg. novelliert. Zum einen übernahm das Bürgerliche Gesetz die verfassungsrechtlich neu verankerte Eigentumsordnung[102], indem es in seinem § 124 festlegte, daß alle Eigentümer die gleichen Rechte und Pflichten haben und daß allen Eigentümern, auch den ausländischen juristischen und natürlichen Personen, der gleiche Eigentumsschutz gewährt wird. Zum anderen beseitigte die Novelle die differenzierte Regelung der zivilrechtlichen Rechtsbeziehungen bei Beteiligung unterschiedlicher Rechtssubjekte, indem sie drei Abschnitte des Bürgerlichen Gesetzbuchs (§§ 152-414) aufhob (Art. I Nr. 66 Gesetz Nr. 509/1991 Slg.). Diese Abschnitte unterteilten die schuldrechtlichen Beziehungen (wie Leihe, Kauf, Werkherstellung, Dienstleistung) nach den beteiligten Rechtssubjekten und legten jeweils verschiedene Regelungen fest. Zum Beispiel beschäftigte sich der 4. Teil (Dienste) nur mit Rechtsbeziehungen zwischen der sozialistischen Organisation und dem Bürger (vgl. § 222 Abs. 1 Gesetz Nr. 40/1964 Slg.), während der 5. Teil (Rechte und Pflichten aus anderen Rechtshandlungen) nur Rechtsbeziehungen zwischen den Bürgern untereinander regelte, obwohl es sich um denselben Rechtsgrund (Leihe, Kauf, etc.) handelte (vgl. § 384 Abs. 1 Gesetz Nr. 40/1964 Slg.).
Die differenzierte Behandlung der Rechtsbeziehungen unterschiedlicher Rechtssubjekte hing damit zusammen, daß das sozialistische Bürgerliche Gesetzbuch grundsätzlich keine (entgeltlichen) Vertragsverhältnisse, insbesondere keine Werk- und Dienstleistungsverhältnisse, zwischen den einzelnen Bürgern, sondern nur zwischen der sozialistischen Organisation und dem Bürger erlaubte (vgl. §§ 19 und 222 Abs. 1 Gesetz Nr. 40/1964 Slg.). Bei den zivilrechtlichen Rechtsbeziehungen zwischen den Bürgern untereinander handelte es sich um eine *občanská výpomoc* (‚zivilrechtliche Aushilfe‘), in denen der Gläubiger lediglich einen Aufwendungsersatzanspruch, grundsätzlich aber keinen Vergütungsanspruch hatte (§ 384 Abs. 1 i.V.m. § 385 Abs. 1 und Abs. 2 Gesetz Nr. 40/1964 Slg.).

---

[101] *Kanda*, Právník 1993, H. 12, S. 1042 f.
[102] S. 1. Teil, B.II.2)A).

Das novellierte Bürgerliche Gesetzbuch Nr. 509/1991 Slg. regelt nun die schuldrechtlichen Beziehungen einheitlich für alle Rechtssubjekte im 8. Teil, wobei es in einem allgemeinen Abschnitt die Entstehung, den Übergang und den Untergang schuldrechtlicher Verpflichtungen festlegt (§§ 488-587 Gesetz Nr. 509/1991 Slg.) und sich in einem besonderen Abschnitt mit den einzelnen schuldrechtlichen Verträgen auseinandersetze (§§ 588 ff. Gesetz Nr. 509/1991 Slg.). Mit der Einführung einer einheitlichen Regelung der schuldrechtlichen Beziehungen für alle Rechtssubjekte wurde die Gesamtkonzeption des Bürgerlichen Gesetzes wesentlich geändert. Die Novelle des Bürgerlichen Gesetzbuchs verankerte auch den Grundsatz der Vertragsfreiheit im neu eingeführten § 2 Abs. 3 Gesetz Nr. 509/1991 Slg Danach können die Beteiligten der Zivilrechtsbeziehungen gegenseitige Rechte und Pflichten auch abweichend von den gesetzlichen Regelungen vereinbaren, sofern das Gesetz dies nicht ausdrücklich verbietet oder sofern sich aus dem Gesetz nicht konkludent ergibt, daß eine Abweichung nicht möglich ist.

Im Bereich des Wirtschaftsrechts bildeten insbesondere die Gesetze Nr. 105/1990 Slg. und Nr. 103/1990 Slg. die Grundlage für die Einführung und Entfaltung der privaten Unternehmertätigkeit im Wirtschaftsleben. Den Weg hierzu eröffnete die Verfassungsnovelle Nr. 100/1990 Slg., die das Recht auf Privateigentum (insbesondere an Produktionsmitteln) gewährte[103].

Das Gesetz Nr. 105/1990 Slg. über die private Unternehmertätigkeit von Bürgern[104] erlaubte dem einzelnen Bürger eine Unternehmertätigkeit auszuüben (§ 1 Abs. 1 S. 1 Gesetz Nr. 105/1990 Slg.), in beliebigem Umfang Eigentum zu erwerben (§ 5 Gesetz Nr. 105/1990 Slg.) und beliebig viele Arbeiter nach arbeitsrechtlichen Vorschriften zu beschäftigen (§ 4 Abs.1 S. 1 Gesetz Nr. 105/1990 Slg.). Das Gesetz Nr. 103/1990 Slg. novellierte in diesem Zusammenhang das Wirtschaftsgesetzbuch, indem es seinen Anwendungsbereich auch auf natürliche Personen als Unternehmer erweiterte[105]. Des weiteren ermöglichte das Gesetz Nr. 103/1990 Slg. eine gemeinschaftliche Unternehmertätigkeit natürlicher Personen in Form von Handelsgesellschaften (§§ 106 a ff. Gesetz Nr. 103/1990 Slg. i.V.m. § 1 Abs. 1 S. 2 Gesetz Nr. 105/1990 Slg.). Es beseitigte durch die Aufhebung der bisherigen §§ 14 - 16 Wirtschaftsgesetz Nr. 109/1964 Slg. (in der vor der Wende zuletzt gültigen Fassung) die Rechtsform der sozialistischen Organisation[106]. Und es legte die Grundsätze des wirtschaftlichen Wettbewerbs fest[107].

Später verdrängte das Handelsgesetzbuch (Nr. 513/1991 Slg.) das Wirtschaftsgesetzbuch (vgl. § 772 Nr. 3 Gesetz Nr. 513/1991 Slg.) und regelte detailliert die wirtschaftlichen Beziehungen[108]. Das Bürgerliche Gesetzbuch kommt nun ge-

---

[103] Vgl. auch 1. Teil, B.II.2)A).

[104] Zákon č. 105/1990 Sb. o soukromém podnikání občanů.

[105] *Plíva*, Právo a zákonnost 1990, H. 8, S. 471.

[106] Dem entsprach auch die Novelle des Arbeitsgesetzes, die das Adjektiv „sozialistisch" bei dem Begriff „sozialistische Organisation" strich (Art. I Nr. 13 Gesetz Nr. 3/1991 Slg.).

[107] *Plíva*, Právo a zákonnost 1990, H. 8, S. 476.

[108] Näher hierzu s. nur *Marek*, Národní hospodářství 1991, H. 12, S. 24 ff.

genüber dem Handelsgesetzbuch subsidiär zur Anwendung (vgl. § 1 Abs. 2 S. 2 Gesetz Nr. 513/1991 Slg.), wenn auch das Handelsgesetzbuch die schuldrechtlichen Beziehungen (wie Kauf-, Werkvertrag) i.d.R. umfassend regelt (vgl. §§ 409 ff. Gesetz Nr. 513/1991 Slg.).

III. Stabilisierung

Der dritte wichtige Pfeiler im Rahmen der Transformation ist die makroökonomische Stabilisierung der neu eingeführten Wirtschaftsform, insbesondere die Stabilisierung des Geldwertes[109]. Erreicht wird die Stablilisierung durch eine restriktive Haushalts-, Währungs- und Finanzpolitik des Staates[110]. Im einzelnen zählen hierzu die Bekämpfung der Inflation, das Herstellen eines ausgeglichenen Staatsbudgets sowie das Management der makroökonomischen Nachfrage[111].
Alle Bemühungen, eine Wettbewerbsordnung zu verwirklichen, sind umsonst, solange eine gewisse Stabilität des Geldwertes zur Vermeidung von Inflationen nicht gesichert ist. Eine Inflation, d.h. eine Geldentwertung, die sich im ständigen Steigen des Preisniveaus für Endprodukte ausdrückt, ist kontraproduktiv zu den Zielen der Transformation. Denn die Inflation verschleiert, welche Unternehmen effizient agieren und welche nicht, weil die steigenden Preise keine Urteile darüber erlauben, ob ein Unternehmen zum Beispiel höhere Kosten hat, weil es ineffizient agiert oder weil die Preise gestiegen sind[112]. Die Preise verlieren folglich ihre Signalwirkung und die Inflation verhindert, daß rational wirtschaftliche Berechnungen durchgeführt werden können[113].
Die im Januar 1991 eingeführte Preisliberalisierung führte zu einer Preisexplosion; die Inflationsrate stieg von 10 % im Jahr 1990 auf ca. 58 % im Jahr 1991[114]. Dennoch war die antiinflationäre Politik in der Tschechischen Republik aufgrund der strengen Finanzpolitik des Staates erfolgreicher als in den anderen postsozialistischen Ländern[115].
Da die Ursache der Inflation eine anhaltende überhöhte Güternachfrage über das gesamtwirtschaftliche Güterangebot ist, zählt zur antiinflationären Politik zugleich das Management der makroökonomischen Nachfrage[116]. Die Güternachfrage wird nachhaltig von der vorhandenen umlaufenden Geldmenge bestimmt; bei Erhöhung der Geldmenge steigt zugleich die Nachfrage[117]. Beeinflußen kann der Staat die Nachfrage durch Kontrolle der Kreditangebote

---

[109] Vgl. *Klvačová*, Politická ekonomie 1990, H. 6, S. 697.
[110] *Klacek*, Politická ekonomie 1991, H. 9-10, S. 721; *Jonáš*, Ekonomická transformace, S. 16.
[111] *Kornai*, Cesta ke svobodné ekonomice, S. 72 ff.
[112] *Kornai*, Cesta ke svobodné ekonomice, S. 76 f.
[113] *Kornai*, Cesta ke svobodné ekonomice, S. 75.
[114] *Haarland/Niessen*, Transformationsprozeß, S. 20.
[115] *Jonáš*, Ekonomická transformace, S. 75.
[116] *Boulin/Ducrueux* (-Bauer), Transformace, S. 66; *Jonáš*, Ekonomická transformace, S. 143.
[117] Vgl. *Kornai*, Cesta ke svobodné ekonomice, S. 97.

(z.B. durch geeignete Zinssätze), sowie durch Lohnbegrenzungen im Staatssektor (Lohndisziplin)[118].
Teil des Stabilisierungsprogramms im Rahmen einer Transformation sollte des weiteren das Herstellen eines ausgeglichen Staatsbudgets sein. Dies wird erreicht, in dem die Einnahme-Seite des Staatsbudgets ausschließlich durch Steuern, d.h. nicht durch Staatsverschuldung oder Geldproduktion, gedeckt wird[119]. Das setzt eine Reorganisation des Steuersystems voraus: Das Steuersystem sollte so neutral wie möglich sein (Gleichheitsgrundsatz der Besteuerung), um das Preissystem nicht zu verzerren, und es sollte nicht progressiv gestaltet sein, um wirtschaftliche Investitionen der Unternehmer nicht zu verhindern[120].
Zu betonen bleibt noch, daß Privatisierung, Liberalisierung und Stabilisierung parallel und nicht etwa nacheinander eingeführt werden sollten[121]. Denn eine Privatisierung ohne Preisliberalisierung würde zu verzerrten Preisen und somit zu ineffizienten Warenzuteilungen führen[122]. Und eine Liberalisierung ohne gleichzeitige Privatisierung wäre unsinnig, da erst durch die Privatisierung und die Einführung der Teilbarkeit und Übertragbarkeit der Eigentumsrechte eine wirkliche Wettbewerbssituation auf dem Markt entstehen kann[123].

[118] *Kornai*, Cesta ke svobodné ekonomice, S. 98 und S. 100 f.; vgl auch zur Festlegung der Zinssätze *Klacek*, Politická ekonomie 1991, H. 9-10, S. 724 f. und zur Lohndisziplin im öffentlichen Sektor *Carabelli/Sciarra* (-Tomeš/Tkáč), Collective labour law, S. 61 f.
[119] *Kornai*, Cesta ke svobodné ekonomice, S. 80.
[120] *Kornai*, Cesta ke svobodné ekonomice, S. 81 und S. 84 ff.
[121] *Janáčková/Janáček*, Politická ekonomie 1991, H. 7-8, S. 600; *Klacek*, Politická ekonomie 1991, H. 9-10, S. 731.
[122] *Janáčková/Janáček*, Politická ekonomie 1991, H. 7-8, S. 600; *Klacek*, Politická ekonomie 1991, H. 9-10, S. 731.
[123] *Klacek*, Politická ekonomie 1991, H. 9-10, S. 731.

2. Teil: Transformation des Arbeitsrechts in der Tschechischen Republik

A. Zur Rechtslage vor 1989

I. Einführung

1) Entwicklung des Arbeitsrechts im Zeitraum vor 1989[124]

Bereits 1811 lag auf dem Gebiet der heutigen Tschechischen Republik das Privatrecht in kodifizierter Gestalt vor: Das Allgemeine Bürgerliche Gesetzbuch von 1811 (ABGB) galt für das damalige Gebiet Österreichs, zu dem auch die Gebiete Böhmen und Mähren, das heutige tschechische Staatsgebiet, zählten[125]. In seinem 26. Abschnitt regelte dieses Gesetzbuch das Arbeitsverhältnis in Form des Lohndienstvertrages[126]. Die diesbezüglichen Regelungen hatten überwiegend dispositiven Charakter und ermöglichten den Parteien große Vertragsfreiheit[127].

Diese privatrechtlichen Grundlagen des Arbeitsrechts ergänzten später öffentlich-rechtliche Elemente, vor allem die sog. Schutzgesetze („Fabrik- oder Sozialgesetze"), wie zum Beispiel das allgemeine Berggesetz von 1854 und die Gewerbeordnung von 1859[128]. Bedeutende Schutzregelungen brachten auch einige in den Jahren 1883 bis 1885 in Kraft getretene Gesetze wie das Gesetz über die Gewerbeaufsicht und die Novelle der Gewerbeordnung sowie auch spätere Gesetze, die unter anderem die Sicherheit und den Schutz der Gesundheit am Arbeitsplatz und die Kinderarbeit regelten[129].

Neben der Schutzgesetzgebung sollten die Abschaffung des Verbots beruflicher Zusammenschlüsse aus dem Jahre 1870 und damit die Möglichkeit der Gründung von Gewerkschaften und des Abschlusses von kollektiven Arbeitsverträgen (Tarifverträgen) ebenfalls die damals schwierigen Arbeits- und Lebensbedingungen verbessern[130].

---

[124] Näher hierzu *Fuchs/Tröster*, Arbeit und Sozialpolitik 1998, S. 43 ff. und *Bělina* (-Kalenská), Pracovní právo (2001), Rn. 49 ff. und 54 ff.

[125] *Bělina* (-Kalenská), Pracovní právo (2001), Rn. 51; *Tröster*, Postavení pracovního práva, S. 92.

[126] *Bělina* (-Kalenská), Pracovní právo (2001), Rn. 51.

[127] *Kostečka*, Socialistická zákonnost 1985, H. 6, S. 322; *Bělina* (-Kalenská), Pracovní právo (1990), S. 23.

[128] *Bělina*, Pracovní právo (1997), S. 22 (-Novotná) und S. 26 (-Kalenská); *Fuchs/Tröster*, Arbeit und Sozialpolitik 1998, S. 43.

[129] *Bělina* (-Kalenská), Pracovní právo (1990), S. 23; *Fuchs/Tröster*, Arbeit und Sozialpolitik 1998, S. 43; näher dazu *Bělina* (-Novotná), Pracovní právo (1997), S. 22.

[130] *Fuchs/Tröster*, Arbeit und Sozialpolitik 1998, S. 43.

Des weiteren führte die Novelle des ABGB im Jahre 1916 einige zwingende Vorschriften im Rahmen der Regelung des (Lohn-)Dienstvertrages zum Schutz der Arbeiter ein[131].
Nach dem Ersten Weltkrieg konstituierte sich in Paris die tschechoslowakische Regierung, die der Nationalausschuß in Prag am 28.10.1918 bestätigte; der Nationalausschuß proklamierte die Tschechoslowakei zur Republik. Der neu gegründete tschechoslowakische Staat übernahm und ergänzte die frühere Arbeitsgetzgebung[132].
Nachdem Hitler im Münchner Abkommen vom 29. September 1938 die Übergabe der deutschen Siedlungsräume des tschechischen Gebietes an das Deutsche Reich erwirkt hatte, gliederte er am 14./15. März 1939 das Restgebiet als „Protektorat Böhmen und Mähren" direkt dem Deutschen Reich ein. Während der Protektoratszeit von 1939 bis 1945 wurden einige faschistische Maßnahmen Gesetz, wie zum Beispiel die Zwangsarbeit, die Diskriminierung bei der Beschäftigung verbunden mit Verfolgungen einiger Gruppen der Bevölkerung und die Zwangsvereinigung von Gewerkschaftsorganisationen[133].
Nach der Befreiung der Tschechoslowakei im Jahr 1945 wurde die Tschechoslowakei als Staat wiederhergestellt und die Regierung konstituierte sich erneut. Die frühere Arbeitsgesetzgebung behielt ihre Gültigkeit mit Ausnahme der faschistischen Gesetzesvorschriften aus der Protektoratszeit und jener Vorschriften, die der geltenden Verfassung widersprachen[134]. Des weiteren kam es zu einigen wichtigen Gesetzen (z.B. das Dekret über Fabrik- und Unternehmensräte, das Gesetz über den Erholungsurlaub und die Regelungen über die Arbeitszeit im Bergbau)[135].
Anfang 1948 erfolgte der Kommunistische Staatsstreich, durch den die Kommunistische Partei die Führung übernahm. Seit 1948 begann die kommunistische Partei, die Rechtsordnung nach ihren sozialistischen Grundsätzen umzubauen. Innerhalb von zwei Jahren sollte das gesamte frühere Recht durch neues Recht ersetzt werden (sog. *právnická dvouletka*), wobei die arbeitsrechtlichen Vorschriften einheitlich für alle Arbeiter gelten sollten[136]. Dieser Vereinheitlichungsprozeß sollte die gleiche Stellung der Arbeiter im Verhältnis zu den Produktionsmitteln ausdrücken[137]. In der Zeit von 1951 und 1965 traten weitere Gesetzesregelungen – wie zum Beispiel über den Erholungsurlaub, die Sicherheit und den Schutz der Gesundheit am Arbeitsplatz, die 46-Stunden-Woche sowie

---

[131] *Bělina* (-Kalenská), Pracovní právo (1990), S. 23.
[132] *Fuchs/Tröster*, Arbeit und Sozialpolitik 1998, S. 43.
[133] *Bělina* (-Novotná), Pracovní právo (1997), S. 27; *Fuchs/Tröster*, Arbeit und Sozialpolitik 1998, S. 44.
[134] *Kalenská/Bělina*, Právník 1986, H. 4, S. 291; *Bělina* (-Kalenská), Pracovní právo (1997), S. 27 f.; *Fuchs/Tröster*, Arbeit und Sozialpolitik 1998, S. 44.
[135] *Bělina* (-Kalenská), Pracovní právo (1990), S. 25.
[136] *Bělina* (-Kalenská), Pracovní právo (1997), S. 28; *Fuchs/Tröster*, Arbeit und Sozialpolitik 1998, S. 44.
[137] *Bělina* (-Kalenská), Pracovní právo (1990), S. 25.

über die Stellung der Betriebsausschüsse der *Revoluční odborové hnutí* („Revolutionäre Gewerkschaftsbewegung')[138] vom Jahr 1959 – in Kraft[139].
Den Höhepunkt des Vereinheitlichungsprozesses bildete die Verabschiedung des Arbeitsgesetzbuchs (*zákoník práce*[140]) im Jahre 1965 mit Wirkung zum 1.1.1966. Das Arbeitsgesetzbuch vereinigte alle bisher bestehenden rechtlichen Regelungen im arbeitsrechtlichen Bereich und ersetzte sie zum Teil durch neue Regelungen[141]. Es handelte sich um die erste Kodifikation des gesamten Arbeitsrechts in der ČSSR[142]. Bisher galten neben den allgemeinen Vorschriften (vor allem neben dem ABGB von 1811 in der Fassung der 3. Teilnovelle von 1916) noch zahlreiche besondere Vorschriften, die die Arbeitsverhältnisse bestimmter Arbeitergruppen regelten – wie zum Beispiel von Redakteuren, Bergarbeitern, Landwirtschafts- und Waldarbeitern etc.[143].
Das Arbeitsgesetzbuch von 1965 behielt trotz einiger Novellen bis zur samtenen Revolution im Jahr 1989 seine inhaltliche Gültigkeit; die Novellen des Arbeitsgesetzbuchs änderten bis zur Wende im Jahr 1989 nie seine Konzeption[144]. In der Zeit von 1966 bis 1989 gab es von insgesamt neun im Grunde genommen nur drei bedeutendere Novellen: Es handelte sich um die Gesetzesnovellen Nr. 153/1969 Slg., Nr. 20/1975 Slg. und Nr. 188/1988 Slg.
Die Gesetzesnovelle Nr. 153/1969 Slg. folgte der Niederschlagung des „Prager Frühlings", der mit dem Reformkurs der Kommunistischen Partei im Jahre 1968 begonnen hatte, durch die Warschauer-Pakt-Staaten im August 1969. Vor dem Hintergrund der Krisenjahre 1968 und 1969 waren die Ziele dieses Gesetzes vor allem die Festigung der Arbeitsdisziplin der Arbeiter und die Stärkung der Führung der sozialistischen Organisationen[145]. In diesem Zusammenhang erweiterte die Novelle die Befugnisse der sozialistischen Organisation bei der Auflösung von Arbeitsverhältnissen wegen Verstößen gegen die Arbeitsdisziplin (vgl. §§ 46 Abs. 1 e) und f), 53 Abs. 1 c) ZP i.d.F. Gesetz Nr. 153/1969 Slg.) und ermöglichte damit auch die Entlassung der Arbeiter aus politischen Gründen (vgl.

---

[138] Die *Revoluční odborové hnutí* wird im folgenden abgekürzt als „ROH".
[139] Näher hierzu *Bělina* (-Kalenská), Pracovní právo (1997), S. 28; *Fuchs/Tröster*, Arbeit und Sozialpolitik 1998, S. 44.
[140] Im folgenden abgekürzt als „ZP". Alle nachfolgenden §§ des ZP ohne nähere Bestimmung beziehen sich im 2. Teil, A. auf die Fassung des Arbeitsgesetzbuchs Nr. 52/1989 Slg., die vor der Wende zuletzt gültige Fassung.
[141] *Kostečka*, Socialistická zákonnost 1985, H. 6, S. 327; *Kalenská/Bělina*, Právník 1986, H. 4, S. 292; *Bělina* (-Kalenská), Pracovní právo (1990), S. 26.
[142] *Kalenská/Bělina*, Právník 1986, H. 4, S. 293; *Kalenská* (-dies.), Československé pracovní právo (1980), S. 27.
[143] *Kostečka*, Socialistická zákonnost 1985, H. 6, S. 322.
[144] *Bělina* (-Pichrt), Pracovní právo (1997), S. 30; *Kalenská/Bělina*, Právník 1986, H. 4, S. 295; *Kostečka*, Socialistická zákonnost 1985, H. 6, S. 328.
[145] *Kalenská/Bělina*, Právník 1986, H. 4, S. 295; *Kostečka*, Socialistická zákonnost 1985, H. 6, S. 328.

„Verstoß gegen die sozialistische gesellschaftliche Ordnung“ gem. § 53 Abs. 1 c) ZP i.d.F. Gesetz Nr. 153/1969 Slg.)[146].
Das Gesetz Nr. 20/1975 Slg. erneuerte im Einklang mit den internationalen Vereinbarungen die Regelungen hinsichtlich der Beendigung eines Arbeitsverhältnisses (Kündigung und sofortige Beendigung) und verbesserte die Aufsichtsmöglichkeiten der Einheitsgewerkschaft (ROH) über die Einhaltung der Arbeitsgesetze (vgl. § 22 Abs. 3 und 4 ZP i.d.F. Gesetz Nr. 20/1975 Slg.)[147]. Des weiteren brachte die Novelle Änderungen im Bereich der Regelung der Arbeitsstreitigkeiten[148]. Zum Beispiel sollten Individualarbeitsrechtstreitigkeiten nunmehr wieder primär im Rahmen eines Schiedsgerichtsverfahrens vor einer Schiedskommission, die Gewerkschaftsorgane gründeten und leiteten, ausgetragen werden (vgl. § 207 Abs. 1 und 2 ZP i.d.F. Gesetz Nr. 20/1975 Slg.).
Die letzte bedeutende und umfangreichste Novelle des Arbeitsgesetzbuchs vor der Wende erfolgte durch das Gesetz Nr. 188/1988 Slg., das am 01.01.1989 in Kraft trat. Das Gesetz sollte die „sozialistische Demokratie“ vertiefen und damit einen wichtigen Schritt auf dem Weg zum Kommunismus darstellen[149]. Ziel des Gesetzes waren unter anderem eine größere Mobilität der Arbeitskräfte und eine größere Selbständigkeit der sozialistischen Unternehmen gegenüber der zentralen Leitung (auch im Lohnbereich)[150]. In diesem Zusammenhang stand auch der Erlaß des Gesetzes Nr. 88/1988 Slg. über das staatliche Unternehmen, das ebenfalls die Rechtspositionen der sozialistischen Organisation erweitern sollte[151].

2) Rechtsquellen des Arbeitsrechts

A) Allgemein[152]

Zu den wichtigsten Rechtsquellen des kollektiven Arbeitsrechts, die vor der Wende im Jahr 1989 galten, zählte die Verfassung der ČSSR vom 11. Juli 1960

---

[146] *Bělina* (-Kalenská), Pracovní právo (1990), S. 26.
[147] *Kalenská/Tröster*, Ke vzniku pracovního práva, S. 35; *Bělina* (-Kalenská), Pracovní právo (1990), S. 27.
[148] *Bělina* (-Kalenská), Pracovní právo (1990), S. 27.
[149] Důvodová zpráva k vládnímu návrhu zákona č. 188/1988 Sb., kterým se mění a doplňuje zákoník práce, tisk č. 100, Federální shromáždění ČSSR 1988, V. volební období, str. 1 ff. (str. 3) [*Übersetzung:* Begründung des Regierungsentwurfs zum Gesetz Nr. 188/1988 Slg., das das Arbeitsgesetzbuch ändert und ergänzt, Druck Nr. 100, Föderalversammlung ČSSR 1966, V. Wahlperiode, S. 1 ff. (S. 3)].
[150] Důvodová zpráva k vládnímu návrhu zákona č. 188/1988 Sb., kterým se mění a doplňuje zákoník práce, tisk č. 100, Federální shromáždění ČSSR 1988, V. volební období, str. 1 ff. (str. 5, 14 und 26) sowie Anhang zur Důvodová, a.a.O.,Základní principy novelizace zákoníku práce [*Übersetzung*: Grundprinzipien der Novelle des Arbeitsgesetzbuchs], str. 1 und str. 16; vgl. auch *Bělina* (-Kalenská), Prácovní právo (1990), S. 28; *Kostečka*, Socialistická zákonnost 1989, H. 3, S. 129.
[151] *Kottnauer/Součková,/Šubrt*, Práce a mzda 1989, H. 10, S. 6.
[152] Ausführlich dazu *Bělina* (-Kalenská), Pracovní právo (1990), S. 32 f.

(Nr. 100/1960 Slg.), die die Grundsätze des Arbeitsrechts aufstellte. Die wichtigste und umfangreichste einfachgesetzliche Rechtsquelle bildete das Arbeitsgesetzbuch Nr. 65/1965 Slg. (zuletzt vor der Wende i.d.F. Gesetz Nr. 52/1989 Slg.). Daneben hatte für den Bereich des kollektiven Arbeitsrechts insbesondere das Gesetz Nr. 37/1959 Slg.[153] Bedeutung. § 1 Gesetz Nr. 37/1959 Slg. verwies inhaltlich hinsichtlich der Rechte der ROH-Gewerkschaftsorgane im Verhältnis zu den sozialistischen Organisationen auf die Bestimmungen des Beschlusses des IV. gesamtgewerkschaftlichen Kongresses der ROH (in der Fassung der jeweils vorgenommenen Änderungen)[154]. Der Beschluß bildete die Anlage zu dem Gesetz Nr. 37/1959 Slg Durch die (dynamische) gesetzliche Verweisung erhielt der Beschluß selbst Gesetzeskraft[155]. Eine inhaltliche Änderung des Gesetzes Nr. 37/1959 Slg. erforderte künftig angesichts der Verweisung auf den gewerkschaftlichen Beschluß nicht nur ein Gesetz, sondern auch einen Beschluß des gesamtgewerkschaftlichen Kongresses.
Das Gesetz Nr. 37/1959 Slg. über die Betriebsausschüsse sowie der Beschluß blieben auch nach Einführung des Arbeitsgesetzbuchs von 1965 in Kraft und der Beschluß des IV. gesamtgewerkschaftlichen Kongresses bildete zugleich die Anlage des Arbeitsgesetzbuchs (§ 279 Abs. 4 ZP).
Zu den wichtigsten materiellen Gesetzen zählten die Regierungsverordnung der ČSSR Nr. 223/1988 Slg. zur Durchführung des Arbeitsgesetzbuchs und die Regierungsverordnung Nr. 82/1989 Slg. über Kollektivverträge[156]. Vor der Einführung der Regierungsverordnung Nr. 82/1989 Slg. galten die Grundsätze der Regierung ČSSR und der ÚRO über den Abschluß, den Inhalt und die Kontrolle von Kollektivverträgen, die zuletzt in der Fassung der Grundsätze Nr. 119/1985 Slg. veröffentlicht waren. Diese Grundsätze waren im Gegensatz zur später gültigen Regierungsverordnung Nr. 82/1989 Slg. keine allgemeinverbindlichen Rechtsvorschriften, sondern hatten nur leitende Funktion[157]. Den Beschlüssen der Regierung, somit auch den erlassenen Grundsätzen, kam nämlich nur Rechtsverbindlichkeit zu, wenn sie in der Form von Bekanntmachungen veröffentlicht wurden; ansonsten hatten sie lediglich die Funktion von (für den Bürger) unverbindlichen Richtlinien[158].

---

[153] Zákon č. 37/1959 Sb. o postavení závodních výborů základních organizací ROH. [*Übersetzung*: Gesetz Nr. 37/1995 Slg. über die Stellung der Betriebsausschüsse der Grundorganisationen der ROH].
[154] Usnesení IV. všeodborového sjezdu o závodních výborech základních organizací Revolučního odborového hnutí (příloha zákona č. 37/1959 Sb.) [*Übersetzung*: Beschluß des IV. gesamtgewerkschaftlichen Kongresses über die Betriebsausschüsse der Grundorgani-sationen der ROH (Anlage zu Gesetz Nr. 37/1959 Slg.)]; im folgenden abgekürzt als „Beschluß IV. ggK /1959 Slg“.
[155] *Witz* (-Hromada), Československé pracovní právo, S. 60.
[156] Nařízení vlády č. 82/1989 Sb. o kolektivních smlouvách.
[157] *Kottnauer/Součková/Šubrt*, Práce a mzda 1989, H. 10, S. 5 f.; *Šubrt*, Práce a mzda 1989, H. 3, S. 10.
[158] *Kalenská* (-dies.), Československé pracovní právo (1980), S. 31.

Die Verfassung und ihr nachfolgend die einfachen Gesetze (der Föderalen Versammlung der Tschechoslowakei sowie der tschechischen und slowakischen Nationalräte) bildeten das ranghöchste Recht in der Hierarchie[159]. Danach kamen die Rechtsvorschriften der niedrigeren Organe, i.d.R. der ausführenden Verwaltungsorgane, die diese Organe auf der Grundlage und zur Ausführung der Gesetze erlassen hatten[160]. Dabei handelte es sich zum Beispiel um Regierungsverordnungen der ČSSR und der beiden Teilrepubliken und um normative Akte des Ministeriums und anderer Zentralorgane der staatlichen Verwaltung, wie zum Beispiel Bekanntmachungen[161]. Daneben waren auch andere als die staatlichen Verwaltungsorgane, wie zum Beispiel die ÚRO gem. § 216 ZP, zum Erlaß von Rechtsvorschriften ermächtigt[162]. Insbesondere im Bereich lohnrechtlicher Angelegenheiten gab es eine Fülle dieser untergesetzlichen Rechtsvorschriften[163].
Zur untersten Hierarchiestufe zählten der Kollektivvertrag mit seinem normativen Teil und die innerbetrieblichen Akte wie zum Beispiel die Arbeits- und Prämienordnungen, die aufgrund von gesetzlichen Ermächtigungen abgeschlossen bzw. erlassen werden konnten[164].

B) Vier Kennzeichen des Arbeitsgesetzbuchs von 1965

Kennzeichnend für das Arbeitsgesetzbuch von 1965 waren die Einheitlichkeit, die Komplexität, der zwingende Charakter und die Eigenständigkeit[165].

a) Einheitlichkeit

Es galt eine einheitliche rechtliche Regelung für alle arbeitsrechtlichen Beziehungen zwischen den Arbeitern und den sie beschäftigenden Organisationen (wie zum Beispiel Unternehmen, Ämtern, Instituten)[166]. Eine rechtliche Differenzierung war ausnahmsweise nur dort erlaubt, wo nach der Art der Tätigkeit und der örtlichen Gegebenheiten besondere Arbeitsvoraus-setzungen erforderlich waren, wie zum Beispiel bei leitenden Arbeitern in den Organisationen (*vedoucí pracovníci*) oder bei Heimarbeitern (*domácí pracovníci*)[167].

---

[159] *Bělina* (-Kalenská), Pracovní právo (1990), S. 29.
[160] *Bělina* (-Kalenská), Pracovní právo (1990), S. 29.
[161] *Bělina* (-Kalenská), Pracovní právo (1990), S. 29.
[162] *Kalenská* (-dies.), Československé pracovní právo (1980), S. 32.
[163] *Kalenská* (-dies.), Československé pracovní právo (1980), S. 32.
[164] *Bělina* (-Kalenská), Pracovní právo (1990), S. 30; *Kalenská* (-dies.), Československé pracovní právo (1980), S. 32.
[165] *Bělina* (-Kalenská), Pracovní právo (1997), S. 28 f.
[166] *Bělina* (-Kalenská), Pracovní právo (1997), S. 29; *Vladárová*, Práce a mzda 1993, H. 10, S. 38.
[167] *Kalenská/Tröster*, Ke vzniku pracovního prava, S. 34; *Bělina* (-Kalenská), Pracovní právo (1997), S. 29; *Kalenská* (-dies.), Československé pracovní právo (1980), S. 270.

Diese Vereinheitlichung führte zur weitgehenden Nivellierung der Arbeitsbedingungen einschließlich der Löhne, zu fehlenden Anreizen zur Arbeit, zum Verlust von Aktivitäten und Eigeninitiativen und dadurch auch zum Rückstand im wissenschaftlichen und technischem Bereich und zur Korruption[168]. Letztendlich brachte das Arbeitsgesetzbuch entgegen der ihm zugrundeliegenden Zielsetzung keine Stärkung der Arbeitsdisziplin und keine Entfaltung der Eigeninitiativen, da das zugrundeliegende gesellschaftsökonomische Konzept der Planwirtschaft zum Scheitern verurteilt war[169].

b) Komplexität

Das Arbeitsgesetzbuch regelte nahezu alle Fragen arbeitsrechtlicher Beziehungen umfassend[170]. Außerhalb des Arbeitsgesetzbuchs sollten besondere Vorschriften und Durchführungsvorschriften nur solche Fragen regeln, bei denen häufiger Änderungen zu erwarten waren, wie zum Beispiel in den Fällen der Lenkung der Arbeitskräfte und der staatlichen Fachaufsicht über die Sicherheit und den Gesundheitsschutz bei der Arbeit sowie bei einigen lohnrechtlichen Fragen[171].

c) Zwingender Charakter

Das Arbeitsgesetzbuch enthielt vorwiegend Rechtsnormen zwingenden Charakters, die keine Abweichungen zugunsten oder zuungunsten der am Arbeitsverhältnis Beteiligten erlaubten[172]. Die zwingenden Rechtsnormen waren also hauptsächlich zweiseitig zwingend, da sie auch zugunsten der Arbeiter keine Abweichungen zuließen. Prägend für das Arbeitsrecht war daher insbesondere der Grundsatz: *„Es ist alles verboten, was nicht ausdrücklich erlaubt ist."*[173]. Dispositive Gesetzesnormen, die von den arbeitsrechtlichen Vorschriften abweichende individual- oder kollektivvertragliche Regelungen ermöglichten, gab es nur in sehr begrenztem Umfang[174]. Und selbst wenn arbeitsrechtliche Vorschriften ausdrücklich individual- oder kollektivvertragliche Regelungen

---

168 *Bělina* (-Kalenská), Pracovní právo (1997), S. 29; *Kalenská/Tröster*, Ke vzniku pracovního práva, S. 34.

169 *Bělina* (-Kalenská), Pracovní právo (1997), S. 29.

170 *Kostečka*, Socialistická zákonnost 1985, H. 6, S. 328.

171 *Kalenská/Tröster*, Ke vzniku pracovního práva, S. 34; *Bělina* (-Kalenská), Pracovní právo (1997), S. 29.

172 *Kostečka*, Socialistická zákonnost 1985, H. 6, S. 328; *Kalenská/Tröster*, Ke vzniku pracovního práva, S. 35.

173 Vgl. *Jakubka*, Práce a mzda 1993, H. 7-8, S. 51.

174 *Kostečka*, Socialistická zákonnost 1989, H. 3, S. 132; *Vladárová*, Práce a mzda 1993, H. 10, S. 38.

vorsahen, so erlaubten sie in der Regel nur eine detailliertere Regelung rechtlicher Vorgaben, keineswegs aber eigenständige vertragliche Abweichungen[175].
An dem grundsätzlich zwingenden Charakter des Arbeitsgesetzbuchs änderte auch die letzte Novelle durch das Gesetz Nr. 188/1988 Slg., das die Autonomie der sozialistischen Organisation stärken sollte, nichts[176].
Der überwiegend zwingende Charakter der arbeitsrechtlichen Normen engte die Entfaltung der Eigeninitiativen seitens der Arbeiter sehr ein und führte dazu, daß örtliche Arbeitsbedingungen aufgrund der zentralen Leitung nicht genügend berücksichtigt wurden[177].
Der zwingende Charakter des Arbeitsgesetzbuchs hatte des weiteren zur Folge, daß das Arbeitsgesetzbuch selbst viele Ermächtigungen zur Regelung von Durchführungsvorschriften vorsah und daß die Zahl der normativen Akte und deren Umfang unverhältnismäßig wuchs[178]. Denn der Charakter der arbeitsrechtlichen Normen als ius cogens brachte die Anforderung, jedes Detail und jede Ausnahme ausdrücklich zu regeln, da sie sonst verboten wären, und andere Regelungsmöglichkeiten als die normativen Akte (insbesondere durch Individual- oder Kollektivverträge) waren nur sehr eingeschränkt zulässig[179]. Die arbeitsrechtlichen Vorschriften niedrigerer Ordnung (wie Regierungsverordnungen, Bekanntmachungen) dienten somit der Zentralisierung der Wirtschaft und wurden immer detaillierter, ohne Rücksicht darauf, ob sie bedeutende oder nur zweitrangige Fragen regelten[180]. Insbesondere im lohnrechtlichen Bereich kam es zu einer unübersichtlichen Fülle an ministeriellen Lohnvorschriften[181].

d) Eigenständigkeit

Das Arbeitsgesetzbuch regelte nicht nur Fragen im Rahmen arbeitsrechtlicher Beziehungen, sondern enthielt darüber hinaus auch Regelungen zu allgemeinen Fragen - wie zum Beispiel zur Rechtsfähigkeit, zu Rechtshandlungen und ihrer Wirksamkeit, zum Untergang und Übergang von Rechten und Pflichten aus arbeitsrechtlichen Beziehungen und zur Haftung[182]. Damit löste sich das Arbeits-

---

[175] *Kostečka*, Socialistická zákonnost 1985, H. 6, S. 328 und *ders.*, Socialistická zákonnost 1989, H. 4, S. 211.
[176] *Kostečka*, Socialistická zákonnost 1989, H. 3, S. 132 und S. 134 und *ders.*, Socialistická zákonnost 1989, H. 4, S. 211.
[177] *Bělina* (-Pichrt), Pracovní právo (1997), S. 30.
[178] *Kalenská/Tröster*, Ke vzniku pracovního práva, S. 35; *Kostečka*, Socialistická zákonnost 1989, H. 3, S. 132; *Kostečka*, Socialistická zákonnost 1989, H. 4, S. 208; vgl. auch *Čapek*, Právník 1989, H. 7, S. 620, der die Ausführung der Gesetze durch untergesetzliche Rechtsvorschriften als einen bestehenden Rechtsgrundsatz ansah.
[179] *Bělina* (-Pichrt), Pracovní právo (1997), S. 30; *Kalenská/Tröster*, Ke vzniku pracovního práva, S. 35; *Kostečka*, Socialistická zákonnost 1989, H. 4, S. 208.
[180] *Bělina* (-Pichrt), Pracovní právo (1997), S. 30.
[181] *Kostečka*, ArbuR 1992, S. 322 und *ders.*, Socialistická zákonnost 1989, H. 4, S. 208.
[182] *Bělina* (-Pichrt), Pracovní právo (1997), S. 30; *Fuchs/Tröster*, Arbeit und Sozialpolitik 1998, S. 44.

recht völlig von den übrigen Rechtsbereichen, insbesondere vom Bürgerlichen Recht. Eine subsidiäre Anwendung von Rechtsregelungen anderer Bereiche (mit Ausnahme des Verfassungsrechts) war ausgeschlossen[183].

3) Stellung und Bedeutung des Arbeitsrechts in den gesellschaftsökonomischen Anschauungen der Planwirtschaft

A) Gesellschaftsökonomischer Kontext des Sozialismus im Vergleich zum Kapitalismus

Dem Arbeitsrecht in der ehemaligen ČSSR lag der gesellschaftsökonomische Kontext zugrunde, daß jeder Arbeiter Träger des gesellschaftlichen sozialistischen Eigentums und somit Mitinhaber der Produktionsmittel war (vgl. Art. 7 Abs. 2 und Art. 8 Abs. 1 Verfassung Nr. 100/1960 Slg.)[184]. Jeder Arbeiter stand demzufolge in gleichwertiger Stellung zu den Produktionsmitteln[185]. Das Arbeitsgesetzbuch (Präambel Satz 12) bezeichnete das „sozialistische Eigentum" an den Produktionsmitteln als wirtschaftliche Grundlage der ČSSR.
Die gleichwertige Stellung der Arbeiter zu den Produktionsmitteln entsprach der marxistischen Ideologie von der Vorherrschaft des Proletariats, wonach die Arbeiter und nicht einzelne private Produktionsmitteleigentümer die herrschende Klasse waren (vgl. Art. 1 Abs. 1 und Art. 2 Abs. 1 Verfassung Nr. 100/1960 Slg.)[186]. In diesem Sinne bezeichnete auch Art. II der „Erklärung" der Verfassung Nr. 100/1960 Slg. die Arbeiter nach der Vergesellschaftung des Eigentums als „Wirtschaftsverwalter ihres eigenen Landes".
Bei dem „sozialistischen Eigentum" handelte es sich nicht um Miteigentum im zivilrechtlichen Sinne; vielmehr war der Begriff des sozialistischen Eigentums im ökonomischen und gesellschaftlichen Sinne zu verstehen und zwar in der Weise, daß jeder Arbeiter Mitinhaber der Produktionsmittel nur als Teil der Gesellschaft und nur zusammen mit den anderen Bürgern war[187]. Zivilrechtlich waren der sozialistische Staat bzw. seine Verwaltungsträger (wie die sozialistischen

---

[183] *Bělina* (-Pichrt), Pracovní právo (1997), S. 30; *Fuchs/Tröster*, Arbeit und Sozialpolitik 1998, S. 44; *Kalenská/Tröster*, Ke vzniku pracovního práva, S. 35.
[184] *Novák*, Úloha odborů, S. 21; *Kalenská* (-dies.), Československé pracovní právo (1980), S. 11.
[185] *Kalenská*, Právník 1967, H. 3, S. 282; *Kalenská*, Kolektivní smlouvy, S. 38; *Kalenská* (-dies.), Československé pracovní právo (1980), S. 11; *Bělina* (-Kalenská), Pracovní právo (1997), S. 13.
[186] *Jefremovová*, Leninské učení, S. 15; *Kalenská* (-Zavacký), Československé pracovní právo (1980), S. 88.
[187] *Čapek*, Právník 1990, H. 4, S. 328; *Bělina* (-Kalenská), Pracovní právo (1990), S. 17; *Kalenská* (-dies.), Československé pracovní právo (1980), S. 11 und *dies.*, Právník 1977, H. 7, S. 600.

Organisationen) oder die Genossenschaften Eigentümer der Produktionsmittel, nicht die Arbeiter[188]. Produktionseigentum in privater Hand gab es nicht[189].
Um sein „gesellschaftliches" Eigentum ausüben zu können, mußte der Bürger in Arbeitsbeziehungen zu den sozialistischen Organisationen, denen die Verwaltung des Staatseigentums anvertraut war, treten[190]. Dadurch war es ihm dann möglich, an der Leitung der sozialistischen Organisation teilzunehmen und eine Beteiligung an der Produktion zu erhalten[191].
Während im Sozialismus Arbeitskraft und Produktionsmitteleigentum in der Klasse der Arbeiter vereint waren, standen sich nach der sozialistischen Ideologie im Kapitalismus die Arbeiter und die Inhaber der (privaten) Produktionsmittel getrennt gegenüber: Zur Sicherung ihrer Existenzgrundlage mußten die Arbeiter ihre Arbeitskraft den Kapitalinhabern als „Ware" anbieten und erhielten im Austausch dafür eine Vergütung; ihre Arbeit stellte sich als „Lohnarbeit" (*námezdní práce*) dar[192]. Zwar konnten die Arbeiter und Produktionsmittelinhaber als formal gleichberechtigte Partner auf einem (freien) Arbeitsmarkt die einzelnen Lohn- und Arbeitsbedingungen vertraglich aushandeln[193]. Da die kapitalistische Klasse aber in Wirklichkeit ökonomisch die stärkere Position innehatte, gelangten die Arbeiter in eine ökonomische Abhängigkeit zu dieser Klasse und waren den Weisungen und den persönlichen Interessen der Arbeitgeber ausgesetzt[194]. Die Früchte der Arbeit trug der Produktionsmitteleigentümer und nicht der Arbeiter[195]. „Entfremdung" der Arbeit und „Ausbeutung" der Arbeiter waren gemäß der sozialistischen Ideologie die Folge[196].
Nach der sozialistischen Lehre bewirkte die Verstaatlichung des Eigentums die „Befreiung der menschlichen Arbeitskraft", indem sie die „Ausbeutung" des einzelnen Arbeiters und die „Entfremdung" der Arbeit beseitigte[197]. Da es keine Produktionsmittel in privater Hand gab, konnte eine Privatperson eine fremde Arbeitskraft nicht mehr zu Erwerbswecken ausnutzen und der einzelne Arbeiter mußte als Mitinhaber der Produktionsmittel seine Arbeitskraft nicht verkau-

---

188 *Kalenská*, Právník 1967, H. 3, S. 282; *Witz* (-Kovářík), Československé pracovní právo, S. 21.
189 *Kalenská* (-dies.), Československé pracovní právo (1980), S. 11.
190 *Kalenská* (-dies.), Československé pracovní právo (1980), S. 11 und *dies.*, Právník 1977, H. 7, S. 602.
191 *Kalenská* (-dies.), Československé pracovní právo (1980), S. 11 und *dies.*, Právník 1977, H. 7, S. 602.
192 *Kalenská* (-dies.), Československé pracovní právo (1980), S. 10; *Witz* (-Kovářík), Československé pracovní právo, S. 13.
193 *Witz* (-Kovářík), Československé pracovní právo, S. 14.
194 *Witz* (-Kovářík), Československé pracovní právo, S. 13.
195 Vgl. *Witz* (-Kovářík), Československé pracovní právo, S. 13.
196 *Witz* (-Kovářík), Československé pracovní právo, S. 13 und S. 21.
197 *Witz* (-Kovářík), Československé pracovní právo, S. 21; *Kalenská/Bělina*, Právník 1986, H. 4, S. 293; *Kalenská* (-dies.), Československé pracovní právo (1980), S. 8 und 11; *Kalenská*, Kolektivní smlouvy, S. 38.

fen[198]. Das Arbeitsgesetzbuch bezeichnete in seiner Präambel (Satz 2) die Befreiung der menschlichen Arbeitskraft als grundlegendes Mittel für die Entfaltung der sozialistischen Gesellschaft und erklärte in Artikel 2 seiner „Grundsätze“ (*zakladní zásady*) die Ausbeutung des Menschen durch den Menschen in jeglicher Form für unzulässig.

B) Auswirkungen

Der sozialistische Grundsatz, daß alle Bürger in gleicher Stellung zu den Produktionsmitteln standen, hatte Auswirkungen auf die rechtliche Eigenschaft des Arbeitgebers (dazu unter aa.) und auf das rechtliche Verständnis von Arbeit und Vergütung (dazu unter bb.).
Darüber hinaus spiegelte er sich in der Einheitlichkeit und dem zwingenden Charakter des Arbeitsgesetzbuchs wider[199]. Denn differenzierende vertragliche Regelungen waren grundsätzlich angesichts der gleichwertigen Stellung aller Arbeiter und somit auch der gleichen Interessenlage nicht erforderlich.

a) Arbeitgebersubjekt im Rahmen eines Arbeitsrechtsverhältnisses

(1) Sozialistische Organisation

Der sozialistische Staat bedurfte zur Verwaltung des staatlichen Eigentums einer besonderen Verwaltungsstruktur. Dazu dienten ihm Arbeiterkollektive in der Form von sog. sozialistischen Organisationen (*socialistické organizace*)[200]. Es handelte sich um staatlich organisierte Wirtschafts- und Haushaltsorganisationen, die jeweils der alleinigen Führung eines leitenden Arbeiters unterstanden und als Verwaltungseinheiten des Staates zur Lenkung der nationalen Wirtschaft fungierten[201]. Eine weitere Aufgabe der sozialistischen Organisationen neben der Verwaltung des Staatseigentums war die Regelung und Steuerung der konkreten Arbeitsprozesse[202]. Gemäß der Legaldefinition in § 8 Abs. 1 ZP zählten zu den sozialistischen Organisationen alle staatlichen Unternehmen, andere staatliche, genossenschaftliche und gesellschaftliche Organisationen sowie Organisationen, deren Tätigkeit zur Entfaltung der sozialistischen Beziehungen dienten.

---

[198] *Kalenská* (-dies.), Československé pracovní právo (1980), S. 11.
[199] So auch *Kalenská/Tröster*, Ke vzniku pracovního práva, S. 34; vgl. hierzu bereits 2. Teil, A.I.2)B)a) und c).
[200] *Witz* (-Kovářík), Československé pracovní právo, S. 23.
[201] *Witz* (-Kovářík), Československé pracovní právo, S. 23 und S. 121 f.; *Kalenská*, Kolektivní smlouvy, S. 37; vgl. auch Art. 11 Abs. 1 Verfassung Nr. 100/1960 Slg.
[202] *Kalenská*, Kolektivní smlouvy, S. 37; *Witz* (-Kovářík), Československé pracovní právo, S. 23.

Die sozialistische Lehre unterschied im gesellschaftspolitischen Sinne zwischen der Gesellschaft, dem Arbeiter- und Produktionskollektiv und dem Einzelnen[203]. In rechtlicher und ökonomischer Gestalt entsprach diese Dreiteilung dem Staat mit seinen Organen, dem Arbeiter-/Produktionskollektiv in Form von staatlichen Organisationen und dem einzelnen Arbeiter[204].
Das Arbeiterkollektiv war dabei notwendiges Bindeglied zwischen dem Einzelnen und der Gesellschaft[205]. Denn der einzelne Arbeiter konnte rein rechtlich mit seiner Arbeit nicht zu unmittelbaren Beziehungen zur Gesellschaft insgesamt treten[206]. Die Arbeitsrechtsbeziehung mußte sich auf eine Rechtsbeziehung zwischen bestimmten Rechtssubjekten (wie zwischen den Arbeitern und den sozialistischen Organisationen) individualisieren können[207]. Die Gesellschaft konnte nur über die Kollektive das Staatseigentum verwalten, Produkte herstellen und erwerben und der Einzelne konnte nur durch Beitritt zu den Kollektiven am gesellschaftlichen Eigentum teilnehmen[208].
Rechtlich kam es so zu einer notwendigen (formalen) Aufteilung zwischen den Arbeitern auf der einen Seite und den Wirtschaftsorganisationen, denen das Staatseigentum zur Verwaltung anvertraut war, auf der anderen Seite[209]. Die sozialistische Organisation war als juristische Person im Verhältnis zu dem einzelnen Arbeiter ein eigenständiges Rechtssubjekt (vgl. §§ 8 Abs. 2, 10 Abs. 1 ZP)[210]. Gem. § 8 Abs. 2 und § 10 Abs. 1 ZP trat die Organisation im Rahmen von Arbeitsrechtsbeziehungen in ihrem Namen auf und haftete auch für die Erfüllung der Verpflichtungen aus diesen Rechtsbeziehungen. Im Rahmen eines Arbeitsverhältnisses trat die sozialistische Organisation gegenüber dem Arbeiter als Arbeitgeber auf (§ 27 Abs. 2 ZP).
Darüber hinaus bedingte die alleinverantwortliche Führung der sozialistischen Organisation durch einen leitenden Arbeiter eine (nach der sozialistischen Lehre nur formale) Arbeitsaufteilung in leitende und durchführende Wirtschaftstätigkeiten[211].
Hiermit entstand jedoch ein gewisser Widerspruch durch den Grundsatz der gleichwertigen Stellung aller Arbeiter im Verhältnis zu den Produktionsmitteln und durch die Notwendigkeit leitender Tätigkeiten Einzelner an der Spitze der

---

203 *Kalenská* (-dies.), Československé pracovní právo (1980), S. 12.
204 *Kalenská* (-dies.), Československé pracovní právo (1980), S. 12.
205 *Kalenská*, Právník 1977, H. 7, S. 601.
206 *Bělina* (-Kalenská), Pracovní právo (1990), S. 17; *Kalenská* (-dies.), Československé pracovní právo (1980), S. 11.
207 *Kalenská* (-dies.), Československé pracovní právo (1980), S. 13.
208 *Kalenská*, Právník 1977, H. 7, S. 601.
209 vgl. *Kalenská* (-dies.), Československé pracovní právo (1980), S. 12 f. und *dies.*, Právník 1977, H. 7, S. 605.
210 S. auch *Bělina* (-Kalenská), Pracovní právo (1997), S. 13; *Kalenská* (-dies.), Československé pracovní právo (1980), S. 12 und S. 56.
211 *Witz* (-Zavacký), Československé pracovní právo, S. 122 f.; *Kalenská*, Kolektivní smlouvy, S. 43.

sozialistischen Organisationen sowie der formalen Aufteilung zwischen Arbeitern und Organisation[212].
Diese Situation führte jedoch nach der sozialistischen Ideologie nicht zur Aufhebung des Grundsatzes, daß alle Arbeiter Träger der Produktionsmittel waren: Denn zum einen stand die sozialistische Organisation dem einzelnen Arbeiter nicht – wie der einzelne Produktionsmitteleigentümer im Kapitalismus – völlig getrennt gegenüber, da sie sich ja aus den einzelnen Arbeitern zu einem Kollektiv zusammenschloß[213]. Das Kollektiv vereinigte die Arbeiter, die sich durch Arbeitsverhältnisse eingliederten, und ermöglichte eine gemeinsame Verwaltung der Produktionsmittel und eine gemeinsame Ausübung des gesellschaftlichen Eigentums[214]. In der Form der sozialistischen Organisation als Arbeiterkollektiv realisierte sich nach der sozialistischen Lehre die Vereinigung von Arbeitskraft und Produktionsmittel[215].
Und zum anderen war die individuelle Leitung der sozialistischen Organisation im Sinne der sozialistischen Lehre lediglich eine vorübergehende (formale) Notwendigkeit bis zur Erreichung des Kommunismus als letzte vollendete Gesellschaftsstufe, um den gegenwärtigen wirtschaftspolitischen Bedürfnissen und Zielen der sozialistischen Gesellschaft Rechnung tragen zu können[216]. Die kommunistische Gesellschaftsform würde sich dann durch eine völlige Selbstverwaltung der Betriebe durch die Arbeiter auszeichnen[217].
Da der Arbeiter als Mitinhaber der Produktionsmittel und als Teil des Arbeiterkollektivs nicht sich selbst beschäftigen konnte, ersetzte das Arbeitsgesetzbuch die Begriffe „Arbeitgeber" (*zaměstnavatel*) und „Arbeitnehmer" (*zaměstnanec*) durch die Begriffe „sozialistische Organisation" und „Arbeiter" (*pracovník*), vgl. §§ 8 Abs. 1, 27 Abs. 1 und Abs. 2 ZP.

(2) Kein privater Arbeitgeber und kein privates Unternehmertum

Aufgrund der gleichen Rechtsstellung aller Arbeiter zu den Produktionsmitteln waren „Arbeitsrechtsverhältnisse"[218] (also „Arbeitsverhältnisse"[219] und „Vereinbarungen über außerhalb des Arbeitsverhältnisses ausgeführte Arbeiten"[220]) zwi-

[212] *Witz* (-Zavacký), Československé pracovní právo, S. 122.
[213] Vgl. *Witz* (-Kovářík), Československé pracovní právo, S. 24.
[214] *Witz* (-Kovářík), Československé pracovní právo, S. 24.
[215] *Witz* (-Kovářík), Československé pracovní právo, S. 23; *Kalenská* (-dies.), Československé pracovní právo (1980), S. 13.
[216] *Witz* (-Zavacký), Československé pracovní právo, S. 122.
[217] *Kalenská*, Právník 1969, H. 2, S. 101: „Tendence rozvoje účasti pracujících na řízení směřují postupně k formám samosprávy." [*Übersetzung*: Die Tendenz der Entfaltung der Teilnahme der Arbeiter an der Leitung zielt nach und nach auf die Form der Selbstverwaltung ab.].
[218] *Pracovněprávní vztahy*.
[219] *Pracovní poměr*.
[220] *Dohoda o pracích konaných mimo pracovní poměr*.

schen natürlichen Personen in der ehemaligen ČSSR grundsätzlich nicht erlaubt[221]. Denn das hätte im Sinne der sozialistischen Ideologie zu einer Über-/ Unterordnung und damit wie im Kapitalismus zu Klassenwidersprüchen gefolgt von der Ausbeutung des Arbeiters und seiner Entfremdung von der Arbeit geführt[222].

Arbeitgeber im Rahmen eines Arbeitsrechtsverhältnisses war daher grundsätzlich immer nur eine juristische Person, nicht jedoch eine natürliche Person (vgl. §§ 8 Abs. 1 und 2, 268 ZP)[223]. Der kollektive Charakter des Arbeitgebersubjekts (d.h. in der Form einer juristischen Person) war Wesensmerkmal einer arbeitsrechtlichen Beziehung im Sozialismus[224]. Denn nur so war es dem einzelnen Arbeiter möglich, an dem gesellschaftlichen Eigentum teilzunehmen und Mitinhaber der Produktionsmittel zu sein[225].

In der Regel handelte es sich bei dem Arbeitgebersubjekt um sozialistische Organisationen i.S.d. § 8 Abs. 1 ZP (vgl. § 268 ZP) und zwar vorwiegend um *staatliche* sozialistische Organisationen[226]. Daneben kam zum Beispiel als nicht staatliche Form der sozialistischen Organisation die JZD[227], eine Genossenschaft im Bereich der Landwirtschaft, in Betracht[228]. Andere juristische Personen als die sozialistischen Organisationen (wie zum Beispiel karitative Einrichtungen oder ausländische Organisationen[229]) durften gem. § 268 ZP nur ausnahmsweise als Arbeitgeber auftreten.

Daß eine Privatperson, wie etwa ein privater Unternehmer, demgegenüber grundsätzlich nicht Arbeitgeber sein durfte, war Folge des Auslöschens des privaten Unternehmertums in der ČSSR. Bereits Ende 1950 kam es zur Reduktion vieler Gewerbetätigkeiten[230]. Das Arbeitsgesetzbuch von 1965 hob noch die restliche Regelung der Gewerbeordnung, die auf tschechischem Gebiet gültig war, und das Gewerbegesetz, das auf dem slowakischem Gebiet galt, auf (§ 279 Abs. 1 Nr. 2 und Nr. 16 ZP).

Angesichts des Auflösens des privaten Unternehmertums waren auch keine Arbeitsrechtsbeziehungen zwischen den Bürgern zur Hilfe bei der Erwerbstätigkeit eines privaten Unternehmers denkbar; im übrigen wären sie mit der sozialistischen Lehre (vgl. „Ausbeutung", „Entfremdung"[231]) unvereinbar.

---

[221] *Bělina* (-Kalenská), Pracovní právo (1997), S. 31.
[222] S. hierzu bereits 2. Teil, A.I.3)A).
[223] *Bělina* (-Kalenská), Pracovní právo (1997), S. 31.
[224] *Witz* (-Kovářík), Československé pracovní právo, S. 24.
[225] Vgl. hierzu bereits 2. Teil, A.I.3)B)a)(1).
[226] *Kalenská*, Kolektivní smlouvy, S. 37.
[227] Abkürzung für „jednotná zemědělská družstva" [*Übersetzung*: Einheitliche Landwirtschaftsgenossenschaft].
[228] *Kalenská* (-Zavacký), Československé pracovní právo (1980), S. 352; *Kalenská*, Kolektivní smlouvy, S. 37.
[229] *Kalenská* (-dies.), Československé pracovní právo (1980), S. 55.
[230] *Bělina* (-Kalenská), Pracovní právo (1997), S. 31; *Kalenská/Tröster*, Ke vzniku pracovního práva, S. 35.
[231] S. 2. Teil, A.I.3)A).

Eine (sehr) kleine Durchbrechung des Grundsatzes, daß Arbeitsrechtsbeziehungen zwischen natürlichen Personen unzulässig waren, brachte der mit Inkrafttreten des Arbeitsgesetzbuchs von 1965 eingeführte § 269 Abs. 1 S. 1 ZP (früher: § 269 S. 1 ZP Nr. 65/1965 Slg.), der Arbeitsrechtsverhältnisse unter den Bürgern nur ausnahmsweise zur Ausführung von Diensten für persönliche Bedürfnisse erlaubte. Bei diesen persönlichen Diensten handelte es sich zum Beispiel um Fälle der Haushaltshilfe sowie der Kinder- und Krankenbetreuung[232].
Die Vereinbarung über persönliche Dienste durfte jedoch nur in der Form eines „Arbeitsverhältnisses" (§§ 27 ff. ZP), nicht in der Form einer „Vereinbarung über außerhalb des Arbeitsverhältnisses ausgeführte Arbeiten" (§§ 232 ff. ZP) getroffen werden (§ 269 Abs. 1 S. 1 ZP). Letztere Vereinbarung galt neben dem Arbeitsverhältnis ebenfalls als Arbeitsrechtsbeziehung; sie war aber nur in Ausnahmefällen zulässig (§ 232 Abs. 1 S. 2 ZP), um im Rahmen der zentral geregelten Planwirtschaft erleichterte Bedingungen für die Beschäftigung von Arbeitskräften zu ermöglichen[233].
Für die Ausnahmeregelung des § 269 Abs. 1 ZP galten modifizierte Bedingungen, die im Vergleich zum regulären Arbeitsverhältnis zwischen sozialistischer Organisation und Arbeiter eine leichtere Auflösung des Arbeitsverhältnisses ermöglichten und den Beteiligten einen geringeren Schutz boten.
Nur kurz erwähnt seien hier zum Beispiel die Unterschiede bei den Kündigungs- und Haftungsfragen. Das Arbeitsverhältnis i.S.d. § 269 Abs. 1 ZP durfte jederzeit ohne Grund mit einer Kündigungsfrist von nur einem Monat gekündigt werden (§ 269 Abs. 1 S. 2 b ZP; früher: § 269 S. 2 b ZP Nr. 65/1965 Slg.), wohingegen die Kündigung durch die sozialistische Organisation bei den regulären Arbeitsverhältnissen an das Vorhandensein eines Kündigungsgrundes nach § 46 ZP, das Fehlen eines Kündigungsverbotes nach § 48 ZP und an eine Kündigungsfrist von in der Regel zwei Monaten (§ 45 Abs. 1 S. 2 ZP) geknüpft war.
Die Haftung des Arbeiters im Rahmen eines Arbeitsverhältnisses nach § 269 Abs. 1 ZP für fahrlässig verursachte Schäden war unbegrenzt; es galt nicht wie bei dem regulären Arbeitsverhältnis die Haftungsbeschränkung des § 179 Abs. 2 S. 1 ZP auf die Höhe des dreifachen monatlichen Durchschnittsgehaltes, das der Arbeiter vor der Schadensverursachung erzielt hatte (§ 269 Abs. 1 S. 2 d ZP; früher: § 269 S. 2 d ZP Nr. 65/1965 Slg.). Der private Arbeitgeber haftete dem Arbeiter nach § 269 Abs. 1 S. 2 e ZP für Schäden, die dieser bei oder im Zusammenhang mit der Arbeit erlitten hatte, es sei denn, der Arbeitgeber konnte beweisen, daß er den Schaden nicht verursacht hatte. Im Vergleich zu der Haftung der sozialistischen Organisation im Rahmen eines regulären Arbeitsverhältnisses gem. § 187 Abs. 1 ZP handelte es sich hier um eine Beweislastumkehr zuungunsten des privaten Arbeitgebers.

---

[232] *Kalenská/Tröster*, Ke vzniku pracovního práva, S. 36; *Bělina* (-Kalenská), Prácovní právo (1997), S. 31.

[233] Näher *Bělina* (-Kalenská), Pracovní právo (1997), S. 266.

Außerhalb des erlaubten Rahmens nach § 269 Abs. 1 ZP durfte der Bürger keine andere Privatperson im Rahmen von Arbeitsrechtsbeziehungen (etwa zur Hilfe einer – ohnehin unzulässigen - privaten Erwerbstätigkeit) einstellen[234]. Ein dennoch abgeschlossenes Arbeitsrechtsverhältnis zwischen natürlichen Personen war ein Verstoß gegen. § 8 d) Gesetz Nr. 150/1969 Slg. über Vergehen[235]. Dieses Gesetz stellte in seinem § 8 d) die Verletzung oder Umgehung der Vorschriften über die Entstehung und Beendigung von Arbeitsverhältnissen mit der Absicht, sich, einer anderen Person oder Organisation einen unberechtigten Vermögensvorteil zu verschaffen, unter Strafe. Darüber hinaus verbot das Gesetz in seinem § 8 d) a.E. die Vermittlung und die Organisation der Vermittlung von Arbeitskräften mit der oben genannten Bereicherungsabsicht.
Ähnlich wie das Arbeitsrecht ließ auch das Bürgerliche Gesetzbuch grundsätzlich keine Vertragsverhältnisse, insbesondere keine Werk- und Dienstleistungsverhältnisse, zwischen den einzelnen Bürgern, sondern nur zwischen der sozialistischen Organisation und dem Bürger zu (vgl. §§ 19 und 222 Abs. 1 Bürgerliches Gesetzbuch Nr. 40/1964[236]).
Werk- und Dienstleistungen zwischen den einzelnen Bürgern waren nach den Grundsätzen Nr. 20/1965 Slg. über die Gewährung von einigen Diensten und Reparaturen durch die Bürger[237] nur ausnahmsweise und in äußerst eingeschränktem Umfang möglich. Diese Leistungen durfte nur ein begrenzter Personenkreis (vgl. Art. 3 Grundsätze Nr. 20/1965 Slg.[238]) bei behördlicher Erlaubnis (Art. 1 Grundsätze Nr. 20/1965 Slg.) örtlich begrenzt für einen sehr eingeschränkten Bereich, nämlich für kleinere Handwerksarbeiten, Reparaturen von Haushaltsgegenständen, persönliche Dienste und kleinere Herstellungen für örtliche Bedürfnisse (Art. 2 Grundsätze Nr. 20/1965 Slg.), erbringen.
Der Erlaubnisinhaber durfte diese Dienste nur persönlich oder unter Mithilfe von Familienangehörigen ausüben (Art. 5 Nr. 1 der Grundsätze Nr. 20/1965 Slg.). Die Dienste galten lediglich als „zivilrechtliche Aushilfe" i.S.d. § 384 Abs. 1 OZ (vgl. Art. 4 Grundsätze Nr. 20/1965 Slg. i.V.m. § 384 Abs. 2 OZ), so dass nur ein Ersatzanspruch für entstandene Aufwendungen, nicht aber ein Vergütungsanspruch bestand (§ 385 Abs. 1 und 2 OZ).
Auch die aushelfenden Familienangehörigen arbeiteten nicht im Rahmen eines Arbeitsrechtsverhältnisses für den Dienstleister. § 269 Abs. 1 S. 1 ZP, der aus-

[234] *Bělina* (-Kalenská), Pracovní právo (1997), S. 31.
[235] Zákon č. 150/1969 Sb. o přečinech. [*Übersetzung*: Gesetz Nr. 150/1969 Slg. über Vergehen].
[236] Im folgenden wird das Bürgerliche Gesetzbuch Nr. 40/1964 Slg. als „OZ" (*Občanský zákoník*).
[237] Zásady č. 20/1965 Sb. o poskytování některých služeb a oprav občany na základě povolení národního výboru. [*Übersetzung*: Grundsätze Nr. 20/1965 Slg. über die Gewährung von einigen Diensten und Reparaturen der Bürger auf der Grundlage der Erlaubnis des Nationalausschusses].
[238] Nämlich Hausfrauen, Rentner oder Personen, die nicht mehr voll arbeitsfähig waren, sowie Arbeiter, sofern sie die Dienste neben einer Hauptbeschäftigung ausübten.

nahmsweise Arbeitsrechtsverhältnisse unter den Bürgern zuließ, war in diesem Fall nicht anwendbar, da die Aushilfsperson dem Dienstleister selbst keine Dienste für persönliche Bedürfnisse erbrachte. Ihre Tätigkeit war ebenfalls als zivilrechtliche Aushilfe i.S.d. § 384 Abs. 1 OZ zu werten[239].

Bei einer solchen Rechtslage verwundert die Tatsache, daß Schwarzarbeiten bald an der Tagesordnung standen, nicht[240]. Dieser Mißstand führte zu einer geringfügigen Öffnung für eine individuelle Unternehmertätigkeit der Bürger: Der mit Gesetz Nr. 131/1982 Slg. in das Bürgerliche Gesetzbuch neu eingeführte § 489 a Abs. 1 S. 1 OZ erlaubte nun bei Vorliegen einer behördlichen Erlaubnis die *entgeltliche* Gewährung von Dienst- und Werkleistungen durch den Bürger. Die Neuerung bestand vor allem in der Möglichkeit, diese Leistungen im Rahmen einer (wenn auch sehr begrenzten) Erwerbstätigkeit ausüben zu können. Denn der Leistungserbringer hatte nun einen eigenen Vergütungsanspruch und nicht mehr wie bisher lediglich einen Aufwendungsersatzanspruch aufgrund der früheren Einordnung der Leistungen als „zivilrechtliche Aushilfe". Näheres regelt die gem. § 489 a Abs. 2 OZ erlassene Regierungsverordnung Nr. 154/1982 Slg.[241], die zugleich die bisher geltenden Grundsätze Nr. 20/1965 Slg. aufhob (§ 11 RegVO Nr. 154/1982 Slg.).

Nach der Regierungsverordnung waren diese entgeltlichen Dienst- und Werkleistungen allerdings nur mit erheblichen Einschränkungen möglich, so daß es zu keiner wesentlichen Entfaltung der privaten Erwerbstätigkeit kommen konnte.

Die Leistungen waren auf einen kleinen Bereich[242] beschränkt, auch wenn sich dieser Bereich gegenüber der vorherigen Rechtslage etwas vergrößert hat. Sie durften wie bisher nur bei behördlicher Erlaubnis (§ 1 Abs. 1 RegVO Nr. 154/1982 Slg.) und nur von dem wie bisher zulässigen Personenkreis (§ 3 Abs. 1 b RegVO Nr. 154/1982 Slg.) ausgeübt werden.

Der private Dienstleister durfte wie vorher auch nur Familienangehörige zur Hilfe bei der Ausführung der Dienstleistungen beschäftigen (§ 4 Abs. 5 RegVO Nr. 154/1982 Slg.) und zwar nicht im Rahmen eines Arbeitsverhältnisses, sondern eines zivilrechtlichen Aushilfeverhältnisses i.S.d. § 284 Abs. 1 OZ[243].

---

[239] *Bělina* (-Kalenská), Pracovní právo (1997), S. 31.

[240] *Kalenská/Tröster*, Ke vzniku pracovního práva, S. 36; *Bělina* (-Kalenská), Pracovní právo (1997), S. 31.

[241] Nařízení vlády č. 154/1982 Sb. o poskytování služeb občany na základě povolení národního výboru. [*Übersetzung*: Regierungsverordnung Nr. 154/1982 Slg. über die Gewährung von Diensten der Bürger auf der Grundlage einer Erlaubnis des Nationalausschusses].

[242] Nämlich auf den Bereich der Handwerksarbeit einschließlich der Reparatur und Instandhaltung von Wohnungen (§ 2 Abs. 1 a RegVO Nr. 154/1982 Slg.) und auf persönliche Dienste, Aufräumdienste, Trägerdienste, Bauarbeiten und Betriebszulieferungen (§ 2 Abs. 1 b RegVO Nr. 154/1982 Slg.).

[243] *Bělina* (-Kalenská), Pracovní právo (1997), S. 31; *Kalenská/Tröster*, Ke vzniku pracovního práva, S. 36.

Erst im Jahr 1988 brachte die Regierungsverordnung Nr. 1/1988 Slg.[244], die die Regierungsverordnung Nr. 154/1982 Slg. aufhob (§ 16 RegVO Nr. 1/1988 Slg.), zwei weitere Lockerungen. Die Dienste durch den Bürger waren nicht mehr auf einen bestimmten Bereich begrenzt (vgl. § 1 Abs. 1 RegVO Nr. 1/1988 Slg.) und der „Unternehmer" durfte neben seinen Familienangehörigen nun auch andere Personen beschäftigen (§ 2 Abs. 2 RegVO Nr. 1/1988 Slg.). Allerdings war die Erweiterung dieses Personenkreises nur sehr gering und bezog sich neben den Familienangehörigen lediglich auf Lebensgefährten, Rentner sowie Arbeiter mit einer Hauptbeschäftigung (§ 2 Abs. 2 RegVO Nr. 1/1988 Slg.). Bei dem Beschäftigungsverhältnis dieser Hilfspersonen handelte es sich zunächst weiterhin nicht um Arbeitsverhältnisse, sondern um Fälle der „zivilrechtliche Aushilfe" i.S.d. § 384 Abs. 1 OZ[245]. Erst § 269 Abs. 2 S. 1 ZP, den die Novelle des Arbeitsgesetzbuchs Nr. 188/1988 Slg. neu einführte, ermöglichte dem privaten Arbeitgeber, in den Fällen der Verordnung Nr. 1/1988 Slg. sowie in anderen durch Rechtsvorschrift bestimmten Fällen die Hilfspersonen in Form von Arbeitsrechtsverhältnissen (Arbeitsverhältnissen und Vereinbarungen über außerhalb des Arbeitsverhältnisses ausgeführte Arbeiten) einstellen zu können. Daneben bestand auch die Möglichkeit einen sog. Vereinigungsvertrag (*smlouva o sdružení*) zwischen der Hilfsperson und dem Dienstleister abzuschließen, wobei die Haftung sich dann auf beide Personen bezog und Rechtshandlungen auch für die andere Person wirksam waren[246].

Die geringfügigen Öffnungen für die Unternehmertätigkeit führten allerdings nicht zu einer Entfaltung der privatunternehmerischen Initiative, da der tschechoslowakische Staat durch progressive Einkommenssteuerpolitik für solche Tätigkeiten den Anreiz nahm[247].

b) Beseitigung der Lohnarbeit

Die Verstaatlichung des Produktionseigentums brachte ein neues Verständnis von Arbeit und Vergütung mit sich. Angesichts der gleichwertigen Stellung der Arbeiter als Mitinhaber der Produktionsmittel standen Arbeitskraft und Vergütung nicht mehr wie im Kapitalismus in einem Austauschverhältnis[248] zueinander. Die Arbeitskraft war keine Ware, die der Arbeiter verkaufte, und die Vergü-

---

[244] Nařízení vlády č. 1/1988 Sb. o prodeji zboží a poskytování služeb občany na základě povolení národního výboru.

[245] *Kalenská/Tröster*, Ke vzniku pracovního práva, S. 36; *Bělina* (-Kalenská), Pracovní právo (1997), S. 31.

[246] Näher dazu *Spáčil/Sedláková*, Socialistická zákonnost 1989, H. 6, S. 332 f.

[247] *Kalenská/Tröster*, Ke vzniku pracovního práva, S. 36; *Bělina* (-Kalenská), Pracovní právo (1997), S. 31.

[248] S. hierzu bereits 2. Teil, A.I.3)A).

tung war nicht das Ergebnis des Austauschs der Arbeitskraft gegen Lohn (keine Lohnarbeit)[249].

Vielmehr verstand sich die Arbeit des Einzelnen als „gesellschaftliche Arbeit" (*společenska práce*)[250]. Gesellschaftlich war die Arbeit, wenn der Arbeiter sie für eine juristische Person (i.d.R. die sozialistische Organisation) und nicht für einen einzelnen Arbeitgeber ausübte[251]. Denn die Arbeit kam so nach der sozialistischen Lehre der gesamten Gesellschaft zugute; der Arbeiter trug durch seine Arbeit in der sozialistischen Organisation an dem Aufbau und der Entwicklung der sozialistischen Wirtschaft einschließlich der Effektivität der Produktion bei[252]. Die Entfaltung der Produktion lag aber zugleich im eigenen Interesse des Arbeiters als Träger und (Mit-)Inhaber der Produktionsmittel[253]. Von der Arbeit profitierte nach sozialistischen Erwägungen also nicht wie im Kapitalismus lediglich ein einzelner Arbeitgeber, sondern die gesamte sozialistische Gesellschaft und damit auch der Arbeiter (vgl. auch Art. 7 Abs. 3 Verfassung Nr. 100/1960 Slg.; S. 6 der Präambel des Arbeitsgesetzbuchs)[254]. Die sozialistische Lehre beschrieb daher die Arbeit angesichts ihres gesellschaftlichen Nutzens auch als Angelegenheit von „Ehre und Ruhm" für jeden arbeitsfähigen Bürger[255].

Nach der sozialistischen Lehre trug die Abschaffung der Lohnarbeit wesentlich zur Beseitigung der Mißstände, wie der Entfremdung der Arbeit und der Ausbeutung, bei[256]. Denn zum einen erntete der einzelne Arbeiter als Träger des gesellschaftlichen Eigentums selbst Profit von den Früchten seiner Arbeit und arbeitete nicht für fremdes Kapital[257]. Zum anderen mußte er sich als Mitinhaber der Produktionsmittel nicht mehr dem Willen eines einzelnen Unternehmers unterordnen, sondern konnte an der Leitung der sozialistischen Organisation teilnehmen[258].

Die Vergütung der Arbeit verstand die sozialistische Lehre als Anteil am erwirtschafteten Nationaleinkommen, zu dem der Arbeiter mit seiner gesellschaftli-

---

[249] *Witz* (-Kovářík), Československé pracovní právo, S. 21; *Kalenská* (-dies.), Československé pracovní právo (1980), S. 12 und *dies.*, Právník 1977, H. 7, S. 602; *Kalenská/Bělina*, Právník 1986, H. 4, S. 293; etwas abweichend *Kalenská*, Právník 1967, H. 3, S. 281 und S. 283, die zwar den Warencharakter der Arbeit nicht völlig leugnet, aber als hauptsächliches Kennzeichen der Arbeit im Sozialismus ihren gesellschaftlichen Bezug betrachtet.

[250] *Bělina* (-Kalenská), Pracovní právo (1997), S. 13; *Kalenská* (-dies.), Československé pracovní právo (1980), S. 11.

[251] *Bělina* (-Kalenská), Pracovní právo (1997), S. 13.

[252] *Kalenská* (-dies.), Československé pracovní právo (1980), S. 7.

[253] *Novák*, Úloha odborů, S. 21; *Kalenská* (-Zavacký), Československé pracovní právo (1980), S. 85.

[254] *Witz* (-Kovářík), Československé pracovní právo, S. 21.

[255] *Chyský*, Právník 1969, H. 7, S. 508.

[256] *Witz* (-Kovářík), Československé pracovní právo, S. 21; s. zur Entfremdung und Ausbeutung bereits 2. Teil, A.I.3)A).

[257] Vgl. *Chyský*, Právník 1969, H. 7, S. 508.

[258] *Bělina* (-Kalenská), Pracovní právo (1990), S. 17.

chen Arbeit beitrug[259]. Dieser Anteil kam dem Arbeiter als Mitinhaber der Produktionsmittel zu[260]. Statt Verkauf der Arbeitskraft galt nun das Prinzip der Aufteilung des Nationaleinkommens entsprechend der Arbeit (*rozdělování podle práce*)[261]. Die Vergütung der gesellschaftlichen Arbeit sollte nach der sozialistischen Lehre dazu beitragen, den Einklang zwischen den Interessen des einzelnen Arbeiters, des Arbeiterkollektivs und der gesamten Gesellschaft herzustellen (§ 111 Abs. 3 ZP). Doch auch im Sozialismus erfolgte eine Bewertung der Arbeit, um die Höhe des Anteils des einzelnen Arbeiters festlegen zu können[262]. Die Grundlage der materiellen Bewertung der Arbeit war ihre Menge, ihre Qualität und ihre gesellschaftliche Bedeutung (Art. 21 Abs. 1 Verfassung Nr. 100/1960 Slg.; § 111 Abs. 2 S. 1 ZP). Der Grundsatz *‚jedem nach seiner Arbeit'* (*každemu podle jeho práce*) prägte die Höhe der tatsächlichen Vergütung (vgl. Art. 2 Erklärung zur Verfassung Nr. 100/1960 Slg.). Der Sozialismus betrachtete sich lediglich als Übergangsstadium zum vollendeten Kommunismus, in dem es dann möglich sein würde, die Höhe nicht nach der geleisteten Arbeit, sondern nach den Bedürfnissen der Arbeiter zu verteilen (*každemu podle jeho potřeb*, vgl. Art. 3 Erklärung zur Verfassung Nr. 100/1960 Slg.)[263].
Trotz dieser aufwendigen rechtlichen Begründung des Rechtsverständnisses von Vergütung und Arbeit durch die sozialistische Lehre war allerdings in der Praxis der Warencharakter der Arbeit nicht zu leugnen[264]. Die sozialistische Darstellung von Arbeit und Vergütung verschleierte die Realität. Denn aufgrund der rechtlichen Trennung zwischen der sozialistischen Organisation und den Arbeitern und aufgrund der Arbeitsteilung innerhalb der sozialistischen Organisation in leitende und durchführende Tätigkeiten[265] behielt die Arbeit ihren warenähnlichen Charakter bei. Die sozialistische Organisation und der Arbeiter standen sich als zwei Rechtssubjekte gegenüber[266], so daß auch im Sozialismus der Arbeiter letztendlich der Organisation seine Arbeit anbieten mußte und dafür eine Vergütung erhielt. Der einzelne Bürger mußte seine Arbeit notwendigerweise zur Existenzsicherung und zur Verbesserung seiner Lebensverhältnisse einsetzen. Der Wert der Arbeit in Form der Vergütung hatte für den Arbeiter im eigenen Interesse daher eine besondere Bedeutung, weniger aber der gesellschaftliche Nutzen oder die Erlangung von „Ruhm und Ehre".

---

[259] *Bělina* (-Kalenská), Pracovní právo (1990), S. 17; *Witz* (-Kovářík), Československé pracovní právo, S. 21 und S. 252; *Kalenská* (-dies.), Československé pracovní právo (1980), S. 11 und *dies.*, Právník 1967, H. 3, S. 282.
[260] *Kalenská*, Právník 1977, H. 7, S. 602.
[261] *Witz* (-Kovářík), Československé pracovní právo, S. 21; *Chyský*, Právník 1969, H. 7, S. 508.
[262] *Kalenská*, Právník 1977, H. 7, S. 603.
[263] *Novák*, Úloha odborů, S. 11 f.; *Kalenská*, Právník 1967, H. 3, S. 281.
[264] So auch *Bělina* (-Kalenská), Pracovní právo (1997), S. 13; *Chyský*, Právník 1969, H. 7, S. 508; *Kalenská*, Právník 1967, H. 3, S. 281 und S. 283.
[265] Ausführlich hierzu 2. Teil, A.I.3)B)a)(1).
[266] Vgl. 2. Teil, A.I.3)B)a)(1).

Zudem wurde die Arbeit (z.B. auf dem Fließband) aufgrund der technischen Entwicklung immer monotoner und bot dem Arbeiter keine Entfaltungsmöglichkeiten mehr[267]. Der Nutzen der Arbeit für die Gesellschaft und den einzelnen Arbeiter war gering, so daß die Bezeichnung der Arbeit als gesellschaftliche Arbeit im oben genannten Sinne nicht mehr gerechtfertigt schien. Auch diese Tatsache vermittelte den Eindruck, daß es sich im Sozialismus bei der Arbeitskraft um eine Ware handelte, die der Arbeiter zur Existenzsicherung verkaufte.
Die sozialistische Lehre, die sich dieses Problems bewußt war, betrachtete diesen Mißstand lediglich als temporäre Erscheinungsform[268] im Laufe der Entwicklung der sozialistischen Gesellschaft bis zur Erreichung des vollendeten Kommunismus, den die Präambel des Arbeitsgesetzbuchs (Satz 10) als letzte Stufe der Gesellschaft vorsah. Nach sozialistischen Erwägungen war eine individuelle Leitung der Organisation und somit die Arbeitsteilung bis zur Erreichung des Kommunismus für die gegenwärtigen wirtschaftspolitischen Bedürfnisse und Ziele der Gesellschaft am sinnvollsten[269].
Im übrigen war die Leugnung des Waren- und Austauschcharakters der Arbeit nach der sozialistischen Ideologie auch ein Grund, warum sich das Arbeitsgesetzbuch als selbständiges Gesetz gegenüber dem Bürgerlichen Gesetzbuch entwickelt hat[270].

C) Funktion des Arbeitsrechts im Sozialismus im Vergleich zum Kapitalismus

Das Arbeitsrecht fungierte als Instrument des Staates zur zentralen Lenkung der im Rahmen der Planwirtschaft festgesetzten Arbeitspolitik[271]. Es war Mittel der Planwirtschaft und diente dem Staat dazu, das Maß der Arbeit und die Vergütung für die ausgeführte Arbeit festlegen und kontrollieren sowie die Arbeitskräfte staatlich lenken zu können[272]. Dieser Zentralisierung der Wirtschaft entsprach auch der Charakter des Arbeitsgesetzbuchs als einheitlich und überwiegend zwingend, so daß individual- oder kollektivvertragliche Vereinbarungen nur sehr eingeschränkt zugelassen waren[273]. Ein freier Arbeitsmarkt existierte nicht.

---

[267] *Kalenská* (-dies.), Československé pracovní právo (1980), S. 12 und *dies.*, Právník 1977, H. 7, S. 602.
[268] *Kalenská* (-dies.), Československé pracovní právo (1980), S. 12.
[269] *Witz* (-Zavacký), Československé pracovní právo, S. 122; *Kalenská* (-dies.), Československé pracovní právo (1980), S. 12.
[270] Vgl. *Bělina*, Právník 2001, H. 7, S. 682; s. zur Selbständigkeit des Arbeitsgesetzbuchs 2. Teil, A.I.2)B)a) und d).
[271] *Witz* (-Kovářík), Československé pracovní právo, S. 29 und S. 36.
[272] *Witz* (-Kovářík), Československé pracovní právo, S. 29; *Kalenská* (-dies.), Československé pracovní právo (1980), S. 18; *Kostečka*, ArbuR 1992, S. 321; vgl. Satz 7 der Präambel des Arbeitsgesetzbuchs.
[273] Vgl. hierzu bereits 2. Teil, A.I.2)B) a) und c).

Die wirtschaftsorganisatorische Funktion des Arbeitsrechts, die dem sozialistischen Staat die zentrale Regulierung der Arbeitspolitik ermöglichte, überwog die Schutzfunktion[274]. Die Schutzfunktion des Arbeitsrechts diente im Sozialismus dazu, die sozialen Bedürfnisse der Arbeiter zu befriedigen und soziale Rechte (wie das Recht auf Arbeit) zu gewährleisten[275]. Zwar war nach der sozialistischen Lehre die Schutzfunktion des Arbeitsrechts nicht unterzubewerten[276]. Aufgrund der ökonomischen Entwicklung und der gleichwertigen Stellung aller Arbeiter zu den Produktionsmitteln hielt sich der sozialistische Staat sogar zur Verwirklichung wirksamerer und umfassenderer sozialer Rechte als im Kapitalismus für befähigt[277]. Der Schutzfunktion kam im Sinne der sozialistische Ideologie allerdings nicht die allein wesentliche Funktion wie im Kapitalismus zu, da eben alle Arbeiter im Sozialismus eine gleichrangige ökonomische Stellung genossen und somit keine wirtschaftlichen Klassengefälle wie im Kapitalismus existierten[278].

Die Tatsache, daß die Schutzfunktion gegenüber der wirtschaftsorganisatorischen Funktion im Sozialismus nur sekundär bedeutsam war, erklärt im übrigen auch, warum der Charakter der arbeitsrechtlichen Normen überwiegend zweiseitig zwingend war[279]. Denn dies war zur zentralen staatlichen Regulierung erforderlich, während zum Schutz der Arbeiter bereits einseitig zwingende Gesetze ausgereicht hätten, die der Arbeiter zu seinen Gunsten vertraglich hätte abbedingen können.

Im Gegensatz zur wichtigen wirtschaftsorganisatorischen Funktion des Arbeitsrechts im Sozialismus bezweckt das Arbeitsrecht in den Ländern mit freier Marktwirtschaft vor allem den Schutz der Arbeitnehmer im Arbeitsverhältnis[280]. Nach der sozialistischen Lehre hatte das Arbeitsrecht dort die Aufgabe, die Klassenwidersprüche zwischen den Arbeitern und den Produktionsmitteleigentümern durch den Schutz der wirtschaftlich schwächeren Arbeiter zu mildern[281]. Die Schutzfunktion des Arbeitsrechts brachte nach der sozialistischen Ideologie in nicht unwesentlichem Umfang aber auch der kapitalistischen Klasse Vorteile: Denn die einzelnen Normen der Schutzgesetzgebung und die Kollektivverträge führten für die Arbeiter zwar zu verbesserten Arbeitsbedingungen, entschärften den Klassenkonflikt und ermöglichten so eine effektivere Produktion, aber sie beseitigten letztendlich nicht das unterschiedliche Klassengefüge und die Ausbeutung[282].

---

[274] *Bělina* (-Kalenská), Pracovní právo (1997), S. 16 f

[275] *Kalenská* (-dies.), Československé pracovní právo (1980), S. 19.

[276] *Kalenská* (-dies.), Československé pracovní právo (1980), S. 19.

[277] *Kalenská* (-dies.), Československé pracovní právo (1980), S. 19.

[278] Vgl. zur gleichen Stellung der Arbeiter 2. Teil, A.I.3)A).

[279] Vgl. zum zwingenden Charakter der Rechtsnormen 2. Teil, A.I.2)B)c).

[280] Vgl. *Dütz*, Arbeitsrecht, Rn. 1; so auch *Bělina* (-Kalenská), Pracovní právo (1997), S. 16.

[281] *Witz* (-Kovářík), Československé pracovní právo, S. 16.

[282] *Witz* (-Kovářík), Československé pracovní právo, S. 16 f. und S. 19 f.

II. Kollektives Arbeitsrecht

1) Bedeutung des kollektiven Arbeitsrechts im Rahmen der Planwirtschaft

A) Funktion und Bedeutung der Gewerkschaft

Im Sozialismus der ČSSR bestanden sowohl die sozialistischen Organisationen als auch die Gewerkschaften aus einem (überwiegend) gleichen Personenkreis, nämlich aus dem Kollektiv von Arbeitern[283]. Zwar konnten auch Personen, die in keinem Arbeitsrechtsverhältnis zur sozialistischen Organisation standen, Mitglieder der Gewerkschaft sein (wie z.B. Rentner oder frühere Arbeiter der sozialistischen Organisation)[284]. Und umgekehrt konnten der sozialistischen Organisation Arbeiter, die nicht Mitglieder der Gewerkschaft waren, angehören, was allerdings angesichts der Monopolstellung der Einheitsgewerkschaft (ROH) selten der Fall war. Dennoch bildeten die gewerkschaftlich organisierten Arbeiter den größten identischen Personenkreis beider Organisationen[285].
Die Gewerkschaft stellte somit nach sozialistischen Grundsätzen keinen Gegenpol zur sozialistischen Organisation dar, da beide aus der im Sozialismus herrschenden Klasse – den Arbeitern – bestanden und gleichgerichtete Ziele, nämlich die Interessen der Arbeiterklasse zu wahren, hatten[286]. Der Sozialismus verneinte einen Interessenkonflikt zwischen Arbeitern und dem Staat als Arbeitgeber und benötigte somit Gewerkschaften nicht als notwendiges Gegengewicht zum Arbeitgeber[287].
Im Gegensatz dazu standen in marktwirtschaftlichen Ländern einzelne Arbeitgeber als Privatunternehmer den Arbeitern mit unterschiedlichen Interessen gegenüber. Hauptaufgabe der Gewerkschaften war nach der sozialistischen Lehre hier, im Rahmen des kapitalistischen Klassenkampfes die wirtschaftlichen Interessen der Arbeiter, wie z.B. die Erhöhung der Löhne, die Kürzung der Arbeitszeit und die Verbesserung sonstiger Arbeitsbedingungen, gegenüber den Kapitalinhabern durchzusetzen[288]. Die kapitalistischen Gewerkschaften kämpften nach sozialistischer Auffassung für die Arbeiter gegen die herrschende Klasse der Kapitalinhaber und den bourgeoisen Staat, der die Klassenunterschiede legalisierte[289]. Nach der sozialistischen Lehre knüpfte die Tätigkeit der Gewerkschaft im Kapitalismus erst bei den Folgen der Ausbeutung an, ohne die Ursa-

[283] *Kalenská*, Kolektivní smlouvy, S. 46 f.; vgl. auch *Witz* (-Zavacký), Československé pracovní právo, S. 124; s. bereits unter 2.Teil, A.I.3)B)a)(1) für die sozialistische Organisation.
[284] *Kalenská*, Kolektivní smlouvy, S. 46.
[285] *Kalenská*, Kolektivní smlouvy, S. 47.
[286] Vgl. *Witz* (-Zavacký), Československé pracovní právo, S. 124 und S. 132; *Kalenská* (-Zavacký), Československé pracovní právo, S. 88.
[287] *Carabelli/Sciarra* (-Vimercati), Collective labour law, S. 23.
[288] *Jefremovová*, Leninské učení, S. 10 und S. 19; *Novák*, Úloha odborů, S. 17.
[289] *Jefremovová*, Leninské učení, S. 19; *Novák*, Úloha odborů, S. 9.

chen der Ausbeutung (die antagonistischen Klassenwidersprüche) zu beseitigen[290].

Das Merkmal der „Gegnerreinheit“ der Gewerkschaft, d.h. der Unabhängigkeit im Verhältnis zum Gegner (= Arbeitgebersubjekt), das die Gewerkschaften in den marktwirtschaftlichen Ländern prägte[291], fehlte im Sozialismus wegen der einheitlichen Klasse der Arbeiter. Die Mitgliederkongruenz von Gewerkschaften und sozialistischen Organisationen und der fehlende Interessenkonflikt zwischen Arbeitern und dem Staat als Arbeitgeber könnten demnach die Existenzberechtigung von Gewerkschaften im Sozialismus überhaupt in Frage stellen, zumal der sozialistische Staat selbst die Arbeitsbedingungen (Löhne, Arbeitszeit, etc.) zentral festlegte – und zwar (so die sozialistische Lehre) im Sinne der Arbeiter[292].

Die marxistisch-leninistische Lehre rechtfertigte die Existenz von Gewerkschaften dennoch folgendermaßen:

Die Hauptfunktion der Gewerkschaften bestand darin, den Arbeitern vermittelnd die Teilnahme an der Leitung, Entfaltung und Kontrolle der sozialistischen Organisation zu ermöglichen[293]. Denn trotz der Mitgliederidentität zwischen den Arbeitern und den Produktionskollektiven unterlag die sozialistische Organisation der ökonomisch notwendigen, alleinverantwortlichen Führung eines leitenden Arbeiters, was zu einer Aufteilung in leitende und durchführende Arbeitstätigkeiten führte[294]. Um den dadurch entstehenden Widerspruch zwischen dem Grundsatz der gleichwertigen Stellung aller Arbeiter zu den Produktionsmitteln und der leitenden Tätigkeiten einzelner Arbeiter an der Spitze der sozialistischen Organisation zu überbrücken, sollte die Gewerkschaft den Arbeitern, die durchführende Tätigkeiten ausübten, die Teilnahme in organisierter Form gewährleisten (vgl. § 18 Abs. 2 ZP)[295].

Erst im vollendeten Kommunismus wird im Sinne der sozialistischen Lehre die Aufgabe der Gewerkschaft überflüssig, da dann alle Arbeiter die Betriebe durch eigene Verwaltungsorgane selbständig verwalten sollen[296].

Der Sozialismus betrachtete die Gewerkschaft also als Bindeglied zwischen der sozialistischen Organisation mit seiner individuellen Führungsstruktur und den Arbeitern, das erreichen sollte, daß sich der Wille der sozialistischen Organisation, den der einzelne Leiter zum Ausdruck brachte, größtmöglichst mit dem Ar-

---

290 *Jefremovová*, Leninské učení, S. 10.

291 Vgl. für Deutschland *Dütz*, Arbeitsrecht, Rn. 464.

292 *Jefremovová*, Leninské učení, S. 19.

293 *Witz* (-Zavacký), Československé pracovní právo, S. 123; *Kalenská*, Kolektivní smlouvy, S. 39 f. und S. 43.

294 Vgl. hierzu bereits 2. Teil, A.I.3)B)a)(1).

295 *Witz* (-Zavacký), Československé pracovní právo, S. 123; *Kalenská*, Kolektivní smlouvy, S. 39 f. und S. 43.

296 *Kalenská*, Právník 1969, H. 2, S. 101: „forma samosprávy“ [*Übersetzung*: Form der Selbstverwaltung].

beiterkollektiv und den Einzelinteressen der Arbeiter deckte[297]. Dadurch erwirkte die Gewerkschaft eine Eingliederung des einzelnen Arbeiters in die Organisation und überwand die „formalen" Beziehungen der durch die Arbeitsteilung bedingten (formalen) Über- und Unterordnung[298]. Eine Entfremdung der Arbeiter wie im Kapitalismus blieb laut der sozialistischen Lehre aus, da der Arbeiter nun nicht mehr „Objekt des Verfahrens" war[299].

Um eine ausreichende Teilnahme zu ermöglichen, sollte die Gewerkschaft zum einen an allen wichtigen verbindlichen Entscheidungen im Rahmen des Betriebes (auch bei Fragen der Produktions- und Finanzpläne) beteiligt sein[300]. Es handelte sich um den Bereich der Mitbestimmung an Entscheidungen in den Betrieben der sozialistischen Organisation; der Gewerkschaft kam die Funktion zu, die Arbeiter im Betrieb zu vertreten (Belegschafts-/Arbeitnehmervertretung).

Die Belegschaftsvertretung konnte die Gewerkschaft trotz der Mitgliederkongruenz zur Organisation nach sozialistischen Erwägungen auch sachgerecht wahrnehmen, da sich ihre Organisationsform von derjenigen der sozialistischen Organisation unterschied[301]. Denn im Gegensatz zur alleinigen Führung durch einen Leiter bei der sozialistischen Organisation übernahm der aus mehreren Personen bestehende Betriebsausschuß der ROH (*závodní výbor*[302]) die Führung der Grundorganisation (*základní organizace*[303]) der Einheitsgewerkschaft[304].

Zum anderen kam der Gewerkschaft als Bindeglied auch die Aufgabe zu, einige unterschiedliche, spezielle materielle Interessen der Arbeiter, die die Arbeitsteilung hervorrief, wahrzunehmen (Funktion der Interessenvertretung)[305]. Nach der sozialistischen Lehre handelte es sich dabei jedoch angesichts des fehlenden Klassengefälles nur um „nicht antagonistische Interessenunterschiede"[306].

Gegenüber der Belegschaftsvertretung der Gewerkschaft war die Interessenvertretung allerdings zweitrangig. Dies hing damit zusammen, daß die sozialistische Ideologie wegen der gleichwertigen Stellung der Arbeiter zu den Produktionsmitteln vom „Universalismus" aller Arbeiter und von der grundsätzlichen

---

[297] *Witz* (-Zavacký), Československé pracovní právo, S. 125; *Kalenská*, Kolektivní smlouvy, S. 47 und *dies.* (-Zavacký), Československé pracovní právo (1980), S. 89; ähnlich auch *Jefremovová*, Leninské učení, S. 16, die von der Gewerkschaft als „školy jednoty" [*Übersetzung*: Schulen der Einheit] spricht.

[298] *Kalenská*, Kolektivní smlouvy, S. 43.

[299] *Kalenská*, Kolektvní smlouvy, S. 39; *Witz* (-Zavacký), Československé pracovní právo, S. 122.

[300] *Witz* (-ders.), Československé pracovní právo, S. 81; *Jefremovová*, Leninské učení, S. 20; *Novák*, Úloha odborů, S. 21 f.; vgl. *Mařík*, Odbory a společnost 1972, H. 3, S. 5; vgl. auch Art. 4 – 6 Beschluß IV.ggK/1959 Slg

[301] *Kalenská*, Kolektivní smlouvy, S. 47.

[302] Im folgenden abgekürzt als „ZV ROH".

[303] Im folgenden abgekürzt als „ZO ROH".

[304] *Kalenská*, Kolektivní smlouvy, S. 46.

[305] *Witz*, Československé pracovní právo, S. 81 (-Witz) und S. 124 (-Zavacký); *Kalenská*, Kolektivní smlouvy, S. 39; vgl auch *Mařík*, Odbory a společnost 1972, H. 3, S. 5.

[306] *Witz* (-ders.), Československé pracovní právo, S. 81.

Einheit zwischen den Interessen des Einzelnen und der Gesellschaft ausging[307]. Die gemeinsamen gesellschaftlichen Interessen aller Arbeiter genossen infolge der Überordnung der Gruppe bzw. des Kollektivs über den Einzelnen vor den individuellen Sonderinteressen Priorität[308]. Die sozialistische Lehre wertete das, was dem Kollektiv zugute kam, zugleich auch als Vorteil für den einzelnen Arbeiter und als dessen ureigenes Interesse, während sie die besonderen Belange Einzelner oder bestimmter (Berufs-) Gruppen im übrigen grundsätzlich nicht berücksichtigte[309].
Die Gewerkschaft sollte daher zunächst von den allgemeinen Interessen der sozialistischen Organisation ausgehen, diese dann größtmöglichst mit den gesamtgesellschaftlichen Interessen in Einklang bringen und sie dann (und zwar erst dann) den besonderen Interessen der einzelnen Arbeiter annähern[310]. Nach sozialistischem Rechtsverständnis lag demzufolge die Aufgabe der Gewerkschaften vielmehr in der Vereinheitlichung der allgemeinen und besonderen Interessen, wobei die Gewerkschaft primär von den allgemeinen Interessen (und zwar auch denen der sozialistischen Organisationen) auszugehen hatte. Ihre Aufgabe bestand dagegen nicht wie in den marktwirtschaftlichen Ländern in einer (konfrontierenden) Vertretung der besonderen unterschiedlichen Interessen ihrer Mitglieder gegenüber den Interessen der Arbeitgebersubjekte[311].
Im Sinne der sozialistischen Betrachtungsweise war die Gewerkschaft im Kapitalismus demgegenüber eine „Klasseninteressenorganisation“, die versuchte, vereinzelte bessere Arbeitsbedingungen je nach sozialer Mächtigkeit und Stand der Ausbeutung durchzusetzen[312]. Dagegen dienten Gewerkschaften im Sozialismus weniger der Interessenvertretung einzelner Gruppen, um verbesserte Arbeitsbedingungen zu erwirken, sondern sollten eine umfassende Fürsorge aller Arbeiter (hinsichtlich gesundheitlicher, kultureller Aspekte etc.) sicherstellen[313].
Diese zwei Funktionen der Gewerkschaft, die Betriebs- und die Interessenvertretung, waren verfassungsrechtlich verankert. Die Teilnahme der Arbeiter und der Einheitsgewerkschaft (ROH) an der Leitung der wirtschaftlichen Tätigkeit der

---

[307] *Kalenská*, Právník 1969, H. 2, S. 93: „téze o jednotě zájmů jednotlivce a společnosti“ [*Übersetzung*: These über die Interesseneinheit des Einzelnen und der Gesellschaft]; vgl. auch *Kostečka*, Právo a zákonnost 1990, H. 5, S. 259, der zwar vom „Universalismus der Gewerkschaftsmitglieder“ spricht. Angesichts der gleichwertigen ökonomischen Stellung aller Arbeiter im Sozialismus kann der Gedanke des Universalismus aber auf alle Arbeiter übertragen werden.

[308] *Galvas* (-ders.), Pracovní právo, S. 361; *Kalenská* (-Zavacký), Československé pracovní právo (1980), S. 94 (insb. dort Fußnote Nr. 10).

[309] S. auch *Galvas* (-ders.), Pracovní právo, S. 361.

[310] *Kalenská*, Kolektivní smlouvy, S. 47.

[311] In diesem Sinne wohl auch *Kalenská*, Právník 1969, H. 2, S. 100, die von der ungenügenden Vertretung der einzelnen Interessen durch die Gewerkschaft spricht.

[312] *Novák*, Úloha odborů, S. 17: „třídní zájmová organizace“ [*Übersetzung*: Klasseninteressenorganisation] und S. 19.

[313] *Novák*, Úloha odborů, S. 17: „Péče o pracující však musí být komplexní.“ [*Übersetzung*: Die Fürsorge um die Arbeiter muß umfassend sein.]; *Jefremovová*, Leninské učení, S. 19.

sozialistischen Organisation legte die Verfassung Nr. 100/1960 Slg. in Art. 11 Abs. 3 S. 2 fest. In diesem Zusammenhang bezeichnete das Arbeitsgesetzbuch die Teilnahme des Arbeiters an der sozialistischen Organisation als Recht, sogar als Pflicht gegenüber der Gesellschaft und als untrennbaren Zug der „sozialistischen Demokratie" (§ 18 Abs. 1 ZP, vgl. auch Art. V Grundsätze ZP). Art. 5 Verfassung Nr. 100/1960 Slg., nach dem sich die Arbeiter „zur Verwirklichung ihrer Rechte"[314] in der ROH-Gewerkschaft zusammenschließen konnten, deutete die Interessenvertretungsfunktion an.

Allerdings entsprach die Realität nicht ganz der ideologischen Vorstellung von „sozialistischer Demokratie" und von „Teilnahme an der Leitung".

Denn in der Regel besaßen die sozialistischen Organisationen selbst nicht genügend Autonomie im Rahmen der zentralisierten, plangesteuerten Wirtschaftsform[315]. Folglich bestand hier nicht viel Raum für die Teilnahme der Gewerkschaft. Eine größere Selbständigkeit der Unternehmen sollten kurz vor der Wende die Novelle des Arbeitsgesetzbuchs Nr. 188/1988 Slg. sowie das Gesetz Nr. 88/1988 Slg. über das staatliche Unternehmen bringen[316].

Im übrigen war die Organisationsstruktur der Einheitsgewerkschaft (ROH) sehr zentralistisch ausgerichtet ohne Rückbindung von unten nach oben[317]. Das einzelne Gewerkschaftsmitglied hatte also keine große Einflußmöglichkeit auf die Tätigkeit der Gewerkschaft und der nicht gewerkschaftlich organisierte Arbeiter blieb ohnehin völlig unbeteiligt. Die propagierte Teilnahme an der Organisationsleitung als Ausdruck der „sozialistischen Demokratie" stellte sich angesichts dieser Tatsachen als bloßer Formalismus dar.

Eine weitere bedeutende Aufgabe der sozialistischen Gewerkschaft war die Erziehung der Arbeiter im Sinne der kommunistischen Ideologie[318]. Die Erziehungsfunktion bezog sich zunächst auf den arbeitsrechtlichen Bereich[319]. Die Gewerkschaft sollte den Arbeiter zur Einhaltung der Vorschriften des Arbeitsgesetzbuchs, einschließlich der sozialistischen Arbeitsdisziplin i.S.d. §§ 72, 73 ZP, anhalten (§ 22 Abs. 1 ZP, vgl. Art. 17 Abs. 2 Verfassung Nr. 100/1960 Slg.). Darüber hinaus erstreckte sich die erzieherische Einwirkung der Gewerkschaft auch auf die ideell-politische, die kulturelle, die gesellschaftliche und die wirtschaftliche Ebene[320]. So fielen zum Beispiel die Gestaltung der Freizeit, die

---

[314] *„K uskutečňování svých práv"*.

[315] Vgl. *Kalenská*, Právník 1969, H. 2, S. 94.

[316] Vgl. hierzu bereits 2. Teil, A.I.1) (a.E.).

[317] *Kalenská*, Právník 1969, H. 2, S. 94.

[318] *Jefremovová*, Leninské učení, S. 17; *Witz*, Československé pracovní právo, S. 34 (-Kovářík) und S. 81 (-Witz); vgl. auch § 22 Abs. 2 S. 2 ZP, der von „erzieherischer Einwirkung der ROH auf das Arbeiterkollektiv" („výchovného působení kolektivu pracujících") spricht; vgl. Art. 16 Abs. 2 und 3 Verfassung Nr. 100/1960 Slg

[319] *Jefremovová*, Leninské učení, S. 17.

[320] *Jefremovová*, Leninské učení, S. 17 (bzgl. der ideell-politischen und kulturellen Ebene) und S. 20 (bzgl. der wirtschaftlichen Ebene); *Novák*, Úloha odborů, S. 20 (bzgl. der kulturellen und gesellschaftlichen Ebene); vgl. Art. 16 Verfassung Nr. 100/1960 Slg.

Ausrichtung von gesellschaftlichen, kulturellen und sportlichen Veranstaltungen für die Arbeiter und deren Familien in den Aufgabenbereich der Gewerkschaft[321]. Daneben sollte die Gewerkschaft den Arbeitern unter anderem das kommunistische Verständnis von der Arbeit und dem gesellschaftlichen Eigentum und die Grundlagen der nationalen (Plan-) Volkswirtschaft, einschließlich der Position der Arbeiter als Wirtschafts-verwalter ihres eigenen Landes, lehren[322]. Die Gewerkschaft galt als „Schule der Leitung der nationalen Wirtschaft"[323].

Mit anderen Worten rechtfertigte die marxistische Lehre die Existenz der Gewerkschaft in sozialistischen Staaten wie folgt: Den Gewerkschaften oblag die Aufgabe, den Staat vor den Arbeitern zu schützen und die Arbeiter vor dem Staat zu schützen (sog. zwei Thesen von Lenin)[324].

Die Gewerkschaft schützte die Arbeiter vor dem Staat, indem sie die speziellen Interessen der Arbeiter vertrat und sie vor unrechtem Verhalten durch den Leiter der Organisation bewahrte[325]. Die Schutzfunktion hatten Gewerkschaften im Sozialismus wie im Kapitalismus gemein, wobei die Schutzfunktion jeweils unterschiedlich verstanden und ausgeübt wurde[326]. In Ländern der freien Marktwirtschaft richtete sich die Schutzfunktion im übrigen nicht gegen den Staat, sondern gegen die Arbeitgeber.

Auch die Vermittlung der Teilnahme an der Leitung und der Kontrolle der sozialistischen Organisation stellte einen Schutz des Arbeiters vor dem Staat dar, da die Gewerkschaft dem Arbeiter eine Mitbestimmung ermöglichen sollte.

Mit der Gewährung der Teilnahme an der Leitung schützte sie den Staat aber zugleich vor den Arbeitern. Denn zum einen half die Gewerkschaft der sozialistischen Organisation bei der Erfüllung der staatlichen (Plan-) Vorgaben[327]. Zum anderen stand der Arbeiter, der nach der sozialistischen Ideologie nicht bloß fremder Leitung unterworfen war, dem Staat dadurch wohlwollend gegenüber[328].

Zum Schutz des Staates vor den Arbeitern gehörte ferner, daß die Gewerkschaft die Arbeiter im Sinne der gesellschaftlichen Arbeit, des sozialistischen Eigentums und der Einhaltung der Arbeitsdisziplin erzog[329].

---

[321] *Novák*, Úloha odborů, S. 20.

[322] *Jefremovová*, Leninské učení, S. 35.

[323] *Jefremovová*, Leninské učení, S. 20: „funkci školy řízení a školy hospodaření" [*Übersetzung*: Funktion der Schulen der Leitung und der Wirtschaftsführung]; *Novák*, Úloha odborů, S. 21 f. „odbory školou řízení národního hospodářství" [*Übersetzung*: Gewerkschaften als Schule der Leitung der nationalen Wirtschaft].

[324] *Lenin*, Spisy, S. 17; vgl. hierzu auch *Kalenská*, Kolektivní smlouvy, S. 47 f. und *dies.*, Právník 1969, H. 2, S. 93 und *dies.*, Právník 1977, H. 7, S. 615.

[325] *Kalenská*, Kolektivní smlouvy, S. 47; *Novák*, Úloha odborů, S. 18 f.; *Lenin*, Spisy, S. 17.

[326] Vgl. zur Interessenvertretungsfunktion bereits oben.

[327] Vgl. *Novák*, Úloha odborů, S. 22 und *Kalenská*, Kolektivní smlouvy, S. 47: „hospodářsko-organizátorské činnosti" [*Übersetzung*: wirtschaftsorganisatorische Tätigkeiten].

[328] Vgl. *Kalenská*, Kolektivní smlouvy, S. 47 und *dies.*, Právník 1969, H. 2, S. 93.

[329] *Kalenská*, Kolektivní smlouvy, S. 47.

Aufgrund ihrer Aufgabe, auch den Staat vor den Arbeitern zu schützen, unterschied sich die Gewerkschaft im Sozialismus wesentlich von der im Kapitalismus, da letztere ausschließlich den Schutz der Arbeiter gegenüber dem Arbeitgeber bezweckte[330]. Gewerkschaften in sozialistischen Länder waren zwar nicht Bestandteil des Staates im engeren Sinne, aber doch Mitarbeiter und Helfer der Staatsgewalt und somit „quasistaatlich“[331]. Sie wirkten als sog. „Übertragungshebel der kommunistischen Partei“[332] bei der Erfüllung der planwirtschaftlichen Vorgaben. Das heißt, sie verwirklichten die Entscheidungen zentraler staatlicher Organe, ohne selbst die Chance zu haben, für bessere Arbeitskonditionen zu kämpfen[333]. Gegenüber dem Staat besaßen sie keine Unabhängigkeit, keine „staatliche Neutralität“[334]. Bestes Beispiel für die fehlende staatliche Neutralität war die Gewährung von staatlichen Finanzmitteln an Organe der ROH[335].
Das Fehlen der gewerkschaftlichen Unabhängigkeit gegenüber dem Staat entsprach dem sozialistischen Verständnis von der Mitgliederidentität zwischen sozialistischer Organisation als staatlichem Verwaltungsträger und Gewerkschaft, die sich beide aus den Arbeitern als Angehörige der herrschenden Klasse zusammensetzten. Da angesichts des Universalismus- und Interesseneinheitsgedanken das allgemeine Interesse der Gesellschaft bzw. des Staates grundsätzlich mit dem einzelnen Arbeiterinteresse deckungsgleich war, bedurfte es einer Neutralität der Gewerkschaft zur effektiven Interessenwahrnehmung nicht.
Zu den staatlichen Funktionen, die die ROH ausübte, zählten beispielsweise die Durchführung der Krankenversicherung (vgl. §§ 52 ff. Gesetz Nr. 54/1956 Slg.

---

330 *Kalenská* (-Zavacký), Československé pracovní právo (1980), S. 88.
331 *Hůla*, Práce a mzda 1991, H. 9, S. 49; *Novák*, Úloha odborů, S. 8 und S. 11; *Witz* (-Zavacký), Československé pracovní právo, S. 124; *Kalenská* (-Zavacký), Československé pracovní právo (1980), S. 88; *Lenin*, Spisy, S. 12; vgl. auch Art. 5 letzter Halbsatz Verfassung Nr. 100/1960 Slg.; Art. 19 S. 1 Beschluß IV.ggK/1959 Slg.
332 *Hůla*, Práce a mzda 1991, H. 9, S. 45; ähnlich auch *Carabelli/Sciarra* (-Vimercati), Collective labour law, S. 23: „‚transmission belt‘ role“.
333 *Carabelli/Sciarra* (-Vimercati), Collective labour law, S. 23.
334 In diesem Sinne wohl auch *Jefremovová*, Leninské učení, S. 14: „neutralita odborů“ [*Übersetzung:* Neutralität der Gewerkschaften] und S. 23: „falešná teorie nezávislosti odborů“ [*Übersetzung*: falsche Theorie der Unabhängigkeit der Gewerkschaften“].
335 *Kalenská* (-Zavacký), Československé pracovní právo (1980), S. 93; vgl. Bekanntmachung des Finanzministeriums und der ÚRO Nr. 121/1965 Slg. über die Gewährung der Mittel aus dem Fonds der kulturellen und sozialen Bedürfnisse und die Finanzierung einiger Tätigkeiten durch staatliche wirtschaftliche Organisationen (vyhláška ministerstva financí a ÚRO č. 121/1965 Sb. o použití prostředků fondu kulturních a sociálních potřeb a financování některých činností státních hospodářských organizací) und die Bekanntmachung der ÚRO und des Finanzministeriums Nr. 122/1960 Slg. über die Gewährung von Mitteln und Deckung von Kosten bei der Tätigkeit der Grundorganisation der ROH (ZO ROH) in Organisationen des staatlichen sozialistischen Sektors (vyhláška ÚRO a ministerstva financí č. 122/1960 Sb. o poskytování prostředků a o uhrazování nákladů na činnost základních organizací ROH v organizacích státního socialistického sektoru).

über die Krankenversicherung der Arbeiter[336]), die Aufsicht über die Gewährung von Sicherheit und Gesundheitsschutz am Arbeitsplatz (§ 136 ZP) sowie die Beteiligung an der Beilegung individualarbeitsrechtlicher Streitigkeiten (§ 207 Abs. 2 ZP; Art. 8 und 9 Beschluß IV.ggK/1959 Slg.). Das sozialistische Recht erkannte trotz der fehlenden Klassenunterschiede auch die Existenz von Individualarbeitsrechtsstreitigkeiten an. Als Ursache für solche sah es aber nicht Klassenwidersprüche, sondern die aufgrund der notwendigen Arbeitsteilung und der formalen Trennung zwischen sozialistischer Organisation und Arbeiter entstandenen formalen, nicht antogonistischen Interessenunterschiede an[337]. Zur schnelleren und friedlichen Beilegung dieser formalen Widersprüche fungierten in der Regel die Schiedskommissionen anstelle der Gerichte[338].

Die Zusammensetzung und Leitung der Schiedskommissionen (*rozhodčí komise*, § 207 Abs. 1 ZP), die neben den Gerichten die meisten individualarbeitsrechtlichen Streitigkeiten regelten (§ 207 Abs. 1 ZP i.V.m. § 208 ZP), unterstand der Gewerkschaft (§ 207 Abs. 2 ZP).

Im Rahmen des Gesetzgebungsverfahrens hatte die ROH bei der Verabschiedung materieller Gesetze im arbeitsrechtlichen Bereich ein Zustimmungsrecht, denn diese Gesetze konnten nur „im Einvernehmen mit“[339] der ROH erlassen werden (§ 23 Abs. 1 und Abs. 2 ZP). Bei dem Erlaß formeller arbeitsrechtlicher Gesetze hatte die ROH ein Erörterungsrecht (§ 23 Abs. 3 ZP).

Im übrigen konnte die Einheitsgewerkschaft aufgrund der Verweisung des Gesetzes Nr. 37/1959 Slg. (§ 1) auf den Beschluß IV.ggK/1959 Slg. sogar die Rechtsbeziehungen zwischen den ROH-Organen und dem Betriebsleiter der sozialistischen Organisation (d.h. die gewerkschaftlichen Mitwirkungs- und Mitbestimmungsrechte) selbst – ohne Mitsprache der gesetzgebenden Organe - gesetzesgleich regeln[340]. Dies war ein absolutes Novum in der tschechoslowakischen Rechtsordnung und veranschaulicht, welchen großen Einfluß die Einheitsgewerkschaft in der ČSSR, vor allem im betrieblichen Bereich der Organisationen, hatte.

Des weiteren oblag der ROH die Pflicht, die Einhaltung der arbeitsrechtlichen Vorschriften zu überwachen (§ 22 Abs. 1 und Abs. 3 ZP), und zur Durchsetzung

---

[336] Zákon č. 54/1956 Sb. o nemocenském pojištení zaměstnanců. [*Übersetzung*: Gesetz Nr. 54/1956 Slg. über die Krankenversicherung der Arbeitnehmer].

[337] *Witz* (-Chvátal), Československé pracovní právo, S. 374.

[338] *Witz* (-Chvátal), Československé pracovní právo, S. 374.

[339] Vgl. § 23 Abs. 1 ZP: „Pokud Federální ministerstvo práce a sociálních věcí vydává na základě tohoto zákoníku (...) pracovněprávní předpisy, činí tak *v dohodě s* Ústřední radou odborů, (...)“ [*Übersetzung*: Sofern das Föderale Ministerium für Arbeit und soziale Angelegenheiten auf der Grundlage dieses Gesetzes (...) arbeitsrechtsrechtliche Vorschriften erläßt, muß es diese *im Einvernehmen* mit dem Zentralrat der Gewerschaften, (...), herausgeben]

[340] Vgl. [illegible]s 2. Teil, A.I.2)A).

der Einhaltung konnte die Gewerkschaft ggf. eigene Maßnahmen ergreifen (§ 22 Abs. 2 ZP[341]).
Im übrigen konnten die Organe der ROH zu grundlegenden staatlichen Maßnahmen vor deren Ausführung eine Stellungnahme abgeben[342].

B) Funktion und Bedeutung des Kollektivvertrages

Die sozialistische Lehre grenzte die Funktion von Kollektivverträgen im Sozialismus und im Kapitalismus klar voneinander ab:
Sie bezeichnete die Kollektivverträge in den kapitalistischen Staaten als rechtliche „Mittel der Klassenaussöhnung" (*nástroj třídního smíru*), die der Lösung der antagonistischen Klassenwidersprüche zwischen den Arbeitern mit ihrer Ware „Arbeitskraft" auf der einen Seite und den Eigentümern der Produktionsmittel auf der anderen Seite dienten[343]. Während der einzelne Arbeiter gegenüber dem Produktionsmittelinhaber eine ökonomisch schwächere Stellung beim Aushandeln der Arbeitsbedingungen hatte[344], war der Kollektivvertrag als kollektives Kampfmittel der gesamten Arbeiterklasse nämlich ein probateres Instrument zur Erreichung verbesserter Lohn- und anderer Arbeitsbedingungen[345]. Der Kollektivvertrag hatte gemäß der sozialistischen Ideologie im Kapitalismus primär die Funktion, die Arbeiter gegenüber den Kapitalinhabern zu schützen[346]. Daher beinhalteten Kollektivverträge in den kapitalistischen Staaten hauptsächlich lohn- und andere arbeitsrechtliche Ansprüche der einzelnen Arbeiter, die in der Regel überhaupt nicht oder nur minimal durch die Normen der Schutzgesetzgebung geregelt wurden[347]. Die Möglichkeit, Kollektivverträge abzuschließen, war folglich in den Ländern der freien Marktwirtschaft eine der

---

[341] Vgl. § 22 Abs. 2 S. 1 ZP: „V souladu s cíli činnosti Revolučního odborového hnutí (...) organizují jeho orgány účast pracujících na přípravě, uplatňování a kontrole dodržování pracovněprávních předpisů, (...), a k odstraňování nedostatků vzniklých z jejich porušování navrhují, popřípadě *činí* v součinnosti s hospodářskými a státními orgány (...) *potřebná opatření.*" [*Übersetzung:* Im Einklang mit den Zielen der Tätigkeiten der Revolutionären Gewerkschaftsbewegung (...) organisieren ihre Organe die Teilnahme der Arbeiter an der Vorbereitung, Verwirklichung und Kontrolle der Einhaltung der arbeitsrechtlichen Vorschriften, (...), und zur Beseitigung von Mängeln bei Verletzung der Vorschriften schlagen sie *geeignete Maßnahmen* vor oder *führen* diese gegebenfalls in Zusammenwirken mit den Wirtschafts- und Staatsorganen (...) *aus.*].
[342] *Novák*, Úloha odborů, S. 23; vgl. Art. 20 S. 1 Beschluß IV.ggK/1959 Slg.
[343] *Witz* (-Kalenská), Československé pracovní právo, S. 140; *Kalenská*, Československé pracovní právo (1980), S. 268; vgl. *Vladárová*, Práce a mzda 1993, H. 10, S. 38.
[344] Vgl. hierzu 2. Teil, A.I.3)A).
[345] *Witz* (-Kovářík), Československé pracovní právo, S. 15.
[346] *Witz* (-Kalenská), Československé pracovní právo, S. 141; *Kalenská* (-dies.), Československé pracovní právo (1980), S. 269.
[347] *Witz*, Československé pracovní právo, S. 18 (-Kovářík) und S. 141 (-Kalenská); *Kalenská* (-dies.), Československé pracovní právo (1980), S. 269.

zuschließen, war folglich in den Ländern der freien Marktwirtschaft eine der wichtigsten Aufgaben der Gewerkschaften[348].

Der Kollektivvertrag in sozialistischen Ländern hatte dagegen eine andere Funktion. Als Mittel des Klassenkampfes und zur Erreichung verbesserter Arbeitsbedingungen bedurfte es seiner nicht, da solche Klassenunterschiede nach der sozialistischen Lehre aufgrund der gleichen Stellung der Arbeiter zu den Produktionsmitteln und damit auch der grundsätzlich gleichen Interessen nicht existierten[349]. Die sozialistische Gesetzgebung regelte das Arbeitsrecht einheitlich und zwingend und gab nicht viel Raum für freie Kollektivverhandlungen[350]. Der Abschluß von Kollektivverträgen, insbesondere die Festlegung normativer Regelungen, zählte daher im Sozialismus der ČSSR angesichts der staatlich-zentralen Gestaltung der Arbeits- und Wirtschaftsbedingungen nicht zu den Hauptaufgaben der Gewerkschaft[351].

Dennoch rechtfertigte die sozialistische Theorie die Existenz von Kollektivverträgen aufgrund der notwendigen Arbeitsteilung in leitende und durchführende Tätigkeiten[352]. Denn zum einen sollte der Kollektivvertrag die nur ‚formalen' Interessenunterschiede, die die Arbeitsteilung hervorrief, miteinander in Einklang bringen[353]. Zum anderen galt der Kollektivvertrag als geeignetes Mittel, durch das der einzelne Arbeiter mit nicht leitenden Funktionen an der Lenkung der Organisation teilnehmen konnte[354].

In den Funktionen des Kollektivvertrages widerspiegelten sich somit die Aufgaben der Gewerkschaft zur Interessen- und Belegschaftsvertretung[355].

Die Teilnahme an der Organisationsleitung sollten vor allem Betriebs-/ Unternehmenskollektivverträge (*závodní/ podnikové kolektivní smlouvy*), die das zuständige Gewerkschaftsorgan mit der sozialistischen Organisation abschloß (§ 20 Abs. 1 S.1 ZP Nr. 65/1965 Slg.), ermöglichen. Das sozialistische Recht ging lange Zeit vom Betriebskollektivvertrag als Regelfall aus (vgl. Nr. 2 der Grundsätze Nr. 119/1985 Slg.). Betriebskollektivverträge sollten gegenseitige Verpflichtungen zur Erfüllung der Vorgaben im Jahreswirtschaftsplan und zur Gewährleistung von bestimmten materiellen, kulturellen, gesundheitlichen und sozialen Bedingungen der Arbeiter beinhalten[356]. Demgegenüber sprach die so-

---

[348] *Kalenská* (-dies.), Československé pracovní právo (1980), S. 269 und *dies.*, Kolektivní smlouvy, S. 8.

[349] *Vladárová*, Práce a mzda 1993, H. 10, S. 38 f.; vgl. auch *Carabelli/Sciarra* (-Tomeš/Tkáč), Collective labour law, S. 23.

[350] Vgl. hierzu 2. Teil, A.I.2.b.aa. und cc.

[351] *Kalenská*, Kolektivní smlouvy, S. 16; *Witz* (-Kovářík), Československé pracovní právo, S. 14.

[352] Ausführlich zur Arbeitsteilung 2. Teil, A.I.3)B)a)(1).

[353] *Kalenská* (-dies.), Československé pracovní právo (1980), S. 271; *Witz* (-Kalenská), Československé pracovní právo, S. 142.

[354] *Vladárová*, Práce a mzda 1993, H. 10, S. 39; *Witz* (-Kalenská), Československé pracovní právo, S. 142; *Kalenská* (-dies.), Československé pracovní právo (1980), S. 269 f. und S. 271.

[355] Vgl. hierzu 2. Teil, A.II.1)A).

[356] *Witz* (-Kalenská), Československé pracovní právo, S. 142.

zialistische Lehre dem Betriebskollektivvertrag nur eine geringe Bedeutung als Rechtsquelle zu und begrenzte die normative Funktion dieser Verträge[357]. Der Betriebskollektivvertrag übernahm in der Praxis seit 1953 nach und nach fast ausschließlich die Funktion der Planerfüllung; er stellte das Aktionsprogramm der sozialistischen Organisation und der Gewerkschaft für das aktuelle Wirtschaftsjahr dar und wurde parallel und im Einklang mit dem Wirtschaftsplan geschlossen[358]. Während der Betriebskollektivvertrag noch im Jahre 1951 normative Regelungen enthielt, hatte er im Jahr 1953 fast keine normative Funktion mehr[359]. Der wenige normative Teil wurde sehr knapp gehalten und von Jahr zu Jahr mehr oder weniger wiederholt; meist wurde auf die Beilagen des Kollektivvertrags wie die innerorganisatorischen normativen Akte (z.B. die Prämienordnung) verwiesen, die einen untrennbaren Bestandteil des Vertrages darstellten[360].

Die sozialistische Lehre sprach die normative Funktion vielmehr dem Überunternehmenskollektivvertrag (*nadpodniková kolektivní smlouva*), den ein staatliches Zentralorgan mit einem höheren Gewerkschaftsorgan abschloß (§ 20 Abs. 1 S.2 ZP Nr. 65/1965 Slg.), zu. Er sollte normative Regelungen hinsichtlich der Lohn- und anderen Arbeitsbedingungen für bestimmte einzelne Bereiche und Branchen enthalten[361]. Die Bedeutung dieser überbetrieblichen Kollektivverträge war allerdings gering; die Novelle des Arbeitsgesetzbuchs Nr. 188/1988 Slg. führte schließlich zu ihrer rechtlichen Unzulässigkeit[362]. Der frühere § 20 Abs. 2 S. 2 ZP in der Fassung des Gesetzes Nr. 65/1965 Slg., der den überbetrieblichen Kollektivvertrag bisher erlaubte, wurde gestrichen und die Regierungsverordnung Nr. 82/1989 Slg. über Kollektivverträge sah demzufolge Kollektivverträge lediglich auf der Ebene der sozialistischen und gesellschaftlichen Organisationen, nicht aber auf höherer Ebene vor (§ 1 RegVO Nr. 82/1989 Slg.). Insgesamt war der normative Wirkungsbereich der Kollektivverträge auch deshalb gering, weil normative Regelungen nur in sehr geringem Umfang zulässig waren[363]. Denn vor dem Hintergrund der einheitlichen und zwingenden Arbeitsgesetzgebung und der fehlenden Tarifdispositivität der Gesetze waren von den Rechtsvorschriften abweichende Kollektivvereinbarungen nicht möglich; der (wenige) normative Bereich beschränkte sich auf die Konkretisierung und die Ergänzung bereits existierender arbeitsrechtlicher Regelungen sowie ihre

---

[357] *Witz* (-Kalenská), Československé pracovní právo, S. 142.

[358] *Witz* (-Kalenská), Československé pracovní právo, S. 142 und S. 144; *Kalenská*, Kolektivní smlouvy, S. 32; *Bělina* (-Kalenská), Pracovní právo (1997), S. 112.

[359] *Witz* (-Kalenská), Československé pracovní právo, S. 142 und S. 144; *Kalenská*, Kolektivní smlouvy, S. 32.

[360] *Bělina* (-Kalenská), Pracovní právo (1997), S. 112.

[361] *Kalenská* (-dies.), Československé pracovní právo (1980), S. 270; *Witz* (-Kalenská), Československé pracovní právo, S. 142.

[362] *Kottnauer/Součkova/Šubrt*, Práce a mzda 1989, H. 10, S. 6.

[363] *Witz* (-Kalenská), Československé pracovní právo, S. 142; *Kalenská* (-dies.), Československé pracovní právo (1980), S. 270.

Durchführung[364]. Kollektivverträge dienten zur „Ausführung" der Rechtsvorschriften[365]. Insbesondere der Bereich der Regelung des Lohnes und der anderen Arbeitsbedingungen blieb der zentralen direktiven Leitung vorbehalten; auch einige Dezentralisierungstendenzen (z.B. im Jahre 1958) führten nicht zu einer kollektivvertraglichen Öffnung in diesem Bereich[366]. Eine wirkliche Tarifautonomie gab es in der ČSSR vor der Wende nicht.
Doch auch der übrige rechtliche Teil, die schuldrechtlichen Verpflichtungen, verlor im Laufe der sozialistischen Regierungszeit nach und nach an Bedeutung[367]. Der Inhalt von Kollektivverträgen war zunehmend nicht rechtlicher Natur: Der Kollektivvertrag enthielt Grundsätze moralisch-politischer Natur, wozu in der Regel auch die Verpflichtungen auf Seiten der Gewerkschaft, zum Beispiel zur Förderung und Entfaltung der Initiative und der Teilnahme der Arbeiter an der Organisation, zählten[368].
Des weiteren enthielt er Angaben über die allgemeinen Aufgaben und Ziele der sozialistischen Organisation sowie Informationen über die Erfüllung der Planaufgaben[369]. Letztendlich gab der Kollektivvertrag lediglich den Wirtschaftsplan sowie andere Pläne und Programme (der Kader-, Personal- und Sozialentfaltung der Organisation) wieder[370]. So regelten mehrere Dokumente ein und dieselbe Problematik gleichzeitig; den Kollektivvertrag belasteten viele moralisch-politische Angaben, die in ihm angesichts seines Vertragscharakters keine sachliche Begründung fanden[371]. Hinzu kam, daß die Kollektivverträge auch eine Reihe von Rechtsvorschriften (jedoch zum Teil unvollständig und ungenau) kopierten[372]. Die Konsequenz war eine erhebliche Rechtsunsicherheit und -unübersichtlichkeit: Der Charakter der übernommenen Regelungen als Rechtsnormen war nicht klar erkennbar und die Regelungen wurden oft fälschlicherweise als vertragliche Vereinbarungen gewertet[373]. Die rechtliche Durchsetzbarkeit von Kollektivvereinbarungen war allerdings ungenügend gesetzlich geregelt[374].

---

[364] *Witz* (-Kalenská), Československé pracovní právo, S. 142 f.
[365] *Kalenská* (-dies.), Československé pracovní právo (1980), S. 275.
[366] *Witz* (-Kalenská), Československé pracovní právo, S. 144.
[367] *Kalenská* (-dies.), Československé pracovní právo (1980), S. 271.
[368] *Kalenská* (-dies.), Československé pracovní právo (1980), S. 271 und S. 276; *Bělina* (-Kalenská), Pracovní právo (1990), S. 230; *Kostečka*, Právník 1970, H. 5, S. 404.
[369] *Kalenská* (-dies.), Československé pracovní právo (1980), S. 271; *Bělina* (-Kalenská), Pracovní právo (1990), S. 230.
[370] *Kalenská* (-dies.), Československé pracovní právo (1980), S. 272; *Bělina* (-Kalenská), Pracovní právo (1997), S. 112; *Vladárová*, Práce a mzda 1993, H. 10, S. 39.
[371] *Bělina* (-Kalenská), Pracovní právo (1997), S. 112; *Witz* (-Kalenská), Československé pracovní právo, S. 145; *Kahle*, Práce a mzda 1990, H. 2-3, S. 1.
[372] *Witz* (-Kalenská), Československé pracovní právo, S. 145; *Bělina* (-Kalenská), Pracovní právo (1997), S. 112.
[373] *Kalenská* (-dies.), Československé pracovní právo (1980), S. 272; *Witz* (-Kalenská), Československé pracovní právo, S. 145.
[374] *Witz* (-Kalenská), Československé pracovní právo, S. 145.

Angesichts dieser Entwicklung wurde der Kollektivvertrag immer umfangreicher und sein Inhalt degenerierte zur bloßen Formalität[375]. Dies führte zu einem immer größer werdenden Widerspruch zwischen der verwendeten rechtlichen Form des Vertrages und dem nicht rechtlichen Inhalt[376]. Der Kollektivvertrag war kein Vertrag im eigentlichen Sinne mehr, sondern vielmehr ein politisches Dokument (Manifest) mit proklamativen und formalen Inhalten[377].
Die sozialistische Lehre versuchte über diese Diskrepanz hinwegzutäuschen, indem sie diese Entwicklung als Ausdruck der Vertiefung der sozialistischen Demokratie wertete[378]. Denn je umfangreicher der Kollektivvertrag war, desto mehr zeugte er gemäß der sozialistischen Betrachtungsweise von der verbesserten Teilnahme der Arbeiter an der Organisationsleitung[379]. Die sozialistische Lehre propagierte den Kollektivvertrag weiterhin als Mittel zur Erhöhung der Arbeitseffektivität und zur allseitigen Entfaltung der sozialistischen Produktion[380].
Eine geringfügige Verbesserung brachte die Novelle des Arbeitsgesetzbuchs Nr. 188/1988 Slg., die den normativen Regelungsbereich vergrößerte[381]. Doch auch hier war die Öffnung für normative Regelungsmöglichkeiten nur begrenzt, was noch später im einzelnen auszuführen ist. Sogar die Neuregelung der Kollektivverträge durch die Regierungsverordnung Nr. 82/1989 Slg. verdeutlichte noch kurz vor der Wende das funktionelle Zusammenspiel von Organisationsplanung und Betriebskollektivvertrag: Gemäß § 6 Abs. 1 dieser Verordnung sollte die Vorbereitung des Kollektivvertrages parallel zur Bildung des Planes der wirtschaftlichen und sozialen Entfaltung der Organisation verlaufen. Dieses Prinzip der parallelen Vorbereitung des Kollektivvertrages zur Bildung des Organisationsplanes brachte für das staatliche Unternehmen im übrigen auch die Vorschrift des § 60 S. 1 und S. 2 Gesetz Nr. 88/1988 Slg. zum Ausdruck.

2) Einheitsgewerkschaft (ROH)

A) Entstehung der ROH und Rechtsgrundlagen

Ende des Zweiten Weltkrieges 1945 kam es auf dem Gebiet der Tschechoslowakei als Reaktion auf die Vielzahl der vor dem zweiten Weltkrieg zersplitterten kleinen Gewerkschaften zu einer freiwilligen Vereinigung der bisher bestehenden, sich nach politischen, ideologischen und organisatorischen Grundsätzen

---

[375] *Witz* (-Kalenská), Československé pracovní právo, S. 145; *Kalenská* (-dies.), Československé pracovní právo (1980), S. 271; *Bělina* (-Kalenská), Pracovní právo (1997), S. 112.
[376] *Kalenská* (-dies.), Československé pracovní právo (1980), S. 272.
[377] *Vladárová*, Práce a mzda 1993, H. 10, S. 38.
[378] *Bělina* (-Vysokajová), Pracovní právo (1997), S. 227.
[379] Vgl. *Bělina* (-Vysokajový), Pracovní právo (1997), S. 227.
[380] Vgl. *Bělina* (-Kalenská), Pracovní právo (1997), S. 112.
[381] Vgl. *Bělina* (-Kalenská), Pracovní právo (1990), S. 227; *Vladárová*, Práce a mzda 1993, H. 10, S. 39.

unterscheidenden Gewerkschaftsorganisationen und so zu einer einheitlichen Gewerkschaftsbewegung[382]. Diese ‚Einheitsgewerkschafts-organisation' (*jednotná odborová organizace*) bezeichnete sich als ‚Revolutionäre Gewerkschaftsbewegung' (*Revoluční odborové hnutí)*, vgl. § 1 Abs. 3 Gesetz Nr. 144/1946 Slg Revolutionärer Hintergrund dieses gewerkschaftlichen Vereinheitlichungsprozesses war der Beginn der sozialistischen Umstrukturierung der Gesellschaft zu einer Herrschaft der Arbeiterklasse; die Einheitsgewerkschaft sollte der Repräsentant aller Arbeiter, die eine gleichwertige Stellung zu den Produktionsmitteln genießen sollten, werden[383].

Den Zusammenschluß dieser Gewerkschaften zu einer Einheit regelte zunächst das Gesetz Nr. 144/1946 Slg. über die Einheitsgewerkschaftsorganisation[384]. Der Erlaß dieses Gesetzes war möglich geworden, da die Kommunistische Partei mit 38 Prozent im Jahr 1946 den Wahlsieg im Parlament erzielte, was dem kommunistischen Staatsstreich im Jahre 1948 – der neuen kommunistischen Regierungsbildung -, ausgelöst durch den Rücktritt von 12 Ministern aus Protest gegen die kommunistische Infiltration der Polizei, voranging.

Später löste das Gesetz Nr. 37/1959 Slg. über die Stellung der Betriebsausschüsse der Grundorganisation der ROH in § 2 Abs. 1 b) das Gesetz Nr. 144/1946 Slg. ab und regelte zusammen mit dem 1966 in Kraft getretenen Arbeitsgesetzbuch im einzelnen die Rechte der Gewerkschaftsorgane der ROH im Verhältnis zu den staatlichen Organen und den sozialistischen Organisationen.

Bereits das Gesetz Nr. 144/1946 Slg. wertete den zunächst freiwilligen Zusammenschluß der einzelnen Gewerkschaften als eine obligatorische Einheit[385]. Nach § 1 Abs. 1 S. 1 Gesetz Nr. 144/1946 Slg. sollte nämlich die Einheitsgewerkschaft alle Arbeiter, die freiwillig Gewerkschaftsmitglieder wurden, vereinigen. Die obligatorische Einheit der ROH blieb auch später fester Bestandteil der tschechoslowakischen Rechtsordnung. So bestimmte die Verfassung vom 9. Mai 1948 (Verfassung Nr. 150/1948 Slg.) in § 25 Abs. 1 und Abs. 2, daß der Arbeiter sein Recht, sich zu vereinigen und seine Arbeiterinteressen zu vertreten, nur im Rahmen der Einheit der Gewerkschafts-organisation verwirklichen konnte, und daß die Einheitsgewerkschaft das Recht zur Kontrolle der Wirtschaft innehatte. Die dann folgende, bis zur Wende gültige Verfassung Nr. 100/1960 Slg. nannte in Art. 5, der die Vereinigungsfreiheit regelte, die ROH beispielhaft als Gesellschaftsorganisation, zu der sich die Arbeiter zur Entfaltung der gesellschaftlichen Tätigkeiten und zur Verwirklichung ihrer Rechte zusammenschließen konnten. Die Verfassung ging also von der Einheitsgewerkschaft als fest bestehende Einheit aus. Auch die einfachgesetzlichen Regelun-

---

382 *Kalenská* (-Zavacký), Československé pracovní právo (1980), S. 92; *Witz* (-Zavacký), Československé pracovní právo, S. 126; *Kostečka*, Právo a zákonnost 1990, H. 5, S. 255.

383 *Witz* (-Zavacký), Československé pracovní právo, S. 126.

384 Zákon č. 144/1946 Sb. o jednotné odborové organisaci.

385 So auch *Kostečka*, Právo a zákonnost 1990, H. 5, S. 256, der diese Veränderung als grundlegend und als zunächst völlig unbeachtet bezeichnet.

gen, wie zum Beispiel das Arbeitsgesetzbuch und das Gesetz Nr. 37/1959 Slg., betrachteten die ROH als fest bestehenden Bestandteil der Rechtsordnung, indem sie ihr besondere Rechte zuerkannten. Gem. Art. 10 der Grundsätze ZP zum Beispiel galt die Teilnahme der ROH als untrennbarer Bestandteil im Rahmen von Arbeitsbeziehungen.
Durch diese Festigung der Einheit der ROH entstand jedoch ein Widerspruch innerhalb des innerstaatlichen Rechts. Denn Art. 5 Verfassung Nr. 100/1960 Slg. sah die Gründung von *freiwilligen* Gesellschaftsorganisationen vor. Die obligatorische Einheitsstruktur der ROH, die eine Auflösung der ROH nicht zuließ, stand jedoch nicht im Einklang mit dem Erfordernis der Freiwilligkeit.

B) Monopolstellung der ROH

Die Einheitsgewerkschaft (ROH) vereinigte vor der Wende 90–95 % aller Werktätigen, was das tschechoslowakische Recht auch anstrebte[386]. Bereits Mitte der 50er Jahre umfaßte die ROH diese große Prozentzahl (über 90 %) an Arbeitern und behielt sie während der gesamten sozialistischen Regierungszeit bei[387].
Rein rechtlich konnte der einzelne Arbeiter zwar freiwillig der ROH beitreten und durfte nicht zur Mitgliedschaft in der ROH gezwungen werden (negative Koalitionsfreiheit)[388]. Herleiten ließ sich die Freiwilligkeit des Beitritts aus Art. 28 Abs. 1 S. 1 und S. 3 Verfassung Nr. 100/1960 Slg., der dem Bürger die politischen Freiheiten (insbesondere die Meinungsäußerungsfreiheit und die Versammlungsfreiheit) in gewissem Umfang, nämlich im Einklang mit den Interessen der Arbeiter, garantierte, und aus Art. 5 Verfassung Nr. 100/1960 Slg., der – wie bereits dargestellt - von der Gründung freiwilliger Organisationen sprach[389]. Das Recht, sich gewerkschaftlich zu vereinigen, umfaßte die positive Freiheit, einer Gewerkschaft beizutreten und eine Gewerkschaft zu gründen, sowie das Recht des einzelnen Mitglieds, an einer Tätigkeit der Gewerkschaft teilzunehmen (Betätigungsfreiheit)[390].
Diese Beitritts- und Gründungsbefugnis konnte allerdings nur dann frei gebraucht werden, wenn der einzelne umgekehrt auch davor geschützt war, durch rechtlichen oder faktischen Druck einer Koalition beitreten zu müssen (negative Koalitionsfreiheit).
In der ČSSR unterlag der Arbeiter aber einem großen politischen und wirtschaftlichen Druck, so daß der Beitritt in die ROH für ihn meist eine Existenzfrage war[391]. Der Beitritt zur Gewerkschaft verstand sich als „Zeichen des guten Ver-

---

[386] *Kostečka*, ArbuR 1992, S. 322.
[387] Vgl. *Kalenská* (-Zavacký), Československé pracovní právo (1980), S. 92.
[388] *Witz* (-Zavacký), Československé pracovní právo, S. 126.
[389] *Witz* (-Zavacký), Československé pracovní právo, S. 126.
[390] *Kalenská* (-Zavacký)), Československé pracovní právo (1980), S. 261.
[391] *Kalenská*, Právník 1969, H. 2, S. 95.

hältnisses zur sozialistischen Gesellschaftsform" [392]. Für ein Kaderarbeiterprofil war die ROH-Mitgliedschaft ungeschriebene Voraussetzung[393]. Die negative Koalitionsfreiheit war daher in der Tschechoslowakei angesichts des faktischen Drucks, der ROH beitreten zu müssen, nicht gewahrt und die bestehende Freiwilligkeit des Beitritts bloß formal. Diese Tatsache hat im wesentlichen auch dazu beigetragen, daß die Funktion der Gewerkschaft als Interessenvertretung[394] zunehmends verkümmerte. Denn da die ROH-Gewerkschaft sich nicht um Mitgliederzuwachs sorgen mußte, entfiel für sie die Notwendigkeit, große Rücksicht auf die Interessen der Mitglieder zu nehmen[395].

Die faktische Monopolstellung der ROH war auch rechtlich untermauert: Zwar verbot das tschechoslowakische Recht nicht direkt die Gründung anderer Gewerkschaften neben der ROH. Denn die Verfassung Nr. 100/1960 Slg. sprach in Art. 5[396] (wenn auch nur sehr allgemein) von der Möglichkeit der Arbeiter, sich in freiwilligen *Gesellschaftsorganisationen* zu vereinigen, und zählte lediglich beispielhaft die ROH als einzige Gewerkschaft neben Genossenschaftsorganisationen, kulturellen und sportlichen Vereinigungen u.a. auf. Die Verfassung schloß folglich die Gründung anderer Gewerkschaftsorganisationen außerhalb des Rahmens der ROH nicht aus[397].

Aber die rechtliche Monopolstellung der ROH ließ sich daraus herleiten, daß die tschechoslowakischen Gesetze die meisten Rechte ausschließlich der ROH und ihren Organen zuwiesen[398], während für andere Gewerkschaften außerhalb der ROH nur eine unsichere Rechtslage (vor allem hinsichtlich Gründung, Finanzierung und Tätigkeiten) existierte. Neben den bereits erwähnten Befugnissen der ROH zur Überwachung der Einhaltung der arbeitsrechtlichen Vorschriften (§ 22 Abs. 2 ZP) verbunden mit Zugangsrechten zum Arbeitsplatz und Informationsrechten (§ 22 Abs. 3 ZP), der Mitwirkung bei der Gesetzgebung (§ 23 ZP) sowie der Überprüfung von Sicherheit und Gesundheitsschutz am Arbeitsplatz (§ 136 ZP) billigte das Arbeitsgesetzbuch der ROH auch viele betriebliche Beteiligungsrechte zu, zum Beispiel bei der Auflösung von Arbeitsverhältnissen (§ 59

---

392 *Kalenská*, Právník 1969, H. 2, S. 93: „znak dobrého poměru k socialistickému zřízení".

393 *Kalenská*, Právník 1969, H. 2, S. 93.

394 Vgl. zur Interessenwahrnehmung bereits 2. Teil, A.II.1)A).

395 So auch *Kalenská*, Právník 1969, H. 2, S. 93.

396 Auszug aus Art. 5 Verfassung Nr. 100/1960 Slg.:„(...) sdružují se pracující v dobrovolné společenské organizace, jimiž jsou *zejména* Revoluční odborové hnutí (...)." [*Übersetzung*: (...) vereinigen sich die Arbeiter in freiwilligen Gesellschaftsorganisationen, zu denen *insbesondere* die Revolutionäre Einheitsgewerkschaftsbewegung (...) zählen.].

397 In diesem Sinne *Kalenská*, Právník 1969, H. 2, S. 96, wobei sie allerdings später die rechtliche Zulässigkeit anderer Gewerkschaften neben der ROH wieder in Zweifel zu ziehen scheint, z.B. S. 99: „Kdyby však (...) byla připuštěna právní možnost plurality odborů, (...)." [*Übersetzung*: Wenn allerdings (...) die rechtliche Möglichkeit der Gewerkschaftspluralität zulässig wäre, (...).]; anders *Carabelli/Sciarra* (-Tomeš/Tkáč), Collective labour law, S. 64, die bereits aus Art. 5 Verfassung Nr. 100/1960 Slg. direkt auf einen Ausschluß anderer Gewerkschaften schließen.

398 S. dazu näher *Jakubka/Benhák*, Práce a mzda 1989, H. 7, S. 46 ff.

ZP) und bei lohnrechtlichen Angelegenheiten (§ 122 ZP). Das Arbeitsgesetzbuch Nr. 65/1965 Slg. bezeichnete bei der Aufzählung dieser Rechte noch ausdrücklich das ROH-Gewerkschaftsorgan als zuständiges Organ (vgl. § 59 Abs. 1 S. 1 ZP Nr. 65/1965 Slg.[399], § 118 Abs. 4 ZP Nr. 65/1965 Slg.[400]). Die Novelle des Arbeitsgesetzbuchs Nr. 188/1988 Slg. sprach hingegen lediglich vom „zuständigen Gewerkschaftsorgan". Jedoch konnte nur die ROH die Zuständigkeit ihrer Organe gesetzesgleich regeln (vgl. § 1 Gesetz Nr. 37/1959 Slg.); eine vergleichbare Regelung für andere Gewerkschaften fehlte. Folglich bezog sich das Arbeitsgesetzbuch in diesen Fällen sowie überhaupt jedes Mal, wenn es Befugnisse des „zuständigen Gewerkschaftsorgans" aufzählte, nur auf die Organe der Einheitsgewerkschaft (ROH) und überließ die interne Zuständigkeitsverteilung der ROH[401].

Auch das Recht, Kollektivverträge abzuschließen, stand nur den Organen der ROH zu. Das Arbeitsgesetzbuch Nr. 65/1965 Slg. erwähnte explizit die Organe der ROH als Kollektivvertragspartner auf Seiten der Arbeiter und die Grundsätze Nr. 119/1985 Slg. über den Abschluß, den Inhalt und die Kontrolle von Kollektivverträgen räumten ausdrücklich der ROH das Recht ein, Kollektivverträge auf Seiten der Arbeiter abzuschließen[402]

Bei der Rechtslage unmittelbar vor der Wende ergab sich zwar die alleinige Befugnis der ROH zum Abschluß von Kollektivverträgen nicht unmittelbar aus dem Wortlaut des Arbeitsgesetzbuchs und der Regierungsverordnung Nr. 82/1989 Slg.[403]. Doch konnte sich diese Befugnis aus den allgemeinen rechtlichen Anschauungen über die ROH herleiten lassen: Der Beschluß IV.ggK/1959 Slg. (Art. 1 und 2) wies der ROH nämlich die Stellung als Repräsentant des gesamten Arbeiterkollektivs zu. Dies beinhaltete auch die Befugnis, für die Arbeiter Kollektivverträge abzuschließen zu können (§ 20 Abs. 1 ZP)[404]. Eine vergleichbare Festlegung für andere Gewerkschaften fehlte hingegen.

Im Gegensatz zur Fülle der Rechtsbefugnisse der ROH war die Rechtsstellung anderer Gewerkschaften neben der ROH sehr schwach und ihre Befugnisse, ü-

---

[399] Vgl. § 59 Abs. 1 S. 1 ZP Nr. 65/1965 Slg.: „s předchozím souhlasem závodního výboru" [*Übersetzung*: mit vorheriger Zustimmung des Betriebsausschusses].

[400] Vgl. § 118 Abs. 4 ZP Nr. 65/1965 Slg.: „v dohodě se závodním výborem" [*Übersetzung*: im Einvernehmen mit dem Betriebsausschuß].

[401] In diesem Sinne auch *Tkáč*, Socialistická zákonnost 1989, H. 5, S. 263; *Jakubka/Benhák*, Práce a mzda 1989, H. 7, S. 46.

[402] Vgl. die Präambel der Grundsätze Nr. 119/1985 Slg., wonach Kollektivverträge die gegenseitigen Beziehungen zwischen dem Arbeiterkollektiv, *vertreten durch Organe der ROH*, und dem Leiter der Organisation regeln sollten, und Nr. 2 der Grundsätze Nr. 119/1985 Slg., der den Betriebsausschuß (ZV), ein Organ der ROH, als für den Kollektivvertragsabschluß zuständig aufzählte.

[403] Vgl. § 20 Abs. 1 ZP Nr. 188/1988 Slg.: „(...) uzavírá jménem pracovníků odborový orgán (...) kolektivní smlouvu." [*Übersetzung*: (...) schließt im Namen der Arbeiter das Gewerkschaftsorgan (...) Kollektivverträge ab.] und § 1 Reg.VO Nr. 82/1989 Slg., der lediglich die sozialistische Organisation als Kollektivvertragspartner nannte.

[404] So auch *Kottnauer/Součková/Šubrt*, Práce a mzda 1989, H. 10, S. 14.

berhaupt mit wirtschaftlichen und staatlichen Organen verhandeln zu dürfen, nicht rechtlich verankert und deswegen überaus zweifelhaft[405]. Namhafte andere Gewerkschaften neben der ROH waren im übrigen auch nicht bekannt.
Ein weiteres Erschwernis für Gewerkschaften außerhalb der ROH-Organisation brachte die unsichere Rechtslage hinsichtlich ihrer Gründung. Das Gesetz Nr. 68/1951 Slg. über freiwillige Organisationen und Versammlungen[406] knüpfte die wirksame Gründung einer freiwilligen Organisation an eine staatliche Genehmigung ihrer Satzung (§ 2 Abs. 2 S. 1 Gesetz Nr. 68/1951 Slg.). Während für die ROH und ihre Organisationseinheiten das speziellere Gesetz Nr. 37/1959 Slg. galt, wonach die ROH keiner Genehmigung bedurfte (Art. 18 Beschluß IV.ggK/1959 Slg.), war die Rechtslage für andere Gewerkschaften zunächst unklar. Ob auf diese anderen Gewerkschaften das Gesetz Nr. 68/1951 Slg. Anwendung finden sollte, mit der Folge, daß eine Satzungsgenehmigung erforderlich war, oder ob das Gesetz Nr. 37/1959 Slg. in diesem Fall analog gelten sollte, blieb offen[407]. Erst im Jahre 1973 nahm das Gesetz Nr. 74/1973 Slg. (Art. 1) die Gewerkschaftsorganisation ausdrücklich aus dem Anwendungs-bereich der § 1 bis § 5 des Gesetzes Nr. 68/1951 Slg. heraus, so daß für Gewerkschaften auch außerhalb der ROH grundsätzlich keine staatliche Genehmigung der Satzung mehr erforderlich war.
Im übrigen brachte die Novelle Nr. 74/1973 Slg. ein weiteres Argument für die Tatsache, daß in der Tschechoslowakischen Republik die Gründung anderer Gewerkschaften neben der ROH grundsätzlich rechtlich möglich war. Denn dieses Gesetz wäre überflüssig, wenn das tschechoslowakische Recht von der ROH als allein zulässiger Gewerkschaft ausgegangen wäre. Für die ROH galt nämlich bereits das Gesetz Nr. 37/1959 Slg., das die ROH von dem Genehmigungserfordernis der Satzung ohnehin befreite.
Darüber hinaus bot das Gesetz Nr. 74/1973 Slg. keine weiteren Rechtsklarheiten für Gewerkschaften außerhalb der ROH-Organisation. Es besagte insbesondere nichts darüber, wie sich Gewerkschaften definierten und wie sie sich von anderen freiwilligen Organisationen i.S.d. Gesetzes Nr. 68/1951 Slg. unterschieden. Eine Gewerkschaft neben der ROH hätte daher ihren gewerkschaftlichen Charakter aufwendig, ggf. durch Bezugnahme auf internationale Vereinbarungen, die allerdings nicht in den Gesetzessammlungen veröffentlicht waren, beweisen müßen[408]. Auch die Frage der Rechtssubjektivität der Gewerkschaftsorgane, die das Gesetz bei der ROH regelte (vgl. Art. 24 Beschluß IV.ggK/1959 Slg.), blieb bei den anderen Gewerkschaften rechtlich ungeklärt.
Zusammenfassend läßt sich sagen, daß die Gründung von Gewerkschaften außerhalb der Einheitsgewerkschaft (ROH) zwar rein theoretisch rechtlich zulässig

---

[405] *Kalenská*, Právník 1969, H. 2, S. 97.
[406] Zákon č. 68/1951 Sb. o dobrovolných organisacích a shromážděních.
[407] Für eine analoge Anwendung des Gesetzes Nr. 37/1959 Slg. wohl *Kalenská*, Právník 1969, H. 2, S. 96.
[408] Vgl. *Kostečka*, Právo a zákonnost 1990, H. 5, S. 257.

war, daß aber eine sinnvolle gewerkschaftliche Tätigkeit angesichts der faktischen und auch rechtlichen Monopolstellung der ROH den anderen Gewerkschaften im Grunde genommen verwehrt blieb. Das tschechoslowakische Recht bot keine hinreichende Garantie für die Pluralität von Gewerkschaften und begünstigte das Prinzip der Einheitsgewerkschaft. Damit stand die innerstaatliche Rechtslage auch in Widerspruch zu den von der ČSSR ratifizierten internationalen Vereinbarungen. Dabei handelte es sich insbesondere um das internationale Abkommen über die wirtschaftlichen, sozialen und kulturellen Rechte von 1966 („AwskR 1966")[409], das die tschechoslowakische Regierung im Jahr 1975 ratifizierte, sowie das Abkommen Nr. 87 aus dem Jahr 1948 (über die Freiheit der Gewerkschaften und über den Schutz des Rechts, sich in einer Gewerkschaft vereinigen zu können[410]) der Internationalen Arbeitsorganisation (IAO)[411], einer von der UNO getragenen Einrichtung zur Verbesserung des Arbeitsschutzes, das der tschechoslowakische Staat im Jahr 1964 ratifizierte. Diese internationalen Vereinbarungen garantierten unter anderem die Freiheit der Gründung von gewerkschaftlichen Vereinigungen (Art. 2 Übereinkommen Nr. 87/1948 und Art. 8 Nr. 1 a AwskR 1966), die Freiheit der gewerkschaftlichen Betätigung (Art. 4 Übereinkommen Nr. 87/1948 und Art. 8 Nr. 1 c AwskR 1966) und das Recht der Gewerkschaften, Föderationen zu bilden (Art. 5 Übereinkommen Nr. 87/1948 und Art. 8 Nr. 1 b AwskR 1966)[412]. Die Mitgliedstaaten verpflichteten sich, den Arbeitern das Recht, sich freiwillig in Gewerkschaften organisieren zu können, zu gewährleisten (Art. 11 Übereinkommen Nr. 87/1948). Diese Garantie hat das tschechoslowakische Recht innerstaatlich allerdings nicht umgesetzt[413], indem es die faktische Monopolstellung der ROH rechtlich begünstigte[414].

Auch die obligatorische Einheit der ROH widersprach im übrigen den Übereinkommen, da diese die Gründungsfreiheit und die Konföderationsfreiheit von gewerkschaftlichen Vereinigungen vorsahen, was auch die negative Freiheit beinhaltete, eine Gewerkschaft nicht gründen zu müssen und Konföderationen auflösen zu können.

[409] Mezinárodní pakt o hospodářských, sociálních a kulturních právech; veröffentlicht als Anlage zur Bekanntmachung Nr. 120/1976 Slg.; im folgenden abgekürzt als „AwskR 1966".

[410] Úmluva Mezinárodní organizace práce č. 87 o odborové svobodě a ochraně odborového práva se sdružovat (1948), veröffentlicht unter Nr. 489/1990 Slg.; im folgenden abgekürzt als „Abkommen Nr. 87/1948".

[411] Näher zur IAO *Dütz*, Arbeitsrecht, Rn. 21; *Bělina* (-Kalenská), Pracovní právo (1997), S. 40 f.

[412] *Kalenská*, Právník 1969, H. 2, S. 95.

[413] So auch *Kostečka*, Právo a zákonnost 1990, H. 5, S. 257.

[414] Vgl. hierzu oben.

C) Exkurs: Die Internationalen Abkommen von 1966 und die Charta 77

Obwohl die ČSSR auch international auftrat und auch Vertragsmitglied internationaler Abkommen war, gewährte sie in der Regel nicht die Umsetzung der eingegangenen Verpflichtungen in die innerstaatliche Rechtslage[415].
Bedeutend waren das Internationale Abkommen über die bürgerlichen und politischen Rechte und das Internationale Abkommen über die wirtschaftlichen, sozialen und kulturellen Rechte von 1966 (AwskR 1966), die die Vereinigten Nationen auf der Grundlage der Erklärung der Menschenrechte von 1948 entworfen haben.
Die tschechoslowakische Regierung unterzeichnete diese Abkommen bereits am 7.10.1968. Erst am 11.11.1975 stimmte die tschechoslowakische Föderalversammlung den Abkommen zu und am 23.12.1975 ratifizierte der tschechoslowakische Staatspräsident die zwei Internationalen Abkommen von 1966 über Menschenrechte, die daraufhin im März 1976 in der ČSSR in Kraft traten[416]. Damit wurden die Abkommen erst zehn Jahre, nachdem sie zur Unterzeichnung bereit standen, und acht Jahre, nach Unterzeichnung durch die Regierung, für die tschechoslowakische Republik verbindlich und und wurden im Jahre 1976 unter der Nr. 120/1976 Slg. öffentlich bekanntgemacht.
Der Ratifikation vorausgegangen war die Konferenz für Sicherheit und Zusammenarbeit Europas (KSZE) von 33 Staaten aus Europa, USA und Kanada in Helsinki, die 1975 mit der „Schlußakte von Helsinki" endete. Die Schlußakte, die auch die ČSSR unterschrieben hatte, sollte die Beendigung des Kalten Krieges bedeuten, indem sie die Unverletzlichkeit der Grenzen, die Nichteinmischung in innere Angelegenheiten, vor allem aber die Achtung der Menschenrechte und Grundfreiheiten postulierte[417].
Die ČSSR lehnte allerdings die Zuständigkeit des „Ausschusses für Menschenrechte" ab, der in Genf seinen Sitz haben sollte und über Beschwerden hinsichtlich der Verletzung der Abkommen durch die Mitgliedstaaten, eingereicht von anderen Mitgliedstaaten, entscheiden sollte (vgl. Art. 41 AwskR 1966)[418]. Ebensowenig stimmte die ČSSR dem Anlageprotokoll zu dem Abkommen von 1966 zu[419]. Dieses Protokoll sah vor, daß der Ausschuß für Menschenrechte auch Beschwerden natürlicher Personen über die Verletzung der Menschenrechte annehmen konnte[420]. Damit verhinderte die ČSSR die internationale Kontrolle über die Einhaltung dieser Pakte.
Trotz der Ratifikation der Abkommen kam der tschechoslowakische Staat seiner Verpflichtung, die politischen und wirtschaftlichen Rechte der Bürger zu achten

[415] Vgl. hierzu bereits 2. Teil, A.II.2)B).
[416] *Mrázek*, Mezinárodní vztahy 1979, H. 2, S. 18.
[417] Vgl. *Uhl*, Právo a nespravedlnost, S. 23.
[418] *Uhl*, Právo a nespravedlnost, S. 23.
[419] *Uhl*, Právo a nespravedlnost, S. 24.
[420] *Uhl*, Právo a nespravedlnost, S. 24.

und diese zu sichern (vgl. Art. 2 AwskR 1966), nicht nach. Die meisten Rechte der Abkommen wurden nicht in innerstaatliches Recht umgewandelt.
Als Reaktion darauf wurde in der Tschechoslowakei am 1. Januar 1977 die „Charta 77“ gegründet, eine Bürgerrechtsgruppe, die sich laut ihres Manifests für die Respektierung der Bürger- und Menschenrechte in der ČSSR einsetzte[421]. Ziel der Charta 77 war vor allem, auf die konkreten Verletzungen der Rechte in der ČSSR hinzuweisen[422]. Hinsichtlich des Abkommens für wirtschaftliche, soziale und kulturelle Rechte von 1966 bemängelte die Charta 77 vor allem die Verletzung des Koalitionsrechts[423] und des Streikrechts[424].
Am 23.1. 1977 wandte sich die Charta 77 mit einer schriftlichen Anfrage, ob in der ČSSR wirklich die Vereinbarungen der Abkommen von 1966 gelten würden, an die Regierung und die Föderalversammlung[425]. Dabei berief sich die Charta 77 auf das in Art. 29 Verfassung Nr. 100/1960 Slg. verankerte Petitionsrecht, das dem Bürger erlaubte, sich mit Beschwerden an staatliche Organe wenden zu können, und auf Art. 28 Abs. 1 S. 1 Verfassung Nr. 100/1960 Slg., der die Meinungsfreiheit gewährte[426].
Die Charta 77 war somit eine (eigentlich) legale Bewegung, die mit der Verfassung übereinstimmte[427]. Sie entsprach auch Art. 17 Abs. 1 Verfassung Nr. 100/1960 Slg., wonach jeder Bürger das Recht hatte, für die Einhaltung der „sozialistischen Gesetze“ einzustehen, sowie Art. 28 Abs. 1 S. 2 Verfassung Nr. 100/1960 Slg., der die Versammlungsfreiheit gewährte. Die Charta 77 sah sich auch nicht als eine politische, regierungsfeindliche Bewegung an, sondern wollte den Staat lediglich zur Einhaltung seiner international übernommenen Verpflichtungen, der Einhaltung der Menschenrechte, bewegen[428].
Dennoch wurden die Anhänger der Charta 77 strafrechtlich verfolgt und unterlagen vielen Repressalien[429]. Der tschechoslowakische Staat sah in der Charta 77 eine böswillige Verleumdung der sozialistischen Gesellschaft, ohne auf die Probleme, die die Charta 77 näher angeschnitten hatte, einzugehen[430].
In dreizehn Jahren ihrer Tätigkeit (bis zur Wende) erließ die Charta dabei ca. 572 Dokumente, in denen die Mißumstände aufgedeckt wurden, und gewann über 1.000 Anhänger, die die Charta 77 unterzeichneten[431].

---

421 S. das Manifest der Charta 77, veröffentlicht bei *Císařovská*, Charta 77, S. 295 ff. (295).
422 *Uhl*, Právo a nespravedlnost, S. 25; *Prečan* (-Havel), Charta 77, S. 22.
423 Vgl. zur Verletzung des Koalitionsrechts durch die Charta 2. Teil, A.II.2)B).
424 *Uhl*, Právo a nespravedlnost, S. 27; *Prečan* (-Patočka/Hájek), Charta 77, S. 205.
425 Vgl. *Prečan* (-Patočka/Hájek), Charta 77, S. 201.
426 Vgl. *Prečan* (-Patočka/Hájek), Charta 77, S. 201; *Jičínský*, Charta 77, S. 16.
427 *Jičínský*, Charta 77, S. 16 f. und S. 89 f.
428 Vgl. *Uhl*, Právo a nespravedlnost, S. 30; *Císařovská* (-Silhánová), Charta 77, S. 159; s. auch das Manifest der Charta 77, veröffentlicht bei *Císařovská*, Charta 77, S. 295 ff. (297).
429 *Uhl*, Právo a nespravedlnost, S. 43.
430 Vgl. *Jičínský*, Charta 77, S. 18.
431 *Uhl*, Právo a nespravedlnost, S. 43.

Der eigentliche Verdienst der Charta 77 bestand darin, daß sie die Öffentlichkeit, insbesondere auch die ausländischen Nachbarstaaten, auf die Verletzung der Menschenrechte und auf die Existenz einer innerstaatlichen Bürgerrechtsbewegung gegen die öffentliche Gewalt aufmerksam machte[432]. Der tschechoslowakische Staat wurde dadurch immer mehr ins Licht der Illegalität gedrängt[433]. Dem Beispiel der Charta 77 folgend entstanden später weitere Bürgerrechtsbewegungen, insbesondere das „Bürgerforum", das 1989 die Regierung zu Fall brachte[434].

D) Organisation der ROH

a) Organisationsstruktur

Die ROH zeichnete sich durch eine stark zentralistische Organisationsstruktur, die in der Satzung der ROH festgelegt war, aus[435]. Die Satzungen bedurften keiner Genehmigung oder Registrierung durch staatliche Organe (Art. 18 Beschluß IV.ggK/1959 Slg.).
Den wichtigsten Bestandteil der ROH bildeten die Grundorganisationen (ZO ROH), die auf der Betriebsebene eines Unternehmens tätig waren. Die Grundorganisationen wählten auf ihren Mitgliederversammlungen die Betriebsausschüsse (ZV ROH) als ihre ausführenden Organe (vgl. Art. 2 S. 1 Beschluß IV.ggK/1959 Slg.). Der Zentralrat der Gewerkschaften (ÚRO) legte die Anzahl der Mitglieder eines Betriebsausschusses sowie das Verfahren bei der Wahl des Betriebsausschusses fest[436]. Hatte die ZO ROH weniger als 20 Mitglieder in einem Betrieb, so wählte sie lediglich einen ‚Betriebsvertrauensmann' (*závodní důvěrník*)[437].
Auf der Unternehmensebene wirkten Unternehmensausschüsse der ROH (*podnikové výbory*), die auf den Unternehmenskonferenzen der ROH für zwei Jahre gewählt wurden und Aufgaben mit gesamtunternehmerischem Bezug übernehmen sollten[438]. Sie handelten im Namen aller Grundorganisationen der ROH in einem Unternehmen[439]. Später, mit Einführung des Gesetzes Nr. 88/1988 Slg. über das staatliche Unternehmen, übernahmen die Unternehmensausschüsse

---

[432] Vgl. *Uhl*, Právo a nespravedlnost, S. 30 und S. 36; *Císařovská* (-Bendová), Charta 77, S. 21.
[433] *Uhl*, Právo a nespravedlnost, S. 37.
[434] *Císařovská*, Charta 77, S. 24 (-Bendová) und S. 163 (-Silhánová).
[435] *Kalenská* (-Zavacký), Československé pracovní právo (1980), S. 94; *Witz* (-Zavacký), Československé pracovní právo, S. 127.
[436] *Witz* (-Zavacký), Československé pracovní právo, S. 129.
[437] *Witz* (-Zavacký), Československé pracovní právo, S. 129.
[438] *Witz* (-Zavacký), Československé pracovní právo, S. 129; s. zur Aufgabenverteilung zwischen Betriebsausschuß und Unternehmensausschuß im Jahre 1989 *Kottnauer/Součková/Šubrt*, Práce a mzda 1989, H. 10, S. 14.
[439] *Kostečka*, Právník 1970, H. 5 , S. 401.

zum Teil auch Aufgaben der Betriebsausschüsse der ROH (gem. Art. 3 Beschluß IV.ggK/1959 Slg. i.V.m. Beschluß der ÚRO vom 19.12.1988[440]).

Die Organisationsstruktur oberhalb der Grundorganisationen spaltete sich zum einen in ,Verbandsorgane' (*orgány svazové*) und zum anderen in ,gesamtgewerkschaftliche Organe' (*všeodborové orgány*) auf[441]:

Auf der Verbandsebene schloßen sich die Grundorganisationen branchenspezifisch zu einzelnen Gewerkschaftsverbänden (*odborové svazy*) mit einer eigenen Organisationsstruktur zusammen. Diese Verbände beschäftigten sich vorwiegend mit branchenspezifischen Fragen (wie z.B. den speziellen Lohn- und Arbeitsbedingungen in den einzelnen Zweigen)[442]. Organe der Gewerkschaftsverbände waren im einzelnen die ,Bezirksausschüsse' (*okresní výbory odborových svazů*), die ,Kreisausschüsse' (*krajské výbory odborových svazů*), die ,Tschechischen und Slowakischen Ausschüsse des Gewerkschaftsverbandes' (*české a slovenské výbory odborového svazu*) und die ,Zentralausschüsse des Gewerkschaftsverbandes' (*ústřední výbory odborového svazu* = ÚVOS)[443].

Auf der gesamtgewerkschaftlichen Ebene fungierten als gesamtgewerkschaftliche Organe die ,Bezirksgewerkschaftsräte' (*okresní odborové rady*), die ,Kreisgewerkschaftsräte' (*krajské odborové rady*), der ,Tschechische und Slowakische Gewerkschaftsrat' (*Česká a Slovenská odborová rada*) und der ,Zentralrat der Gewerkschaften' (ÚRO)[444]. Im Gegensatz zu den Verbandsorganen waren die gesamtgewerkschaftlichen Organe im Rahmen bestimmter territorialer Aufgliederungen (wie z.B. auf Bezirks-, Kreis-, Republikebene) gemeinsam für alle Branchen zuständig[445]. Zu ihren Aufgaben zählte die Koordination der Tätigkeiten der Gewerkschaftsverbände in ihrem zuständigen Gebietsbereich und die Regelung von die Verbände betreffenden gemeinsamen Fragen[446].

Oberstes Organ der ROH war der ,gesamtgewerkschaftliche Kongreß' (*všeodborový sjezd*), den die ÚRO alle fünf Jahre einberief. Der Kongreß hatte die Aufgabe, Beschlüsse und Resolutionen für alle gesamtgewerkschaftlichen Organe, Verbandsorgane und Grundorganisationen der ROH zu fassen, die gewerkschaftliche Satzung der ROH zu genehmigen und Rechenschaftsberichte zu erörtern[447]. Er regelte also die wichtigsten allgemeinen Tätigkeiten der Gewerk-

---

[440] Usnesení ÚRO dne 19.12.1988: „Vymezení působnosti odborových orgánů podle zákoníku práce a dalších právních předpisů", Zpravodaj Revolučního odobrového hnuti č. 1/1989 [*Übersetzung*: Beschluß der ÚRO vom 19.12.1988: „Ausführung der Zuständigkeit der Gewerkschaftsorgane nach dem Arbeitsgesetz und weiteren Rechtsvorschriften", Berichtererstatter der Revolutionären Gewerkschaftsbewegung Nr. 1/1989].

[441] *Kalenská* (-Zavacký), Československé pracovní právo (1980), S. 94.

[442] *Witz* (-Zavacký), Československé pracovní právo, S. 127; *Kalenská* (-Zavacký), Československé pracovní právo (1980), S. 94.

[443] *Kalenská* (-Zavacký), Československé pracovní právo (1980), S. 95.

[444] *Kalenská* (-Zavacký), Československé pracovní právo (1980), S. 95.

[445] *Kalenská* (-Zavacký), Československé pracovní právo (1980), S. 94.

[446] *Witz* (-Zavacký), Československé pracovní právo, S. 128.

[447] *Kalenská* (-Zavacký), Československé pracovní právo (1980), S. 95.

schaften[448]. Für dringliche Angelegenheiten konnte kurzfristig eine ‚gesamtgewerkschaftliche Konferenz' (*všeodborová konference*) einberufen werden[449]. Zwischen den gesamtgewerkschaftlichen Kongressen übernahm die ÚRO die Aufgaben des obersten Organes; insbesondere hatte sie die Arbeiter bei Verhandlungen mit den staatlichen Zentralorganen zu vertreten[450].
Rechtssubjektivität hatten nach der Satzung der ROH die Betriebsausschüsse der ROH (vgl. Art. 24 S. 2 Beschluß IV.ggK/1959 Slg.), die ÚVOS, der Tschechische und Slowakische Gewerkschaftsrat und die ÚRO[451].
Die Zuständigkeit der einzelnen Gewerkschaftsorgane für einzelne Aufgaben nach dem Arbeitsgesetzbuch regelten nicht Vorschriften des Arbeitsgesetzbuchs, sondern gem. Art. 1 und Art. 25 Beschluß IV.ggK/1959 Slg. die Richtlinien der ÚRO, die mit Beschluß vom 18.02.1970 erlassen und unter Nr. 14/1970 Slg. registriert wurden. Diese Richtlinien waren auch für die sozialistischen Organisationen und staatlichen Organe verbindlich (vgl. § 1 des Gesetzes Nr. 37/1959 Slg.)[452]. Im Zusammenhang mit der Novelle des Arbeitsgesetzbuchs durch das Gesetz Nr. 188/1988 Slg. erließ die ÚRO neue Richtlinien für die Zuständigkeit der Gewerkschaftsorgane im Bereich des Arbeitsgesetzbuchs (Beschluß vom 19.12.1988, veröffentlicht im Berichterstatter der ROH unter Nr. 1/1989[453]). Danach waren in den staatlichen Unternehmen die Unternehmensausschüsse die in der Organisation direkt zuständigen Organe (auch für die betrieblichen Aufgaben i.S.d. Beschlusses des IV. ggK/1959 Slg.); in allen anderen Organisationen und in staatlichen Unternehmen, in denen kein Unternehmensausschuß bestand, blieb weiterhin der Betriebsausschuß der ROH zuständig[454].

b) Organisationsprinzipien

Die Organisationsstruktur der ROH stützte sich auf drei wesentlichen Prinzipien, nämlich auf das Prinzip des ‚demokratischen Zentralismus' (*princip demokratického centralismu*), auf das Prinzip ‚Ein Betrieb – Eine Organisation' (*jeden závod – jedna organizace*) und auf das ‚Verbandsprinzip' (*svazový princip*)[455].
Das Prinzip des demokratischen Zentralismus (vgl. § 3 Abs. 2 Gesetz Nr. 68/1951 Slg.) stand zum einen für die zentralistische Struktur der ROH, zum anderen für die innergewerkschaftliche Demokratie: Alle Organe waren auf den

[448] *Witz* (-Zavacký), Československé pracovní právo, S. 128.
[449] *Witz* (-Zavacký), Československé pracovní právo, S. 128.
[450] *Kalenská* (-Zavacký), Československé pracovní právo (1980), S. 95; *Witz* (-Zavacký), Československé pracovní právo, S. 128.
[451] *Kalenská* (-Zavacký), Československé pracovní právo (1980), S. 95.
[452] *Kahle*, Práce a mzda 1991, H. 1, S. 1.
[453] ‚Vymezení působnosti odborových orgánů podle zákoníku práce a dalších právních předpisů', schválený předsednictvem Ústřední rady odborů dne 19.12.1988 (publikovaný ve Zpravodaj ROH č. 1/1989).
[454] *Tkáč*, Socialistická zákonnost 1989, H. 5, S. 264.
[455] *Kalenská* (-Zavacký), Československé pracovní právo (1980), S. 94.

Versammlungen durch Delegierte niedrigerer Organe nach mehrheitlichen Grundsätzen gewählt und die niedrigeren Organe ordneten sich den Beschlüssen der höheren Organe unter[456].
Allerdings fehlte es im Rahmen der zentralistisch-monolithischen Struktur der ROH an einer genügenden Rückkoppelung der Tätigkeiten der oberen Organe nach unten (wie z.B. durch Kontroll- oder Vetorechte der unteren Organe)[457].
Nach dem Prinzip ‚Ein Betrieb – Eine Organisation' durfte in einem Betrieb nur eine einzige Grundorganisation der ROH ohne Rücksicht auf Beruf und Stellung der Arbeiter tätig werden[458]. Dieser Grundsatz schloß eine Anknüpfung an eine Arbeitnehmergruppenzugehörigkeit aus. Die betriebliche Grundorganisation der ROH erfaßte zum Beispiel neben den übrigen Arbeitern auch leitende Arbeiter, die sich nicht in eigenen Gewerkschaften organisieren konnten, obwohl sich ihre Interessen von denen der anderen Arbeiter unterschieden[459]. Auch eine Organisation der ROH-Gewerkschaft nach einem reinen Berufsverband, bei dem die Berufsgruppe des Arbeiters maßgebend für seine Organisationszugehörigkeit ist, oder nach einem Industrieverband, wonach der Wirtschaftszweig des Betriebes, in dem der Arbeiter beschäftigt ist, entscheidend ist, widersprachen dem Grundsatz ‚Ein Betrieb – Eine Organisation'.
Der Arbeiter konnte nur der Grundorganisation des Betriebes, in dem er arbeitete, beitreten. Allein entscheidend war die territoriale Zuständigkeit der Grundorganisation, nicht bestimmte Interessen des Arbeiters angesichts seiner Tätigkeit. Diesem Organisationsprinzip lag die sozialistische Auffassung vom Universalismus aller Arbeiter[460] zugrunde, die mit einer Vertretung bestimmter Gruppeninteressen der Arbeiter unvereinbar war.
Zwar verbot der Grundsatz ‚Ein Betrieb - Eine Organisation' rechtlich nicht die Gründung anderer Gewerkschaften außerhalb der ROH-Struktur, da dieser Grundsatz nur für die Organisation innerhalb der Einheitsgewerkschaft (ROH) galt[461]. Aufgrund der Monopolstellung der ROH[462] war die Gründung anderer Gewerkschaften zur Berufsinteressenvertretung jedoch nahezu unmöglich und sinnlos.
Als letztes Prinzip bedeutete das Verbandsprinzip die Vereinigung der Grundorganisationen der ROH in einer bestimmten Branche zu einem Gewerkschaftsverband, um den branchenüblichen Sonderinteressen Rechnung zu tragen. Dieses Prinzip war jedoch nicht zu verwechseln mit dem Industrieverbandssystem,

---

456 *Witz* (-Zavacký), Československé pracovní právo, S. 127; *Kalenská* (-Zavacký), Československé pracovní právo (1980), S. 94.
457 *Kalenská*, Právník 1969, H. 2, S. 93; vgl. 2.Teil, A.II.1)A).
458 *Kahle*, Práce a mzda 1990, H. 7, S. 2; *Kalenská* (-Zavacký), Československé pracovní právo (1980), S. 94; *Witz* (-Zavacký), Československé pracovní právo, S. 127; *Kostečka*, Právo a zákonnost 1990, H. 5, S. 256.
459 *Kalenská*, Právník 1969, H. 2, S. 100.
460 S. hierzu 2. Teil, A.II.1)A).
461 *Kalenská*, Právník 1969, H. 2, S. 96; vgl. auch 2. Teil, A.II.2)B).
462 S. ausführlich zur Monopolstellung der ROH 2. Teil, A.II.2)B).

nach dem die meisten Gewerkschaften in Deutschland aufgrund ihrer Satzung organisiert sind. Nach dem Industrieverbandssystem ist der Wirtschaftszweig des Betriebes, in dem der Arbeitnehmer beschäftigt ist, maßgebend für seine Organisationszugehörigkeit[463]. In der sozialistischen Tschechoslowakei war aber gerade nicht die Branche des Betriebes für die Organisationszugehörigkeit des Arbeiters entscheidend, sondern die territoriale Zuständigkeit der Grundorganisation der ROH für einen Betrieb. Der branchenspezifische Zusammenschluß erfolgte erst auf höherer Ebene und hatte für die Organisationszugehörigkeit selbst keine Bedeutung.

3) Betriebliche Arbeitnehmervertretung (=Belegschaftsvertretung)

A) Unternehmensmitbestimmung und betriebliche Mitbestimmung

Wie bereits dargestellt[464] war die Teilnahme der Arbeiter an der Leitung und Kontrolle der sozialistischen Organisation Ausdruck der „sozialistischen Demokratie", die ein wesentliches Element im sozialistischen Staats- und Wirtschaftssystem bildete (vgl. Art. 11 Abs. 3 S. 2 Verfassung Nr. 100/1960 Slg.).
Auf Unternehmensebene gab es keine den Ländern der freien Marktwirtschaft vergleichbare Beteiligung der Arbeiter in dem Sinne, daß Organe von Kapitalgesellschaften (z.B. der Aufsichtsrat) auch mit Mitgliedern der Arbeiter besetzt waren (Unternehmensmitbestimmung[465]). Zwar führte die totalitäre ČSSR ein Aktiengesetz (Nr. 243/1949 Slg.) ein. Dieses war allerdings eher auf die Aufhebung der bisher bestehenden Aktiengesellschaften als auf die Gründung und Entfaltung der Tätigkeiten neuer Aktiengesellschaften gerichtet[466]. Es konnte mit seinen nur 25 Paragraphen kaum eine den Aktiengesellschaften westlichen Typs vergleichbare Rechtssituation schaffen. Eine Beteiligung der Arbeiter in Organen sah es nicht vor.
In der Tschechoslowakei war die hauptsächliche Unternehmensform die sozialistische Organisation (später auch das staatliche Unternehmen i.S.d. Gesetz Nr. 88/1988 Slg.) mit einem alleinverantwortlichen Leiter an der Spitze als ausführendes Organ[467].
Allerdings bestanden vereinzelt besondere Arbeitervertretungen auf Unternehmensebene, die neben dem Organisationsleiter als zusätzliche Organe der Organisation fungierten. So ermöglichte der Regierungsbeschluß vom 8. Juni 1968 die Errichtung demokratisch gewählter Arbeiterräte in den einzelnen Unternehmen (sog. Unternehmensräte). Bei diesen Unternehmensräten handelte es sich

[463] *Dütz*, Arbeitsrecht, Rn. 40.
[464] Vgl. 2. Teil, A.II.1)A).
[465] S. für Deutschland *Dütz*, Arbeitsrecht, Rn. 897.
[466] So auch *Klusoň*, Politická ekonomie 1991, H. 3, S. 249; vgl. auch §§ 3 a), 13 Abs. 1 b) Gesetz Nr. 243/1949 Slg.
[467] Vgl. hierzu bereits 2. Teil, A.I.3)B)a)(1).

um Organe des Unternehmens, die über die grundlegenden Fragen des Unternehmens und über die Ernennung und Abberufung des Leiters der Organisation entscheiden durften und darüber hinaus in gewissem Umfang eine Vertretungsfunktion für das Arbeiterkollektiv wahrnehmen konnten[468].
Später führte das Gesetz Nr. 88/1988 Slg. über das staatliche Unternehmen, das die Autonomie der sozialistischen Wirtschaftsorganisation stärken sollte, die Errichtung bestimmter Selbstverwaltungsorgane des Arbeiterkollektivs (*orgány samosprávy*) in den staatlichen Unternehmen ein (vgl. §§ 11 Abs. 1 und 28 Gesetz Nr. 88/1988 Slg. und § 18 Abs. 2 ZP Gesetz Nr. 188/1988 Slg.). Dabei handelte es sich um die aus dem Arbeiterkollektiv bestehende Versammlung (*shromáždění*) und um den von der Versammlung direkt gewählten Rat (*rada*) (vgl. §§ 28 Abs. 1, 29 Abs. 1 b Gesetz Nr. 88/1988 Slg.). Genau wie vorher die Unternehmensräte hatten diese Selbstverwaltungsorgane die Aufgabe, bei grundlegenden unternehmerischen Fragen (mit-)zu entscheiden (vgl. §§ 25 Abs. 3, 29 Abs. 1, 30 Abs. 2 Gesetz Nr. 88/1988 Slg.).
Auf betrieblicher Ebene vermittelten ausschließlich betriebliche ROH-Gewerkschaftsorgane die Beteiligung der Arbeiter an Entscheidungen in Betrieben.

B) Der Betriebsausschuß der ROH als Form der gewerkschaftlichen Belegschaftsvertretung

Im tschechoslowakischen Arbeitsrecht gab es keine gewerkschaftsunabhängigen Arbeitnehmervertretungen im Unternehmen und somit keine Aufgabentrennung im Verhältnis zwischen „Betriebsrat" und Gewerkschaft.
Zwar entstanden in der Tschechoslowakei nach ihrer Gründung im Jahre 1918 als eine der ersten Staaten Europas gewerkschaftsunabhängige Belegschaftsvertretungen (insbesondere im Bergbau), wie die Gesetze Nr. 143/1920 Slg. über die Teilnahme der Arbeiter im Bergbau an der Verwaltung[469], Nr. 144/1920 Slg. über Betriebsräte im Bergbau[470] und Nr. 330/1921 Slg. über Betriebsausschüsse[471] zeigten[472]. Während der Übernahme der Tschechoslowakei durch Deutschland ab dem Jahr 1939 wurden die Arrbeitnehmervertretungen dann größtenteils aufgelöst und durch nationalsozialistische Behörden neu ernannt; sie wurden Organe des Nationalsozialismus[473]. Nach der Befreiung der Tschechoslowakei im Jahre 1945 organisierten sich erneut Betriebsräte mit ihrer ursprünglichen Bedeutung, die Teilnahme der Arbeiter am Verfahren der Betriebe zu ermögli-

---

[468] *Kalenská*, Právník 1969, H. 2, S. 102.
[469] Zákon č. 143/1920 Sb. o účasti zaměstnanců při hornictví na správě dolů.
[470] Zákon č. 144/1920 Sb. o závodních a revírních radách při hornictví.
[471] Zákon č. 330/1921 Sb. o závodních výborech.
[472] Näher hierzu *Tomeš*, Právník 1991, H. 5, S. 374.
[473] *Kostečka*, Právo a zákonnost 1990, H. 5, S. 253.

chen[474]. Die rechtliche Stellung der Betriebsräte regelte das Dekret des Präsidenten der Republik Nr. 104/1945 Slg.[475]. Es stellte klar, daß Betriebsräte nicht nur den Schutz der sozialen Arbeiterinteressen innerhalb des Betriebes (vgl. § 22 Nr. 1 Dekret Nr. 104/1945 Slg.), sondern auch die Teilnahme an der Verwaltung des Betriebes zum Ziel hatten (vgl. § 22 Nr. 2 und 4 Dekret Nr. 104/1945 Slg.). Sie waren Betriebsvertretungen aller Arbeiter; die Wahl des Betriebsrates erfolgte nach demokratischen Grundsätzen durch alle Arbeiter des jeweiligen Betriebes (vgl. § 7 Abs. 1 S.1 und S. 3 Dekret Nr. 104/1945 Slg. und § 2 der durchführenden Regierungsverordnung Nr. 216/1946 Slg.). In kleineren Betrieben, d.h. in Betrieben mit einer Anzahl von 3 bis 19 Arbeitnehmern (§ 4 Dekret Nr. 104/1945 Slg.), wählten die Arbeiter statt eines Betriebsrates einen ‚Betriebsvertrauensmann' (*závodní důvěrník*).
Neben den Aufgaben der Betriebsräte blieben die Befugnisse der Einheitsgewerkschaft, die Interessen der Arbeiter zu vertreten, unberührt bestehen (§ 1 Abs. 3 Dekret Nr. 104/1945 Slg.). Darüber hinaus gewährten sogar zahlreiche Regelungen des Dekrets Nr. 104/1945 Slg. der ROH direkten Einfluß auf die Errichtung und die Tätigkeit der Betriebsräte[476]. Zum Beispiel ernannte die Grundorganisation der ROH die Wahlausschüsse, die für die Wahl eines Betriebsrates zuständig sein sollten (§ 5 Abs. 1 RegVO Nr. 216/1946 Slg. i.V.m. § 7 Abs. 3 Dekret Nr. 104/1945 Slg.), und sie stellte bei ihrer Mitgliederversammlung die Kanditatenliste für die Besetzung der Betriebsräte auf (§ 7 Abs. 1 S. 2 Dekret Nr. 104/1945 Slg.). Bei kleineren Betrieben mit weniger als drei Arbeitnehmern übten gesamtgewerkschaftliche Organe der ROH die Rolle von Arbeitnehmervertretungen in eingeschränktem Umfang, nämlich nur zur Interessenvertretung und nicht als Mitverwalter des Betriebes, aus (§ 1 Abs. 2 S. 1 i.V.m. § 20 Nr. 1 Dekret Nr. 104/1945 Slg.). Die Gewerkschaft hatte auch einen finanziellen Einfluß auf den Betriebsrat, indem sie über die Verwendung des Budgets durch den Betriebsrat mitbestimmen und die Verwendung kontrollieren durfte (vgl. §§ 19 Abs. 1 S. 1 und 2 S. 2, 24 Abs. 2 Dekret Nr. 104/1945 Slg.). Letztendlich erkannte das Dekret der Gewerkschaft eine allgemeine Kontrollfunktion im Rahmen der Betriebs-verfassung zu (§ 21 Abs. 3 Dekret Nr. 104/1945 Slg.).
Diese enge Zusammenarbeit führte später zu einem Zusammenschluß der Betriebsvertretungen und der Gewerkschaftsorgane: Das Gesetz Nr. 42/1948 Slg., eine Novelle des Dekretes Nr. 104/1945 Slg., bestimmte in § 1 Abs. 1 den Betriebsrat zum ausführenden Organ der Betriebsgewerkschaft. Im Jahre 1955 legte dann die Satzung der ROH den Betriebsrat ebenfalls ausdrücklich als Ausfüh-

---

[474] *Witz* (-Zavacký), Československé pracovní právo, S. 123; *Kostečka*, Právo a zákonnost 1990, H. 5, S. 253.
[475] Dekret presidenta republiky č. 104/1945 Sb. o závodních a podnikových radách. [*Übersetzung*: Dekret des Präsidenten der Republik Nr. 104/1945 Slg. über die Betriebs- und Unternehmensräte].
[476] *Kalenská*, Právník 1969, H. 2, S. 93 und *dies*., Kolektivní smlouvy, S. 61; *Kostečka*, Právo a zákonnost 1990, H. 5, S. 255.

rungsorgan der (betrieblichen) Grundorganisation der ROH fest und bezeichnete dieses Organ als Betriebsausschuß der ROH (ZV ROH)[477]. Später bestätigte das Gesetz Nr. 37/1959 Slg. die ausschließlich gewerkschaftliche Arbeitnehmervertretung im Betrieb (vgl. § 1 Gesetz Nr. 37/1959 Slg., Art. 1 und Art. 2 S. 1 Beschluß IV.ggK/1959 Slg.) und hob das Dekret Nr. 104/1945 Slg. in der zuletzt gültigen Fassung auf (§ 2 Abs. 1 a) Gesetz Nr. 37/1959 Slg.). Die ROH hatte auf diese Weise die Befugnisse der Arbeitnehmervertretungen im Betrieb übernommen[478]. Die Stellung als Repräsentant der Arbeiter im Betrieb kam der Gewerkschaft nicht aufgrund des demokratischen Willens des Arbeiterkollektives, sondern kraft Gesetzes zu.
Im Laufe der Zeit hat sich auch das zugrundeliegende Verständnis über den Zusammenschluß von Belegschaftsvertretung und Gewerkschaft geändert: Während im Jahr 1949 zunächst der Betriebsrat neben seiner zusätzlichen Funktion als ausführendes Gewerkschaftsorgan weiterhin direktes Vertretungsorgan des Arbeiterkollektivs blieb, kam dem Betriebsausschuß nach der ROH-Satzung im Jahr 1955 die Arbeitnehmervertretungsfunktion nur zu, weil er gewerkschaftliches Ausführungsorgan war[479]. Diese Auffassung spiegelte sich auch im Wortlaut des Art. 2 S. 1 Beschluß IV.ggK/1959 Slg.[480] wider, wonach der Betriebsausschuß für die Grundorganisation der ROH *und damit auch* für das Arbeiterkollektiv des Betriebes handeln sollte. Die Legitimation für die betriebliche Vertretung der Arbeiter beruhte nunmehr auf der gewerkschaftlichen Organstellung. Seit dem Zusammenschluß waren in der ČSSR die Betriebsausschüsse der ROH, also betriebliche Gewerkschaftsorgane, als einzige Vertreter der Arbeiterkollektive in den Betrieben ohne Rücksicht auf die Fachzugehörigkeit der Mitglieder anerkannt[481].
Zwar gab es während der sozialistischen Regierungszeit vereinzelt Versuche, neben den gewerkschaftlichen auch andere gewerkschaftsunabhängige Belegschaftsvertretungen zu errichten, wie z.B. die Unternehmensräte gem. Regierungsbeschluß vom 8. Juni 1968 sowie die Selbstverwaltungsorgane durch das Gesetz Nr. 88/1988 Slg.[482]. Allerdings waren die Unternehmensräte mehr auf die Bewältigung unternehmerischer Aufgaben als auf individual-soziale Fragen der Arbeiter ausgerichtet; die eigentliche Arbeitnehmervertretung durch Be-

---

[477] *Witz* (-Zavacký), Československé pracovní právo, S. 123; *Kostečka*, Právo a zákonnost 1990, H. 5, S. 255.
[478] *Witz* (-Zavacký), Československé pracovní právo, S. 123.
[479] *Kalenská*, Právník 1969, H. 2, S. 93; *Kostečka*, Právo a zákonnost 1990, H. 5, S. 256.
[480] Čl. 2 Usnesení IV. všeodborového sjezdu o závodních výborech základních organizací ROH – příloha zákona č. 37/1959 Sb.: „Za základní organizaci ROH *a tím i za kolektiv pracujících závodu* jedná a vyjadřuje se závodní výbor, (...)." [*Übersetzung*: Art. 2 Beschluß IV. ggK/1959 Slg.: Als Grundorganisation der ROH *und dadurch auch als Vertreterin des Arbeiterkollektives des Betriebes* handelt, äußert sich und erklärt der Betriebsausschuß, (...).].
[481] *Kostečka*, ArbuR 1994, S. 437 und *ders.*, Právník 1970, H. 5, S. 400.
[482] Vgl. bereits 2. Teil, A.II.3)A).

triebsausschüsse der ROH blieb daher unberührt[483]. Im übrigen hatte die ROH einen großen Einfluß auf die Unternehmensräte von 1968 bei der Ausübung ihrer Tätigkeiten[484]. Ähnlich hatten die Selbstverwaltungsorgane von 1988 die Aufgabe, bei grundlegenden unternehmerischen Fragen (mit-)zu entscheiden (vgl. §§ 25 Abs. 3, 29 Abs. 1, 30 Abs. 2 Gesetz Nr. 88/1988 Slg.), während die eigentliche Belegschaftsvertretung aber weiterhin in den Händen der Einheitsgewerkschaft (ROH) blieb (vgl. Art. 4-7 Beschluß IV.ggK/1959 Slg.).

Selbst die während des Sozialismus umfangreichste Novelle des Arbeitsgesetzbuchs Nr. 188/1988 Slg. ließ die Regelungen der ausschließlich gewerkschaftlichen Betriebsvertretung unberührt.

Dem Betriebsausschuß kam seit dem Zusammenschluß eine Doppelrolle zu: Denn zum einen war er ausführendes Gewerkschaftsorgan der Grundorganisation der ROH und hatte als solches die Interessen seiner Mitglieder zu vertreten. Zum anderen vertrat er die Arbeiter eines Betriebes (und zwar auch die nicht gewerkschaftlich Organisierten) gegenüber der sozialistischen Organisation und ihrem Leiter[485]. Die Vertretungsbefugnis dehnte sich somit auch auf Nichtgewerkschaftsmitglieder aus[486]. Die ROH-Gewerkschaft war nun Repräsentant aller Arbeiter ungeachtet der Gewerkschaftsmitgliedschaft. Diese allgemeine Repräsentationsfunktion entsprach dem sozialistischen Verständnis vom Universalismus aller Arbeiter und von der Interesseneinheit[487]. Zum Ausdruck brachten sie vor allem Art. 1 und 2 Beschluß IV.ggK/1959 Slg Gem. Art. 1 dieses Beschlusses sollte sich die Grundorganisation der ROH „im Namen des Kollektivs der Arbeiter" und im Einklang mit den gesamtgesellschaftlichen Interessen mit allen Angelegenheiten, die die Arbeits-, Sozial-, Gesundheits- und Kulturinteressen der Arbeiter in diesem Betrieb betrafen, beschäftigen. Dabei handelte gem. Art. 2 des Beschlusses der Betriebsausschuß für die Grundorganisation und damit „für das Arbeiterkollektiv", also für alle Arbeiter.

Da nicht alle Arbeiter gewerkschaftlich organisiert waren, existierte zwar theoretisch eine Möglichkeit, daß die Aufgaben der Gewerkschaft, die Interessenvertretung der Gewerkschaftsmitglieder und die Vertretung aller Arbeiter eines Betriebes, nicht völlig identisch sein mußten[488]. In der Regel ging aber die Belegschaftsvertretung zulasten der Vertretung bestimmter Gruppeninteressen[489]; zumal die Interessenvertretung ohnehin keine wirkliche Berufsinteressenvertretung war[490].

---

483 *Kalenská*, Právník 1969, H. 2, S. 102.

484 *Kalenská*, Právník 1969, H. 2, S. 102.

485 *Witz* (-Zavacký), Československé pracovní právo, S. 130.

486 *Kalenská*, Kolektivní smlouvy, S. 61.

487 Vgl. zum Universalismus aller Arbeiter und zur Interesseneinheit 2. Teil, A.II.1)A).

488 *Witz* (-Zavacký), Československé pracovní právo, S. 130.

489 So wohl auch *Kalenská*, Právník 1969, H. 2, S. 94 und S. 104, die neben dem Prinzip ‚Ein Betrieb – Eine Organisation' noch zusätzlich die Möglichkeit eines Berufsverbandes innerhalb der ROH forderte (S. 94).

490 S. bereits 2. Teil, A.II.1)A).

Die ausschließlich gewerkschaftliche Arbeitnehmervertretung entsprach dem sozialistischen Verständnis von der Hauptfunktion der Gewerkschaft, nämlich den Arbeitern die Teilnahme an der Leitung der Organisation zu ermöglichen[491]. Vor diesem Hintergrund wird auch der Grundsatz ‚Ein Betrieb – Eine Organisation', nach dem in einem Betrieb nur eine Grundorganisation tätig werden durfte[492], verständlich. Denn da die Hauptaufgabe der Gewerkschaften in der betrieblichen Vertretung bestand, wären mehrere Grundorganisationen als Belegschaftsvertretungen in einem Betrieb überflüssig und sogar für den Betriebsablauf störend.
Neben der zurückgedrängten Funktion der Interessenvertretung war weitere nachteilige Folge der ausschließlich gewerkschaftlichen Arbeitnehmervertretung im Betrieb die mangelnde Legitimation des Vertretungsorgans durch das gesamte Arbeiterkollektiv[493]. Denn den Betriebsausschuß wählten nicht mehr alle (also auch nicht gewerkschaftlich organisierte) Arbeiter eines Betriebes, sondern nur die Grundorganisation der ROH auf ihrer Mitgliederversammlung entsprechend den satzungsrechtlichen Bestimmungen (Art. 2 S. 1 Beschluß IV.ggK/1959 Slg.). Die Wahl des Betriebsausschusses erfolgte somit allein durch Gewerkschaftsmitglieder. Der Betriebsausschuß war nur gegenüber der Mitgliederversammlung der Grundorganisation für sein Handeln verantwortlich (s. Art. 2 S. 1 Beschluß IV.ggK/1959 Slg.). Der nicht gewerkschaftlich organisierte Arbeiter hatte weder Einfluß auf die Zusammensetzung noch auf die Tätigkeit des Betriebsausschusses und konnte nicht an der Leitung der sozialistischen Organisation teilnehmen. Die ausschließlich gewerkschaftliche Arbeitnehmervertretung im Betrieb führte also auch[494] dazu, daß der Beitritt zur ROH indirekt erzwungen wurde und nicht mehr als freiwillig bezeichnet werden konnte. Der Beitritt in die Gewerkschaft war für den Arbeiter nämlich – zumindest formalrechtlich - die einzige Möglichkeit, an der sozialistischen Organisation teilzunehmen[495]. Allerdings wurde in Wirklichkeit selbst für Gewerkschaftsmitglieder die Teilnahme angesichts der geringen Selbständigkeit der Organisation und der zentralistischen Struktur der Gewerkschaft immer mehr zum bloßen Formalismus[496].

C) Beteiligungsrechte des Betriebsausschusses der ROH

a) Beteiligungsarten

Als Ausgleich für die Unmöglichkeit wirklicher Kollektivverhandlungen mit dem Ziel der Interessenvertretung[497] sahen das Arbeitsgesetzbuch und der

---

[491] S. zur Vermittung der Teilnahme 2. Teil, A.II.1)A).
[492] Vgl. näher zu diesem Grundsatz 2. Teil, A.II.2)D)b).
[493] *Kostečka*, Právo a zákonnost 1990, H. 5, S. 258.
[494] Vgl. hierzu 2. Teil, A.II.2)B).
[495] So auch *Kalenská*, Právník 1969, H. 2, S. 104.
[496] Vgl. hierzu bereits 2. Teil, A.II.1)A).
[497] S. hierzu 2. Teil, B.II.1)B).

Beschluß IV.ggK/1959 Slg. eine Vielzahl von gewerkschaftlichen Beteiligungsrechten vor.
Das tschechoslowakische Recht unterschied drei Arten der Beteiligung des Betriebsausschusses der ROH an Entscheidungen des Leiters der sozialistischen Organisation, nämlich die Mitwirkung (*součinnost*), die Mitbestimmung (*spolurozhodování*) sowie den Abschluß von Kollektivverträgen (*kolektivní smlouvy*)[498].
Zu diesen Formen der Zusammenarbeit war in der Regel der Betriebsausschuß ermächtigt; er konnte aber auch andere Organe der Grundorganisation der ROH in einigen Fällen zur Zusammenarbeit beauftragen[499]. Höhere Organe der ROH nahmen nur ausnahmsweise die Zusammenarbeit mit der sozialistischen Organisation wahr (z.B. bei der Nachtarbeit von Frauen gem. § 152 Abs. 3 S. 1 ZP).
Während der Abschluß von Kollektivverträgen angesichts der staatlich-zentralen Gestaltung der Arbeits- und Wirtschaftsbedingungen nicht zu den Hauptaufgaben der Gewerkschaft gehörte und zum bloßen Formalismus verkümmerte[500], bestand der bedeutendere Aufgabenbereich der Gewerkschaft in der betrieblichen Mitwirkung und Mitbestimmung bei Entscheidungen der sozialistischen Organisation[501].
Ein Konkurrenzverhältnis zwischen Tarifautonomie und betrieblichen Beteiligungsrechten existierte in der ČSSR nicht. Denn zum einen konnte der Kollektivvertrag nur äußerst wenige Arbeitsbedingungen, einschließlich betrieblicher Fragen, normativ gestalten und zum anderen ermöglichten es die betrieblichen Beteiligungsrechte nicht, (Betriebs-)Vereinbarungen mit normativer Wirkung abzuschließen. Die Gefahr einer doppelten normativen Regelung bestand daher nicht, zumal ja auf Seiten der Arbeiter ein und dasselbe Organ, nämlich das Gewerkschaftsorgan, sowohl kollektivvertraglich als auch betriebsverfassungsrechtlich handelte.
Die wenigen Schnittstellen des Regelungsspielraums von Kollektivverträgen und der betrieblichen Beteiligungsrechte waren die Aufteilung des ‚Zuwendungsfonds‘ (*fond odměn*) in Fonds für die einzelnen Lohnbestandteile und die Bestimmung der Lohnformen[502] sowie die Festlegung der Voraussetzungen für die Gewährung von leistungs- oder gewinnbezogenen Prämien (vgl. Art. 6 c Beschluß IV.ggK/1959 Slg., § 5 c) RegVO Nr. 82/1989 Slg. sowie § 122 Abs. 1 ZP). Hier war entweder eine Beteiligung in Form der Zustimmung oder in Form einer Kollektivvereinbarung möglich, wobei die kollektivvertragliche Regelung dann die Zustimmung i.S.d. § 122 Abs. 1 ZP ersetzte.

---

[498] *Witz* (-Zavacký), Československé pracovní právo, S. 134.
[499] *Jakubka/Benhák*, Práce a mzda 1989, H. 7, S. 47; *Witz*, Československé pracovní právo, S. 137; *Tkáč*, Socialistická zákonnost 1989, H. 5, S. 263.
[500] S. hierzu 2. Teil, A.II.1)B).
[501] S. hierzu 2. Teil, A.II.3)B).
[502] *Kottnauer/Součková/Šubrt*, Práce a mzda 1989, H. 10, S. 32.

b) Mitbestimmung

Eine wichtige Einflußmöglichkeit ermöglichten der ROH-Gewerkschaft gesetzliche Mitbestimmungsrechte, die das Arbeitsgesetzbuch und Art. 6 Beschluß IV.ggK/1959 Slg. abschließend festlegten.
Ein Mitbestimmungsrecht bestand bei allen wesentlichen Fragen, die das gesamte Betriebskollektiv oder sehr wichtige Einzelinteressen der Arbeiter (wie z.B. die Entlassung, die einseitige Änderung von Arbeitsbedingungen, etc.) betrafen, während für die übrigen Fälle lediglich eine gewerkschaftliche Mitwirkung (Erörterung) verlangt wurde[503].
Zu unterscheiden waren drei Arten der Mitbestimmung: die vorherige Zustimmung (*předchozí souhlas*), die bloße Zustimmung (*souhlas*) und die Vereinbarung (*dohoda*)[504].
Die Vereinbarungen zwischen dem Betriebsausschuß und dem Leiter der Organisation waren Betriebsabsprachen und hatten nicht die Wirkung von sog. Betriebsvereinbarungen, d.h. sie konnten keine normativen Regelungen enthalten. Sie waren in einigen gesetzlich festgelegten Fällen (z.B. §§ 100 Abs. 4, 104 Abs. 2, 118 Abs. 4 und 219 Abs. 2 ZP Nr. 65/1965 Slg.) möglich. Es handelte sich um eine Abwandlung des Erfordernisses der vorherigen Zustimmung[505]. Die Gesetzesnovelle Nr. 188/1988 Slg. schaffte allerdings in den genannten Fällen die Vereinbarung als Mitbestimmungsrecht ab.
Während bei der vorherigen Zustimmung die Erteilung der Zustimmung vor Verwirklichung der geplanten Maßnahme erfolgen mußte, konnte das Gewerkschaftsorgan die bloße Zustimmung auch nach Verwirklichung der Maßnahme abgeben[506]. Die bloße Zustimmung war nur für wenige Fälle festgelegt (z.B. §§ 98 S. 2, 108 Abs.1 a.E., 186 ZP).
Die Fälle, die eine vorherige Zustimmung verlangten, zählte insbesondere Art. 6 Beschluß IV.ggK/1959 Slg. auf. Das Arbeitsgesetzbuch konkretisierte diese Fälle teilweise, bestimmte weitere Fälle und legte die Rechtsfolgen bei fehlender Zustimmung fest. Das Ausmaß des gewerkschaftlichen (ROH-) Mitbestimmungsrechts war ziemlich weit gefächert:
Der vorherigen Zustimmung bedurfte es insbesondere bei dem Erlaß und der Änderung der Arbeitsordnung (Art. 6 a) Beschluß IV.ggK/1959 Slg., § 82 Abs. 3 S. 2 ZP), bei der Verteilung der Arbeitszeit und der Überstundenarbeit (Art. 6 b) Beschluß IV.ggK/1959 Slg., §§ 84 Abs. 1, 85 Abs. 1, 87 Abs. 2 und 3, 89 Abs. 2 und 3, 91 Abs. 2 ZP bzgl. der Verteilung der Arbeitszeit, § 98 S. 1 ZP bzgl. der Überstundenarbeit), bei der betrieblichen Lohngestaltung (Art. 6 c) Beschluß IV.ggK/1959 Slg., § 122 Abs. 1 ZP, wie z.B. die Bestimmung der

---

[503] *Galvas*, Právny Obzor 1977, H. 4, S. 333; *Kostečka*, ArbuR 1992, S. 322; *Witz* (-Zavacký), Československé pracovní právo, S. 136.
[504] *Witz* (-Zavacký), Československé pracovní právo, S. 137 f.
[505] *Witz* (-Zavacký), Československé pracovní právo, S. 138.
[506] *Witz* (-Zavacký), Československé pracovní právo, S. 137.

Lohnformen, die Aufstellung und Verteilung des ‚Zuwendungsfonds' (*fond odměn*) auf die einzelnen Lohnbestandteile[507], den Erlaß von betrieblichen Prämienordnungen und die Richtlinien für die Gewährung anderer Zuwendungen einschließlich der Festlegung der konkreten Voraussetzungen für die Gewährung von Prämien und anderen Zuwendungen aus den Prämienfonds[508]), bei der Einstellung und Entlassung des Arbeiters aus dem Arbeitsverhältnisses (Art. 6 d) Beschluß IV.ggK/1959 Slg. bzgl. der Einstellung[509] und Entlassung, § 59 Abs. 1 ZP bzgl. der Entlassung), bei der Eingruppierung des Arbeiters in die gesetzlichen Lohntarife, bei der ‚Überführung auf eine andere Arbeit' (*převedení na jinou práci*) oder der Versetzung auf einen Arbeitsplatz in einer anderen Gemeinde (Art. 6 e) und f) Beschluß IV.ggK/1959 Slg., § 35 Abs. 3 ZP bzgl. der Eingruppierung, § 41 Abs. 1 S. 1 ZP bzgl. der ‚Überführung auf eine andere Arbeit') sowie bei der Zuweisung und Kündigung von Werkswohnungen (Art. 6 g) Beschluß IV.ggK/1959 Slg.).
Hinsichtlich der Rechtsfolgen bei Fehlen der (vorherigen oder bloßen) Zustimmung oder bei ihrer Verweigerung, sah § 242 Abs. 2 S. 1 ZP vor, daß die dennoch durchgeführte Maßnahme der sozialistischen Organisation dann unwirksam war, wenn das Gesetz es ausdrücklich bestimmte. Bei einer vorherigen Zustimmung konnte dann auch eine nachträgliche Genehmigung nicht mehr zur Wirksamkeit der Rechtshandlung führen[510].
Bei der Zustimmung, deren Fehlen nicht zur Ungültigkeit der Maßnahme führte[511], handelte es sich demnach nicht um einen Fall der ‚echten' Mitbestimmung, sondern vielmehr um eine Art der Mitwirkung. Berücksichtigte der Leiter der Organisation in diesen Fällen das Erfordernis der Zustimmung nicht, so stellte dies einen Verstoß gegen die Arbeitsdisziplin i.S.d. § 74 Abs. 1 e) und f) ZP dar, der mit einem Verweis oder mit Lohnkürzung geahndet werden konnte (§ 77 Abs. 1 ZP). Dagegen begründeten die Fälle, die eine (meist vorherige) Zustimmung verlangten und deren Fehlen zur Unwirksamkeit der Maßnahme führte, ‚echte' Mitbestimmungsrechte. Denn der Leiter der sozialistischen Organisation konnte die betrieblichen Maßnahmen wirksam nur im einvernehmlichen Zusammenwirken mit dem Betriebsausschuß treffen[512].
Solche ‚echten' Mitbestimmungsrechte gewährte das Gesetz der ROH-Gewerkschaft insbesondere bei der Geltendmachung der Lohnform (§ 122 Abs. 1 ZP), bei der Auflösung des Arbeitsverhältnisses seitens der Organisation

---

[507] *Kahle*, Práce a mzda 1988, H. 9, S. 28.
[508] *Kahle*, Práce a mzda 1988, H. 9, S. 28.
[509] § 35 Abs. 3 ZP verlangt allerdings nicht eine vorherige Zustimmung, sondern spricht nur von der Pflicht der Organisation, der Gewerkschaft den Abschluß neuer Arbeitsverhältnisse mitzuteilen, und gewährt der Gewerkschaft ein Kontrollrecht über die Aufnahme und Eingruppierung der Arbeiter.
[510] *Witz* (-Zavacký), Československé pracovní právo, S. 137.
[511] Z.B. bei §§ 84 Abs. 1, 85 Abs. 1, 87 Abs. 2 und 3, 89 Abs. 2 und 3, 91 Abs. 2, 98, 108, 152 Abs. 3, 186 ZP.
[512] *Bělina* (-ders.), Pracovní právo (1990), S. 222.

durch ordentliche Kündigung[513] oder durch Kündigung mit sofortiger Wirkung[514] (§ 59 Abs. 1 S. 1 und 2 ZP) und in einigen Fällen der ‚Überführung auf eine andere Arbeit' oder Versetzung an einen anderen Ort (§ 41 ZP).
Die ‚Überführung des Arbeiters auf eine andere Arbeit' war eine einseitige Rechtshandlung des Arbeitgebers[515], wodurch dieser dem Arbeiter außerhalb seines Direktionsrechts in den gesetzlich genannten Fällen der §§ 37 und 38 ZP eine andere als die vertraglich vereinbarte Arbeit zuweisen konnte (§ 36 Abs. 2 ZP). Bei einer ‚Überführung' und Versetzung in den Fällen der §§ 37, 38 Abs. 4 ZP, mit der der Arbeiter nicht einverstanden war, sowie bei der ‚Überführung' oder Versetzung eines jugendlichen oder eines nicht voll arbeitsfähigen Arbeiters in allen gesetzlich zulässigen Fällen (§ 41 Abs. 2 ZP) verlangte das Gesetz zur Wirksamkeit der Maßnahme die vorherige Zustimmung[516] des Gewerkschaftsorgans (§§ 41 Abs. 1 S. 1, 41 Abs. 2 ZP i.V.m. § 41 Abs. 3 ZP).
Auch bei dem Erlaß der Arbeitsordnung hatte die Gewerkschaft ein echtes Mitbestimmungsrecht, da die vorherige Zustimmung der Gewerkschaft Wirksamkeitsvoraussetzung für die Arbeitsordnung war (§ 82 Abs. 3 S. 2 a.E. ZP). Die Gewerkschaft konnte hier auf die Organisation großen Druck ausüben, weil die Organisation seit der Novelle des Arbeitsgesetzbuchs Nr. 188/1988 Slg. zum Erlaß einer Arbeitsordnung verpflichtet war (§ 82 Abs. 3 S. 1 ZP) und die Gewerkschaft eine Veto-Möglichkeit durch die Verweigerung ihrer Zustimmung hatte. Dieses Mitbestimmungsrecht war also sehr stark, da der Arbeitgeber sich um eine Einigung mit der Gewerkschaft bemühen mußte, um überhaupt eine Arbeitsordnung erlassen zu können.

Zwar stellten die ‚echten' Mitbestimmungsrechte noch kein Mitdirektionsrecht im Sinne einer kollektiven Betriebsführung dar. Es blieb nämlich (außer im Falle des Erlasses einer Arbeitsordnung) der sozialistischen Organisation überlassen, ob sie die geplante Rechtshandlung verwirklichte, selbst wenn die Zustimmung bereits erteilt war (Grundsatz der Alleinverantwortlichkeit des Leiters der sozialistischen Organisation für die durchgeführte Maßnahme)[517]. Aber dennoch waren diese Mitbestimmungsrechte sehr bedeutsam. Denn bei Verweigerung der (vorherigen) Zustimmung konnte das Gewerkschaftsorgan die geplanten Maßnahmen der Organisation verhindern und ihre Betriebsführung dadurch erschweren. Das Erschwernis war um so bedeutender, als die Verweigerung der Maßnahme an keine bestimmten Gründe gebunden war. Auch eine Einigung war nicht erzwingbar. Es existierte nämlich keine Einigungsstelle, die die Organisation im Falle des Nichtzustandekommens eines Einvernehmens anrufen konnte

---

513 ‚Výpověď' (vgl. §§ 44 ff. ZP).
514 ‚Okamžité zrušení pracovního poměru' (vgl. §§ 54 ff. ZP).
515 *Kalenská* (-Novotná), Československé pracovní právo (1980), S. 116.
516 Ausnahme bei § 41 Abs. 1 S. 2 ZP (Nichterforderlichkeit der vorherigen Zustimmung).
517 *Galvas*, Právny obzor 1977, H. 4, S. 341; *Kalenská* (-Zavacký), Československé pracovní právo (1980), S. 265; *Witz* (-Zavacký), Československé pracovní právo, S. 136.

und deren Spruch das Einvernehmen ersetzt hätte. Die Verweigerung der Zustimmung bedeutete also ein endgültiges Veto gegenüber der Maßnahme der sozialistischen Organisation.
Der Betriebsausschuß konnte so sogar durch seine Verweigerung die Organisation zum Beispiel am Ausspruch einer Kündigung (ordentlich oder mit sofortiger Wirkung) hindern. Zwar konnte im Falle der Kündigung (im übrigen auch bei Bestimmung der Lohnformen) die sozialistische Organisation ausnahmsweise eine Überprüfung bei dem höheren Gewerkschaftsorgan, i.d.R. dem ‚Bezirksgewerkschaftsrat' (*okresní odborová rada*)[518], verlangen (§§ 59 Abs. 4 S.1, 122 Abs. 2 S. 1 ZP). Das höhere Gewerkschaftsorgan konnte dann die Verweigerung aufheben und durch eine eigene Zustimmung ersetzen (§§ 59 Abs. 4 S. 2, 122 Abs. 2 S. 2 ZP). Dabei handelte es sich aber nicht um eine unabhängige Einigungsstelle; das höhere Gewerkschaftsorgan trat lediglich an die Stelle des zunächst zuständigen Betriebsausschusses[519]. Verweigerte auch das höhere Gewerkschaftsorgan die Zustimmung, blieb es bei dem Veto hinsichtlich der geplanten Maßnahme.
Hinzuweisen ist auch auf die Möglichkeit, daß das Gewerkschaftsorgan im Fall der echten Mitbestimmung sich überhaupt nicht zur geplanten Rechtshandlung der sozialistischen Organisation äußerte. Da gesetzlich keine Frist für die Zustimmungserteilung oder –verweigerung vorgesehen war, kannte das Gewerkschaftsorgan die geplanten Vorhaben erheblich verzögern und die Flexibilität der Organisation dadurch schädigen. In den Fällen, in denen eine Überprüfung durch das höhere Gewerkschaftsorgan bei Zustimmungsverweigerung möglich wäre, hat die Organisation besonders unter der Passivität des Gewerkschaftsorgans zu leiden. Denn der Weg zu einer weiteren Überprüfung ist an eine vorangegangene Verweigerung geknüpft, die aber nicht vorlag[520].

c) Mitwirkung

Art. 5 Beschluß IV.ggK/1959 Slg. definierte die Mitwirkungsrechte der Gewerkschaft als Beratungsrechte bei mitwirkungsbedürftigen Fragen einschließlich des Rechts auf nähere Informationen. Die Organisation mußte die Standpunkte und Vorschläge der ROH-Organe bei ihrer Entscheidung berücksichtigen und anschließend der ROH die getroffene Entscheidung mitteilen.
Die Mitwirkung bezog sich vor allem auf alle wichtigen Fragen des Betriebes der Organisation und der Fürsorge der Arbeiter sowie auf die Vorbereitung aller Unternehmenspläne[521]. Art. 4 Beschluß IV.ggK/1959 Slg. bestimmte beispielhaft Mitwirkungsrechte bei Arbeitsschutzregelungen (Art. 4 d) Beschluß

---

[518] *Kalenská* (-Zavacký), Československé pracovní právo (1980), S. 265; *Witz* (-Zavacký), Československé pracovní právo, S. 137.
[519] So auch *Kalenská* (-Zavacký), Československé pracovní právo (1980), S. 265.
[520] So auch *Galvas*, Právny obzor 1977, H. 4, S. 343.
[521] *Kalenská* (-Zavacký), Československé pracovní právo (1980), S. 264.

IV.ggK/1959 Slg.), bei der Errichtung von Sozialeinrichtungen (Art. 4 e) Beschluß IV.ggK/1959 Slg.) sowie bei der Entscheidung über den Bau von Werkswohnungen (Art. 4 f) Beschluß IV.ggK/1959 Slg.). Die Gewerkschaft hatte ein allgemeines Initiativvorschlagsrecht hinsichtlich der Verbesserung der Betriebstätigkeiten und der Fürsorge der Arbeiter (Art. 4 j) Beschluß IV.ggK/1959 Slg.). Auch hatte die Gewerkschaft auffallend viele Mitwirkungsmöglichkeiten in wirtschaftlichen Angelegenheiten, nämlich die Teilnahme an der Vorbereitung von den Betrieb betreffenden Unternehmensplänen (Art. 4 a) Beschluß IV.ggK/1959 Slg.) und die Erörterung aller wichtigen Fragen, die das Verfahren im Betrieb, die Wirtschaftsführung, Investitionen und technische Entwicklung des Betriebes betrafen (Art. 4 d) Beschluß IV.ggK/1959 Slg.).
Daneben begründete das Arbeitsgesetzbuch weitere Mitwirkungsrechte, wie z.B. die Zusammenarbeit bei der Sicherung der Arbeitsdisziplin gem. § 74 Abs. 2 ZP und ein Erörterungsrecht hinsichtlich der Höhe des vom Arbeiter zu zahlenden Schadensersatzes gem. § 185 Abs. 5 ZP.
Die Maßnahmen, die die sozialistische Organisation unter Verletzung des Mitwirkungsrechts der Gewerkschaften getroffen hat, blieben rechtlich wirksam (§ 242 Abs. 2 S. 2 ZP). Die Mitwirkung war nur eine konsultative Form der Beteiligung; die Standpunkte und Vorschläge der Gewerkschaft waren für die Organisationsleitung nicht bindend[522].
Allerdings verstieß der Leiter der Organisation bei Mißachtung der gewerkschaftlichen Mitwirkung gegen seine Pflicht, die Teilnahme der Arbeiter am Verfahren der Organisation zu ermöglichen (§ 19 Abs. 1, § 74 Abs. 1 e ZP); die Pflichtverletzung konnte gem. § 77 Abs. 1 ZP disziplinarisch geahndet werden.

4) Kollektivvertragsrecht

A) Allgemeines

a) Arten der Kollektivverträge und Kollektivvertragsparteien

Im tschechoslowakischen Recht bestand lange Zeit (zumindest theoretisch) die Möglichkeit, Kollektivverträge auf Unternehmens- bzw. Betriebsebene (§ 20 Abs. 1 S.1 ZP Nr. 65/1965 Slg.) sowie auch als Branchenkollektivverträge (*oborové kolektivní smlouvy* bzw. *nadpodnikové kolektivní smlouvy*) auf höherer Ebene (§ 20 Abs. 1 S. 2 ZP Nr. 65/1965 Slg.) abzuschließen, wobei der zuletzt genannte Vertrag in der Praxis nur geringe Bedeutung hatte und ab dem 1.1.1989 durch die Novelle Nr. 188/1988 Slg. unzulässig wurde[523]. Parteien eines Branchenkollektivvertrages waren gem. § 20 Abs. 1 S. 2 ZP Nr. 65/1965 Slg. ein der sozialistischen Organisation übergeordnetes Wirtschaftsorgan und

---

[522] *Šubrt*, Práce a mzda 1988, H. 11, S. 45; *Bělina* (-Štangová), Pracovní právo (1997), S. 222.
[523] S. bereits. A.II.1.b

ein höheres Gewerkschaftsorgan, i.d.R. der zuständige Gewerkschaftsverband (*odborový svaz*), für den der Zentralausschuß (*ústřední výbor*) handelte[524].
Bei den Betriebs-/Unternehmenskollektivverträgen waren mögliche Partei auf der Arbeitgeberseite alle sozialistischen Organisationen (also sowohl Wirtschafts- als auch Haushaltsorganisationen[525]), mit Ausnahme von Landwirtschaftsgenossenschaften und einigen anderen Genossenschaften (§ 1 Abs. 1 RegVO Nr. 82/1989 Slg. i.V.m. § 8 Abs. 1 ZP), sowie alle anderen ‚gesellschaftliche Organisationen' (*společenské organizace*[526], § 1 Abs. 3 RegVO Nr. 82/1989 Slg.), wobei der Leiter die Organisation nach außen hin vertrat (vgl. § 20 Abs. 1 ZP[527]).
Die auf Seiten der Arbeiter sich verpflichtende Partei des Kollektivvertrages war hingegen nicht ganz eindeutig zu bestimmen. Nach dem Wortlaut des § 20 Abs. 1 ZP schloß das zuständige Gewerkschaftsorgan den Kollektivvertrag „im Namen der Arbeiter"[528] ab. Unklar blieb daher, ob das Arbeiterkollektiv, das Gewerkschaftsorgan oder die Gewerkschaftsorganisation Partei des Kollektivvertrages war[529]. Die herrschende Meinung ging davon aus, daß der Kollektivvertrag die jeweilige Gewerkschaftsorganisation unmittelbar berechtigte und verpflichtete[530]. Dieser Meinung ist zuzustimmen. Denn das zuständige Gewerkschaftsorgan handelte nach dem Wortlaut des § 20 Abs. 1 ZP „im Namen der Arbeiter", woraus zu schließen ist, daß es nicht selbst Partei war. Die Gewerkschaftsorganisation entschied im Rahmen ihrer Mitgliederversammlung ohnehin letztendlich selbst über Abschluß und Inhalt des Kollektivvertrages, da sie den ihr vorgelegten Kollektivvertragsentwurf genehmigen mußte und das zuständige ausführende Gewerkschaftsorgan daran bei Abschluß gebunden war (vgl. § 7 Abs. 1 und 2 RegVO Nr. 82/1989 Slg.). Der Wortlaut des § 20 Abs. 1 ZP „im Namen der Arbeiter" drückte also lediglich die vertretende und repräsentierende

---

524 *Kostečka*, Právník 1970, H. 5, S. 401.

525 Vgl. Nr. 1 Grundsätze Nr. 119/1985 Slg.: „Kolektivní smlouvy se uzavírají ve všech státních hospodářských, rozpočtových, příspěvkových a ostatních státních socialistických organizacích (...)." [*Übersetzung*: Kollektivverträge schließt man in allen staatlichen Wirtschafts-, Haushalts- und Beitragsorganisationen und anderen staatlichen sozialistischen Organisationen (...).].

526 Vgl. Art. 5 Verfassung Nr. 100/1960 Slg., der einige Beispiele für gesellschaftliche Organisationen, wie Jugendorganisationen oder sportliche Vereinigungen, aufzählt.

527 § 20 Abs. 1 ZP: „(...) uzavírá (...) jménem organizace její vedoucí kolektivní smlouvu." [*Übersetzung*: (.) im Namen der Organisation schließt ihr Leiter Kollektivverträge ab.].

528 § 20 Abs. 1 ZP: „ (...) uzavírá jménem praconíků odborový orgán (...) kolektivní smlouvu." [*Übersetzung*: „ (...) im Namen der Arbeiter schließt das Gewerkschaftsorgan (...) Kollektivverträge ab."].

529 s. einen Überblick über die widerstreitenden Ansichten bei *Kalenská*, Kolektivní smlouvy, S. 62 ff.; *Bělina* (-Kalenská), Pracovní právo (1990), S. 228; *Kostečka*, Právník 1970, H. 5, S. 400 f

530 *Bělina* (-Vysokajová), Pracovní právo (1997), S. 228; *Kalenská*, Kolektivní smlouvy, S. 65; *Witz* (-Kalenská), Československé pracovní právo, S. 148.

Funktion der Gewerkschaft in bezug auf alle Arbeiter aus, zumal dem Arbeiterkollektiv als solchem im übrigen auch keine unmittelbaren Rechte zukamen[531]. Die Zuständigkeit des Gewerkschaftsorgans bei Abschluß eines Betriebs-/ Unternehmenskollektivvertrages richtete sich nach Beschlüssen der ÚRO, zuletzt dem Beschluß der ÚRO vom 19.12.1988[532], wonach in staatlichen Unternehmen der Unternehmensausschuß der ROH, in sonstigen Organisationen oder in staatlichen Organisationen, in denen kein Unternehmensausschuß tätig war, der Betriebsausschuß der ROH zuständig war[533]. Kollektivvertragspartei wurde bei Handeln des Unternehmensausschusses die der ROH-Konferenz zugrundeliegende Organisation, bei Handeln des Betriebsausschusses die Grundorganisation (ZO)[534].

b) Zwingender und fakultativer Abschluß eines Kollektivvertrages

Während noch bis Ende 1980[535] die Rechtsordnung den zwingenden Abschluß nur bei staatlichen Wirtschaftsorganisationen, nicht aber bei Haushaltsorganisationen vorsah (Nr. 2 Grundsätze Nr. 103/1975 Slg.), war der Abschluß von Kollektivverträgen ab 1981 bis zur Wende in allen sozialistischen Organisationen obligatorisch (§ 1 Abs. 1 RegVO Nr. 82/1989 Slg.[536], davor gem. Nr. 1 S. 1 Grundsätze Nr. 119/1985 Slg.) mit Ausnahme von einigen Genossenschaften i.S.d. § 1 Abs. 1 a.E. RegVO Nr. 82/1989 Slg Bereits ein solcher gesetzlicher Zwang zum Kollektivvertragsabschluß widersprach einer wirklichen Tarifautonomie, bei der auch die Entscheidung über den Abschluß von Kollektivverträgen den Partein überlassen bleibt.
In den gesellschaftlichen Organisationen[537] war der Abschluß von Kollektivverträgen dagegen nicht zwingend, aber aufgrund von Vereinbarung zwischen Organisationsleiter und Gewerkschaftsorgan möglich (§ 1 Abs. 3 RegVO Nr. 82/1989 Slg.). Auch einzelne Organisationseinheiten einer sozialistischen Organisation, etwa Betriebe, konnten Kollektivverträge abschließen, wenn das zuständige Gewerkschaftsorgan es verlangte (§ 1 Abs. 2 RegVO Nr. 82/1989

---

531 So auch *Kostečka*, Právník 1970, H. 5, S. 400; *Kalenská* (-dies.), Československé pracovní právo (1980), S. 274.

532 „Vymezení působnosti odborových orgánů podle zákoníku práce a dalších právních předpisů", schválený předsednictvem Ústřední rady odborů dne 19.12.1988, Zpravodaj ROH č. 1/1989. [Übersetzung: Vereilung der Zuständigkeit der Gewerkschaftsorgane nach dem Arbeitsgesetzbuch und weiteren Rechtsvorschriften, genehmigt durch den Vorsitzenden des Zentralrats der Gewerkschaften am 19.12.1988, Berichtererstatter ROH Nr. 1/1989].

533 S. hierzu bereits 2. Teil, A.II.2)D)a).

534 Vgl. *Kottnauer/Součková/Šubrt*, Práce a mzda 1989, H. 10, S. 14.

535 Vgl. Grundsätze Nr. 175/1980 Slg. über den Abschluß, den Inhalt und die Kontrolle von Kollektivverträgen (Nr. 1 und Nr. 34).

536 § 1 Abs 1 RegVO Nr. 82/1989 Slg.: „Kolektivní smlouva *se uzavírá* ve všech socialistických organizacích (...)." [*Übersetzung*: Kollektivverträge *schließt man* in allen sozialistischen Organisationen *ab* (...).].

537 Vgl. zu dem Begriff 2. Teil, A.I.3)B)a)(1).

Slg.). Während noch Nr. 3 der Grundsätze Nr. 119/1985 Slg. den Abschluß eines Betriebskollektivvertrages als obligatorischen Regelfall ansah, überließ es die Regierungsverordnung Nr. 82/1989 Slg. mit Blick auf eine größere Selbständigkeit der Unternehmen den Parteien, ob sie einen solchen Teilkollektivvertrag oder eher einen Unternehmenskollektivvertrag abschließen wollten (vgl. § 1 Abs. 2 RegVO Nr. 82/1989 Slg.)[538]. Auch beim Betriebskollektivvertrag war Partei des Vertrages auf Seiten des Arbeitgebersubjekts die gesamte Organisation und nicht lediglich der Organisationsteil[539].

c) Ausmaß der normativen Wirkung

Gem. § 20 Abs. 1 ZP konnte das Gewerkschaftsorgan Kollektivverträge im Namen der Arbeiter abschließen. Das Gesetz differenzierte nicht zwischen gewerkschaftlich organisierten Arbeitern und Nichtgewerkschaftsmitgliedern, sondern bezog sich auf alle Arbeiter einer Organisation oder eines Betriebes. Die Gewerkschaft war also auch beim Abschluß von Kollektivverträgen Repräsentant des gesamten Arbeiterkollektivs[540].
Aufgrund dieser Repräsentationsfunktion erfaßte der normative Inhalt eines Kollektivvertrages alle Arbeiter, einschließlich der nicht gewerkschaftlich Organisierten[541]. Hintergrund der sozialen Repräsentation durch die Gewerkschaft war der Gedanke des Universalismus aller Arbeiter[542]. Da es keine wirklich widerstreitenden Interessengegensätze nach der sozialistischen Lehre gab, konnten die Interessen der Einzelnen, die lediglich aufgrund der rein formalen Arbeitsteilung auftauchten, letztendlich mit den gesamtgesell-schaftlichen Interessen zu einer Einheit verbunden werden. Eine Interessenvertretung nur der Mitglieder war demzufolge nicht erforderlich, zumal ohnehin der meiste Anteil der Arbeiter ROH-Mitglied war[543].

B) Inhalt von Kollektivverträgen

Wie bereits aufgeführt[544] verkümmerte der Kollektivvertrag in der sozialistischen Praxis zur bloßen Formalität und zum Instrument der Planerfüllung. Welchen Regelungsspielraum die sozialistische Rechtslage für Kollektivverträge überhaupt – theoretisch – ermöglichte, ist im folgenden näher aufzuzeigen.

---

538 Vgl. *Kottnauer/Součková/Šubrt*, Práce a mzda 1989, H. 10, S. 15.
539 *Bělina* (-Kalenská), Pracovní právo (1990), S. 228.
540 Vgl. zur Repräsentationsfunktion Art. 1 und 2 Beschluß IV.ggK/1959 Slg. sowie 2. Teil, A.II.3)B).
541 Vgl. *Kalenská* (-dies.), Československé pracovní právo (1980), S. 274; *Kottnauer/Součková/Šubrt*, Práce a mzda 1989, H. 10, S. 13.
542 Vgl. zum Universalimus der Arbeiter 2. Teil, A.II.1)A).
543 Vgl. bereits 2. Teil, A.II.2)B).
544 Vgl. 2. Teil, A.II.1)B).

a) Maßgebende Rechtsvorschriften

Den Inhalt von Kollektivverträgen vor der samtenen Revolution regelten § 20 Abs. 1 und 2 ZP sowie zunächst die Grundsätze der Regierung und der ÚRO über den Abschluß, den Inhalt und die Kontrolle von Kollektivverträgen[545] (zuletzt vor der Wende in der Fassung Nr. 119/1985 Slg.). Diese Grundsätze waren allerdings keine allgemeinverbindlichen Rechtsvorschriften, sondern hatten für die sozialistische Organisation nur Richtlinienfunktion[546].
Kurz vor der Wende trat zum 1. September 1989 die Regierungsverordnung ČSSR Nr. 82/1989 Slg. über Kollektivverträge in Kraft (§ 16 RegVO Nr. 82/1989 Slg.), wodurch die Grundsätze ihre Gültigkeit verloren und nun allgemeinverbindliche Rechtsvorschriften Kollektivverträge regelten[547]. Die Verordnung gründete auf der Verordnungsermächtigung des § 20 Abs. 7 ZP, die im Rahmen der Novelle des Arbeitsgesetzbuchs Nr. 188/1988 Slg. neu eingeführt wurde. Die Novelle Nr. 188/1988 Slg. übertrug auch einige Regelungen der Grundsätze ins Arbeitsgesetzbuch[548].
Während die Grundsätze sich auch auf den bis dahin zulässigen Branchenkollektivvertrag bezogen, beschränkte sich die Regierungsverordnung Nr. 82/1989 Slg. ausschließlich auf die Regelung des Betriebskollektivvertrages (§ 1 Abs. 1 RegVO Nr. 82/1989 Slg.). Sie knüpfte dabei an die Novelle des Arbeitsgesetzbuchs Nr. 188/1988 Slg. an, die zur Unzulässigkeit des überbetrieblichen Kollektivvertrages führte[549].
Im folgenden nimmt diese Abhandlung hauptsächlich Bezug auf die Regierungsverordnung Nr. 82/1989 Slg., wobei sie auf die wesentlichen Unterschiede zur Rechtslage vor dem 1. September 1989 hinweist.

b) Möglicher Inhalt eines Kollektivvertrages

Sehr allgemein und im Sinne der sozialistischen Ideologie geprägt legte § 20 Abs. 1 ZP die drei Hauptziele von Kollektivverträgen fest, nämlich die Sicherstellung der sozial-ökonomischen Entfaltung der sozialistischen Organisation, die Verbesserung der Arbeits-, Gesundheits-, Sozial- und Kulturbedingungen der Arbeiter einschließlich der Bedingungen für die Nutzung der Freizeit und die Festigung der kamaradschaftlichen Zusammenarbeit von Gewerkschaft und Organisation.

---

[545] Zásady vlády ČSSR a ÚRO pro uzavírání, obsah a kontrolu kolektivních smluv.
[546] Vgl. bereits 2. Teil, A.I.2)A).
[547] *Kottnauer/Součková/Šubrt*, Práce a mzda 1989, H. 10, S. 6; *Šubrt*, Práce a mzda 1989, H. 3, S. 10.
[548] *Kottnauer*, Práce a mzda 1988, H. 12-13, S. 8.
[549] Vgl. 2. Teil, A.II.1)B).

Daneben konnten Kollektivverträge gem. § 20 Abs. 2 ZP auch einige Lohn- und andere arbeitsrechtliche Ansprüche im Einklang mit den arbeitsrechtlichen Vorschriften regeln.
Die neue Fassung des § 20 Abs. 2 ZP Nr. 188/1988 Slg.[550] lautete wörtlich: „In Kollektivverträgen können im Einklang mit den arbeitsrechtlichen Vorschriften auch einige Lohn- und andere arbeitsrechtliche Ansprüche geregelt werden; andere Verpflichtungen können in Kollektivverträgen geregelt werden, wenn sie nicht im Widerspruch zu den rechtlichen Vorschriften sind."
In seinem 1. Halbsatz bezog sich § 20 Abs. 2 ZP auf den normativen Teil eines Kollektivvertrages, nämlich auf Lohn- und andere arbeitsrechtliche Ansprüche. Der 2. Halbsatz („andere Verpflichtungen") regelte die Verpflichtungen, die keine Ansprüche Einzelner begründeten, somit schuldrechtliche Verpflichtungen der sozialistischen Organisation. Die Verpflichtung auf Seiten der Gewerkschaft (z.B. zur Entfaltung der Arbeiterinitiative) betrachtete das damalige Recht dagegen grundsätzlich nicht als schuldrechtliche, sondern lediglich als moralisch-politische Pflicht[551].
Ein Vergleich der beiden ersten Absätze des § 20 ZP zeigt, daß der Regelung der lohn- und anderen arbeitsrechtlichen Ansprüche, dem normativen Teil, nur eine untergeordnete Bedeutung zukommen sollte. Denn während Absatz 1 die Ziele des Kollektivvertrages aufzählte, sprach Absatz 2 lediglich davon, daß Kollektivverträge „auch" „einige" arbeitsrechtliche Ansprüche regeln „können". § 20 Abs. 2 ZP unterschied somit deutlich zwischen den Hauptzielen und -inhalten eines Kollektivvertrages und der daneben bestehenden Möglichkeit der Regelung arbeitsrechtlicher Ansprüche Einzelner. Der normative Bereich gehörte nicht zu den kollektivvertraglichen Hauptzielen.
Die Trennung der Absätze 1 und 2 des § 20 ZP deutete des weiteren an, daß der Kollektivvertrag auch andere als normative Regelungen und schuldrechtliche Verpflichtungen, also nichtrechtliche Inhalte im Sinne der Hauptziele nach Absatz 1 aufweisen durfte, wie zum Beispiel moralisch-politische Zielsetzungen sowie Informationen über die Erfüllung der Planaufgaben und die Wirtschaftsführung der Organisation[552].
Eine nähere Festlegung des Inhalts von Kollektivverträgen enthielt die Regierungsverordnung Nr. 82/1989 Slg. in den Regelungen § 3 bis § 5. Gem. § 3 S. 1 der Verordnung, der an die Ziele des § 20 Abs. 1 ZP anknüpfte[553], sollten sich die kollektivvertraglich vereinbarten Rechte und Pflichten nach den jeweiligen Bedürfnissen und Interessen der Arbeiter sowie nach den Aufgaben und Möglichkeiten der sozialistischen Organisation richten. Gem. § 3 S. 2 RegVO

---

[550] § 20 Abs. 2 ZP: „V kolektivní smlouvě *mohou* být v souladu s pracovněprávnímií předpisy upraveny *též některé* mzdové a další pracovněprávní nároky; jiné závazky mohou být v kolektivní smlouvě upraveny, jen pokud nejsou v rozporu s právními předpisy.".
[551] Vgl. 2. Teil, A.II.1)B).
[552] *Kalenská* (-dies.), Československé pracovní právo (1980), S. 276.
[553] *Kottnauer/Součková/Šubrt*, Práce a mzda 1989, H. 10, S. 21.

Nr. 82/1989 Slg. mußten Kollektivvertragsverpflichtungen konkret und kontrollierbar sein sowie einen bestimmten Erfüllungszeitpunkt, den für die Erfüllung Verantwortlichen und gegebenenfalls die Finanzierungsmittel festlegen.
§ 4 RegVO Nr. 82/1989 Slg. regelte dann den zwingenden Inhalt von Kollektivverträgen[554], während § 5 RegVO Nr. 82/1989 Slg. den fakultativen Inhalt[555] beispielhaft[556] und lediglich dem Rahmen nach aufzählte. Den Parteien war die nähere Festlegung des Inhaltes mit Ausnahme von § 4 RegVO Nr. 82/1989 Slg. nach ihren Bedürfnissen überlassen. Im Unterschied dazu legten die Grundsätze über den Abschluß, den Inhalt und die Kontrolle von Kollektivverträgen (zuletzt die Grundsätze Nr. 119/1985 Slg.) die Struktur des Inhalts von Kollektivverträgen einschließlich der Gliederung in bestimmte Abschnitte und der Beilagen sehr ausführlich fest und gaben somit eine ausführliche Orientierung für die Kollektivvertragsparteien[557].

c) Vergleich des § 20 Abs. 2 ZP Nr. 65/1965 Slg. und des § 20 Abs. 2 ZP Nr. 188/1988 Slg.

Im Vergleich zur früheren Regelung brachte die Novelle des Arbeitsgesetzbuchs Nr. 188/1988 Slg. im Rahmen des § 20 Abs. 2 ZP zwei (wenn auch nur geringfügige) Öffnungen für die Regelung des normativen als auch des schuldrechtlichen Inhalts von Kollektivverträgen.
Die bis Ende 1988 geltende Fassung des § 20 Abs. 2 ZP Nr. 65/1965 Slg. (zuletzt in der Fassung Nr. 98/1987 Slg.)[558] lautete wörtlich: „In Kollektivverträgen können *gemäß* weiterer Bestimmungen dieses Gesetzes, gegebenenfalls *gemäß* Vorschriften und Richtlinien der Zentralorgane, auch einige Arbeits- und Lohnbedingungen geregelt werden. Der Inhalt von Kollektivverträgen muß im *Einklang* mit den rechtlichen Vorschriften und den Interessen der Gesellschaft sein." Diese ältere Gesetzesfassung gebrauchte den Begriff „gemäß" (*‚podle'*) einheitlich für die Regelungen der Arbeits- und Lohnbedingungen. Der Begriff „Arbeits- und Lohnbedingungen" erfaßte im Vergleich zu dem in § 20 Abs. 2 ZP Nr. 188/1988 Slg. genannten Begriff „Ansprüche Einzelner" sowohl normative als auch schuldrechtliche Verpflichtungen.

---

554 Vgl. § 4 Abs. 1 RegVO Nr. 82/1989 Slg.: „musí obsahovat" [*Übersetzung*: „muß enthalten"]; § 4 Abs. 2 RegVO Nr. 82/1989 Slg.: „obsahuje" [*Übersetzung*: „enthält"].
555 Vgl. § 5 RegVO Nr. 82/1989 Slg.:"zpravidla obsahuje" [*Übersetzung*: „enthält in der Regel"].
556 Vgl. § 5 RegVO Nr. 82/1989 Slg.:"zejména" [*Übersetzung*: „insbesondere"].
557 *Kottnauer/Součková/Šubrt*, Práce a mzda 1989, H. 10, S. 20.
558 § 20 Abs. 2 S.1 ZP: „V kolektivních smlouvách mohou být upraveny *podle* dalších ustanovení tohoto zákoníku, popřípadě *podle* předpisů a směrnic ústředních orgánů, též některé pracovní a mzdové podmínky."; § 20 Abs. 2 S. 2 ZP: „Obsah kolektivních smluv musí být v *souladu* s právními předpisy a se zájmy společnosti.".

Im Gegensatz dazu differenzierte die Neuregelung des § 20 Abs. 2 ZP Nr. 188/1988 Slg.[559]: Während Kollektivverträge lohn- und andere arbeitsrechtliche Ansprüche Einzelner im „Einklang" mit den arbeitsrechtlichen Vorschriften regeln durften (§ 20 Abs. 2 1.HS ZP Nr. 188/1988 Slg.), genügte es für schuldrechtliche Verpflichtungen (‚andere Verpflichtungen': *jiné závazký*), daß sie „nicht den rechtlichen Vorschriften widersprechen" (§ 20 Abs. 2, 2. HS ZP Nr. 188/1988 Slg.).

Das Wort „gemäß" (*‚podle'*) wurde also für den normativen Teil durch den Begriff des „im Einklang mit" (*‚v souladu s'*) ersetzt und für den schuldrechtlichen Teil durch das Erfordernis, nicht im „Widerspruch" zu den rechtlichen Vorschriften zu stehen.

Der Begriff „gemäß" verlangte nach überwiegender Meinung in der Literatur eine ausdrückliche Ermächtigung für eine kollektivvertragliche Vereinbarung[560]. Ein Teil der Literatur postulierte auch für das Erfordernis des „Einklangs" im Sinne des neu formulierten § 20 Abs. 2 ZP Nr. 188/1988 Slg. eine ausdrückliche Ermächtigung[561]. Dem ist jedoch nicht zuzustimmen. Denn das Gesetz unterschied eindeutig zwischen den Begriffen „Einklang" und „gemäß" und zwar innerhalb ein und derselben Gesetzesfassung (vgl. § 20 Abs. 2 S. 1 und S. 2 ZP Nr. 65/1965 Slg.), so daß beiden Ausdrücken eine unterschiedliche Bedeutung zukommen sollte. Auch ein Blick auf die Synomyme für das Wort „gemäß", wie ‚nach', ‚laut' oder ‚aufgrund, macht deutlich, daß das Wort eine rechtliche Grundlage, also eine ausdrückliche rechtliche Ermächtigung forderte, wohingegen dem Begriff des „Einklangs" und seinen Synonymen, wie zum Beispiel „in Anpassung zu", „in Abstimmung zu", eine solche Voraussetzung nicht zwingend zu entnehmen ist.

Das Erfordernis des „Einklangs" i.S.d. § 20 Abs. 2 ZP Nr. 188/1988 Slg. war folglich weiter auszulegen und auf eine ausdrückliche Ermächtigung als notwendige Voraussetzung für eine kollektivvertragliche Regelung zu verzichten[562]. Es handelte sich hierbei um eine Durchbrechung des Grundsatzes: „Es ist alles verboten, was nicht ausdrücklich erlaubt ist."[563], die allerdings auf den zweiten Blick dennoch nicht viele Änderungen brachte. Denn die zugrundliegenden arbeitsrechtlichen Vorschriften behielten auch nach der Novelle Nr. 188/1988 Slg. ihren überwiegend zwingenden Charakter bei, was noch näher aufzuzeigen ist.

---

[559] S. wörtliche Wiedergabe unter Fußnote im 2. Teil, A.II.4)B)b).

[560] So auch *Witz* (-Kalenská), Československé pracovní právo, S. 150; *Šubrt*, Práce a mzda 1989, H. 3, S. 13; *Kottnauer/Součková/Šubrt*, Práce a mzda 1989, H. 10, S. 7; a.A. *Kalenská*, Kolektivní smlouvy, S. 140.

[561] Vgl. *Kostečka*, Socialistická zákonnost 1989, H. 3, S. 133; *Kottnauer*, Práce a mzda 1988, H. 12-13, S. 8.

[562] So auch *Šubrt*, Práce a mzda 1989, H. 3, S. 13; *Kottnauer/Součková/Šubrt*, Práce a mzda 1989, H. 10, S. 7.

[563] Vgl. hierzu bereits 2. Teil, A.I.2)B)c).

Die kollektivvertragliche Regelung eines normativen Anspruchs war seit der Novelle Nr. 188/1988 Slg. also auch ohne ausdrückliche Ermächtigung dann möglich, wenn eine Rechtsnorm bezüglich desselben Regelungsgehaltes nicht zwingend war, d.h. denselben Regelungsgegenstand nicht bereits abschließend regelte, oder eine kollektivvertragliche Regelung nicht ausdrücklich ausschloß[564]. Zudem wurde zum Teil vertreten, daß ein Anspruch kollektivvertraglich nur dann im Einklang mit dem Recht war, wenn das (dispositive) Recht den zu regelnden Anspruch selbst kannte und festlegte und der Kollektivvertrag den Anspruch nur im Rahmen der gesetzlichen Vorgaben regelte[565].
Demgegenüber durften ‚andere Verpflichtungen' (*jiné závazky*) als diejenigen, die lohn- und arbeitsrechtliche Ansprüche begründeten, also schuldrechtliche Verpflichtungen, nicht im Widerspruch zu rechtlichen Vorschriften stehen (§ 20 Abs. 2 2.HS ZP Nr. 188/1988 Slg.). Der Ausdruck „nicht im Widerspruch zu" war nach einhelliger Meinung auf jeden Fall weiter zu verstehen als der Begriff „im Einklang mit"[566]. Eine unterschiedliche Auslegung beider Ausdrücke legte auch die gesetzliche Regelung des § 20 Abs. 2 ZP Nr.188/1988 Slg. nahe, indem sie diese Begriffe klar trennte.
Die schuldrechtlichen Verpflichtungen standen nicht im Widerspruch zur Rechtslage, wenn das Gesetz sie nicht ausdrücklich verbot[567]. Für den schuldrechtlichen Inhalt eines Kollektivvertrages galt demnach der Grundsatz: „*Was nicht ausdrücklich verboten ist, ist erlaubt.*" (‚Co není zakázáno, je dovoleno.'). Dies beinhaltete auch die Möglichkeit, kollektivvertraglich Regelungen zu vereinbaren, die das (dispositive) Gesetzesrecht weder kannte, geschweige denn regelte[568].
Der Unterschied zu den normativen Kollektivvereinbarungen i.S.d. § 20 Abs. 2 ZP ist allerdings gering, da auch schuldrechtliche Verpflichtungen nicht gegen zwingendes Recht verstoßen durften. Der wirkliche Unterschied bestand wohl darin, daß das Gesetzesrecht die schuldrechtlichen Vereinbarungen nicht kennen bzw. regeln mußte.
Die Novelle Nr. 188/1988 Slg. hätte nach alledem eindeutiger klarstellen müssen, ob und welche Erweiterung der neu formulierte § 20 Abs. 2 ZP im Unterschied zur früheren Rechtslage erlaubte. Letztendlich führten die (auf den ersten Blick nicht ganz offensichtlichen) Erweiterungen des § 20 Abs. 2 ZP Nr. 188/1988 Slg., vor allem im normativen Bereich, zu keiner wesentlichen Stärkung des Regelungsspielraums von Kollektivverträgen, da das Recht überwiegend (zweiseitig) zwingend blieb.

---

564 *Bělina* (-Kalenská), Pracovní právo (1990), S. 230; *Kottnauer/Součková/Šubrt*, Práce a mzda 1989, H. 10, S. 7.
565 *Šubrt*, Práce a mzda 1989, H. 3, S. 13.
566 *Šubrt*, Práce a mzda 1989, H. 3, S. 14; *Kottnauer/Součková/Šubrt*, Práce a mzda 1989, H. 10, S. 9.
567 *Kottnauer/Součková/Šubrt*, Práce a mzda 1989, H. 10, S. 9; *Bělina* (-Kalenská), Pracovní právo (1990), S. 230.
568 *Šubrt*, Práce a mzda 1989, H. 3, S. 14.

d) Kollektivvertragliche Regelungsmöglichkeiten im Bereich von Lohn-/ Lohnersatzansprüchen

In Ländern der freien Marktwirtschaft sind die meisten tariflichen Vereinbarungen Inhaltsnormen, insbesondere über Löhne[569]. Daß demgegenüber in der sozialistischen ČSSR für tarifliche Lohnvereinbarungen nur wenig Raum verbleiben konnte, ist angesichts der zentralen Planwirtschaft und der staatlichen Regulierung der Arbeitsbedingungen offensichtlich[570]. Um nun aber den genauen kollektivvertraglichen Regelungsspielraum, der für Lohn-/Lohnersatzansprüche bestand, näher aufzeigen zu können, erscheint zunächst ein Einblick in das sozialistische Lohnsystem notwendig.

(1) Exkurs: sozialistisches Lohnsystem

Der Arbeiter hatte im Rahmen eines Arbeitsverhältnisses Anspruch auf Lohn für die ausgeführte Arbeit (§ 111 Abs. 1 ZP i.V.m. § 27 Abs. 1 ZP). Gem. § 112 Abs. 1 ZP gehörten zum Lohn folgende Lohnbestandteile: der Grund-(Tarif-) Lohn (*základní mzda*), die Lohnzuschläge (*mzdové příplatky*) - etwa für unter erschwerten oder gesundheitsschädigenden Bedingungen ausgeführte Arbeiten (wie z.B. bei Überstundenarbeit, Arbeit an Feiertagen und Nachtarbeit)[571], die Vergütungen für persönliche Bewertungen (*osobní ohodnocení*), Prämien (*prémie*), besondere Zuwendungen (*odměny*), ‚Anteile am wirtschaftlichen Ergebnis' (*podíly na hospodářských výsledcích*) und andere Lohnbestandteile, die in den Lohnvorschriften festgelegt waren (wie z.B. Naturalbezüge[572]).
Der Grundlohn bildete den überwiegenden Teil des Gesamtlohnes und war stets ein fester Lohnbestandteil[573]. Demgegenüber waren die Prämien, Zuwendungen (*odměny*) und Anteile am Wirtschaftsergebnis flexible Lohnbestandteile, die den Arbeiter zu einer qualitativ und quantitativ guten Arbeitsleistung anspornen sollten (motivierende Funktion)[574].
Prämien gewährte die Organisation für vom Arbeiter erzielte Arbeitsergebnisse, die der Arbeiter beeinflußen konnte; die Arbeitsergebnisse waren aufgrund von im voraus festgelegten technischen und wirtschaftlichen Faktoren nachprüf-

569 S. für Deutschland *Dütz*, Arbeitsrecht, Rn. 502.
570 Vgl. bereits 2. Teil, A.I.3)C).
571 *Kalenská* (-Novotná), Československé pracovní právo (1980), S. 179; *Witz* (-Kovářík), Československé pracovní právo, S. 263.
572 *Šmolcnop*, Práce a mzda 1989, H. 12, S. 40: „naturální požitky".
573 *Witz* (-Kovářík), Československé pracovní právo, S. 251 und S. 253; vgl. auch *Hochman*, Socialistická zákonnost 1986, H. 10, S. 538, der den Grundlohn als wichtigsten Lohnbestandteil bezeichnet.
574 Vgl. § 35 Abs. 2 Bekanntmachung Nr. 100/1966 Slg., § 16 Abs. 1 Bekanntmachung Nr. 145/1989 Slg.; *Witz* (-Kovářík), Československé pracovní právo, S. 252; *Kalenská* (-Novotná), Československé pracovní právo (1980), S. 177.

bar[575]. Zuwendungen (*odměny*) waren ebenfalls Vergütungen für besondere Arbeitsverdienste, zum Beispiel für die erfolgreiche Erbringung der vereinbarten Arbeitsleistung, für darüber hinausgehende Arbeitsleistungen, für besondere Initiativen der Arbeiter oder für langjährige Betriebszugehörigkeit[576]. Die sozialistische Organisation konnte dem Arbeiter auch Anteile am Wirtschaftsergebnis, das die Organisation im Laufe eines Jahres erzielte, gewähren. Die Vergütungen aufgrund persönlicher Bewertung (*osobní ohodnocení*) sollten bestimmte persönliche Voraussetzungen oder Eigenschaften (wie zum Beispiel Fachkenntnisse, besondere Fähigkeiten) auszeichnen[577]. Allerdings verwendete das Arbeitsgesetzbuch den Begriff ‚persönliche Bewertung' selbst uneinheitlich. So verstand § 112 Abs. 1 und Abs. 2 ZP die Zuwendung aufgrund persönlicher Bewertung als selbständigen Lohnbestandteil, während § 77 Abs. 1 c) ZP Prämien und Zuwendungen (*odměny*) dem Oberbegriff der ‚persönlichen Bewertung' zuordnete.

Die sozialistische Organisation war gem. § 113 Abs. 1 S. 1 ZP Nr. 188/1988 Slg. (vorher gem. § 112 Abs. 1 S. 1 ZP Nr. 65/1965 Slg.) verpflichtet, dem Arbeiter den Lohn „gemäß" den Lohnvorschriften (*mzdové předpisy*) und im Einklang mit ihnen nach den eigenen internen Lohnvorschriften und Kollektivverträgen zu gewähren. Die Gewährung von Lohn außerhalb dieser Regelungen war unzulässig (§ 113 Abs. 1 S. 2 ZP Nr. 188/1988 Slg.; vorher gem. § 112 Abs. 1 S. 1 ZP Nr. 65/1965 Slg.). Im Arbeitsvertrag konnte somit kein anderer (abweichender) Lohn in zulässiger Weise vereinbart werden[578]. In diesem Sinne zählte daher § 29 Abs. 1 ZP lediglich die Art der Arbeit, den Arbeitsort und den Arbeitsbeginn, nicht aber den Lohn zu den wesentlichen Bestandteilen eines Arbeitsvertrages. Es handelte sich um eine bedeutende Begrenzung der Vertragsfreiheit im Individualarbeitsrecht.

Der Wortlaut des § 113 Abs. 1 ZP brachte für den Lohnbereich den Grundsatz, daß *„alles verboten war, was nicht ausdrücklich erlaubt wurde."*, zum Ausdruck[579]. Die Regelungen des Arbeitsgesetzbuchs über den Lohn und die lohnrechtlichen Vorschriften waren ausnahmslos zwingendes Recht, was im Laufe der Jahre zum Erlaß unzähliger, untergesetzlicher Lohnvorschriften führte, mit denen der Staat den unterschiedlichen praktischen Bedürfnissen Rechnung tra-

---

575 *Kalenská* (-Novotná), Československé pracovní právo (1980), S. 177; *Witz* (-Kovářík), Československé pracovní právo, S. 264; vgl. auch Definition in § 25 Abs. 1 Bekanntmachung Nr. 157/1975 Slg.

576 Vgl. § 26 Abs. 1 Bekanntmachung Nr. 157/1975 Slg.

577 *Horsinka*, Práce a mzda 1988, H. 4, S. 39; *Měchura*, Práce a mzda 1985, H. 12-13, S. 19 und S. 29.

578 Vgl. *Kalenská*, Kolektivní smlouvy, S. 135.

579 Vgl. *Kostečka*, Socialistická zákonnost 1989, H. 4, S. 208; vgl. zum Grundsatz bereits 2. Teil, A.I.2)B)c).

gen wollte[580]. Resultat war eine große Unübersichtlichkeit über die Rechtslage im Lohnbereich[581].
Auch die Verweisung des § 113 Abs. 1 S. 1 ZP auf die Lohnvorschriften zeigte, daß die rechtliche Regelung des Lohnes überwiegend außerhalb des Arbeitsgesetzbuchs erfolgen sollte, während das Arbeitsgesetzbuch lediglich Lohngrundsätze enthielt[582]. Daran änderte selbst die Novelle des Arbeitsgesetzbuchs Nr. 188/1988 Slg., die den gesamten 1.Teil des 4. Abschnitts mit der Überschrift „Lohn“ (§§ 111-123 ZP) neu formulierte, nichts. Denn die Novelle bestimmte lediglich die Begriffe „Lohn“ und „Lohnform“ näher, verwies inhaltlich aber nach wie vor auf untergesetzliche Normen (vgl. § 113 Abs. 1 ZP).
Zu den grundlegenden lohnrechtlichen Vorschriften zählten die Vorschriften des Föderalen Ministeriums für Arbeit und Soziale Angelegenheiten (FMAS), die das Ministerium in Form von Bekanntmachungen und Verordnungen gem. § 43 Abs. 1 des Gesetzes Nr. 133/1970 Slg.[583] i.V.m. § 112 Abs. 2 ZP Nr. 65/1965 Slg., später gem. des durch die Novelle Nr. 188/1988 Slg. neu eingeführten § 123 Abs. 1 ZP erlies. Diese Gesetzesvorschriften ermächtigten das FMAS, die Bildung und Abschöpfung der Lohnmittel auf der Ebene der sozialistischen Organisationen (sog. „Gleichrichtung der Lohnentwicklung“[584]), die Lohnsysteme (das System der Tarifklassen und der Lohnformen)[585] und die sog. Lohntarife zu regeln. Während das FMAS zunächst die „Gleichrichtung“ und die Lohnsysteme zusammen regelte[586], erließ sie oder ein dazu ermächtigtes Organ ab 1985 getrennt Bekanntmachungen über die „Gleichrichtung“[587] und unzählige Vorschriften (i.d.R. in Form von Verordnungen) über die Lohnsysteme und Lohntarife[588].

---

[580] *Kostečka*, Socialistická zákonnost 1989, H. 4, S. 208.

[581] Vgl. auch 2. Teil, A.I.2)B)c).

[582] *Kostečka*, Socialistická zákonnost 1989, H. 4, S. 208.

[583] Zákon č. 133/1970 Sb. o působnosti federálních ministerstev. [*Übersetzung*: Gesetz Nr. 133/1970 Slg. über die Zuständigkeit des Föderalministeriums].

[584] ‚Usměrňování mzdového vývoje a odměňování práce‘ [Gleichrichtung der Lohnentwicklung und der Vergütung der Arbeit], vgl. Begriff in § 43 Abs. 1 a Gesetz Nr. 133/1970 Slg.

[585] Vgl. §§ 19, 20 Bekanntmachung Nr. 157/1975 Slg.

[586] Vgl. Bekanntmachungen Nr. 157/1975 Slg. und Nr. 143/1980 Slg.

[587] Vgl. Bekanntmachung Nr. 98/1985 Slg. in der geänderten Fassung Nr. 234/1988 Slg. und die vor der Wende zuletzt erlassene Bekanntmachung Nr. 145/1989 Slg.

Z.B.:
- Výnos ministerstva práce a sociálních věcí ČSR čj 431-1112-16.11.1987, kterým se mění a doplňuje výnos o odměňování technicko-hospodářských pracovníků v zařízeních sociálního zabezpečení (reg.) – částka 1/1988 Sb.
- Výnos ministerstva zdravotnictví a sociálních věcí ČSR čj. EP-600-28.4.1988, kterým se doplňuje výnos o odměňování technicko-hospodářských pracovníků ve zdravotnických rozpočtových organizacích (reg.) –částka 18/1988 Sb.
- Výnos federálního ministerstva práce a sociálních věcí čj. 51-2702-5122 o úpravě odměňování pracovníků státních podniků a družstev (reg.) – částka 26/1988 Sb.

Die „Gleichrichtung" zielte darauf ab, im Einklang mit den Fünf-Jahresplänen die Höhe des Geldbetrages, den die Organisation für die Grundlöhne aufwenden sollte, festzulegen, zum Beispiel durch Richtlinien, die den prozentualen Anteil der Lohnmittel am erzielten Wirtschaftsergebnis einer Organisation bestimmten, oder durch die Festsetzung einer absoluten Höchstgrenze der Lohnmittel[589].
Die Lohnform entschied darüber, ob der Lohn zeit-, leistungs- (z.B. als Akkordlohn), erlösbezogen oder etwa in Kombination mehrerer Lohnformen zu bemessen war (§ 112 Abs. 2 S.1 ZP). Prämien und Vergütungen aufgrund persönlicher Bewertung (*osobní ohodnocení*) waren zugleich Lohnbestandteile und Lohnformen (vgl. § 112 Abs. 1 und Abs. 2 S. 1 ZP). Bis Ende 1988 war das FMAS im Rahmen der Festlegung der Lohnsysteme gem. § 43 Abs. 1 a Gesetz Nr. 133/1970 Slg. ermächtigt, die Lohnformen der sozialistischen Organisation näher zu regeln[590]. Das FMAS konnte die Entscheidung über die Lohnform dabei auch auf die Organisation übertragen[591]. Die Novelle des Arbeitsgesetzbuchs Nr. 188/1988 Slg., die die Position der sozialistischen Organisation stärken sollte, ermächtigte nunmehr unmittelbar die sozialistische Organisation zur Bestimmung der konkreten Lohnform (§ 112 Abs. 3 ZP Nr. 188/1988 Slg.)[592], wozu die vorherige Zustimmung des zuständigen Gewerkschaftsorganes erforderlich war (§ 122 Abs. 1 ZP). Lediglich die allgemeine Regelung über die möglichen Lohnformarten blieb weiterhin in der Hand des FMAS (§ 123 Abs. 1 b ZP Nr. 188/1988 Slg.).
Mit den sog. „Lohntarifen" legte das FMAS nach Erörterung mit der ÚRO, dem Zentralrat der ROH, die Höhe des Grundlohnes fest (§ 43 Abs. 1 b Gesetz Nr. 133/1970 Slg., später § 123 Abs. 1 a ZP Nr. 188/1988 Slg.). Dabei bestimmte es zunächst die Grundsätze, die die Art und Weise der Bewertung einer Arbeitstätigkeit, die Einordnung typischer Berufe und Tätigkeiten in Tarifklassen

---

- Výnos federálního ministerstva práce a sociálních věcí čj. 514-612,5154, kterým se mění a doplňuje výnos o odměňování uměleckých pracovníků (reg.) – částka 29/1988 Sb.
- vyhláška federálního ministerstva práce a sociálních věcí o odměňování pracovníků v malých organizacích č. 146/1989 Sb.
- Výnos federálního ministerstva práce a sociálních věcí ze dne 30.12.1987 čj. 51-37608-5116 o posílení pravomoci a odpovědnosti podniků za uplatňování mzdových forem (reg. v částce 1/1988 Sb.).

[589] Vgl. §§ 4 Abs. 1, 5 und 8 Bekanntmachung Nr. 145/1989 Slg.; § 4 Abs. 1 und § 5 Abs. 1 S. 1 Bekanntmachung Nr. 98/1985 Slg.; §§ 4 Abs. 2 S. 1 und 5 Abs. 1 a und b Bekanntmachung Nr. 157/1975 Slg.

[590] Vgl. nur §§ 20 ff. Bekanntmachung Nr. 157/1975 Slg.

[591] Vgl. § 20 Abs. 1 Bekanntmachung Nr. 157/1975 Slg.

[592] Vgl. auch Důvodová zpráva k vládnímu návrhu zákona č. 188/1988 Sb., kterým se mění a doplňuje zákoník práce, tisk č. 100, Federální shromáždění ČSSR 1988, V. volební období, str. 1 ff. (str. 26) [*Übersetzung:* Begründung des Regierungsentwurfs zum Gesetz Nr. 188/1988 Slg., das das Arbeitsgesetz ändert und ergänzt, Druck Nr. 100, Föderalversammlung ČSSR 1966, V. Wahlperiode, S. 1 ff. (S. 26)].

und die Art der Ausarbeitung und Anwendung dieser Berufskataloge betrafen[593]. Dann legte es für die einzelnen Lohntarifklassen die konkrete Lohntarifhöhe fest, wobei sie die Lohnhöhe betragsgenau oder mit einer Lohnspanne vom niedrigsten zum höchsten Satz angab[594].
Die Politik der Gleichrichtung und die Regelung der Lohnsysteme und Lohntarife waren wesentliche Instrumente im Rahmen der zentralistischen Lohnregulierungskompetenz des Staates.
Dieser Lohnpolitik entsprach ein hierarchischer Verwaltungsaufbau: Auf oberster Ebene entschied die Regierung mit ihren Fachorgane (wie z.B. die staatliche Kommission für Finanzen, Preise und Löhne, §§ 1 und 4 Gesetz Nr. 113/1965 Slg.) und Zentralorganen (z.B. das FMAS) über die lohnpolitischen Grundsätze einschließlich der Lohntarife[595]. Die Fachdirektoren (*oborové ředitelství*) hatten die Aufgabe, die Einhaltung der lohnpolitischen Grundsätze auf der Ebene der sozialistischen Organisationen zu überwachen[596].
Auch der sozialistischen Organisation kamen im Rahmen dieser Lohnpolitik gewisse Aufgaben zu. Sie mußte sich die Mittel zur Entlohnung ihrer Arbeiter selbst erwirtschaften[597]. Sie war verpflichtet, bestimmte Geldfonds einzurichten (wie z.B. den Fonds für kulturelle und soziale Bedürfnisse, den Lohnfonds und für weitere wirtschaftliche Investitionen den Reservefonds und den Entwicklungsfonds)[598]. Die Organisation entschied dann im Rahmen der rechtlichen Vorgaben, wie die erwirtschafteten Mittel auf die einzelnen Fonds aufzuteilen waren[599].
Der Lohnfonds setzte sich zusammen aus den Mitteln für den Grundlohn und für Lohnersatzansprüche (*mzdové náklady*) sowie aus den Mitteln, die für die Lohnbestandteile Anteile am Wirtschaftsergebnis, Prämien und Zuwendungen (*odměny*) bestimmt waren[600]. Entweder waren alle Lohnbestandteile in einem ge-

---

[593] *Kalenská* (-Novotná), Československé pracovní právo (1980), S. 175; vgl. z.B. Anlage Nr. 2 zur Bekanntmachung Nr. 146/1989 Slg. des FMAS über die Vergütung der Arbeiter in kleinen Organisationen.
[594] *Witz* (-Kovářík), Československé pracovní právo, S. 263; vgl. z.B. Anlage Nr. 1 zur Bekanntmachung Nr. 146/1989 Slg.
[595] *Witz* (-Kovářík), Československé pracovní právo, S. 255.
[596] *Witz* (-Kovářík), Československé pracovní právo, S. 255.
[597] *Witz* (-Kovářík), Československé pracovní právo, S. 255 und S. 257; vgl. auch Důvodová zpráva k vládnímu návrhu zákona č. 188/1988 Sb., kterým se mění a doplňuje zákoník práce, tisk č. 100, Federalní shromáždění ČSSR 1988, V. volební období, str. 1 ff. (str. 26) [*Übersetzung:* Begründung des Regierungsentwurfs zum Gesetz Nr. 188/1988 Slg., das das Arbeitsgesetz ändert und ergänzt, Druck Nr. 100, Föderalversammlung ČSSR 1966, V. Wahlperiode, S. 1 ff. (S. 26)].
[598] *Witz* (-Kovářík), Československé pracovní právo, S. 258; vgl. z.B. § 22 Abs. 2 i.V.m. §§ 31 - 35 Regierungsverordnung Nr. 100/1966 Slg.; § 40 Abs. 1 Gesetz Nr. 88/1988 Slg. für das staatliche Unternehmen.
[599] *Witz* (-Kovářík), Československé pracovní právo, S. 255.
[600] *Witz* (-Kovářík), Československé pracovní právo, S. 258 f.; vgl. z.B. § 35 Abs. 1 und 2 RegVO Nr. 100/1966 Slg.

meinsamen ‚Fonds der Arbeiter' (*fond pracujících*) erfaßt, wobei sich der Fonds nach staatlichen Planvorgaben bildete und in die einzelnen Lohnbestandteile aufteilte[601]. Oder sozialistische *Wirtschafts*organisationen konnten im Rahmen des Lohnfonds den ‚Zuwendungsfonds' (*fond odměn*), der die Lohnbestandteile Anteile am Wirtschaftsergebnis, Zuwendungen (*odměny*) und Prämien erfaßte[602], auch als eigenständigen Fonds aus dem von ihnen erzielten Gewinn errichten[603]. Es kam damit zur Aufteilung zwischen dem Grundlohnfonds und dem ‚Zuwendungsfonds' (*fond odměn*)[604]. Die Höhe des ‚Zuwendungsfonds' (*fond odměn*) regelte der Staat durch Angabe des prozentualen Anteils des Fonds am insgesamten Geldlohnfonds oder durch Festlegung einer Höchstgrenze[605]. Kurz vor der Wende wurde der Umfang des ‚Zuwendungsfonds' (*fond odměn*) von ca. 3 % auf bis zu 7-10 % des Umfangs vom gesamten Lohnfonds erhöht[606].

Ab Inkrafttreten der Bekanntmachung Nr. 234/1988 Slg. am 1. Januar 1989 (vgl. Art. 4 der Bekanntmachung) durften ausnahmsweise auch *Haushalts*organisationen (*rozpočtové organizaci*) unter bestimmten Voraussetzungen, z.B. bei überplanlichen Mehreinnahmen oder bei Einsparungen im Rahmen der geplanten Ausgaben, einen vom Grundlohnfonds getrennten ‚Zuwendungsfonds' (*fond odměn*) bilden[607].

Während vor der Novelle des Arbeitsgesetzbuchs Nr. 188/1988 Slg., die Aufteilung des ‚Zuwendungsfonds' (*fond odměn*) auf die einzelnen Lohnbestandteile der sozialistischen Organisation durch Staatsorgane übertragen werden konnte, durfte die Organisation seit der Novelle und der Einführung des Gesetzes Nr. 88/1988 Slg. über das staatliche Unternehmen unmittelbar kraft (formellen) Gesetzes selbst darüber entscheiden, wie der ‚Zuwendungsfonds' (*fond odměn*) auf die einzelnen aufzuwendenden Lohnbestandteile der Prämien, Zuwendungen (*odměny*) und Anteile am Wirtschaftsergebnis zu verteilen war (§ 113 Abs. 2 S. 1 ZP Nr. 188/1988 Slg., §§ 40 Abs. 4 S. 1, 63 Abs. 2 S. 2 Gesetz Nr. 188/1988 Slg.). Dabei konnte die Organisation entweder den Prozentanteil der einzelnen Lohnbestandteile am Gesamtlohnfonds oder einen Nominalwert bestimmen[608].

---

601 *Witz* (-Kovářík), Československé pracovní právo, S. 258.

602 Vgl. § 17 Abs. 1 a)-c) Bekanntmachung Nr. 145/1989 Slg.; § 11 Abs. 3 a)-c) Bekanntmachung Nr. 234/1988 Slg.; § 3 Abs. 2 Bekanntmachung Nr. 157/1975 Slg.

603 Vgl. § 13 Abs. 1 Bekanntmachung Nr. 143/1980 Slg.; § 11 Abs. 1 Bekanntmachung Nr. 98/1985 Slg.; § 16 Abs. 1 Bekanntmachung Nr. 145/1989 Slg.

604 *Witz* (-Kovářík), Československé pracovní právo, S. 259.

605 Vgl. *Kostečka*, Socialistická zákonnost 1989, H. 4, S. 211; vgl. § 5 Abs. 1 S. 1 Bekanntmachung Nr. 98/1985 Slg.; § 10 Abs. 1 Bekanntmachung Nr. 175/1975 Slg.

606 *Kottnauer/Součková/Šubrt*, Práce a mzda 1989, H. 10, S. 22; *Marhoul*, Práce a mzda 1989, H. 12, S. 24; *Moravec/Hoffman*, Práce a mzda 1989, H. 4, S. 14; vgl. zum früheren Umfang *Fremr*, Práce a mzda 1987, H. 10, S. 52.

607 Vgl. § 11 Abs. 9 Bekanntmachung Nr. 234/1988 Slg.; § 16 Abs. 2 und 3 Bekanntmachung Nr. 145/1989 Slg.

608 *Marhoul*, Práce a mzda 1989, H. 12, S. 25; *Kottnauer/Součková/Šubrt*, Práce a mzda 1989, H. 10, S. 23.

Mit der Übertragung der Befugnis zur Aufteilung des ‚Zuwendungsfonds' (*fond odměn*) auf die sozialistische Organisation reagierte der sozialistische Staat auf notwendige wirtschaftliche Erfordernisse. Denn im Gegensatz zur Höhe der zu zahlenden Grundlöhne[609], die sich anhand der Tarifklassen sicher für die Organisation als Aufwendungen bemessen ließ, war die Höhe der Lohnbestandteile des ‚Zuwendungsfonds' (*fond odměn*) vom erzielten Gewinn der Organisation abhängig[610]. Es war nicht sachgerecht, die für diese Lohnbestandteile aufzuwendenden Geldmittel im voraus staatlich-zentralistisch zu regeln[611]. Der neu eingeführte § 113 Abs. 2 S. 2 ZP Nr. 188/1988 Slg. bestimmte auch, daß die Lohnbestandteile nur in der Höhe der verfügbaren Mittel aus dem ‚Zuwendungsfonds' (*fond odměn*) zu gewähren waren, so daß der Arbeiter grundsätzlich[612] keine Garantie auf die Auszahlung dieser Lohnbestandteile bei Knappheit des Fonds hatte.

Über die konkreten Bedingungen der Gewährung der Lohnbestandteile des ‚Zuwendungsfonds' (*fond odměn*) an den einzelnen Arbeiter konnte die Organisation dann im Rahmen der rechtlichen Rahmenvorschriften entscheiden (entweder mit Zustimmung der Gewerkschaft in Form von internen Rechtsvorschriften wie z.B. Prämienordnungen oder in Form von Kollektivverträgen)[613].

Zusammenfassend gesagt hatte die sozialistische Organisation angesichts dieser zentralen Lohnpolitik und der zwingenden Lohnvorschriften nur einen sehr geringen Einfluß im Lohnbereich. Den Grundlohn gaben die zentral festgelegten Lohntarife an. Die Organisation konnte die Höhe des Grundlohnes lediglich näher konkretisieren, wenn der Lohntarif der Spannweite nach bestimmt war oder die Lohnvorschriften eine Erhöhung oder Erniedrigung der Tarifstufe erlaubten[614]. Bei den Lohnbestandteilen des ‚Zuwendungsfonds' (*fond odměn*) konnte die Organisation die konkreten Voraussetzungen ihrer Gewährung an den einzelnen Arbeiter festlegen. Seit der Novelle des Arbeitsgesetzbuchs Nr. 188/1988 Slg. fielen die Aufteilung des ‚Zuwendungsfonds' (*fond odměn*) auf die einzelnen Lohnbestandteile (§ 113 Abs. 2 S. 1 ZP) sowie die Entscheidung über die konkrete Lohnform (§ 112 Abs. 3 ZP) ebenfalls in den Entscheidungsbereich der sozialistischen Organisation.

Allerdings erscheinen diese Regelungsmöglichkeiten der sozialistischen Organisation vor dem Hintergrund, daß dem Grundlohn der überwiegende Anteil am

---

609 Über die Höhe des Grundlohnfonds der sozialistischen Organisation entschied nach wie vor der Staat im Rahmen seiner Politik der Gleichrichtung (vgl. §§ 3 Abs. 2, 4 Bekanntmachung Nr. 145/1989 Slg.).

610 *Kostečka*, Socialistická zákonnost 1989, H. 4, S. 211.

611 *Kostečka*, Socialistická zákonnost 1989, H. 4, S. 211 f.

612 Vgl. § 113 Abs. 4 a.E. ZP.

613 *Kottnauer*, Práce a mzda 1988, H. 12-13, S. 56; *Kottnauer/Součková/Šubrt*, Práce a mzda 1989, H. 10, S. 23; vgl. für die interne Lohnvorschrift: § 122 Abs. 1 ZP, für den Kollektivvertrag: § 5 c) RegVO Nr. 82/1989 Slg.

614 Č. 14 Sbírky soudních rozhodnutí a stanovisek, ročník 1979, S. 289; *Marhoul*, Práce a mzda 1989, H. 12, S. 23.

Gesamtlohn zukam und der ‚Zuwendungsfonds' (*fond odměn*) nur 3 %, kurz vor der Wende 7 % des gesamten Lohnfonds betrug, als sehr gering.

(2) Kollektivvereinbarungen über Lohn- und Lohnersatzansprüche

Die staatlich-zentralistische Lohnpolitik der ČSSR beließ Kollektivvereinbarungen über Lohnansprüche und Lohnersatzansprüche, die zum normativen Teil gehörten, nicht viel Regelungsraum. Denn, wie bereits dargestellt, waren für lohnrechtliche Ansprüche grundsätzlich nur die Art der tatsächlich ausgeführten Arbeit und die Lohnvorschrift (nicht ein vertraglicher Anspruch) maßgebend[615]. Im Lohnbereich konnten Kollektivverträge überhaupt nur dann zum Einsatz kommen, wenn die jeweilige lohnrechtliche Angelegenheit in den Entscheidungsbereich der sozialistischen Organisation fiel[616].
Wie bereits ausgeführt konnten Kollektivverträge gem. § 20 Abs. 2 S. 1 ZP lohnrechtliche Ansprüche "im Einklang mit"[617] den arbeitsrechtlichen Vorschriften regeln. Zu diesen Vorschriften zählten insbesondere die Regelungen des Arbeitsgesetzbuchs.
Der bereits erwähnte § 113 Abs. 1 S. 1 ZP bestimmte, daß die Organisation den Lohn „gemäß" den Lohnvorschriften und im Einklang mit diesen gemäß internen Lohnvorschriften und Kollektivverträgen entrichten mußte. Erforderlich war somit stets eine ausdrückliche rechtliche Ermächtigung für eine kollektivvertragliche Lohnregelung. Der Grundsatz: *„Es ist alles verboten, was nicht ausdrücklich erlaubt ist."*[618] fand somit auch nach der Novelle Nr. 188/1988 Slg. im Lohnbereich volle Geltung. § 113 Abs. 1 ZP stellte damit eine speziellere Vorschrift zu § 20 Abs. 2 ZP dar. Die Novelle Nr. 188/1988 Slg., die eigentlich die normative Funktion stärken sollte, brachte für den lohnrechtlichen Bereich also keine kollektivvertragliche Öffnung.
Zu den lohnrechtlichen Vorschriften zählte die Regierungsverordnung Nr. 82/1989 Slg.[619], die in § 5 c) und d) zur kollektivvertraglichen Regelung einiger Lohnansprüche ermächtigte.
Gem. § 5 c) Var. 4 und 5 RegVO Nr. 82/1989 Slg. konnten die Parteien in Kollektivverträgen die konkreten Voraussetzungen für die Gewährung von Anteilen am Wirtschaftsergebnis (einschließlich der Höhe) sowie von weiteren Lohnbestandteilen, die zweckmäßig kollektivvertraglich zu regeln waren, vereinbaren. Dies waren die Lohnbestandteile, die für das gesamte Arbeiterkollektiv besondere Bedeutung hatten, wie zum Beispiel Prämien und Zuwendungen etwa für besonders langjährige Betriebszugehörigkeit oder außergewöhnliche Leistun-

---

615 S. 2. Teil, A.II.4)B)d)(1); Č. 14 Sbírky soudních rozhodnutí a stanovisek, ročník 1979, S. 276.
616 Vgl. hierzu 2. Teil, A.II.4)B)d)(1) a.E.
617 Vgl. 2. Teil, A.II.4)B)c) zur Auslegung des Begriffes „im Einklang mit".
618 S. hierzu 2. Teil, A.II.4)B)c).
619 So auch *Kottnauer/Součková/Šubrt*, Práce a mzda 1989, H. 10, S. 33.

gen[620]. Es handelte sich hier um die Lohnbestandteile des ‚Zuwendungsfonds' (*fond odměn*).
Inhalt von Kollektivverträgen konnte des weiteren gemäß § 5 d) Var. 1 RegVO Nr. 82/1989 Slg. die Bestimmung der konkreten Höhe von Ansprüchen auf Lohnbestandteile, die die Lohnvorschriften lediglich der Spannweite nach festlegten, sein[621]. Dies war zum Teil bei dem Grundlohn und bei einigen Lohnzuschlägen der Fall[622].
Ansprüche auf Lohnbestandteile, deren Erfüllung die Lohnvorschriften, ggf. die arbeitsrechtlichen Vorschriften als nicht zwingend ansahen, konnten Kollektivverträge anspruchsbegründend vereinbaren (§ 5 d) Var. 2 RegVO Nr. 82/1989 Slg.). Voraussetzung für ihre kollektivvertragliche Regelbarkeit war allerdings, daß die Gewährung dieser Lohnbestandteile nicht an die individuelle Bewertung, zum Beispiel der Arbeitsleistung, der Qualifikation und Ähnlichem, anknüpfte (§ 5 d) a.E. RegVO Nr. 82/1989 Slg.).
Weitere ausdrückliche Ermächtigungen für Kollektivvereinbarungen über lohn- und lohnersatzrechtliche Ansprüche ergaben sich unmittelbar aus dem Arbeitsgesetzbuch (§§ 111 – 130 ZP):
Der kollektivvertraglichen Regelung zugänglich war gem. § 115 Abs. 2 S. 2 ZP[623] die Höhe des Lohnes in dem Fall, in dem die Organisation den Arbeiter bei einem nicht von ihm verschuldeten Betriebsstillstand oder bei Unterbrechung der ursprünglichen Arbeit wegen ungünstiger Witterungsein-flüsse auf eine andere Arbeit überführt[624] hat (vgl. § 37 Abs. 4 a) ZP).
Kollektivrechtlicher Regelungsspielraum verblieb auch für den Lohnersatz bei Betriebsstillstand (§ 129 ZP[625]), wenn die Organisation keine ‚Überführung des Arbeiters auf eine andere Arbeit' veranlaßt hat. Voraussetzung war allerdings, daß den Betriebsstillstand eine vorübergehende Maschinenstörung aufgrund fehlerhafter Rohstofflieferung oder Antriebskräfte (Energie) oder die Verwendung fehlerhafter Arbeitsunterlagen verursacht hat (§ 129 ZP). Inhalt von Kollektivverträgen konnten ebenfalls die Bedingungen für die Gewährung von Lohnersatz (einschließlich der konkreten Höhe) bei ungünstigen Witterungsseinflüssen sein, wenn eine Überführung des Arbeiters auf eine andere Arbeit nicht stattgefunden hat (§ 130 Abs. 2 ZP[626]).
Bezüglich der Lohnzuschläge für Überstundenarbeit, die in der Regel gem. § 116 Abs. 1 S. 1 ZP durch Freizeitausgleich (*náhradní volno*) abgegolten wur-

---

[620] *Kottnauer/Součková/Šubrt*, Práce a mzda 1989, H. 10, S. 33; so ähnlich auch schon vor Erlaß der RegVO Nr. 82/1989 Slg.: Nr. 12 a)-b) Grundsätze Nr. 119/1985 Slg. und vgl. Königová, Práce a mzda 1987, H. 10, S. 27.
[621] So auch schon vor Erlaß der RegVO Nr. 82/1989 Slg.: s. *Königová*, Práce a mzda 1987, H. 10, S. 27; Č. 14 Sbírky soudních rozhodnutí a stanovisek, ročník 1979, S. 289.
[622] *Kottnauer/Součková/Šubrt*, Práce a mzda 1989, H. 10, S. 33.
[623] So auch vor der Novelle Nr. 188/1988 Slg. gem. § 115 Abs. 2 S. 1 ZP Nr. 65/1965 Slg.
[624] S. 2.Teil, A.II.3)C)b) zur Definition der ‚Überführung auf eine andere Arbeit'.
[625] So auch vor der Novelle Nr. 188/1988 Slg. gem. § 129 ZP Nr. 65/1965 Slg.
[626] So auch vor der Novelle Nr. 188/1988 Slg. gem. § 130 Abs. 2 ZP Nr. 65/1965 Slg.

de, konnte der Kollektivvertrag regeln, für welche Fälle ein angemessener pauschaler Betrag zu gewähren war (§ 116 Abs. 6 ZP[627]).
Während die Novelle des Arbeitsgesetzbuchs Nr. 188/1988 Slg. in den Fällen der §§ 115 Abs. 2 S. 2, 129, 130 Abs. 2 ZP keine Änderungen der kollektivvertraglichen Regelungsmöglichkeiten brachte, schränkte sie im Vergleich zur früheren Rechtslage im Falle des § 116 ZP, der den Freizeit-ausgleich und die Zulagen für Überstundenarbeit regelte, den kollektivvertraglichen Regelungsspielraum sogar ein. Denn § 116 ZP Nr. 65/1965 Slg. ermächtigte neben der Regelung eines angemessenen Pauschalbetrages für bestimmte Fälle (vgl. § 116 Abs. 4 S. 1 ZP Nr. 65/1965 Slg.) noch zu Kollektivvereinbarungen über konkrete Lohnzuschläge zum Grundlohn bei Überstundenarbeit von leitenden Arbeitern und bei Arbeitern mit verantwortungsvolleren Tätigkeiten (§§ 116 Abs. 4 S. 2, 116 Abs. 5 ZP Nr. 65/1965 Slg.). Der neu eingeführte § 116 ZP Nr. 188/1988 Slg. überließ solche Regelungen dagegen nur Lohnvorschriften, nicht Kollektivverträgen (vgl. §§ 116 Abs. 4 S. 1, 116 Abs. 5 ZP Nr. 188/1988 Slg.).
Im Regelungsbereich von Lohn- und Lohnersatzansprüchen stellte sich somit die Öffnung des § 20 Abs. 2 ZP durch die Novelle des Arbeitsgesetzbuchs Nr. 188/1988 Slg., die für normative Regelungen in Kollektivverträgen auf das Erfordernis der ausdrücklichen Ermächtigung verzichtete[628], als völlig wirkungslos dar. Denn die Novelle Nr. 188/1988 Slg. hat trotz dieser Öffnung die zwingende Struktur für den Lohnbereich beibehalten (vgl. § 113 Abs. 1 ZP Nr. 188/1988 Slg., früher § 112 Abs. 1 ZP Nr. 65/1965 Slg.) und auch, wie eben ausgeführt, keine weiteren ausdrücklichen Ermächtigungen im Lohnbereich eingeführt.
Mit den §§ 113 Abs. 1, 115 Abs. 2, 116 Abs. 6, 129, 130 Abs. 2 ZP erschöpften sich damit bereits die ausdrücklichen Ermächtigungen im Arbeitsgesetzbuch für Kollektivvereinbarungen über lohn- und lohnersatzrechtliche Ansprüche.
Allen diesen genannten Ermächtigungen zu Kollektivvereinbarungen war im übrigen gemeinsam, daß zunächst lohnrechtliche Vorschriften (Verordnungen, Bekanntmachungen) vorrangig die genannten Ansprüche regeln sollten und erst „im Einklang mit“ diesen Vorschriften die Kollektivverträgen die Möglichkeit einer näheren und detaillierteren Festlegung hatten[629]. Die Kollektivverträge durften also meistens nur lohnrechtliche Vorschriften ausführen und zum Beispiel lediglich die Höhe des Anspruchs und die konkreten Bedingungen detaillierter bestimmen, ohne daß ihnen ein eigenständiger Regelungsspielraum verblieb[630]. Vom Gesetz abweichende Vereinbarungen waren unzulässig[631].

---

[627] So auch vor der Novelle Nr. 188/1988 Slg. gem. § 116 Abs. 4 S. 1 ZP Nr. 65/1965 Slg.
[628] Vgl. hierzu 2. Teil, A.II.4)B)c).
[629] Vgl. §§ 115 Abs. 116 Abs. 3 ZP: „(...) ve mzdových předpisech, popřípadě v souladu s nimi v kolektivních smlouvách lze stanovit (...)“ [*Übersetzung*: (...) in Lohnvorschriften, gegebenfalls in Einklang mit diesen in Kollektivverträgen ist es möglich, (...) festzulegen.“ ; im Wortlaut ähnlich auch §§ 129, 130, 113 Abs. 1 ZP.
[630] So auch *Kottnauer*, Práce a mzda 1988, H. 12-13, S. 56; vgl. bereits 2. Teil, A.II.1)B).

Zwar konnten Kollektivverträge, falls lohnrechtliche Vorschriften fehlten, die betreffenden Fragen auch selbst regeln. Dies war allerdings angesichts der Fülle der lohnrechtlichen Vorschriften kaum vorstellbar. Mit Erlaß von lohnrechtlichen Vorschriften verloren diese kollektivvertraglichen Regelungen dann ihre Gültigkeit, sofern sie den Lohnvorschriften widersprachen[632].
Neben den ausdrücklichen Ermächtigungen zu den Kollektivvereinbarungen ermächtigte das Arbeitsgesetzbuch im lohnrechtlichen Bereich die Regierung zum Erlaß von Verordnungen in den Fällen der §§ 124 Abs. 3, 125 Abs. 6, 128 Abs. 2 ZP. Es handelte sich um die Freistellung von der Arbeit aus allgemeinen oder persönlichen Gründen und der damit zusammenhängenden Frage des Lohnersatzes. Die Regierungsverordnungen konnten nun für diesen Bereich ausdrücklich bestimmte Fälle der kollektivvertraglichen Regelung überlassen.
Des weiteren ermächtigte das Arbeitsgesetzbuch seit der Novelle Nr. 188/1988 Slg. in § 112 Abs. 3 ZP die sozialistische Organisation zur eigenständigen Entscheidung über die konkret anwendbare Lohnform[633]. Es blieb der Organisation überlassen, ob sie die Lohnform kollektivvertraglich (vgl. § 5 c) Var. 1 RegVO Nr. 82/1989 Slg.) oder in internen Vorschriften regelte (vgl. § 122 Abs. 1 ZP)[634]. Damit erschöpften sich allerdings die kollektivvertraglichen Regelungsmöglichkeiten hinsichtlich lohn-/lohnersatzrechtlicher Ansprüche. Die Regelungen des Arbeitsgesetzbuchs und die lohnrechtlichen Vorschriften regelten diese Ansprüche (Lohn bei ‚Überführung auf eine andere Arbeit', bei Überstundenarbeit, bei Arbeit an Feiertagen, bei fehlerhafter Arbeit und Lohnersatzansprüche bei Arbeitsverhinderung, z.B. wegen Krankheit) bereits sehr detailliert und zwingend und ließen nur einen äußerst geringen kollektivvertraglichen Regelungsspielraum übrig. Kollektivverträge konnten im Lohnbereich daher grundsätzlich keine normativen Regelungen treffen. Der Ausnahmebereich beschränkte sich auf die Festlegung der Voraussetzungen für die Gewährung und der Höhe der Lohnbestandteile aus dem ‚Zuwendungsfonds' (*fond odměn*) sowie der konkreten Höhe des Grundlohns oder einiger Lohnzuschläge, sofern zentrale Vorschriften hier lediglich die Spannweite festlegten, auf die wenigen Fälle der ausdrücklichen Ermächtigungen im Arbeitsgesetzbuch (§§ 113 Abs. 1, 115 Abs. 2, 116 Abs. 6, 129, 130 Abs. 2 ZP) oder in untergesetzlichen Rechtsvorschriften und auf die Regelung der Lohnform gem. § 112 Abs. 3 ZP.
Im Zusammenhang mit der Regelung der lohn-/lohnersatzrechtlichen Ansprüche sei hier die Fälligkeitsregelung dieser Ansprüche kurz erwähnt. Kollektivverträge konnten im Einklang mit den lohnrechtlichen Vorschriften die Fälligkeit einiger Lohnbestandteile, insbesondere der Anteile am Wirtschaftsergebnis, Prämien, Zuwendungen (*odměny*), auf einen späteren als den rechtlich festgelegten

[631] *Kalenská*, Kolektivní smlouvy, S. 136 und *dies.* (-dies.), Československé pracovní právo (1980), S. 275.
[632] *Kalenská* (-dies.), Československé pracovní právo (1980), S. 275.
[633] Vgl. 2. Teil, A.II.4)B)d)(1).
[634] Vgl. auch *Kostečka*, Socialistická zákonnost 1989, H. 4, S. 211.

Zeitpunkt vereinbaren (§ 119 Abs. 1 S. 2 ZP). Im übrigen war die rechtliche Fälligkeitsregelung des § 119 ZP zwingend.

e) Sonstige kollektivvertragliche Regelungsmöglichkeiten

Neben den lohn-/lohnersatzrechtlichen Ansprüchen konnten Kollektivverträge noch weitere normative Regelungen sowie schuldrechtliche Verpflichtungen enthalten (vgl. § 20 Abs. 2 ZP).
Die Regierungsverordnung Nr. 82/1989 Slg. unterschied zwischen dem zwingenden (§ 4 RegVO Nr. 82/1989 Slg.) und dem fakultativen Inhalt von Kollektivverträgen (§ 5 RegVO Nr. 82/1989 Slg.). Dagegen nahm die Rechtslage vor Einführung der Regierungsverordnung diese Unterscheidung nicht vor. Die Grundsätze Nr. 119/1985 Slg. über den Abschluß, den Inhalt und die Kontrolle von Kollektivverträgen gaben lediglich an, was ein Kollektivvertrag zweckmäßig enthalten sollte[635].

(1) Zwingender Inhalt von Kollektivverträgen

Die zwingenden Verpflichtungen des § 4 RegVO Nr. 82/1989 Slg. gehörten zum schuldrechtlichen Teil eines Kollektivvertrages, der die Rechte und Pflichten der Kollektivvertragsparteien zueinander betraf[636].
Zwingend enthalten mußte ein Kollektivvertrag die Festlegung, wie der ‚Zuwendungsfonds' (*fond odměn*)[637] auf die einzelnen Lohnbestandteile aufzuteilen war und wie die Aufteilung (die Reihenfolge der Auszahlung und die Festlegung der Höhe) erfolgen sollte, falls die Geldmittel dieses Fonds nicht ausreichten (§ 4 Abs. 1 RegVO Nr. 82/1989 Slg. i.V.m. § 113 Abs. 2 S. 1 ZP Nr. 188/1988 Slg.).
Vor der Novelle des Arbeitsgesetzbuchs Nr. 188/1988 Slg. war nach den Grundsätzen über den Abschluß, den Inhalt und die Kontrolle von Kollektivverträgen eine kollektivvertragliche Regelung nicht zwingend[638]. Es konnten auch lediglich der Organisationsleiter im Einvernehmen mit dem Betriebsausschuß

---

[635] Vgl. z.B. Grundsätze Nr. 119/1985 Slg. (Nr. 10: „Kolektivní smlouva *obsahuje* zpravidla." [*Übersetzung*: „Kollektivverträge enthalten in der Regel (...)"]; Nr. 11:"V souladu se mzdovými (...) předpisy (.) kolektivní smlouva obsahuje závazky a ustanovení zaměřená *především* na (...)" [*Übersetzung*: „Im Einklang mit den Lohnvorschriften (...) enthalten Kollektivverträge Verpflichtungen und Regelungen, die *hauptsächlich* auf (...) gerichtet sind".]; Nr. 13: „Kolektivní smlouva stanoví závazky týkající se *zejména* (.)" [*Übersetzung*: Kollektivverträge legen *insbesondere* Verpflichtungen fest, die (...) betreffen."].

[636] *Bělina* (-Kalenská), Pracovní právo (1990), S. 230.

[637] Das galt nur für die Organisationen, die den ‚Zuwendungsfonds' (*fond odměn*) errichten konnten (§ 11 Bekanntmachung Nr. 98/1985 Slg. in der Fassung der Bekanntmachung Nr. 234/1988 Slg.); vgl. dazu *Kottnauer/Součková/Šubrt*, Práce a mzda 1989, H. 10, S. 29 und 2. Teil, A.II.4)B)d)(1).

[638] Vgl. den Wortlaut von Nr. 11 a) Grundsätze Nr. 119/1985 Slg, Nr. 11 a) Grundsätze Nr. 175/1980 Slg. in der Fassung Nr. 102/1982 Slg. für den Betriebskollektivvertrag.

über die Aufteilung entscheiden[639]. Dadurch, daß jetzt der Kollektivvertrag dies zwingend regelte, mußte nun die gesamte Mitgliederversammlung der Grundorganisation (ZO) der ROH den Inhalt genehmigen, was zu einer Vertiefung der Teilnahme der Arbeiter an der Organisationsleitung führen sollte[640].
Zum zwingenden Inhalt eines Kollektivvertrages gehörte weiterhin die Regelung, wie der ‚Zuwendungsfonds' (*fond odměn*) auf die einzelnen Organisationseinheiten einer sozialistischen Organisation aufzuteilen war und unter welchen Voraussetzungen die Organisationseinheiten den Fonds verwenden durften (§ 4 Abs. 2 a) RegVO Nr. 82/1989 Slg.[641]).
Obligatorisch in Kollektivverträgen zu vereinbaren waren die Maßnahmen, die zur Erfüllung der Aufgaben im sozialen Tätigkeitsbereich nach den Vorgaben des „Planes zur wirtschaftlichen und sozialen Entfaltung der Organisation" dienten (§ 4 Abs. 2 b) RegVO Nr. 82/1989 Slg.[642] i.V.m. § 139 Abs. 4 ZP). In der Regel waren dies Verpflichtungen zur Verbesserung der Sicherheit und des Gesundheitsschutzes am Arbeitsplatz[643].
Der Kollektivvertrag mußte des weiteren den Umfang des Fonds für kulturelle und soziale Bedürfnisse festlegen und die Aufteilung dieses Fonds auf die einzelnen Organisationseinheiten bestimmen (§ 4 Abs. 2 c) RegVO Nr. 82/1989 Slg.[644]).
Bei den Organisationen, die keinen ‚Zuwendungsfonds' (*fond odměn*) errichten konnten (i.d.R. bei Haushaltsorganisationen), mußten Kollektivverträge festlegen, welche Mittel auf die Lohnbestandteile wie Prämien und Zuwendungen (*odměny*) anfallen sollten (§ 4 Abs. 2 d) RegVO Nr. 82/1989 Slg.[645]).
Fehlten die zwingenden Inhaltsvorgaben im Kollektivvertrag, so war hinsichtlich der Rechtsfolge zu differenzieren: Enthielt der Kollektivvertrag keine Vereinbarungen i.S.d § 4 Abs. 1 RegVO Nr. 82/1989 Slg., so führte dies zur Ungültigkeit aller Verpflichtungen, die mit der Aufteilung und Verwendung des ‚Zuwendungsfonds' (*fond odměn*) zusammenhingen (§ 4 Abs. 3 RegVO Nr. 82/1989 Slg.). Damit im Zusammenhang standen zum Beispiel auch die Aufteilung des Fonds auf die einzelnen Organisationseinheiten (§ 4 Abs. 2 a RegVO Nr. 82/1989 Slg.) und die Regelung, unter welchen Bedingungen Antei-

---

[639] *Kottnauer/Součková/Šubrt*, Práce a mzda 1989, H. 10, S. 22.
[640] *Kottnauer/Součková/Šubrt*, Práce a mzda 1989, H. 10, S. 22.
[641] Vgl. vor Inkrafttreten der RegVO Nr. 82/1989 Slg. Nr. 11 a) Grundsätze Nr. 119/1985 Slg., wobei die Grundsätze nicht zwischen zwingendem und fakultativem Inhalt unterschieden, sondern nur Orientierungshilfe waren.
[642] Vor Inkrafttreten der RegVO Nr. 82/1989 Slg. gem. Nr. 9 i) Grundsätze Nr. 119/1985 Slg. für den Branchenkollektivvertrag und gem. Nr. 13 Grundsätze Nr. 119/1985 Slg. für den Betriebskollektivvertrag.
[643] *Bělina* (-Kalenská), Pracovní právo (1990), S. 195.
[644] Vor Inkrafttreten der RegVO Nr. 82/1989 Slg. gem. Nr. 9 k) der Grundsätze Nr. 119/1985 Slg. für den Branchenkollektivvertrag und gem. Nr. 15 und Nr. 16 Grundsätze Nr. 119/1985 Slg. für den Betriebskollektivvertrag.
[645] Vor Inkrafttreten der RegVO Nr. 82/1989 Slg. gem. Nr. 11 a) Grundsätze Nr. 119/1985 Slg. für den Betriebskollektivvertrag.

le am Wirtschaftsergebnis oder andere Lohnbestandteile des ‚Zuwendungsfonds' (*fond odměn*) zu gewähren waren (§ 5 c RegVO Nr. 82/1989 Slg.). Im übrigen blieb der Kollektivvertrag bei Ungültigkeit dieser Verpflichtungen wirksam[646]. Fehlten dagegen zwingende Inhaltsvorgaben i.S.d. § 4 Abs. 2 RegVO Nr. 82/1989 Slg., so blieb im Umkehrschluß zu § 4 Abs. 3 RegVO Nr. 82/1989 Slg., der sich nicht auf diesen zweiten Absatz des § 4 RegVO Nr. 82/1989 Slg. bezieht, der Kollektivvertrag uneingeschränkt wirksam. Der Organisation konnte aber, wie auch im vorherigen Fall, eine Geldstrafe nach § 270 b ZP wegen Verletzung der arbeitsrechtlichen Vorschriften auferlegt werden und gegen den Organisationsleiter konnte wegen Verletzung der Arbeitsdisziplin ein Disziplinarverfahren gem. § 74 Abs. 1 g) ZP i.V.m. § 77 ZP eingeleitet werden[647].
Im Vergleich zur Regierungsverordnung Nr. 82/1989 Slg. regelten die davor geltenden Grundsätze die Frage der Wirksamkeit des Kollektivvertrages bei Fehlen einiger Inhaltspunkte nicht (vgl. insbesondere Nr. 17 bis Nr. 26 Grundsätze Nr. 119/1985 Slg.). Da die Grundsätze allerdings einen zwingenden Inhalt nicht voraussetzten[648], ist auch nicht davon auszugehen, daß das Fehlen einiger Inhaltspunkte zur (Teil-) Ungültigkeit des Kollektivvertrages führte. Im übrigen orientierte sich vorher die Frage der Wirksamkeit des Kollektivvertrages an § 242 ZP.

(2) Fakultativer Inhalt von Kollektivverträgen

Der fakultative Inhalt eines Kollektivvertrages konnte sich zum einen aus § 5 RegVO Nr. 82/1989 Slg., zum anderen auch aus dem Arbeitsgesetzbuch ergeben.

(A) Regelungen nach der Regierungsverordnung Nr. 82/1989 Slg.

§ 5 RegVO Nr. 82/1989 Slg. zählte die nicht obligatorischen Inhaltspunkte eines Kollektivvertrages beispielhaft und nur sehr rahmenhaft auf.
Zum fakultativen Inhalt gehörten zum Beispiel Verpflichtungen mit wirtschaftlichem Charakter wie die Sicherstellung, daß die Organisation genügend Geldmittel zur Befriedigung der Bedürfnisse der Arbeiter und des Arbeiterkollektivs erwarb (§ 5 a) RegVO Nr. 82/1989 Slg.), und die Festlegung der Bedingungen zur Erhöhung der Effektivität der Organisationstätigkeit, zur Erfüllung der Planvorgaben und zur Vertiefung der Teilnahme der Arbeiter an der Leitung der Organisation (§ 5 b) RegVO Nr. 82/1989 Slg.[649]). Meist gaben allerdings die Kollek-

---

646 *Kottnauer/Součková/Šubrt*, Práce a mzda 1989, H. 10, S. 28.
647 Vgl. *Kottnauer/Součková/Šubrt*, Práce a mzda 1989, H. 10, S. 29 hinsichtlich § 270 b ZP; *Bělina* (-Kalenská), Pracovní právo (1990), S. 229 hinsichtlich der Verletzung der Arbeitsdisziplin.
648 Vgl. 2. Teil, A.II.4)B)e).
649 Vgl. vor Inkrafttreten der RegVO Nr. 82/1989 Slg. zum Beispiel Nr. 10 a) – h) Grundsätze Nr. 119/1985 Slg.

tivverträge in diesem Zusammenhang neben oder anstelle der schuldrechtlichen Verpflichtungen i.S.d. § 5 a) und b) RegVO Nr. 82/1989 Slg. die Planvorgaben als nicht rechtliche Inhalte wieder[650].

Kollektivvertraglich regelbar war des weiteren der Umfang und die Aufteilung der Geldmittel auf die einzelnen Fonds (§ 5 c) Var. 1 RegVO Nr. 82/1989 Slg.[651]). Der Kollektivvertrag konnte also die Aufteilung nach der Lohnform (vgl. § 112 Abs. 3 ZP)[652] und nach den Lohnbestandteilen bestimmen, wobei er die strengen staatlichen Vorgaben über die Gleichrichtung und die Tariflöhne beachten mußte[653].

Die konkrete Aufteilung des ‚Zuwendungsfonds' (*fond odměn*) gehörte dabei bereits zu dem zwingenden Inhalt eines Kollektivvertrages (§ 4 Abs. 1 RegVO Nr. 82/1989 Slg.).

Weiterer möglicher Kollektivvertragsinhalt waren schuldrechtliche Verpflichtungen zur sozialen Entwicklung (§ 5 e) RegVO Nr. 82/1989 Slg.[654]), wie zum Beispiel die Betriebsverpflegung[655], und die Maßnahmen zur Erfüllung der Erziehungs- und Bildungsaufgaben, wie zum Beispiel die Frage der (Weiter-) Qualifizierung von Arbeitern (§ 5 f) RegVO Nr. 82/1989 Slg.[656]).

Zu den ebenfalls möglichen Inhaltspunkten eines Kollektivvertrages zählten die bereits erwähnten[657] Vereinbarungen über die Gewährung von Anteilen am Wirtschaftsergebnis (§ 5 c) Var. 4 und 5 RegVO Nr. 82/1989 Slg.) und über die Ansprüche auf die Lohnbestandteile i.S.d. § 5 d) RegVO Nr. 82/1989 Slg.[658]. Diese Vorschriften stellten die einzigen normativen Regelungen im Rahmen der Regierungsverordnung Nr. 82/1989 Slg. dar, während die übrigen Vertragsinhalte der § 4 und § 5 RegVO Nr. 82/1989 Slg. schuldrechtlicher Natur waren oder auch nicht rechtlich und bloß informativ sein konnten (zum Beispiel bei der Wiedergabe der Planvorgaben i.S.d. § 5 a) und b) RegVO Nr. 82/1989 Slg.). Auch schon vor Inkrafttreten der Regierungsverordnung Nr. 82/1989 Slg. sahen die Grundsätze über den Abschluß, den Inhalt und die Kontrolle von Kollektivverträgen die Gewährung von Lohnbestandteilen des ‚Zuwendungs-fonds' (*fond odměn*) als einzigen normativen Inhalt vor (vgl. Nr. 12 a) – c) Grundsätze Nr. 119/1985 Slg.).

---

[650] Vgl. *Kottnauer/Součková/Šubrt*, Práce a mzda 1989, H. 10, S. 30.

[651] Vor Inkrafttreten der RegVO Nr. 82/1989 Slg. gem. Nr. 11 a) Grundsätze Nr. 119/1985 Slg.

[652] Vgl. auch bereits 2. Teil, A.II.4)B)d)(2).

[653] Vgl. *Kottnauer/Součková/Šubrt*, Práce a mzda 1989, H. 10, S. 32; vgl. 2. Teil, A.II.4)B)d)(1).

[654] Vgl. hierzu vor Inkrafttreten der RegVO Nr. 82/1989 Slg. Nr. 13 und Nr. 14 Grundsätze Nr. 119/1989 Slg.

[655] *Kottnauer/Součková/Šubrt*, Práce a mzda 1989, H. 10, S. 34; vgl. auch vor Inkrafttreten der RegVO Nr. 82/1989 Slg. Nr. 13 c) Grundsätze Nr. 119/1985 Slg.

[656] Vgl. vor Inkrafttreten der RegVO Nr. 82/1989 Slg. Nr. 14 a) Grundsätze Nr. 119/1985 Slg.

[657] Vgl. 2. Teil, A.II.4)B)d)(2).

[658] Vgl. vor Inkrafttreten der RegVO Nr. 82/1989 Slg. Nr. 12 a) – c) Grundsätze Nr. 119/1985 Slg.

Andere arbeitsrechtliche (d.h. nicht lohnrechtliche) Ansprüche Einzelner in Form von kollektivvertraglichen Abschluß-, Inhalts- und Beendigungsnormen sah die Regierungsverordnung Nr. 82/1989 Slg. dagegen nicht vor, so daß sich daraus ebenfalls ein Rückschluß auf die untergeordnete normative Funktion von Kollektivverträgen ziehen läßt.
Diese Tatsache betonte abermals die untergeordnete Bedeutung der normativen Funktion von Kollektivverträgen (selbst nach der Novelle des Arbeitsgesetzbuchs Nr. 188/1988 Slg.), zumal die normativen Regelungen der §§ 5 c) Var. 4 und 5, 5 d) RegVO Nr. 82/1989 Slg. auch nur zum fakultativen und nicht zum obligatorischen Inhalt eines Kollektivvertrages i.S.d § 4 RegVO Nr.82/1989 Slg. zählten.

(B) Regelungen nach dem Arbeitsgesetzbuch

Das Arbeitsgesetzbuch selbst enthielt keine ausdrückliche Ermächtigung zu kollektivvertraglichen Regelungen hinsichtlich anderer arbeitsrechtlicher, d.h. nicht lohnrechtlicher Ansprüche Einzelner. Da § 20 Abs. 2 ZP Nr. 65/1965 Slg.[659] eine ausdrückliche Ermächtigung verlangte, waren vor der Novelle des Arbeitsgesetzbuchs Nr. 188/1988 Slg. solche Tarifnormen nicht zulässig, es sei denn, untergesetzliche Vorschriften ermächtigten dazu.
Erst ab der Novelle Nr. 188/1988 Slg., also kurz vor der Wende, konnten solche Kollektivvereinbarungen auch ohne ausdrückliche Ermächtigung getroffen werden, wenn sie nicht gegen zwingende Vorschriften verstießen (vgl. § 20 Abs. 2 ZP Nr. 188/1988 Slg.)[660].
Im folgenden ist zu konkretisieren, ob und in welchem Umfang Kollektivverträge solche Tarifnormen seit der Novelle überhaupt fakultativ enthalten konnten. Untersucht werden insbesondere die Inhaltsnormen, die Form und Inhalt von Arbeitsverträgen regeln und die in marktwirtschaftlichen Ländern die meisten tariflichen Vereinbarungen darstellen[661]. Dazu zählen (neben der Lohnregelung) insbesondere Vereinbarungen über die Arbeitszeit, den Urlaub und die Haftung der Arbeiter[662].
Hinsichtlich der Arbeitszeit bestimmte das Arbeitsgesetzbuch die maximale wöchentliche Arbeitszeit (vgl. § 83 Abs. 1 und 2 ZP), die nur Bekanntmachungen des FMAS oder des Gesundheitsministeriums ohne Kürzung der Löhne heruntersetzen konnten (vgl. § 83 Abs. 4 und 5 ZP). Diese so festgelegte Arbeitszeit gab in der Regel nicht nur an, wie lange der Arbeiter arbeiten *durfte* (Höchstarbeitszeit), sondern zugleich auch wie lange er arbeiten *mußte*. Ausnahmsweise konnten die am Arbeitsverhältnis Beteiligten eine kürzere als die festgelegte wöchentliche Arbeitszeit mit entsprechender Lohnkürzung (vgl. § 86 Abs. 1 S. 5

---

[659] Vgl. zur Auslegung des § 20 Abs. 2 ZP Nr. 65/1965 Slg. 2. Teil, A.II.4)B)c).
[660] S. Auslegung 2. Teil, A.II.4)B)c).
[661] S. für Deutschland *Dütz*, Arbeitsrecht, Rn. 502.
[662] *Dütz*, Arbeitsrecht, Rn. 502.

ZP) individualvertraglich vereinbaren, sofern dies aus betrieblichen Gründen oder aus gesundheitlichen bzw. sonstigen wichtigen Gründen erforderlich war und im letzten Fall der betriebliche Ablauf es zuließ (§ 86 Abs. 1 und 2 ZP). Zwar sprach das Gesetz im Fall des § 86 ZP nur von einer individualarbeitsvertraglichen Vereinbarung. Jedoch war seit der Novelle des Arbeitsgesetzbuchs Nr. 188/1988 Slg. in diesem Fall theoretisch auch eine Kollektivvereinbarung möglich. Denn § 86 ZP stellte kein zwingendes Recht dar, wie zum Beispiel die Formulierung „Die Organisation *kann* vereinbaren bzw. erlauben (...).“[663] zeigte. Im übrigen aber war eine (kollektiv-) vertragliche Vereinbarung der wöchentlichen Arbeitszeit unzulässig.

Überhaupt konnten Kollektivverträge seit der Novelle Nr. 188/1988 Slg. solche Angelegenheiten regeln, in denen die sozialistische Organisation selbst Regelungsmacht besaß:

Zum Beispiel konnte der Organisationsleiter den Umfang der gesamten Überstunden[664] in einer Organisation mit gewerkschaftlicher Zustimmung bestimmen (§ 98 ZP). Die maximale Überstundenanzahl für den einzelnen Arbeiter sowie die Fälle, in denen Überstundenarbeit zulässig waren, bestimmten dabei das Gesetz (vgl. § 96 Abs. 1 S. 2 a.E., 97 Abs. 1 und 2) sowie untergesetzliche Vorschriften (vgl. § 97 Abs. 4 und 5 ZP).

Die Bestimmung der täglichen Arbeitszeit war dem Organisationsleiter mit gewerkschaftlicher Zustimmung nur gemäß den Grundsätzen der untergesetzlichen Rechtsvorschriften möglich (vgl. §§ 84 Abs. 1, 85 Abs. 1 und 2 ZP).

Die Bestimmung von Ruhepausen, von Arbeit an arbeitsfreien Tagen und von Arbeitsbereitschaft durfte die Organisation nur im Rahmen und unter Beachtung der rechtlichen Vorgaben (vgl. §§ 89 Abs. 1, 90 Abs. 2, 91 Abs. 3, 95 Abs. 1 ZP) mit gewerkschaftlicher Zustimmung regeln (§§ 89 Abs. 2 und 3, 90 Abs. 2, 91 Abs. 2, 95 Abs. 1 e.E. ZP).

Über die Gestaltung der Arbeitszeit, d.h. über die Festlegung von Beginn und Ende der täglichen Arbeitszeit, durfte die Organisation mit gewerkschaftlicher Zustimmung entscheiden (§ 87 Abs. 2 und 3 ZP). Die Anordnung von gleitenden Arbeitszeiten (*pružná pracovní doba*) konnte die Organisation allerdings nur aufgrund einer Bekanntmachung des FMAS einführen (vgl. § 85 b ZP).

In all diesen Fällen, bezogen auf die Arbeitszeitregelung, war nun seit der Novelle Nr. 188/1988 Slg. im Rahmen der Regelungsmacht der Organisation theoretisch auch Raum für eine kollektivvertragliche Regelung.

Was die Regelung des Urlaubs anbelangt, so bestimmte das Arbeitsgesetzbuch die Dauer des Jahres- und Teilurlaubs zwingend (vgl. §§ 102, 104 ZP) und ließ

---

[663] § 86 Abs. S. 1 ZP: „Organizace *může* (...) sjednat (...).“ [*Übersetzung*: „Die Organisation *kann* vereinbaren (...)“.]; § 86 Abs. 2 S. 1 ZP: „ Dovoluje-li to provoz organizace, *může* organizace povolit pracovníku na jeho žádost (...) kratší pracovní dobu. (...).“ [*Übersetzung*: „Wenn es der Betriebsablauf der Organisation erlaubt, *kann* die Organisation dem Arbeiter auf dessen Anfrage (...) eine kürzere Arbeitszeit (...) gewähren.“].

[664] Vgl. zum Ausgleich für Überstunden § 116 ZP und 2. Teil, A.II.4)B)d)(2).

auch keine vertragliche Abweichung zugunsten des Arbeiters zu. Kollektivverträge konnten folglich keinen höheren, d.h. über die gesetzliche Regelung hinausgehenden, Anspruch auf Urlaub (bezahlt oder unbezahlt) vereinbaren[665]. Sie durften auch nicht den Urlaubsanspruch dahingehend beeinflußen, indem sie der Dauer des Arbeitsverhältnisses, die für die Höhe des Urlaubs maßgebend war, andere Zeiten anrechneten als die gesetzlich (zwingende) Vorschrift § 103 ZP[666]. Eine kollektivvertragliche Vereinbarung über die Urlaubsdauer war lediglich dann denkbar, wenn „Regierungsverordnungen über zusätzlichen Urlaub", zu deren Erlaß das Arbeitsgesetzbuch ermächtigte (§§ 105 Abs. 2 und 3 ZP), kollektivvertragliche Vereinbarungen über zusätzlichen Urlaub ausdrücklich erlaubten. Ansonsten durfte die Organisation lediglich über die zeitliche Festlegung des Urlaubs mit gewerkschaftlicher Zustimmung entscheiden, wobei sie die Interessen der Arbeiter berücksichtigen mußte (vgl. § 108 Abs. 1 ZP). Auch für diesen Fall war seit der Novelle Nr. 188/1988 Slg. eine Regelung in der Form eines Kollektivvertrages möglich.

Bei der Haftung des Arbeiters durfte die Organisation eine niedrigere Schadensersatzhöhe als die Schadenshöchstgrenze i.S.d. § 172 Abs. 2 ZP festlegen, sofern der Arbeiter den Schaden nur fahrlässig verursacht hat (§ 183 Abs. 1 ZP). Daneben gab das Arbeitsgesetzbuch der sozialistischen Organisation noch in einigen anderen Fällen die Möglichkeit, die Schadenshöhe zu bestimmen bzw. zu reduzieren (vgl. §§ 184 Abs. 3, 185 Abs. 2, 186 ZP). In all diesen Fällen war seit der Novelle Nr. 188/1988 Slg. ebenfalls eine kollektivvertragliche Vereinbarung möglich. Im übrigen war die Haftungsregelung grundsätzlich zwingend.

Weitere Kollektivvereinbarungen waren in den Fällen möglich, in denen das Arbeitsgesetzbuch der Organisation mit Formulierungen wie „Die Organisation kann (...)."[667] und „Es ist möglich, (...)."[668] hinsichtlich bestimmter Regelungen Freiraum ließ, wie zum Beispiel bei der ‚Überführung des Arbeiters auf eine andere Arbeit' in den Fällen des § 37 Abs. 2, 3 und 4 ZP[669], bei der Entsendung auf eine Arbeitsreise gem. § 38 Abs. 1 ZP sowie bei der Versetzung an einen anderen Ort gem. § 38 Abs. 3 und 4 ZP.

Hinsichtlich der Ansprüche auf ‚Arbeitsunterbrechung aus allgemeinen Gründen' (*překážky v práci z důvodu obécného zájmu*) waren die Kollektivvertragsparteien nicht berechtigt, weitere als die gesetzlich vorgesehenen An-

---

[665] Vgl. *Kottnauer/Součková/Šubrt*, Práce a mzda 1989, H. 10, S. 8; *Šubrt*, Práce a mzda 1989, H. 3, S. 14.

[666] Vgl. *Kottnauer/Součková/Šubrt*, Práce a mzda 1989, H. 10, S. 8; *Šubrt*, Práce a mzda 1989, H. 3, S. 14.

[667] Vgl. § 37 Abs. 2 ZP: „Organizace může (...)." [*Übersetzung*: „Die Organisation *kann* (...)."] und ähnlich bei §§ 37 Abs. 3 und 4, 38 Abs. 1 und 4 ZP.

[668] Vgl. § 38 Abs. 3 ZP: „(...) *lze* (...)." [*Übersetzung*: „(...) ist es *möglich*, daß (...)."].

[669] Vgl. zur Lohnregelung für die ‚Überführung auf eine andere Arbeit' § 115 ZP und 2. Teil, A.II.4)B)d)(2).

sprüche mit oder ohne Lohnersatz zu vereinbaren[670]. §§ 124 – 126 ZP sowie §§ 22 ff. der durchführenden Regierungsverordnung Nr. 223/1988 Slg. waren insofern zwingend. Lediglich im Fall der ‚Arbeitsunterbrechung aus Gründen der persönlichen Interessen' (*překážky v práci z důvodu osobního zájmu*) durfte der Kollektivvertrag gem. § 28 Abs. 2 RegVO Nr. 223/1988 Slg. i.V.m. § 128 Abs. 2 ZP Ansprüche auf Arbeitsverhinderung aus weiteren als den rechtlich vorgesehenen persönlichen Gründen ohne Lohnersatz regeln.
In Form von Beendigungsnormen konnten Kollektivverträge zum Beispiel das Recht der Organisation zur ordentlichen und wohl auch zur außerordentlichen Kündigung in den Fällen der §§ 46 Abs. 1 und 2, 53 Abs.1 ZP ausschließen.
Zusammenfassend betrachtet waren die rechtlichen Regelungen, insbesondere hinsichtlich des Inhalts von Arbeitsverträgen, überwiegend zwingend und ließen nicht viel Raum für die Vereinbarung von Tarifnormen. Denn die für den Arbeiter bedeutenden Fragen der Länge der wöchentlichen Arbeitszeit und der Anzahl der Urlaubstage sowie der weiteren Fälle von bezahlter Arbeitsunterbrechung sowie evtl. des Haftungsausschlusses entzogen sich dem Regelungsbereich von Kollektivverträgen. Es durften hier auch keine kollektivvertraglichen Abweichungen zugunsten der Arbeiter getroffen werden[671].
Lediglich in den weniger bedeutenden Fällen hinsichtlich der Verteilung der Arbeitszeit und der Festlegung des Urlaubs sowie in den wenigen anderen genannten Fällen war eine kollektivvertragliche Regelung im Rahmen der Regelungsmacht der Organisation möglich. Nur für diesen geringen Bereich brachte die Neufasssung des § 20 Abs. 2 ZP durch die Novelle des Arbeitsgesetzbuchs Nr. 188/1988 Slg. demnach eine Erweiterung des tariflichen Regelungsspielraums[672]. Die Novelle Nr. 188/1988 Slg. führte nach alledem nicht wesentlich zu der von ihr angestrebten Stärkung der normativen Funktion von Kollektivverträgen[673].
Wohl gemerkt handelte es sich bei der Aufzählung der kollektivvertraglichen Regelungsmöglichkeiten im normativen Bereich lediglich um die theoretisch-rechtliche Zulässigkeit. In der Praxis allerdings überwog der nicht rechtliche Inhalt von Kollektivverträgen und seine planerfüllende Funktion[674].
Da der Kollektivvertrag seine Funktion als Rechtsquelle überwiegend verlor und da individualarbeitsvertragliche Vereinbarungen über Arbeitsbedingungen aufgrund der meist zwingenden Rechtsnormen ausgeschlossen waren, gab es in der sozialistischen ČSSR in der Regel auch kein Konkurrenzverhältnis zwischen Kollektiv- und Einzelarbeitsvertrag. Für den (wohl eher theoretischen) Ausnahmefall, daß normative Kollektivregelungen und individuelle Vereinbarungen

---

[670] Vgl. *Kottnauer/Součková/Šubrt*, Práce a mzda 1989, H. 10, S. 8; vgl. auch bereits 2. Teil, A.II.4)B)d)(2).
[671] Vgl. 2. Teil, A.I.2)B)c).
[672] Vgl. hierzu bereits 2. Teil, A.II.4)B)c).
[673] S. bereits 2. Teil, A.II.4)B)c).
[674] S. bereits 2. Teil, A.II.1)B).

zusammenfielen (z.B. bei § 86 Abs. 1 und 2 ZP über vertragliche Kürzung der Arbeitszeit aus wichtigem Grund), ist nicht geregelt, welche Vereinbarung letztendlich maßgebend sein soll. Ob hier ein individualarbeitsvertragliches Abweichen vom Kollektivvertrag zugunsten des Arbeiters (Günstigkeitsprinzip) oder aufgrund einer tariflichen Öffnungsklausel auch zulasten des Arbeiters zulässig ist, bleibt zweifelhaft, da Kollektivverträge im Sozialismus eben weniger im Dienste der Interessenvertretung standen als vielmehr zur Ausführung rechtlicher Vorschriften dienten und somit nicht nur Mindest-, sondern auch Höchstarbeitsbedingungen enthalten konnten. Die sozialistische Rechtspraxis begegnete solchen Rechtsproblemen allerdings wohl kaum.

C) Verfahren bei Vorbereitung, Abschluß, Form und Laufzeit von Kollektivverträgen

Die Vorbereitung des (Betriebs-) Kollektivvertrages verlief bei Wirtschaftsorganisationen parallel zur Bildung des Planes der wirtschaftlichen und sozialen Entfaltung der Organisation (Wirtschaftsplan) bzw. bei Haushaltsorganisationen parallel zum Haushaltsplan der Organisation (§ 6 Abs. 1 RegVO Nr. 82/1989 Slg.[675]). Der Abschluß des Branchenkollektiv-vertrages, der bis zum Inkrafttreten der Novelle Nr. 188/1988 Slg. zulässig war, erfolgte parallel zur Bildung des Fünfjahresplanes (vgl. Nr. 5 S. 2 Grundsätze Nr. 119/1985 Slg.).
Der Organisationsleiter war verpflichtet, mit dem zuständigen Gewerkschaftsorgan die zeitliche Einteilung hinsichtlich der Vorbereitung des Kollektivvertrages sowie einen Entwurf hinsichtlich Gliederung und Inhalt festzulegen und den Entwurf den Arbeitern vorzulegen (§ 6 Abs. 2 und Abs. 3 RegVO Nr. 82/1989 Slg.). Die Mitgliederversammlung der Grundorganisation (ZO) der ROH oder die ROH-Konferenz mußte den Kollektivvertragsentwurf genehmigen (§ 7 Abs. 1 RegVO Nr. 82/1989 Slg. i.V.m. § 20 Abs. 3 S. 1 ZP[676]).
Genehmigte die Mitgliederversammlung nur einzelne Teile des Kollektivvertrages oder stimmte der Organisationsleiter Änderungen im Rahmen der Genehmigung nicht zu, so wurde der Kollektivvertrag bei Vorliegen der sonstigen Wirksamkeitsvoraussetzungen nur im Umfang der Genehmigung bzw. der Zustimmung wirksam (vgl. § 7 Abs. 2 RegVO Nr. 82/1989 Slg.). Das handelnde Gewerkschaftsorgan war bei Vertragsabschluß immer an die Genehmigung hinsichtlich Umfang und Änderungen gebunden[677]. Hingegen war der Organisationsleiter zwar verpflichtet, den Kollektivvertrag insoweit abzuschließen, als ihn die Gewerkschaft ohne Änderungen genehmigt hat[678]. Ein solcher Kontrahie-

[675] Vgl. bereits 2. Teil, A.II.1)B). a.E.; so auch schon vor Inkrafttreten der RegVO Nr. 82/1989 Slg.: Nr. 5 S. 1 Grundsätze Nr. 119/1985 Slg.
[676] So auch schon vor Inkrafttreten der RegVO Nr. 82/1989 Slg.: Nr. 17 Grundsätze Nr. 119/1985 Slg. (Genehmigung i.ü. auch des Branchenkollektivvertrages notwendig).
[677] *Kottnauer/Součková/Šubrt*, Práce a mzda 1989, H. 10, S. 37.
[678] *Kottnauer/Součková/Šubrt*, Práce a mzda 1989, H. 10, S. 37.

rungszwang bestand nicht, wenn im Rahmen der Mitgliederversammlung inhaltliche Änderungen erfolgten[679].
Die Pflicht des Organisationsleiters zur Vorbereitung des Kollektivvertrages gem. § 6 Abs. 2 RegVO Nr. 82/1989 Slg. stand in engem Zusammenhang zu § 2 Abs. 2 RegVO Nr. 82/1989 Slg., der die Frist, innerhalb der der Kollektivvertrag der Gewerkschaft zur Genehmigung vorgelegt werden sollte, regelte. Danach konnten der Organisationsleiter und das zuständige Gewerkschaftsorgan die Frist bereits im Kollektivvertrag selbst oder später extra vereinbaren. Die Regierungsverordnung Nr. 82/1989 Slg. überließ den Parteien damit Freiraum hinsichtlich des zeitlichen Abschlusses des Kollektivvertrages und übernahm nicht die strenge Regelung der Grundsätze Nr. 119/1985 Slg. (Nr. 5 S. 1), wonach die Genehmigung des (Betriebs-) Kollektivvertrages spätestens zum 15. Februar des Jahres, in dem der Kollektivvertrag Wirksamkeit erlangen sollte, erfolgen mußte.
Die Schriftform war sowohl für Abschluß als auch für Änderungen des Kollektivvertrages Wirksamkeitsvoraussetzung (§ 20 Abs. 3 S.1 ZP[680]). Ein weiteres Wirksamkeitserfordernis stellte die Unterschrift beider Parteien dar (§ 7 Abs. 1 RegVO Nr. 82/1989 Slg. i.V.m. § 20 Abs. 3 S. 1 ZP[681]).
Die Laufzeit eines Kollektivvertrages konnten die Parteien in dem Rahmen von einem bis zu fünf Jahren frei vereinbaren (§ 20 Abs. 3 S. 2 ZP i.V.m. § 2 Abs. 1 Reg.VO Nr. 82/1989 Slg.). In der Regel betrug die Laufzeit des Betriebs-/ Unternehmenskollektivvertrages ein Jahr, da er eng mit den jährlichen Plänen der wirtschaftlichen und sozialen Entfaltung zusammenhing[682]. Im Vergleich dazu war vor Inkrafttreten der Regierungsverordnung Nr. 82/1989 Slg. die Laufzeit des (Unternehmens-/Betriebs-) Kollektivvertrages grundsätzlich auf ein Jahr festgelegt und nur im Ausnahmefall konnte eine längere Laufzeit (bis zu fünf Jahren) vereinbart werden (Nr. 2 S. 3 und S. 4 Grundsätze Nr. 119/1985 Slg.). Die Laufzeit der vor der Novelle Nr. 188/1988 Slg. zulässigen Branchenkollektivverträge betrug in der Regel 5 Jahre (Nr. 4 S. 3 Grundsätze Nr. 119/1985 Slg.).
Der Kollektivvertrag trat mit seinem Abschluß in Kraft und endete mit Ablauf des Zeitraums, für den die Laufzeit festgesetzt war, sofern für einige Kollektivvertragsverpflichtungen nichts anderes vereinbart war (§ 20 Abs. 3 S. 2 ZP[683]). Eine Beendigung durch Aufhebung oder durch Kündigung war rechtlich nicht vorgesehen[684], wohl aber eine Beendigung durch den Abschluß eines Ände-

679 *Kottnauer/Součková/Šubrt*, Práce a mzda 1989, H. 10, S. 37.
680 So auch schon vor Inkrafttreten der Novelle Nr. 188/1988 Slg.: § 20 Abs. 3 S. 1 ZP Nr. 65/1965 Slg. in der zuletzt gültigen Fassung.
681 So auch schon die Rechtslage davor: § 20 Abs. 3 S. 2 ZP Nr. 65/1965 Slg. in der zuletzt gültigen Fassung und Nr. 18 S. 1 Grundsätze Nr. 119/1985 Slg.
682 *Kottnauer/Součková/Šubrt*, Práce a mzda 1989, H. 10, S. 19.
683 So auch schon vor Inkrafttreten der RegVO Nr. 82/1989 Slg.: Nr. 19 Grundsätze Nr. 119/1985 Slg.
684 So auch *Kottnauer/Součková/Šubrt*, Práce a mzda 1989, H. 10, S. 37.

rungsvertrages (vgl. § 20 Abs. 3 S. 1 ZP, § 7 Abs. 1 RegVO Nr. 82/1989 Slg.[685]).
Auch eine gesetzliche tarifliche Nachwirkung, d.h. eine Weitergeltung des Kollektivvertrages nach seinem Ablauf bis zur Geltung einer neuen Abmachung, kannte das damalige Recht nicht. Denn der Zweck dieser tariflichen Nachwirkung besteht darin, in der Zeit zwischen Ablauf des bisherigen und Abschluß eines neuen Tarifvertrages einen regelungslosen Zustand zu vermeiden[686]. Da aber in der sozialistischen ČSSR der Kollektivvertrag seine Funktion als Rechtsquelle größtenteils eingebüßt hatte und die Rechtslage sich ohnehin nach dem zwingenden Recht bestimmte, konnte es zu keiner Regelungslücke kommen. Im übrigen waren die Kollektivvertragsparteien zum Abschluß eines Kollektivvertrages (i.d.R. parallel zum Wirtschaftsplan) gezwungen[687].
Für die Sicherstellung, daß ein Kollektivvertrag rechtzeitig (also innerhalb der Frist des § 2 Abs. 2 RegVO Nr. 82/1989 Slg.) abgeschlossen wurde, daß die kollektivvertraglichen Verpflichtungen auf Seiten der Organisation erfüllt wurden und daß ihre Erfüllung kontrolliert wurde (vgl. §§ 9 und 10 RegVO Nr. 82/1989 Slg.), waren gem. § 20 Abs. 4 S. 1 ZP[688] i.V.m. § 6 Abs. 2 und § 10 Abs. 1 RegVO Nr. 82/1989 Slg. die Organisation und ihr Leiter verantwortlich. Im Gegensatz zur Rechtslage vor der Novelle Nr. 188/1988 Slg. (vgl. § 20 Abs. 4 S. 1 ZP Nr. 65/1965 Slg.) war der Organisationsleiter nun auch für den rechtzeitigen Abschluß des Kollektivvertrages verantwortlich.
Die Nichterfüllung der Pflichten i.S.d. § 20 Abs. 4 S. 1 ZP durch den Organisationsleiter galt als Störung der Arbeitsdisziplin (§ 20 Abs. 4 S. 2 ZP) und konnte disziplinarisch geahndet werden (vgl. §§ 74 Abs. 1 g), 77 Abs. 1, 78 Abs. 2 ZP).
Die nach den Grundsätzen Nr. 119/1985 Slg. (Nr. 28) obligatorische Beratung hinsichtlich des Kollektivvertragsinhaltes und Registrierung der Kollektivverträge durch höhere gewerkschaftliche und staatliche Organe fielen mit Inkrafttreten der Regierungsverordnung Nr. 82/1989 Slg. weg.

5) Beilegung von kollektiven Arbeitsstreitigkeiten

Kollektive Streitigkeiten waren Streitigkeiten, die aus kollektiven Arbeitsbeziehungen entstanden sind, also auf der Ebene der sozialistischen Organisation zwischen Organisationsleiter und Betriebsausschuß (Streitparteien waren dann die Organisation und die Grundorganisation der ROH.) und – vor der Abschaffung von Branchenkollektivverträgen durch die Novelle des Arbeitsgesetzbuchs

---

[685] So auch schon vor Inkrafttreten der RegVO Nr. 82/1989 Slg.: vgl. Nr. 18 S. 2 Grundsätze Nr. 119/1985 Slg. und § 20 Abs. 3 S. 1 ZP Nr. 65/1965 Slg.
[686] *Dütz*, Arbeitsrecht, Rn. 532.
[687] Vgl. oben und 2. Teil, A.II.4)A)b).
[688] Die davor gültige Rechtslage regelte nur die Pflicht des Organisationsleiters zur Erfüllung der kollektivvertraglichen Verpflichtungen (vgl. § 20 Abs. 4 S. 1 und S. 2 ZP Nr. 65/1965 Slg. in der zuletzt gültigen Fassung und Nr. 22 S. 1 und S. 2 Grundsätze Nr. 119/1985 Slg.).

Nr. 188/1988 Slg. - auch oberhalb der sozialistischen Organisation zwischen den höheren Staatsorganen und den höheren Gewerkschaftsorganen[689].
Zu unterscheiden waren nach der damaligen Rechtslage vor 1989 drei Arten von kollektiven Arbeitsstreitigkeiten, nämlich Streitigkeiten über Kollektivverträge, solche über die Verweigerung der erforderlichen Zustimmung durch das zuständige Gewerkschaftsorgan sowie sonstige kollektive Streitigkeiten[690]. Der Art nach konnten die Streitigkeiten in Regelungsstreitigkeiten (*spory nežalobní povahy*) und Rechtsstreitigkeiten (*spory žalobní povahy*) unterteilt werden. Während bei Rechtsstreitigkeiten bereits eine abschließende Regelung vorlag, konnten es bei Regelungsräumen, die durch (zum Beispiel privatautonome) Rechtsschöpfung auszufüllen waren, zu Regelungsstreitigkeiten kommen[691].

A) Kollektivvertragliche Streitigkeiten

a) Rechtsstreitigkeiten (= Erfüllungsstreitigkeiten)

Lange Zeit regelte das tschechoslowakische Recht die Streitigkeiten über die Erfüllung von kollektivvertraglichen Verpflichtungen, die nicht Ansprüche einzelner Arbeiter[692] begründeten (Erfüllungsstreitigkeiten), nur rudimentär.
Die Nichterfüllung durch den Organisationsleiter galt als Störung der Arbeitsdisziplin[693] (vgl. § 20 Abs. 4 S. 2 ZP Nr. 65/1965 Slg. und Nr. 188/1988 Slg.), die disziplinarisch geahndet werden konnte (vgl. § 77 ZP, Art. 22 S. 2 Beschluß IV.ggK/1959 Slg.). Die disziplinarischen Folgen bei Nichterfüllung der Kollektivvertragsverpflichtung auf Seiten der Gewerkschaft regelte die ROH-Satzung (vgl. Nr. 22 S. 3 Grundsätze Nr. 119/1985 Slg.).
Im übrigen konnte eine Überprüfung des Bestehens der Kollektivverpflichtung mangels anderweitiger arbeitsrechtlicher Regelung gem. Art. 23 Beschluß IV.ggK/1959 Slg. durch das höhere Gewerkschaftsorgan im Einvernehmen mit dem der sozialistischen Organisation übergeordneten Organ erfolgen. Nicht gesetzlich geregelt war allerdings das Verfahren im Rahmen dieser Streitbeilegung sowie die rechtliche Durchsetzbarkeit von Kollektivvertragsverpflichtungen.
Die Novelle des Arbeitsgesetzbuchs Nr. 153/1969 Slg. führte einen zweiten Satz bei § 20 Abs. 5 ZP ein, wonach Kollektivverträge selbst die Zusammensetzung der Organe, die über die Erfüllungsstreitigkeiten entscheiden sollten, bestimmen konnten (vgl. auch Nr. 25 Grundsätze Nr. 119/1985 Slg.). Das Verfahren und

---

[689] *Kostečka*, Právník 1970, H. 5, S. 399.
[690] *Kalenská* (-Zavacký), Československé pracovní právo (1980), S. 314; *Bělina* (-Holub), Pracovní právo (1990), S. 259.
[691] *Kalenská* (-Zavacký), Československé pracovní právo (1980), S. 313 f.; *Kostečka*, Právník 1970, H. 5, S. 396 f.
[692] Streitigkeiten über Ansprüche einzelner Arbeiter aus normativen Kollektivregelungen waren individualrechtliche Streitigkeiten (§ 20 Abs. 5 ZP).
[693] So auch *Kalenská*, Kolektivní smlouvy, S. 151; *Witz* (-Kalenská), Československé pracovní právo, S. 151.

die rechtliche Durchsetzbarkeit der Kollektivvertragsverpflichtung blieben aber weiterhin ungeregelt.
Erst kurz vor der Wende lösten § 20 Abs. 6 ZP Nr. 188/1988 Slg. und die Regierungsverordnung Nr. 82/1989 Slg. die den Parteien überlassene Regelung der Streitbeilegung i.S.d. § 20 Abs. 5 S. 2 ZP Nr. 65/1965 Slg. ab. Sie legten fest, daß das zuständige höhere Gewerkschaftsorgan und das der sozialistischen Organisation übergeordnete Organ oder im Falle des Fehlens eines übergeordneten Organs der Organisationsleiter als sog. ‚Entscheidungsorgane' (*rozhodovací orgány*) in diesen Streitigkeiten gemeinsam verbindlich entscheiden sollten (vgl. § 12 Abs. 1 und Abs. 2 RegVO Nr. 82/1989 Slg.). Die Regierungsverordnung enthielt in §§ 12 und 13 RegVO Nr. 82/1989 Slg. auch nähere Verfahrensregelungen. Die Entscheidungsorgane sollten zunächst eine Einigung unter den Vertragsparteien erreichen (§ 13 Abs. 2 S. 1 RegVO Nr. 82/1989 Slg.). Im Falle des Scheiterns einer Einigung konnten sie einvernehmlich (vgl. § 13 Abs. 3 S. 1 RegVO Nr. 82/1989 Slg.) in der Weise entscheiden, daß sie den Parteien die Erfüllung der streitigen Verpflichtung auferlegten oder die Verpflichtung bei Unmöglichkeit oder Unverhältnis-mäßigkeit der Erfüllung aufhoben (§ 13 Abs. 2 RegVO Nr. 82/1989 Slg.). Die Entscheidung war endgültig, d.h. nicht mehr anfechtbar (§ 13 Abs. 5 S. 1 RegVO Nr. 82/1989 Slg.). Waren sich die Entscheidungsorgane über das Bestehen der streitigen Verpflichtung oder die Aufhebung uneins, mußten sie dies den Vertragsparteien mitteilen (§ 13 Abs. 3 S. 1 RegVO Nr. 82/1989 Slg.). Wenn die Vertragsparteien daraufhin innerhalb der vorgeschriebenen gesetzlichen Frist die Verpflichtung nicht änderten oder aufhoben, verlor die Verpflichtung im streitigen Umfang automatisch ihre Gültigkeit (§ 13 Abs. 3 S. 2 RegVO Nr. 82/1989 Slg.). Diese Regelung stellte sicher, daß ein Verfahren vor den Entscheidungsorganen stets Auswirkungen auf die Verpflichtung hatte und nicht ergebnislos blieb[694].
Die Nachteile dieses Streitbeilegungsverfahrens vor den Entscheidungsorganen waren zum einen die fehlende Neutralität dieser Organe[695], die je einer Partei angehörten, sowie zum anderen die fehlende Vollstreckungsmöglichkeit der Entscheidung[696].
Die fehlende rechtliche Durchsetzbarkeit der schuldrechtlichen[697] Seite von Kollektivverträgen während der gesamten sozialistischen Regierungszeit in der Tschechoslowakischen Republik trug ebenfalls[698] zum bloßen Formalismus von Kollektivverträgen und zur Aushöhlung ihres vertraglichen Charakters bei[699].

---

[694] *Bělina* (-Holub), Pracovní právo (1990), S. 260; *Kottnauer/Součková/Šubrt*, Práce a mzda 1989, H. 10, S. 47.
[695] So auch *Kostečka*, Právník 1970, H. 5, S. 406.
[696] So auch *Kostečka*, Právník 1970, H. 5, S. 405 f.
[697] Normative Regelungen waren im Rahmen von individualarbeitsrechtlichen Streitigkeiten rechtlich durchsetzbar (vgl. § 211 Abs. 4 ZP).
[698] Vgl. zum bloßen Formalismus auf inhaltlicher Ebene 2. Teil, A.II.1)B).
[699] Kritisch in diesem Sinne auch *Kalenská*, Kolektivní smlouvy, S. 158; *Witz* (-Kalenská), Československé pracovní právo, S. 151.

Denn eine fehlende Durchsetzbarkeit von bestehenden Rechten führt dazu, daß es den Vertragsparteien überlassen bleibt, sich an die Verpflichtungen zu halten. Der Form des Vertrages bedarf es dann nicht, sondern ein politisches Dokument wäre ausreichend.

b) Regelungsstreitigkeiten: Unzulässigkeit des Arbeitskampfes

Kollektivvertragliche Regelungsstreitigkeiten, d.h. kollektive Streitigkeiten über den Abschluß eines Kollektivvertrages, regelte das Arbeitsgesetzbuch nicht. Offensichtlich maß das damalige Recht solchen Streitigkeiten nur wenig Bedeutung bei, zumal ohnehin der Abschluß von Kollektivverträgen zwingend war und auch der Inhalt zum Teil zwingend rechtlich vorgegeben war[700].
Entstanden dennoch in diesem Bereich Streitigkeiten, etwa bei der Konkretisierung rechtlicher Vorgaben durch Kollektivverträge, so oblag es den Kollektivvertragsparteien, zu einer Einigung zu kommen[701]. Bei fehlender Einigung wurde der streitige Inhalt nicht Vertragsbestandteil. Die Regierungs-verordnung Nr. 82/1989 Slg., die zwischen zwingenden und fakultativen Inhaltspunkten unterschied, regelte dann die Auswirkungen des Fehlens von zwingenden Vertragsvorgaben auf die Wirksamkeit des Vertrages (§ 4 Abs. 3 RegVO Nr. 82/1989 Slg.[702]).
Eine Einigung konnte auch nicht durch Druck erreicht werden, da Arbeitskampfmittel in der ČSSR unzulässig waren[703]. Zwar erfolgte die Anerkennung des Streikrechts auf tschechischem Gebiet zum ersten Mal im Jahre 1870 durch das Koalitionsgesetz[704]. Doch während der Protektoratszeit verbot das nationalsozialistische Regime den Streik[705]. Unter kommunistischer Führung nach dem Januar 1948 galt der Streik als illegale, gegen die Gesellschaft gerichtete Tätigkeit, obwohl das Gesetz den Streik nicht ausdrücklich verbot[706]. Nach Inkrafttreten des Arbeitsgesetzbuchs von 1965 wandte die Rechtspraxis auf den Streik die Regelungen über die Störung der Arbeitsdisziplin an[707]. Als Rechtsfolgen bei Störung der Arbeitsdisziplin kamen ein disziplinarisches Verfahren (§ 77 ZP), aber auch ein strafrechtliches Verfahren nach § 8 a und b Gesetz Nr. 150/1969 Slg. über Vergehen[708] in Betracht.
Noch unter der kommunistischen Führung kam es – allerdings nur auf dem Papier – zur Anerkennung eines Streikrechts: Wie bereits dargestellt[709] ratifizierte

---

[700] Vgl. hierzu 2. Teil, A.II.4)A)b) und A.II.4)B)e)(1).
[701] So auch *Kottnauer/Součková/Šubrt*, Práce a mzda 1989, H. 10, S. 40.
[702] Vgl. auch 2. Teil, A.II.4)B)e)(1).
[703] *Galvas* (-ders.), Pracovní právo, S. 410 und 413; *Šubrt*, Práce a mzda 1991, H. 12, S. 43.
[704] *Šubrt*, Práce a mzda 1991, H. 1, S. 43; *ders.*, Práce a mzda 1991, H. 12, S. 32.
[705] *Šubrt*, Práce a mzda 1991, H. 1, S. 43.
[706] *Šubrt*, Práce a mzda 1991, H. 1, S. 43 und *ders.*, Práce a mzda 1991, H. 12, S. 32.
[707] *Šubrt*, Práce a mzda 1991, H. 1, S. 43; *Chyský*, Právník 1969, H. 7, S. 512.
[708] Zum strafrechtlichen Verfahren s. *Kostečka*, Právo a zákonnost 1992, H. 1, S. 45 (Fn.7).
[709] Vgl. zu diesem Abkommen bereits 2. Teil, A.II.2)B).

die sozialistische Regierung im Jahre 1975 das internationale Abkommen über die wirtschaftlichen, sozialen und kulturellen Rechte aus dem Jahr 1966 (AwskR 1966), das in seinem Art. 8 Nr. 1 d) das Streikrecht als eines der grundlegenden wirtschaftlichen und sozialen Rechte des Bürgers verankerte und die Mitgliedsstaaten zur Gewährleistung des Streikrechts verpflichtete. Doch trotz der Verpflichtung, das Streikrecht innerstaatlich zu sichern, regelte das tschechoslowakische Recht auch weiterhin den Streik als Rechtsinstitut nicht näher, so daß seine tatsächliche Gewähr nirgends rechtlich festgelegt war[710]. Ein Streik war daher weiterhin unerwünscht und galt als Störung der Arbeitsdisziplin[711].

Noch kurz vor der samtenen Revolution versuchte das totalitäre Regime im Herbst 1989 mit dem Ziel, sein internationales Ansehen zu verbessern, ein Gesetz über Kollektivstreitigkeiten vorzubereiten, das das Streikrecht regeln sollte[712]. Tatsächlich schränkte der Entwurf das Streikrecht sehr ein, indem er die Rechtmäßigkeit des Streiks an ein vorangegangenes Schiedsverfahren und an die Zustimmung des höheren Gewerkschaftsorgans knüpfte[713].

Ideologisch begründen ließ sich die durchweg ablehnende Haltung gegenüber einem Streikrecht mit dem sozialistischen Grundverständnis über die gleichwertige Stellung aller Arbeiter zu den Produktionsmitteln. Die sozialistische Lehre betrachtete den Streik in kapitalistischen Ländern nämlich hauptsächlich als Mittel des Klassenkampfes um den Wert der Arbeitskraft auf dem Arbeitsmarkt[714]. Die Arbeiter im Sozialismus waren aber selbst Mitinhaber der Produktionsmittel und Wirtschaftsverwalter des Landes[715]. Im Gegensatz zum Kapitalismus bedurften die Arbeiter nach sozialistischer Auffassung daher des Streiks als Druckmittel gegen den Arbeitgeber für bessere Arbeitsbedingungen nicht[716]. Da die sozialistische Organisation und das Arbeiterkollektiv klassenidentisch waren und demzufolge gleiche Ziele hatten[717], würden die Arbeiter sich sogar mit dem Streik quasi unsinnig gegen sich selbst wenden[718]. Die sozialistische Lehre charakterisierte die Arbeit als gesellschaftlich und ehrenvoll und lehnte den Warencharakter der Arbeit im Sozialismus ab[719]. Ein Streik um den Wert der Arbeit war mit diesen ideologischen Auffassungen unvereinbar.

In Wirklichkeit ignorierte der Sozialismus die tatsächliche Interessenlage der Arbeiter. Denn wie bereits ausgeführt standen sich Arbeiter und sozialistische Organisationen samt ihren Leitern als getrennte Rechtssubjekte mit unterschiedlichen Interessen gegenüber; daher hatte die Arbeit sehr wohl einen Warencha-

---

710 *Šubrt*, Práce a mzda 1991, H. 1, S. 43; auch schon *Chyský*, Právník 1969, H. 7, S. 505.
711 *Galvas* (-ders.), Pracovní právo, S. 410.
712 *Šubrt*, Práce a mzda 1991, H. 1, S. 43.
713 Vgl. *Šubrt*, Práce a mzda 1991, H. 12, S. 32 und *ders.*, Práce a mzda 1991, H. 1, S. 43.
714 *Chyský*, Právník 1969, H. 7, S. 505.
715 S. 2. Teil, A.I.3)A).
716 So auch *Chyský*, Právník 1969, H. 7, S. 505.
717 S. hierzu 2. Teil, A.II.1)A).
718 Vgl. *Chyský*, Právník 1969, H. 7, S. 512.
719 Vgl. 2. Teil, A.I.3)B)b).

rakter[720]. Dem Arbeiter ging es nicht um die gesellschaftliche und ehrenhafte Tätigkeit, sondern primär um die Höhe der Vergütung zur Befriedigung seiner Bedürfnisse[721], so daß durchaus Interesse an einem kollektiven Druckmittel bestanden hätte.
Die ideologischen Argumente basierten letztendlich auf dem Grundgedanken, daß das wirtschaftliche Planwesen und die im voraus kalkulierte Höhe der Produktion und der Löhne mit einem Streik, d.h. einer unvorhergesehenen kollektiven Arbeitseinstellung und Produktionsstop, unvereinbar war[722]. Im übrigen war der Raum für kollektivvertragliche Regelungsmöglichkeiten (besonders im Lohnbereich) sehr eingeschränkt, denn der Staat gab die Arbeitsbedingungen bereits zentral und einheitlich für alle Arbeiter vor. Die tatsächliche Bedeutung eines Streiks wäre daher äußerst gering. Ein Streik, der dagegen über den kollektivvertraglichen Regelungsspielraum hinausgehende Regelungsziele verfolgt hätte, wäre eine Gefahr für das System der Planwirtschaft und die zentrale Lenkungsmacht des sozialistischen Staates.
Aus den gleichen Gründen war im Sozialismus auch das Instrument der Aussperrung nicht zulässig.

B) Sonstige kollektive Streitigkeiten

Zu den sonstigen kollektiven Streitigkeiten zählten insbesondere die Streitigkeiten im Rahmen des Betriebsverfassungsrechts, nämlich in den Fällen der Mitwirkung und Mitbestimmung des Betriebsausschusses.
Bei Verweigerung der Zustimmung durch das zuständige Gewerkschaftsorgan in den Fällen der ordentlichen Kündigung und der sofortigen Beendigung des Arbeitsverhältnisses sowie in den Fällen der Bestimmung der Lohnform konnte die sozialistische Organisation das zuständige höhere Gewerkschaftsorgan um Überprüfung anrufen. Das höhere Gewerkschaftsorgan durfte die Entscheidung über die Verweigerung der Zustimmung aufheben und anstelle des untergeordneten Gewerkschaftsorgans selbst seine Zustimmung erteilen (§§ 59 Abs. 4, 122 Abs. 2 ZP[723]).
In allen anderen kollektiven Streitigkeiten zwischen dem Betriebsausschuß und dem Leiter der Organisation entschieden mangels anderweitigen Regelung das höhere Gewerkschaftsorgan und das der Organisation übergeordnete Organ (Art. 23 Beschluß IV.ggK/1959 Slg.)[724]. Hierunter fielen Streitigkeiten in den Fällen der Mitwirkung, wohl aber auch in den übrigen Fällen der Mitbestimmung, ohne daß bei der Streitbeilegung eine Unterscheidung nach Rechts- oder

---

[720] Vgl. bereits 2. Teil, A.I.3)B)b).
[721] Vgl. bereits 2. Teil, A.I.3)B)b).
[722] So auch *Chyský*, Právník 1969, H. 7, S. 513.
[723] S. 2. Teil, A.II.3)C)b).
[724] Vgl. *Kalenská* (-Zavacký), Československé pracovní právo (1980), S. 314.

Regelungsstreitigkeiten stattfand[725]. Die Entscheidung hatte allerdings keine Auswirkung auf die Einzelmaßnahme, die die Organisation durch Umgehen der gewerkschaftlichen Mitwirkungs- und Mitbestimmungsrechte bereits ausgeführt hat. Die Gültigkeit der Maßnahme bestimmte sich allein nach § 242 Abs. 2 ZP[726]. Unterlassungs- oder Beseitigungsansprüche gewährte das Arbeitsgesetzbuch in diesem Zusammenhang nicht. Das nähere Verfahren dieser Entscheidungsorgane blieb der ROH-Satzung überlassen.

C) Bemerkung

Insgesamt fällt auf, daß rechtliche Regelungen hinsichtlich der Beilegung von Kollektivstreitigkeiten nur sehr rudimentär bestanden. Erst kurz vor der Wende regelte die Regierungsverordnung Nr. 82/1989 Slg. die kollektivvertragliche Erfüllungsstreitigkeit etwas detaillierter, weil im Rahmen der Stärkung der Selbständigkeit der sozialistischen Organisation den Kollektivverträgen mehr Gewicht zukommen sollte. Allerdings bestand auch weiterhin nicht die Möglichkeit (selbst bei Erfüllungsstreitigkeiten nicht), staatliche Gerichte zur Streitbeilegung anzurufen.
Die Regelungslücken hingen unter anderem auch mit dem sozialistischen Verständnis von kollektiven Streitigkeiten zusammen. Denn der sozialistische Staat betrachtete kollektive Streitigkeiten als Ausdruck antagonistischer Klassenwidersprüche und bewertete sie (und zwar nicht nur die Regelungsstreitigkeiten, sondern auch die Rechtsstreitigkeiten) als Störung des gesellschaftlichen Zusammenlebens; der Staat versuchte daher, das Aufkommen von kollektiven Streitigkeiten zu unterdrücken bzw. Streitigkeiten schnell zu lösen[727].
Bezeichnend war, daß die Gewerkschaft bei der Beilegung von allen kollektiven Streitigkeiten beteiligt war, sei es als Entscheidungsorgan gemeinsam mit dem der sozialistischen Organisation übergeordneten Organ oder allein als Zustimmungsersetzungsbefugte in den Fällen der §§ 59 Abs. 4, 122 Abs. 2 ZP. Die Streitbeilegung erfolgte somit nie durch einen neutralen Dritten bzw. durch unabhängige staatliche Gerichte, sondern durch parteiische Organe.
Des weiteren war eine Schwäche des damaligen Rechts die mangelnde Differenzierung bei den kollektiven Streitigkeiten nach der Natur der Streitigkeit (Rechts- oder Regelungsstreit) und die fehlende rechtliche Durchsetzbarkeit der Rechtsstreitigkeiten.

---

[725] Ungenau ist in diesem Zusammenhang *Kostečka*, Právník 1970, H. 5, S. 404, der die Fälle der Mitwirkung und Mitbestimmung ausnahmslos zu den Regelungsstreitigkeiten zählt.
[726] S. 2. Teil, A.II.3)C)b) und A.II.3)C)c).
[727] *Brodický*, Právny obzor 1971, H. 2, S. 177 f.; *Witz* (-Chvátal), Československé pracovní právo, S. 375.

6) Zusammenfassung und Schlußbewertung

Das Arbeitsrecht in der sozialistischen ČSSR wurde überwiegend als Individualarbeitsrecht verstanden und dem kollektiven Arbeitsrecht kam nur eine untergeordnete Bedeutung zu[728]. So widmeten auch die Lehrbücher dem kollektiven Arbeitsrecht geringe Aufmerksamkeit. Sie führten nicht einmal den Begriff „Kollektives Arbeitsrecht" im Gliederungsverzeichnis auf, sondern berücksichtigten den Bereich lediglich unter den verhältnismäßig kurzen Gliederungspunkten ‚Teilnahme der Arbeiter am Verfahren der sozialistischen Organisation' (*účast prácovníků na řízení socialistických organizací*) und ‚Kollektivverträge' (*kolektivní smlouvy*). Die Lehrbücher führten in diesem Bereich meist nur allgemeine ideologische Erwägungen, die die Unterschiede im Vergleich zu den kapitalistischen Systemen begründen sollten, an und zeigten nur wenig rechtliche Ansätze. Eine detaillierte Darstellung der sozialistischen Arbeitsrechtslage war nach Auffassung der Verfasserin allerdings notwendig, um ein tieferes Verständnis für die Probleme der Umwandlung des Arbeitsrecht nach der Wende zu gewinnen.

Der Begriff des sozialistischen kollektiven Arbeitsrechts konnte angesichts der historischen und ideologischen Unterschiede nicht so verstanden werden, wie wir ihn heute in einem marktwirtschaftlichen Land begreifen:

Das kollektive Arbeitsrecht in der sozialistischen ČSSR beschränkte sich hauptsächlich auf den Bereich der Mitbestimmung innerhalb des Betriebes, während in einem marktwirtschaftlichen Land das kollektive Arbeitsrecht auch noch das Koalitions-, Tarif-, Schlichtungs- und Arbeitskampfrecht erfaßt. Dieser Rechtsbereich regelt die Beteiligung der Arbeiter an der Gestaltung der Arbeits- und Wirtschaftsbedingungen, die über die Ebene von Betrieb und Unternehmen hinausgeht, betrifft also die allgemeine Interessenvertretung und zählt nicht zur Mitbestimmung im eigentlichen Sinn.

In einer Marktwirtschaft beruht die Arbeitsrechtsordnung neben notwendigen Rechtsnormen zum Schutz der Arbeiter überwiegend auf privatautonomer Gestaltung in Form von Arbeitsverträgen, vor allem aber in Form von Kollektivverträgen. Wesentliches Element des kollektiven Arbeitsrechts ist hier die Tarifautonomie, also die Befugnis, unabhängig von staatlicher Einflußnahme durch Tarifverträge gesetzesgleich, d.h. unmittelbar und zwingend, Recht zu setzen (normative Kollektivregelungen). Die Tarifautonomie beruht auf dem Gedanken, daß die grundsätzlich anzunehmende Gleichgewichtigkeit der Tarifparteien (Arbeitskampfparität) eine Richtigkeitsgewähr dafür bietet, daß die Arbeitnehmerinteressen in den Tarifverträgen auch angemessen berücksichtigt werden.

Demgegenüber widersprach das in der sozialistischen ČSSR zugrundeliegende Wirtschaftssystem der Planwirtschaft einer privatautonomen Gestaltung der Arbeits- und Wirtschaftsbedingungen. Die zentrale Verordnungsgewalt der Staats-

---

[728] So auch *Bělina* (-Kalenská), Pracovní právo (1997), S. 13; *Galvas* (-ders.), Pracovní právo, S. 361.

verwaltung und die einheitliche Arbeitsgesetzgebung waren mit freien Kollektivverhandlungen und Tarifautonomie unvereinbar.
So gerieten das Koalitions-, Tarif- und Arbeitskampfrecht in den Hintergrund. Die Koalitionsfreiheit war durch die obligatorische Einheit der Einheitsgewerkschaft (ROH), die Monopolstellung der ROH, die Gründungs- und Betätigungserschwernisse für andere Gewerkschaften und den faktischen Druck für die Arbeiter zum Beitritt in die ROH ausgehöhlt.
Tarifautonomie existierte nicht, da die überwiegend zwingenden Rechtsvorschriften einer eigenen Rechtssetzung der Kollektivvertragsparteien keinen Raum ließen. Normative Kollektivvereinbarungen waren in der Regel nur erlaubt, wenn und soweit Rechtsvorschriften dazu ausdrücklich ermächtigten – und dann meist lediglich zur Ausführung und Konkretisierung der Rechtslage. In der Regel verhandelte die Gewerkschaft in der ČSSR nur über soziale Fürsorgemaßnahmen auf der Ebene der Unternehmen. Es galt im Tarifrecht der Grundsatz: „Es ist alles verboten, was nicht ausdrücklich erlaubt ist.“. Erst die Novelle des Arbeitsgesetzbuchs Nr. 188/1988 Slg. brachte unmittelbar vor der Wende eine Durchbrechung dieses Grundsatzes, indem sie im Tarifrecht auf das Erfordernis einer ausdrücklichen Ermächtigung verzichtete. Letztendlich aber führte dies zu keiner wesentlichen kollektivvertraglichen Öffnung, da die zugrundeliegenden Rechtsvorschriften weiterhin überwiegend zwingend blieben.
Im Unterschied zur Planwirtschaft, die zwingendes Recht zur zentralen Lenkung erfordert, beschränkt sich in einem marktwirtschaftlichen Land das Ausmaß der zwingenden Vorschriften auf den Bereich, in dem schutzbedürftige Arbeiter- oder Drittinteressen betroffen sind. Auch ist hier das ius cogens meist, sofern nur Arbeiterinteressen tangiert sind, einseitig zwingend und kann zugunsten der Arbeiter abbedungen werden. Die zwingenden Vorschriften stellen in diesem Wirtschaftssystem somit lediglich eine Schranke für Tarifverträge dar, ohne die Tarifautonomie auszuhöhlen.
Eine staatlich-zentrale Lenkung widersprach im übrigen nicht nur der Gewährung von Tarifautonomie, sondern auch der Zulässigkeit von Arbeitskampf, dem eine Hilfsfunktion für die Tarifautonomie zukommt. Der Abschluß von Kollektivverträgen wurde nicht durch Arbeitskampf, sondern durch rechtlichen Abschlußzwang erreicht. Diese Tatsache sprach im übrigen auch gegen eine wirkliche Tarifautonomie, die auch eine freie Entscheidung über das „Ob“ der Rechtssetzung garantiert.
In der Regel verhandelte die Gewerkschaft in der sozialistischen ČSSR hauptsächlich nur über soziale Fürsorgemaßnahmen auf der Ebene der Unternehmen. Der betriebliche Mitbestimmungsbereich, der den Begriff des kollektiven Arbeitsrechts in der sozialistischen ČSSR im großen und ganzen ausfüllte, war geprägt durch die ausschließlich gewerkschaftliche Arbeitnehmer-vertretung im Betrieb. Die Gewerkschaft hatte neben erheblichen betrieblichen Mitwirkungs- und Mitbestimmungsrechten bei individual-arbeitsrechtlichen Fragen vorwie-

gend die Aufgabe, der sozialistischen Organisation bei der Planerfüllung zu helfen.
Das erhebliche Ausmaß der Mitwirkungsrechte (auch in wirtschaftlichen Angelegenheiten des Betriebes) fand seine Begründung in der Stellung, die die Gewerkschaft in einem sozialistischen Staat innehatte. Die Gewerkschaft war Helfer des Staates und seiner staatlichen Verwaltungseinheiten, der sozialistischen Organisationen, bei der Lenkung der Planwirtschaft. Staatliche Abhängigkeit und zentrale Regulierung der Arbeits- und Wirtschaftsbedingungen führten zum allmählichen Verlust ihrer ursprünglichen Funktion als Interessenvertreter im Rahmen des Tarifrechts. Auch die Doppelrolle der Gewerkschaft als Betriebsrat und Gewerkschaftsorgan schwächte den Kampfgeist der Gewerkschaft. Denn als Organ der Arbeitnehmervertretung war die Gewerkschaft ohnehin Repräsentant aller Arbeiter unabhängig von der Gewerkschaftszugehörigkeit und mußte somit nicht besondere Rücksicht auf die Interessen ihrer Mitglieder nehmen, zumal bereits der gesellschaftliche Druck die Arbeiter zum Mitgliedsbeitritt zwang.
Die Funktion der Gewerkschaft als Belegschaftsvertretung ging folglich zulasten der Vertretung der Mitgliederinteressen (auch über den betrieblichen Bereich hinaus). Ideologischer Hintergrund dieser Situation war dabei der Gedanke des Universalismus aller Arbeiter und der Überordnung der Gesellschaft bzw. des Kollektivs über den Einzelnen infolge der gleichrangigen Stellung der Arbeiter zu den Produktionsmitteln.
Die Funktion der Gewerkschaft unterschied sich daher wesentlich von der Hauptaufgabe der Gewerkschaft in marktwirtschaftlichen Ländern, die darin bestand, die Arbeits- und Wirtschaftsbedingungen in Form von Tarifverträgen im Interesse der Arbeitermitglieder zu gestalten.
Der Kollektivvertrag in der sozialistischen ČSSR degradierte zum betrieblichen Instrument der Gewerkschaft zur Verwirklichung der Planvorgaben und verlor seine ursprüngliche Funktion zur Interessenvertretung auf tariflicher Ebene. Er war nicht mehr das Ergebnis freier Tarifverhandlungen und seine normative Funktion war sehr begrenzt.
Die arbeitsrechtlichen Rechtsquellen in der Tschechoslowakischen Republik standen nicht - wie zum Beispiel in Deutschland [(zwingendes) Gesetz – Kollektivvereinbarung – Einzelarbeitsvertrag] - in einem Hierarchieverhältnis zueinander. Denn es galt in der Regel das zwingende Gesetzesrecht. Kollektivvereinbarungen dienten nur zur Konkretisierung der zwingenden Rechtsvorschriften und legten nicht nur Mindest-, sondern auch Höchstarbeitsbedingungen fest. Schnittstellen zwischen kollektiv- und individualarbeitsvertraglichen Regelungen waren angesichts der meist zwingenden Rechtsvorschriften kaum vorstellbar.
Abschließend betrachtet entsprach die Deformation der Funktion von Kollektivvertrag und Gewerkschaft sowie die Aushöhlung des kollektiven Arbeitsrechts in der sozialistischen ČSSR dem Wirtschaftssystem der Planwirtschaft, in dem der Staat die Arbeits- und Wirtschaftsbedingungen zentral festlegte und die Privatautonomie ausschloß - einem verfehlten System, das besondere Einzel- und

Gruppeninteressen zwanghaft nivellierte und letztendlich zum Scheitern verurteilt war.

B. Zur Entwicklung nach 1989

I. Einführung

1) Entwicklung des Arbeitsrechts nach der ‚samtenen Revolution' im Jahr 1989

Die Transformation des planwirtschaftlichen Systems in eine Marktwirtschaft erforderte eine Reihe von gesetzlichen Änderungen auch im wirtschafts- und arbeitsrechtlichen Bereich.

A) Beschäftigungsverhältnisse zwischen natürlichen Personen im Rahmen privater Unternehmertätigkeit

a) Wirtschaftsrechtliche Grundlagen

Eine der wesentlichsten Änderungen nach der Wende 1989 waren die Einführung des privaten Unternehmertums, insbesondere durch die Gesetze Nr. 105/1990 Slg. und Nr. 103/1990 Slg.[729], und die Möglichkeit der Beschäftigung von Bürgern bei natürlichen Personen, die als private Unternehmer tätig sein durften (vgl. § 4 Abs. 1 S. 1 Gesetz Nr. 105/1990 Slg.). Es handelte sich um einen grundlegenden Wandel, weil die totalitäre tschechoslowakische Rechtsordnung Beschäftigungsverhältnisse zwischen Bürgern, geschweige denn privates Unternehmertum grundsätzlich völlig ausgeschlossen hat[730].
Arbeitgeber mußte nun folglich nicht mehr zwingend eine juristische Person, wie früher i.d.R. die sozialistische Organisation[731], sondern konnte auch ein privater Unternehmer sein. Nur Eheleute durften untereinander kein Arbeitsrechtsverhältnis eingehen (§ 4 Abs. 2 S. 2 Gesetz Nr. 105 /1990 Slg.). Diese Ausnahmeregelung hinsichtlich der Eheleute hat das Arbeitsgesetzbuch später übernommen (§ 269 Abs. 3 ZP Nr. 3/1991 Slg.) und bis heute beibehalten (s. § 269 ZP i.d.F. Nr. 6/2002 Slg.).

b) Umsetzung im Arbeitsrecht

Diesen zwei bedeutenden Gesetzen, dem Gesetz über das private Unternehmertum (Gesetz Nr. 105/1990 Slg.) und der Novelle des Wirtschaftsgesetzes (Gesetz Nr. 103/1990 Slg.), folgten Vorschriften, die die Auswirkungen der wirtschaftlichen Änderungen auf den arbeitsrechtlichen Bereich regelten, insbesondere die Zulässigkeit von privaten Unternehmern als Arbeitgeber umsetzten.

---

[729] S. hierzu 1. Teil, B.II.2)B).
[730] S. 2. Teil, A.I.3)B)a)(2).
[731] S. hierzu 2. Teil, A.I.3)B)a)(2).

Wichtig war zunächst die Regierungsverordnung Nr. 121/1990 Slg.[732], die als eine Art Vorläufer des Arbeitsgesetzbuchs bis zu seiner Anpassung an die wirtschaftlichen Änderungen die Arbeitsrechtsbeziehungen zwischen natürlichen Personen im Rahmen des Unternehmertums regelte. Die Regierungsverordnung verwies dabei auf die Vorschriften des noch nicht novellierten Arbeitsgesetzbuchs in der Fassung vor der Wende, wobei sie allerdings für private Unternehmer bestimmte Vorschriften des Arbeitsgesetzbuchs für nicht anwendbar erklärte (vgl. § 4 RegVO Nr. 121/1990 Slg.) und einige dieser Vorschriften ersetzte bzw. ergänzte (vgl. §§ 6 ff. RegVO Nr. 121/1990 Slg.).
Die Regierungsverordnung Nr. 121/1990 Slg. hatte insbesondere bis zur nach der Wende grundlegenden Novellierung des Arbeitsgesetzbuchs durch das Gesetz Nr. 3/1991 Slg. Bedeutung. Die Novelle übernahm dann – zum Teil in modifizierter Weise – einige Vorschriften der Verordnung. Im übrigen galt die Verordnung aber weiter und wurde erst durch die umfangreiche Novelle des Arbeitsgesetzbuchs Nr. 74/1994 Slg. aufgehoben (Art. VII Nr. 2 Gesetz Nr. 74/1994 Slg.).
Die rechtliche Grundlage der Regierungsverordnung Nr. 121/1990 Slg. bildete § 269 Abs. 2 S. 1 ZP Nr. 52/1989 Slg., also eine Vorschrift der noch vor der Wende gültigen Fassung des Arbeitsgesetzbuchs. Diese Ermächtigungsgrundlage erlaubte im sozialistischen Rechtssystem ausnahmsweise Arbeitsrechtsverhältnisse zwischen natürlichen Personen, wenn der Bürger, der im Rahmen der Regierungsverordnung Nr. 1/1988 Slg. entgeltliche Werk- und Dienstleistungen erbringen durfte, Hilfspersonen benötigte oder wenn Rechtsvorschriften weitere Fälle zuließen[733]. Die Regierungsverordnung Nr. 121/1990 Slg. war nun eine solche Rechtsvorschrift, die für den Fall der privaten Unternehmertätigkeit Arbeitsrechtsverhältnisse unter den Bürgern erlaubte.
Im Gegensatz zur früheren Rechtslage waren Arbeitsrechtsbeziehungen zwischen Privatpersonen nun nicht mehr nur in Ausnahmefällen, also in den engen Grenzen der Verordnung Nr. 1/1988 Slg. oder bei der Gewährung von Diensten für persönliche Bedürfnisse i.S.d. § 269 Abs. 1 S. 1 ZP Nr. 52/1989 Slg. erlaubt[734], sondern grundsätzlich und unbeschränkt im weiten Rahmen privater Unternehmertätigkeit zulässig (vgl. § 1 RegVO Nr. 121/1990 Slg.).
Während das Arbeitsgesetzbuch Nr. 3/1991 Slg. bei den möglichen Beteiligten eines Arbeitsrechtsverhältnisses auf der Arbeitgeberseite lediglich die „Organisation", also eine juristische Person, als Rechtssubjekt, aufzählte (§ 8 Abs. 1 ZP Nr. 3/1991 Slg.), stellte die Regierungsverordnung Nr. 121/1990 Slg. in diesem Zusammenhang klar, daß auch der private Unternehmer als natürliche Person unter den Arbeitgeber-Begriff „Organisation" zu subsumieren war (§ 2 RegVO Nr. 121/1990 Slg.).

---

[732] Nařízení vlády č. 121/1990 Sb. o pracovněprávních vztazích při soukromém podnikání občanů.
[733] Näher hierzu: 2. Teil, A.I.3)B)a)(2).
[734] S. hierzu 2. Teil, A.I.3)B)a)(2).

Die Rechtslage ging auf der Arbeitgeberseite von einer Ungleichbehandlung der juristischen und natürlichen Person aus. Denn während für die juristische Person das Arbeitsgesetzbuch ausnahmslos galt (§ 1 Abs. 1 S. 1 und S. 2 ZP Nr. 3/1991 Slg.), war das Arbeitsgesetzbuch für die natürliche Person nur unter den Modifizierungen der Regierungsverordnung Nr. 121/1990 Slg. anwendbar (§ 1 RegVO Nr. 121/1990 Slg.).
Dieser Rechtszustand dauerte im Grunde genommen bis zur (umfangreichen) Novellierung des Arbeitsgesetzbuchs im Jahr 1994 durch das Gesetz Nr. 74/1994 Slg., das die Regierungsverordnung Nr. 121/1990 Slg. aufhob (Art. VII Nr. 2 Gesetz Nr. 74/1994 Slg.), an.
Dic Novelle beseitigte die bisherigen rechtlichen Unterschiede, indem sie in dem neu formulierten § 8 Abs. 1 ZP Nr. 74/1994 Slg. festlegte, daß sowohl juristische als auch natürliche Personen Arbeitgeber sein durften. Die Vorschriften des Arbeitsgesetzbuchs galten nun in der Regel unterschiedslos für den Arbeitgeber unabhängig seiner Rechtssubjektsform. Dies stieß allerdings zum Teil auf Kritik in der Literatur[735], die darauf hinwies, daß bei natürlichen und juristischen Personen auch im Hinblick auf die Größe des Unternehmens unterschiedliche Bedingungen herrschen und eine unterschiedslose rechtliche Behandlung daher unangemessen wäre.
Mit der Einbeziehung der natürlichen Person zu den möglichen Arbeitgebersubjekten im allgemeinen Teil des Arbeitsgesetzbuchs (vgl. § 8 Abs. 1 ZP) folgerichtig verbunden war auch die Streichung des § 269 Abs. 1 und 2 ZP Nr. 3/1991 Slg. durch die Novelle Nr. 74/1994 Slg Denn nun konnte die natürliche Person als Arbeitgeber auftreten, ohne daß sie dafür einer besonderen Rechtsverordnung bedurfte (vgl. § 1 Abs. 1 i.V.m. § 8 Abs. 1 ZP Nr. 74/1994 Slg.). Hingegen erlaubten § 269 Abs. 1 und 2 ZP Nr. 3/1991 Slg., die noch während der sozialistischen Gesetzgebung erlassen waren, Arbeitsrechtsverhältnisse unter natürlichen Personen nur im Fall der Gewährung von Diensten bei persönlichen Bedürfnissen (§ 269 Abs. 1 ZP Nr. 3/1991 Slg.) und in besonderen, durch Rechtsvorschrift zugelassenen Fällen (§ 269 Abs. 2 ZP Nr. 3/1991 Slg.), auch wenn die Regierungsverordnung Nr. 121/1990 Slg. mit der Ausdehnung auf das private Unternehmertum einen sehr breiten Bereich erfaßte. § 269 Abs. 1 und 2 ZP stellten eine mit marktwirtschaftlichen Grundsätzen unvereinbare Ausnahmeregelung dar.
Infolge der Einführung der Pluralität der Arbeitgebersubjekte ersetzte das Arbeitsgesetzbuch Nr. 74/1994 Slg. im übrigen auch die sozialistisch geprägten Begriffe ‚Organisation' (*organizace*) und ‚Arbeiter' (*pracovník*) durch die Begriffe ‚Arbeitgeber' (*zaměstnavatel*) und ‚Arbeitnehmer' (*zaměstnanec*) (vgl. Art. I Nr. 3 und 4 Gesetz Nr. 74/1994 Slg.).

---

[735] S. *Jakubka*, Práce a mzda 1993, H. 7-8, S. 51 f.; *Kalenská/Tröster*, Ke vzniku pracovního práva, S. 39; *Kostečka*, Právní praxe 1994, H. 7, S. 380 f.

B) Weitere Änderungen im arbeitsrechtlichen Bereich

Neben der Öffnung für die private Unternehmertätigkeit beeinflußten insbesondere vier, nach der Wende in Kraft getretene Gesetze den arbeitsrechtlichen Bereich: Es handelte sich um das Gesetz Nr. 120/1990 Slg. über die Beziehungen zwischen Gewerkschaften und Arbeitgeber sowie um die Gesetze Nr. 1/1991 Slg. über die Beschäftigung, Nr. 2/1991 Slg. über Kollektiv-verhandlungen[736] und Nr. 3/1991 Slg., eine Novelle des Arbeitsgesetzbuchs, wobei die letzten drei Gesetze zum 1.2.1991 (§§ 33 Gesetz Nr. 1/1991 Slg., 33 Gesetz Nr. 2/1991 Slg., Art. 5 Gesetz Nr. 3/1991 Slg.), das Gesetz Nr. 120/1990 Slg. zum 23.4.1990 (§ 6 Gesetz Nr. 120/1990 Slg.) in Kraft traten.

a) Gesetz Nr. 1/1991 Slg. über die Beschäftigung

Das Gesetz Nr. 1/1991 Slg. über die Beschäftigung löste die bisherige staatlich-zentrale Arbeitskräftelenkung, die vor allem in dem Gesetz Nr. 70/1958 Slg.[737] und seiner Durchführungsverordnung Nr. 92/1958 Slg. zum Ausdruck kam, ab (§ 32 Nr. 1 und 2 Gesetz Nr. 1/1991 Slg.).
Das Gesetz schuf die Voraussetzungen für das Entstehen einer aktiven Arbeitsmarktpolitik und beseitigte die bisherigen staatlich-zentralen Maßnahmen, wie zum Beispiel die verbindliche Begrenzung der Anzahl der Arbeiter in einer Organisation, die staatliche Bewilligung der Anwerbung von Arbeitskräften durch die Organisation, die Verteilung der Arbeiter durch staatliche Anordnung sowie die Festlegung verbindlicher Voraussetzungen bei der Verteilung der Absolventen der Mittel- und Hochschulen[738].
Der Arbeitgeber durfte nunmehr seine Arbeitnehmer nach Anzahl und Qualifikation entsprechend seiner unternehmerischen Bedürfnisse und Erwägungen frei einstellen, ohne daß der Staat unmittelbar[739] eingriff (§§ 1 Abs. 3, 19 Abs. 1 Gesetz Nr. 1/1991 Slg.). Umgekehrt hatte der Arbeiter auch ein Recht auf freie Wahl seiner Beschäftigung (vgl. § 1 Abs. 2 Gesetz Nr. 1/1991 Slg., Art. 26 Abs. 1 Charta Nr. 2/1993 Slg.).
Der Staat sollte lediglich das Gleichgewicht zwischen dem Angebot und der Nachfrage nach Arbeitskräften gewährleisten (wie zum Beispiel durch Förderung neuer perspektivischer Produkte und Dienste) und dem Bürger sein Recht

[736] Im folgenden abgekürzt als GKV (= Gesetz über Kollektivverhandlungen).
[737] Zákon č. 70/1958 Sb. o úkolech podniků a národních výborů na úseku péče o pracovní síly.
[738] Vgl. *Steinich*, Práce a mzda 1991, H. 4-5, S. 10; *Tröster* (-Steinichová/Steinich), Zákoník práce, S. 480; *Kostečka*, Právo a zákonnost 1991, H. 6, S. 344.
[739] Die einzigen Ausnahmen waren die Zuweisung von Arbeitern mit veränderter Arbeitsfähigkeit zu bestimmten Arbeitsplätzen (§ 22 Abs. 1 Gesetz Nr. 1/1991 Slg.) sowie die staatliche Bewilligung der Einstellung von ausländischen Arbeitnehmern (§ 19 Abs. 3 Gesetz Nr. 1/1991 Slg.).

auf Beschäftigung i.S.d. § 1 Abs. 1 Gesetz Nr. 1/1991 Slg. sichern (§ 3 Gesetz Nr. 1/1991 Slg.).
Damit entsprach der tschechoslowakische Staat dem von ihm ratifizierten und unter Nr. 120/1976 Slg. bekanntgemachten Internationalen Abkommen „AwskR 1966", das die Mitgliedsstaaten in Art. 6 Abs. 1 zur Sicherstellung des Rechts auf Arbeit (*právo na práci*) verpflichtete. Zwar war dieses Recht nicht in der Charta der Grundrechte und -freiheiten (Nr. 2/1993 Slg.) aufgeführt, hatte aber gem. § 2 Verfassungsgesetz Nr. 23/1991 Slg.[740] als internationales Abkommen über Menschenrechte Vorrang vor dem Gesetz.
Das Recht auf Beschäftigung erfaßte Ansprüche auf Arbeitsvermittlung (§§ 4 ff. Gesetz Nr. 1/1991 Slg.), auf Umschulung (§§ 10 f. Gesetz Nr. 1/1991 Slg., auch von Personen mit eingeschränkter Arbeitsfähigkeit, vgl. §§ 21 ff. Gesetz Nr. 1/1991 Slg.) und auf materielle Unterstützung bei Arbeitslosigkeit (Arbeitslosengeld, vgl. §§ 12 ff. Gesetz Nr. 1/1991 Slg.). Im Grunde genommen hatte das Gesetz also den Charakter eines Arbeitsförderungsgesetzes, wobei das Gesetz nur knappe und grundlegende Regelungen (insbesondere hinsichtlich des Arbeitslosengeldes) enthielt und detaillierte Regelungen materiellen Durchführungsvorschriften vorbehielt (vgl. §§ 17 Abs. 1 und 2, 31 Gesetz Nr. 1/1991 Slg.).
Der Ausdruck ‚Recht auf Beschäftigung' löste den sozialistischen Begriff ‚Recht auf Arbeit' (*právo na práci*, vgl. Art. 21 Abs. 1 Verfassung Nr. 100/1960 Slg., Art. 1 der Grundsätze ZP Nr. 52/1989 Slg.) ab. Die Novelle des Arbeitsgesetzbuchs Nr. 74/1994 Slg. (Art. I Nr. 2) hob den Art. III Grundsätze Nr. 3/1991 Slg.[741], der noch das Recht auf Arbeit festlegte, auf.
Der weitere Begriff des Rechts auf Arbeit umfaßte auch das Recht des Bürgers auf Einstellung und war im Gegensatz zum Recht auf Beschäftigung eine nicht einklagbare Proklamation[742]. Demgegenüber bezieht sich das Recht auf Beschäftigung eher auf die Hilfe bei der Auswahl der Beschäftigung[743]. In diesem Sinne ist im übrigen auch das Recht auf Arbeit i.S.d. Art. 6 Abs. 1 AwskR 1966 zu verstehen, der ebenfalls auf die Hilfe bei der Auswahl der Beschäftigung abstellt.
Das Gesetz über die Beschäftigung wurde seit 1991 mehrfach geändert und ergänzt, zuletzt durch die sog. „Euronovelle" mit Wirkung zum 1. Januar 2003. Die Novellen sollten unter anderem den ursprünglich zu weit konzipierten Anspruch auf Arbeitslosengeld einschränken und präzisieren und zur besseren Arbeitsmotivierung sowie Ausnutzung der Umschulungsmöglichkeiten führen[744]. Die sog. „Euronovelle" bezweckte eine Vertiefung des Diskriminierungsverbots

---

[740] Nach der Auflösung der Tschechoslowakischen Republik gem. Art. 10 Verfassung Nr. 1/1993 Slg.
[741] Vor der Wende entsprach diesem Artikel Art. I Grundsätze ZP Nr. 52/1989 Slg.
[742] *Steinich*, Práce a mzda 1991, H. 4-5, S. 5; *Tröster* (-Steinichová/Steinich), Zákoník práce, S. 468.
[743] *Steinich*, Práce a mzda 1991, H. 4-5, S. 5.
[744] *Kostečka*, ArbuR 1994, H. 12, S. 434.

und die Ermöglichung der freien Bewegung der Arbeitskräfte im Rahmen der EU-Staaten, wobei letzteres erst mit dem Beitritt der Tschechischen Republik zur EU in Kraft tritt[745].
Auch institutionelle Änderungen erfolgten 1990, indem die Teilrepubliken zur Verwirklichung der beschäftigungspolitischen Grundsätze Arbeitsämter als autonome, dem Ministerium für Arbeit und soziale Angelegenheiten untergeordnete Organe der Staatsverwaltung errichteten und somit den Bereich der Beschäftigungspolitik von der allgemeinen Staatsverwaltung abtrennten (vgl. § 3 Abs. 1 letzter Halbsatz Gesetz Nr. 1/1991 Slg. und § 2 Abs. 1 b) Gesetz Nr. 9/1991 Slg. über die Beschäftigung und die Zuständigkeit der Organe der Tschechischen Republik auf dem Gebiet der Beschäftigung[746]).

b) Gesetz Nr. 3/1991 Slg. und weitere Novellen des Arbeitsgesetzbuchs

Erst nach der samtenen Revolution im Jahre 1989 änderte sich mit dem Ende des totalitären Staatssystems und der Einführung der Marktwirtschaft auch die Struktur des Arbeitsgesetzbuchs.
Die erste Novelle des Arbeitsgetzes nach der Wende (Gesetz Nr. 3/1991 Slg.), also die bereits 11. Novelle der ursprünglichen Fassung Nr. 65/1965 Slg., stellte den Beginn zum Ausbau der (Individual- und Kollektiv-)Vertragsfreiheit im Arbeitsrecht dar und war somit Grundstein für eine der wichtigsten Änderungen im Zuge der Neugestaltung. Der überwiegend (zweiseitig) zwingende Charakter der Arbeitsrechtsnormen wurde im Zuge dieser Novelle sowie weiterer nachfolgender Novellen allmählich aufgeweicht und viele Rechtsnormen wandelten sich in relativ zwingende Normen, die Abweichungen zugunsten der Arbeiter erlaubten, oder sogar in dispositive Normen um[747].
Die Novelle hob auch die Gesetze, die bisher für den Bereich des kollektiven Arbeitsrechts Bedeutung hatten, nämlich das Gesetz Nr. 37/1959 Slg. und die Regierungsverordnung Nr. 82/1989 Slg. über Kollektivverträge, auf (Art. III. Nr. 1 und Nr. 4 Gesetz Nr. 3/1991 Slg.).
Weitere umfangreiche Novellen des Arbeitsgesetzbuchs seit der Wende 1989 waren die Novellen Nr. 74/1994 Slg.[748] und die jüngste große Euronovelle Nr. 155/2000 Slg
Trotz der wesentlichen Öffnungen für Vertragsverhandlungen, insbesondere durch die Novelle Nr. 3/1991 Slg., kam es allerdings bislang noch zu keiner voll ausgebauten Vertragsfreiheit, die eine überwiegend privatautonome Gestaltung der Arbeitsrechtsordnung durch Individual- und Kollektivverträge – unter Be-

---

[745] Vgl. näher *Steinichová*, Právo a zaměstnání 2002, H. 5, S. 2 f.
[746] Zákon ČNR č. 9/1991 Sb. o zaměstnanosti a působnosti orgánů České republiky na úseku zaměstnanosti.
[747] *Kostečka*, Právo a zákonnost 1991, H. 6, S. 352; *Kalenská/Tröster*, Ke vzniku prácovního práva, S. 38; *Ústav státu a práva Akademie věd ČR* [Übersetung: Institut des Staates und Rechtes der Akademie der Wissenschaften], Práce a mzda 1993, H. 10, S. 32.
[748] Vgl. hierzu bereits 2. Teil, B.I.1)A)b).

achtung zwingender Schutzregelungen - ermöglichte. Den häufigen Novellierungen war nämlich gemein, daß sie das Arbeitsgesetzbuch lediglich korrigierten und Lockerungen zuließen, ohne ein systemneues Arbeitsgesetzbuch, das den marktwirtschaftlichen Anforderungen völlig entspricht, zu schaffen[749]. Selbst die umfangreiche Novelle Nr. 155/2000 Slg. brachte keine weiteren konzeptionellen Änderungen des Arbeitsgesetzbuchs hinsichtlich des Ausbaus der Vertragsfreiheit, sondern war hauptsächlich auf das Ziel der Harmonisierung mit EU-Recht gerichtet.[750]

Es darf nicht vergessen werden, daß es sich bei dem Arbeitsgesetzbuch um ein Werk der sozialistischen Gesetzgebung aus dem Jahr 1965 handelt, das noch von den sozialistischen Grundsätzen der gesellschaftlichen Arbeit und des gesellschaftlichen Eigentums ausging und das sich durch die Einheitlichkeit und den zwingenden Charakter der Rechtsnormen auszeichnet[751]. Der Grundsatz: *„Es ist alles verboten, was nicht ausdrücklich oder konkludent erlaubt wurde."* gilt auch nach diesen Novellierungen als Überbleibsel der zentralen Planwirtschaft weiter, nur das Ausmaß des Erlaubten hat sich erheblich erweitert[752]. Inwieweit die Vertragsfreiheit im Bereich des kollektiven Arbeitsrechts im einzelnen ausgebaut worden ist, wird noch näher erörtert.

Ein weiterer Etappenschritt in der Reform wäre daher die Ausarbeitung eines völlig neuen Arbeitsgesetzbuchs, das den marktwirtschaftlichen Anforderungen vollends entspricht und das eine Arbeitsordnung zuläßt, die auf einer grundsätzlich privatautonomen Gestaltung beruht[753]. Endziel sollte die grundlegende Umgestaltung des Arbeitsgesetzbuchs hin zu dem Grundsatz: *„Es ist alles erlaubt, was nicht verboten ist."* sein[754].

Im Zusammenhang mit der Reform des Arbeitsgesetzbuchs stand auch die in den letzten Jahren, insbesondere aus Anlaß der geplanten Novellierung des Bürgerlichen Gesetzbuchs im Jahre 1996[755] auftauchende Diskussion über eine Rekodifikation[756] des Arbeitsgesetzbuchs unter Beibehaltung seiner (Teil-[757]) Selb-

---

[749] Vgl. *Ústav státu a práva Akademie věd ČR*, Práce a mzda 1993, H. 10, S. 33; *Jakubka*, Práce a mzda 1993, H. 7-8, S. 50; *ders.*, Práce a mzda 2000, H. 7-8, S. 2 f. und *ders.*, Práce a mzda 2000, H. 1-2, S. 3; *Fuchs/Tröster*, Arbeit und Sozialpolitik 1998, H. 5-6, S. 45; *Tröster*, Právo a zaměstnání 2000, H. 7-8, S. 4; *Bělina* (-Kalenská), Pracovní právo (1997), S. 33 und *ders.*, Právník 2001, H. 7, S. 681; *Kostečka*, Právní praxe 1994, H. 7, S. 379.

[750] Vgl. auch *Tomandlová*, Práce a mzda 2000, H. 7-8, S. 2; *Jakubka*, Práce a mzda 2000, H. 7-8, S. 3; *Kalenská*, Právní rádce 2000, H. 4, S. 6.

[751] S. hierzu 2. Teil, A.I.2)B) a) und c).

[752] Vgl. *Kostečka*, ArbuR 1994, H. 12, S. 434 und *ders.*, Právní praxe 1994, H. 7, S. 382 f.; *Kalenská/Tröster*, Ke vzniku pracovního práva, S. 38 f.; *Kahle*, Práce a mzda 1996, H. 4, S. 2; *Tomandlová*, Zákoník práce, S. 10; *Jakubka*, Práce a mzda 2000, H. 1-2, S. 3.

[753] So auch *Ústav státu a práva Akademie věd ČR*, Práce a mzda 1993, H. 10, S. 33.

[754] So auch *Kalenská/Tröster*, Ke vzniku pracovního práva, S. 39.

[755] S. den ersten Entwurf der Novelle des Bürgerlichen Gesetzes veröffentlicht in Právní praxe 1996, H. 5-6, S. 253 ff.

[756] So *Stanovisko Společnosti pro pracovní právo a právo sociálního zabezpečení* [Übersetzung: die Stellungnahme der Gesellschaft für Arbeitsrecht und Recht der sozialen Sicherheit],

ständigkeit gegenüber dem Bürgerlichen Gesetzbuch oder über seine Dekodifikation[758], d.h. eine Eingliederung der (privat-)arbeitsrechtlichen Vorschriften in das Bürgerliche Gesetzbuch.
Ausgangspunkt der Diskussion ist die Besonderheit des Arbeitsverhältnisses gegenüber sonstigen bürgerrechtlichen Verhältnissen. Zwar bewertet das Arbeitsgesetzbuch nach der Wende nun die Arbeitskraft als Ware und geht von dem Austauschverhältnis zwischen Arbeit und Vergütung aus. Allerdings besteht ein Über-/Unterordnungsverhältnis zwischen Arbeitgeber und Arbeitnehmer nach Begründung des Arbeitsverhältnisses und damit ein faktisches (wirtschaftliches) Ungleichgewicht[759]. Der Arbeitgeber ist i.d.R. der ökonomisch Stärkere und kann dem Arbeitnehmer Weisungen erteilen[760]. Demgegenüber regelt das Bürgerliche Gesetzbuch persönliche und eigentumsrechtliche Beziehungen, in denen die Vertragspartner i.d.R. eine gleiche Stellung haben. Die öffentlichrechtlichen Elemente bilden in dem Bürgerlichen Gesetzbuch nur eine Ausnahme[761], während das Arbeitsrecht vor allem Schutzcharakter hat[762].
Im Gegensatz zum Arbeitsgesetzbuch ist der Umfang der gewährten Vertragsfreiheit im Bürgerlichen Gesetzbuch daher erheblich weiter. Denn dort ist alles erlaubt, was nicht ausdrücklich oder konkludent verboten ist (§ 2 Abs. 3 Bürgerliches Gesetzbuch). Im Falle einer Dekodifikation würde sich dieser bürgerlichrechtliche Grundsatz automatisch auch auf die privatrechtlichen Regeln des Arbeitsgesetzbuchs beziehen. Mit Blick auf die Erweiterung der Vertragsfreiheit

---

Právo a zaměstnání 1996, H. 5, S. 3; *Tröster*, Právo a zaměstnání 1996, H. 5, S. 5 und *ders.*, Postavení pracovního práva, S. 98; *Kalenská/Tröster*, Ke vzniku pracovního práva, S. 41; *Bělina*, Právník 2001, H. 7, S. 686 f.; *Přib*, Právo a zaměstnání 1996, H. 7-8, S. 4; *Šamořil*, Právní rádce 1996, H. 4, S. 23.

757 Ein Teil der Litaratur befürwortet die Rückführung der allgemeinen Regeln (z.B. über die Geschäftsfähigkeit bei Abschluß eines Arbeitsvertrages und bei der Vornahme anderer Rechtshandlungen im Rahmen eines Arbeitsverhältnisses sowie über die Haftung des Arbeitgebers gegenüber dem Arbeitnehmer für Schäden, die während der Ausführung der Arbeit entstehen - mit Ausnahme gesundheitlicher Schäden) in das Bürgerliche Gesetzbuch und eine subsidiäre Anwendung des Bürgerlichen Gesetzes, vgl. *Bělina*, Právník 2001, H. 7, S. 687; *Přib*, Právo a zaměstnání 1996, H. 7-8, S. 3; *Kalenská/Tröster*, Ke vzniku pracovního práva, S. 41.

758 So der erste Entwurf der Novelle des Bürgerlichen Gesetzes, veröffentlicht in Právní praxe 1996, H. 5-6, S. 315 f. (3. Teil, Kapitel 21 des Entwurfs); so auch *Novotná* (-Zoulík*)*, Sondy 1995, H. 49, S.10.

759 *Kahle*, Právo a zaměstnání 1996, H. 5, S. 5; *Přib*, Právo a zaměstnání 1996, H. 7-8, S. 4; *Šamořil*, Právní rádce 1996, H. 4, S. 23; *Bělina*, Právník 2001, H. 7, S. 686.

760 *Tröster*, Postavení pracovního právo, S. 95; *Bělina*, Právník 2001, H. 7, S. 685.

761 *Stanovisko Společnosti pro pracovní právo a právo sociálního zabezpečení* [Übersetzung: Stellungnahme der Gesellschaft für Arbeitsrecht und Recht der sozialen Sicherheit], Právo a zaměstnání 1996, H. 5, S. 3.

762 *Kubínková/Kindlová*, Právo a zaměstnání 1996, H. 6, S. 5; *Kalenská/Tröster*, Ke vzniku pracovního práva, S. 30.

im arbeitsrechtlichen Bereich befürworten viele Literaturmeinungen die Eingliederung des Arbeitsgesetzbuchs in das liberalere Bürgerliche Gesetzbuch[763]. Letztendlich darf diese Diskussion aber nicht über das grundlegende Problem, nämlich das Erfordernis einer inhaltlichen Reform des Arbeitsrechts verbunden mit dem Ausbau der Vertragsfreiheit[764], hinwegtäuschen. Eine Notwendigkeit, das Arbeitsgesetzbuch zu dekodifizieren und in das Bürgerliche Gesetzbuch einzugliedern, besteht meines Erachtens hingegen nicht.
Zu den Einzelheiten der Novelle des Arbeitsgesetzbuchs Nr. 3/1991 Slg. läßt sich im Bereich des Individualarbeitsrechts neben der Öffnung für vertragliche Vereinbarungen[765] auch der Wegfall einiger sozialistischer Rechtsinstitute anführen. Hierzu zählen zum Beispiel die disziplinarische Verantwortung bei Störung der Arbeitsdisziplin (§§ 75 – 81 ZP Nr. 52/1989 Slg.)[766], die bei gleichberechtigten Partnern eines Vertragsverhältnisses unangemessen ist, und das Schiedsverfahren (*rozhodčí řízení*, vgl. §§ 207 - 216 ZP Nr. 52/1989 Slg.), das der Gewerkschaft die Beilegung individualarbeitsrechtlicher Streitigkeiten ermöglichte[767] und mit dem veränderten Rollenverständnis der Gewerkschaft in der Marktwirtschaft unvereinbar ist.
Für den Bereich des kollektiven Arbeitsrechts waren im Rahmen der Novelle Nr. 3/1991 Slg. Neuformulierungen und Beschränkungen der Beteiligungsrechte der Arbeitnehmer an bestimmten Entscheidungen in Betrieb und Unternehmen (sog. Mitbestimmung im weiten Sinne) bedeutsam (vgl. Art. V Grundsätze, Kapitel 3, Teil 1 sowie die §§ 41, 59 und 122 ZP Nr. 3/1991 Slg.).
Neu formuliert wurde die Fassung des Wortlauts von Art. V Grundsätze ZP Nr. 52/1989 Slg., der die Teilnahme der Arbeiter an der Entfaltung, Leitung und Kontrolle der Tätigkeit der sozialistischen Organisation als Recht und vorrangige gesellschaftliche Pflicht des Arbeiters bewertete. Denn dies entsprach noch den Vorstellungen von der Verstaatlichung der Gewerkschaft und von der „sozialistischer Demokratie“[768]. Die neue Fassung des Art. V Grundsätze ZP Nr. 3/1991 Slg.[769] reduzierte das Beteiligungsrecht im Bereich der wirtschaftlichen Angelegenheiten[770] auf ein bloßes Informationsrecht, das nur durch Ver-

---

[763] Vgl. *Kahle*, Právo a zaměstnání 1996, H. 5, S. 5; *Přib*, Právo a zaměstnání 1996, H. 7-8, S. 3.
[764] So auch *Kahle*, Právo a zaměstnání 1996, H. 5, S. 5; *Přib*, Právo a zaměstnání 1996, H. 7-8, S. 3.
[765] Näher hierzu *Štangová*, Právo a zaměstnání 1995, H. 1, S. 3 ff. und H. 2, S. 12 ff.
[766] S. kritisch zum völligen Wegfall der disziplinarischen Verantwortung auch für Staatsbeamte *Kostečka*, Právo a zákonnost 1991, H. 6, S. 352.
[767] S. 2. Teil, A.II.1)A).
[768] Vgl. hierzu 2. Teil, A.II.1)A).
[769] Im Zuge der Novelle des Arbeitsgesetzbuchs Nr. 74/1994 Slg. wurde Art. V ZP Nr. 3/1991 Slg. zusammen mit den meisten bisherigen Grundsätzen gestrichen (Art. I Nr. 2 Gesetz Nr. 74/1994 Slg.).
[770] Vgl. Art. V ZP Nr. 3/1991 Slg.: „(...) *právo na informace* o činnosti organizace a zásadních otázkách souvisejících s ekonomikou a rozvojem organizace.“ [*Übersetzung*: „(...)

mittlung der Gewerkschaften ausgeübt werden durfte. Damit beschränkte sich die Aufgabe der Gewerkschaft, die vor der Wende erhebliche Mitwirkungsrechte, auch in wirtschaftlichen Angelegenheiten, hatte[771], erheblich. Diese Einschränkung beruhte auf dem veränderten Rollenverständnis von der Gewerkschaft, die nicht mehr als Helfer des Staates zur Erreichung des vollendeten Kommunismus fungierte.
Im Zusammenhang mit Art. V Grundsätze ZP Nr. 3/1991 Slg. standen auch die Neufassungen der §§ 18, 19 ZP Nr. 52/1989 Slg., die die Teilnahme der Arbeiter an der Organisationsleitung – getragen von dem Gedanken der sozialistischen Demokratie und der Vermittlung durch die Einheitsgewerkschaft – festlegten. Die Neufassung der §§ 18, 19 ZP Nr. 3/1991 Slg. regelte die Mitwirkungsrechte (Erörterungs- und Informationsrechte) der Gewerkschaft (§ 18 ZP Nr. 3/1991 Slg.) und das Mitbestimmungsrecht bei der Finanzierung der kulturellen und sozialen Fürsorge der Arbeiter (§ 19 ZP Nr. 3/1991 Slg.). Die §§ 18 und 19 ZP Nr. 3/1991 Slg. traten folglich an die Stelle des Gesetzes Nr. 37/1959 Slg. über die Stellung der Betriebsausschüsse der Grundorganisation der ROH, das durch die Novelle Nr. 3/1991 Slg. (Art. III Nr. 1) aufgehoben wurde. Dabei beschränkten die §§ 18 und 19 ZP Nr. 3/1991 Slg. den Umfang der gewerkschaftlichen Beteiligungsrechte erheblich[772].

c) Gesetz Nr. 2/1991 Slg. über Kollektivverhandlungen

Mit der Privatisierung der Wirtschaft und der Stärkung der Vertragsfreiheit verbunden war auch die Rückkehr zu Kollektivverhandlungen und –vereinbarungen, die die bisherige staatliche Festlegung der Lohn- und anderen Arbeitsbedingungen ersetzen sollte.
Das Gesetz Nr. 2/1991 Slg. über Kollektivverhandlungen, auf das § 20 Abs. 1 ZP hinsichtlich des Verfahrens bei Abschluß von Kollektivverträgen verweist, regelt den gesamten Prozeß der Kollektivverhandlungen in ihren drei möglichen Stadien - das Verfahren bei Abschluß des Kollektivvertrages, die Beilegung von Kollektivstreitigkeiten über Abschluß und Erfüllung von Kollektivverträgen sowie den Arbeitskampf - und enthält damit überwiegend verfahrensrechtliche Vorschriften.
Es handelt sich um eine grundlegende Umgestaltung des gesamten kollektiven Arbeitsrechts, da das Gesetz Nr. 2/1991 Slg. das Kollektivvertrags-, Schlichtungs- und Arbeitskampfrecht einführte.
Das materielle Kollektivvertragsrecht ist hauptsächlich im Arbeitsgesetzbuch geregelt, das nach der Wende gleichzeitig mit der Einführung des Kollektivverhandlungsgesetzes novelliert wurde (Arbeitsgesetzbuch Nr. 3/1991 Slg.) und

das *Recht auf Information* über die Tätigkeit der Organisation und die grundlegenden Fragen, die mit der Wirtschaft und der Entwicklung der Organisation zusammenhängen."].
[771] Vgl. 2. Teil, A.II.3)C)c).
[772] *Kostečka*, Právo a zákonnost 1991, H. 6, S. 352.

Lockerungen für Kollektivverhandlungen bringen sollte. Daneben weist aber auch das Gesetz über Kollektivverhandlungen einige materielle Regelungen, hauptsächlich in den §§ 2 bis 7, auf, die den Inhalt von Kollektivverträgen definieren, die beteiligten Subjekte bestimmen sowie die Gültigkeit und Wirksamkeit der Kollektivverträge festlegen. Obwohl diese Regelungen systematisch zu den materiellrechtlichen Vorschriften des Arbeitsgesetzbuchs gehören, erfolgte wegen der Übersichtlichkeit und Zweckmäßigkeit eine gemeinsame Regelung im Gesetz über Kollektivverhandlungen.

d) Gesetz Nr. 120/1990 Slg. über die Beziehungen zwischen Gewerkschaften und Arbeitgebern

Mit dem Gesetz Nr. 120/1990 Slg. über die Beziehungen zwischen Gewerkschaften und Arbeitgebern[773] (sog. „Gesetz über die Gewerkschaftspluralität"[774]) reagierte der Gesetzgeber auf eine weitere wichtige Änderung im Bereich des kollektiven Arbeitsrechts, nämlich auf die Beseitigung des bisherigen Gewerkschaftsmonopols der Einheitsgewerkschaft (ROH) und auf die Ermöglichung der Gewerkschaftspluralität durch Art. 27 Abs. 2 S. 2 Charta Nr. 2/1993 Slg Folglich konnten nun auch Gewerkschaften entstehen, ohne daß sie einem Verbund, wie früher zwingend der ROH-Organisation, angehören mußten, und das Prinzip ‚Ein Betrieb – eine Grundorganisation' galt angesichts der möglichen Pluralität der Gewerkschaften im Betrieb und Unternehmen nicht mehr[775]. Das heißt, daß in einem Betrieb nun mehrere Gewerkschaften zuständig sein konnten.

§ 1 Gesetz Nr. 120/1990 Slg. bestimmt, daß in den Fällen, in denen das Arbeitsgesetzbuch noch Berechtigungen der ROH begründete, sich diese Berechtigungen auf alle Gewerkschaftsorganisationen beziehen. Es handelt sich demnach um ein generelles Nachfolgeverhältnis der neu entstandenen Gewerkschaften in die Berechtigungen, die bisher nur der aufgehobenen ROH und ihren Organen zukamen, und zwar nicht nur im Rahmen der arbeitsrechtlichen Regelungen, sondern auch im Rahmen aller anderen (etwa finanz-, bürgerlich-, strafrechtlichen) Rechtsbereiche[776].

Das Gesetz regelt insbesondere den Fall der gewerkschaftlichen Erörterungs- und Zustimmungsrechte und den Abschluß von (Unternehmens-/Betriebs-) Kollektivverträgen, wenn bei einem Arbeitgeber mehrere Gewerkschaften wirken (§ 2 Abs. 1 und 2 Gesetz Nr. 120/1990 Slg.).

---

[773] Zákon č. 120/1990 Slg., kterým se upravují některé vztahy mezi odborovými organizacemi a zaměstnavateli.

[774] S. *Kostečka*, ArbuR 1992, H. 11, S. 322.

[775] *Kahle*, Práce a mzda 1990, H. 7, S. 2.

[776] Vgl. *Kahle*, Práce a mzda 1990, H. 7, S. 2: „generální nástupnictví" [*Übersetzung*: Generalnachfolgeverhältnis].

Allerdings bestimmt es die Beziehungen zwischen dem Arbeitgeber und den Gewerkschaftsorganisationen recht schwerfällig und führt zu vielen nicht geregelten Rechtssituationen, denen wir im Laufe der Abhandlung noch begegnen werden.
Ein weiterer Nachteil dieses Gesetzes ist, daß es auf der sozialistischen Rechtssituation, also dem noch nicht novellierten Arbeitsgesetzbuch Nr. 52/1989 Slg. und insbesondere dem Gesetz Nr. 37/1959 Slg. über die Stellung der Betriebsausschüsse, aufbaut. Das damalige Recht hat aber Verbandskollektivverträge völlig verdrängt, so daß sich auch das Gesetz über die Gewerkschaftspluralität nur auf Unternehmens- bzw. Betriebskollektivverträge bezieht[777] und nicht die Gewerkschaftspluralität auf Verbandsebene berücksichtigt.
Die ersten postsozialistischen Gewerkschaften entstanden in der Tschechoslowakischen Republik im Januar 1990 und zwar aus den Streikkomitees während der Novemberdemonstrationen 1989[778]. Sie lösten im März 1990 die alte ROH-Gewerkschaft auf und übernahmen legal das Eigentum der ROH[779]. Die meisten dieser neuen Gewerkschaften vereinigten sich in der ‚Konföderation der Gewerkschaftsverbände' (*Konfederace odborových svazů* = KOS); lediglich zwei Eisenbahngewerkschaften waren zu diesem Zeitpunkt nicht Mitglieder der KOS und die Kulturgewerkschaften etablierten ihre eigene Konföderation der Gewerkschaften in Kunst und Kultur[780]. Diese Tendenz zur Konföderationsbildung, die unmittelbar nach der Wende bestand, löste sich allerdings zum Teil wieder auf, so daß in den Jahren 1991/1992 zunehmend auch einzelne konföderationsunabhängige Gewerkschafte für bestimmte Berufsgruppen und Regionen entstanden[781]. Die Trennung der Tschechoslowakischen Republik führte im Oktober 1993 zur Auflösung der KOS[782].

2) Rechtsquellen des Arbeitsrechts

Grundlegende Rechtsquelle des tschechischen Arbeitsrechts ist die Verfassung der Tschechischen Republik (Verfassung Nr. 1/1993 Slg.[783] in der Fassung Nr. 395/2001 Slg.), namentlich ihr Art. 10[784], der die Priorität ratifizierter und bekanntgemachter internationaler Verträge vor dem Gesetz verfassungsrechtlich verankert und diese Verträge ohne innerstaatliche Umsetzung zum unmittelbaren Bestandteil der Rechtsordnung erklärt. Nach der Novelle der Verfassung

---

[777] So auch *Kostečka*, Právo a zákonnost 1991, H. 6, S. 350.
[778] *Carabelli/Sciarra* (-Tomeš/Tkáč), Collective labour law, S. 67.
[779] *Carabelli/Sciarra* (-Tomeš/Tkáč), Collective labour law, S. 68.
[780] *Carabelli/Sciarra* (-Tomeš/Tkáč), Collective labour law, S. 68.
[781] *Carabelli/Sciarra* (-Tomeš/Tkáč), Collective labour law, S. 68 f.
[782] *Carabelli/Sciarra* (-Tomeš/Tkáč), Collective labour law, S. 71.
[783] Dieser Verfassung entsprach vor der Auflösung der Tschechoslowakischen Republik das Verfassungsgesetz Nr. 23/1991 Slg.
[784] Diesem Artikel entsprach vor der Auflösung der Tschechoslowakischen Republik § 2 Verfassungsgesetz Nr. 23/1991 Slg.

Nr. 395/2001 Slg. bezieht sich die Unmittelbarkeit und Vorrangigkeit nicht nur auf internationale Verträge über Menschenrechte und Grundfreiheiten, wie es vor der Verfassungsnovelle im Jahre 2001 lange Zeit galt (vgl. Art. 10 Verfassung Nr. 1/1993 Slg.), sondern nun auf alle ratifizierten und bekanntgemachten internationalen Abkommen.

Bestandteil der Verfassungsordnung ist auch die Charta der Grundrechte und -freiheiten Nr. 2/1993 Slg.[785], die sich in ihrem vierten Abschnitt mit wirtschaftlichen, sozialen und kulturellen Rechten befaßt und wichtige grundlegende soziale Bürgerrechte regelt (vgl. insbesondere Art. 26 - 29 Charta Nr. 2/1993 Slg.). So gewährt sie zum Beispiel jedem das Recht auf freie Berufswahl (Art. 26 Abs. 1 Charta Nr. 2/1993 Slg.), das Recht auf Vereinigungsfreiheit zum Schutz der wirtschaftlichen und sozialen Interessen des Einzelnen (Art. 27 Abs. 1 Charta Nr. 2/1993 Slg.) und garantiert die Gewerkschaftspluralität (Art. 27 Abs. 2 S. 2 Charta Nr. 2/1993 Slg.) sowie das Streikrecht (Art. 27 Abs. 4 Charta Nr. 2/1993 Slg.). Damit ist die Charta Rechtsgrundlage für die Stellung der Arbeitnehmer und der Gewerkschaften in arbeitsrechtlichen Beziehungen.

Im Zusammenhang mit der Auflösung der Tschechoslowakischen Förderativen Republik mit Wirkung zum 31.12.1992 ist auf das sog. Rezeptionsgesetz (Verfassungsgesetz ČNR Nr. 4/1993 Slg. über Maßnahmen im Zusammenhang mit der Auflösung der ČSFR[786]) hinzuweisen, das mit diesem Tag auch die grundlegenden Quellen des Arbeitsrechts, die vor der Auflösung bestanden, zum Bestandteil des Rechts der Tschechischen Republik erklärt (Art. 1 Abs. 1 S. 1 Verfassungsgesetz Nr. 4/1993 Slg.).

In der Rechtsanwendung sind Gesetze die wichtigsten Rechtsquellen des Arbeitsrechts. An vorderster Stelle ist das Arbeitsgesetzbuch zu erwähnen, das als Gesetz Nr. 65/1965 Slg.[787] verabschiedet wurde und am 1.1.1966 in Kraft trat[788]. Daneben zählen zu den wichtigsten arbeitsrechtlichen Vorschriften im kollektiven Bereich das Gesetz Nr. 120/1990 Slg. über die Gewerkschaftspluralität (in der Fassung des Gesetzes Nr. 3/1991 Slg.), das Gesetz Nr. 83/1990 Slg. über die Vereinigung von Bürgern (in der Fassung des Gesetzes Nr. 300/1990 Slg., Nr. 513/1991 Slg. und Nr. 68/1993 Slg.), mit dem das internationale Abkommen Nr. 87/1948 über die Vereinigungsfreiheit[789] in innerstaatliches Recht umgesetzt wurde[790], sowie das Gesetz Nr. 2/1991 Slg. über Kollektivverhandlungen (in der

[785] Vor der Auflösung der Tschechoslowakischen Republik war die Charta der Grundrechte und -freiheiten als Anhang des Verfassungsgesetzes Nr. 23/1991 Slg. veröffentlicht worden.

[786] Ústavní zákon č. 4/1993 Sb. o opatřeních souvisejících se zánikem České a Slovenské Federativní Republiky.

[787] Alle nachfolgenden Paragraphen des Arbeitsgesetzbuchs beziehen sich auf die bei Abschluß der Arbeit zuletzt gültige Fassung des Arbeitsgesetzbuchs Nr. 312/2002 Slg., soweit nichts anderes bestimmt ist.

[788] S. bereits 2. Teil, A.I.2)A).

[789] Vgl. hierzu bereits 2. Teil, A.II.2)B).

[790] *Tomandlová*, Zákoník práce, S. 41.

Fassung der Gesetze Nr. 519/1991 Slg., Nr. 118/1995 Slg., Nr. 155/1995 Slg., Nr. 220/2000 Slg. und Nr. 151/2002 Slg.).
Nach Maßgabe der Gesetze und ihrer Ausführungsvorschriften werden Verordnungen der Regierung und Bekanntmachungen der Ministerien und anderer Verwaltungsämter (soweit sie hierzu vom Gesetz ausdrücklich ermächtigt sind) erlassen, die eine weitere Quelle des Arbeitsrechts darstellen. Für den Bereich des kollektiven Arbeitsrechts von Bedeutung ist hier die Verordnung der Regierung Nr. 108/1994 Slg. (i.d.F. Nr. 461/2000 Slg.) zur Durchführung des Arbeitsgesetzbuches und weiterer Gesetze sowie die Bekanntmachung des Ministeriums für Arbeit und soziale Angelegenheiten Nr. 16/1991 Slg. über Schlichter, Schiedsrichter und die Hinterlegung von Kollektivverträgen höherer Stufe.
Auch der Kollektivvertrag, dessen Rechtsquellenfunktion im sozialistischen Staatssystem verdrängt wurde, soll nun mit seinem normativen Teil eine wichtige Rechtsquelle darstellen[791].

3) Stellung und Bedeutung des Arbeitsrechts in den gesellschaftsökonomischen Anschauungen der Marktwirtschaft

Die Einführung der Marktwirtschaft und eines freien Arbeitsmarktes löste die staatlich-zentrale Arbeitskräftelenkung und Festlegung von überwiegend zwingenden Arbeitsbedingungen ab. Die regulierende Funktion des Staates wird allmächlich reduziert und beschränkt sich nur auf die Festsetzung von grundlegenden, aus Schutzgesichtspunkten relevanten Ansprüchen der Arbeitnehmer[792]. Dadurch verringert sich auch die Anzahl zwingender Rechtsvorschriften, insbesondere im Bereich der Lohnregulierung.
In dem Europa-Abkommen vom 4. Oktober 1993[793], das die Tschechische Republik und die Europäische Gemeinschaft in Brüssel unterzeichnet haben und das einen geeigneten Rahmen für die schrittweise Integration der ČR in die Europäische Gemeinschaft ermöglichen soll (Art. 1 des Abkommens), bestimmt Art. 6[794], daß die „Achtung der Grundsätze der Demokratie und der Menschenrechte (...) sowie die *Grundsätze der Marktwirtschaft*[795] Richtschnur der Innen- und Außenpolitik der Vertragsparteien und wesentlicher Bestandteil der Assoziation sein" sollen.
Statt der einheitlichen Stellung aller Arbeiter zu den Produktionsmitteln, der Verstaatlichung des Eigentums und der sozialistischen Organisationen als einzig i.d.R zulässige Arbeitgebersubjekte ermöglichte nun das neue System privates

---

[791] *Bělina* (-Kalenská), Pracovní právo (1997), S. 111.
[792] *Šubrt*, Práce a mzda 1991, H. 13, S. 14.
[793] Veröffentlicht unter Nr. 7/1995 Slg.
[794] Vgl. Art. 6 des Abkommens: „Úcta k demokratickým zásadám a lidským právům stanoveným v Helsinském závěrečném aktu a Pařížské chartě pro novou Evropu, stejně jako zásady tržní ekonomiky, působí na domácí a zahraniční politiku stran a vytváří základní prvky tohoto přidružení.".
[795] Kursivhervorhebung durch Verfasserin.

Unternehmertum, Privateigentum und die Pluralität der Arbeitgebersubjekte (vgl. § 8 Abs. 1 ZP Nr. 74/1994 Slg.), also auch Arbeitsrechtsverhältnisse zwischen natürlichen Personen.
Das Aufweichen des zwingenden Charakters der Rechtsvorschriften und die Stärkung des Vertragsprinzips im Rahmen eines Arbeitsrechtsverhältnisses ermöglichten zunehmend ein (individual- und kollektiv-)vertragliches Aushandeln der Arbeitsbedingungen.
Im neuen System änderte sich auch das Rechtsverständnis von Arbeitskraft und Lohn. Der Charakter der Arbeitskraft als Ware und der Austauschcharakter zwischen Arbeitskraft und Vergütung wird anerkannt (vgl. Art. 28 Charta Nr. 2/1993 Slg., § 111 Abs. 1 ZP Nr. 3/1991 Slg.). Der Lohn basiert nun primär auf dem Vertragsprinzip (vgl. § 112 Abs. 1 ZP Nr. 3/1991 Slg.) und wird nicht mehr (auch) nach seiner gesellschaftlicher Bedeutung[796] bemessen. Die Novelle des Arbeitsgesetzbuchs Nr. 74/1994 Slg. (Art. I Nr. 2 und Art. I Nr. 9) strich demzufolge Art. IV Arbeitsgesetzbuch Nr. 52/1989 Slg. i.d.F Nr. 3/1991 Slg., der noch die Bemessung der Vergütung auch nach ihrer gesellschaftlichen Bedeutung proklamierte. Der Begriff der „gesellschaftlichen Arbeit"[797] wird aufgehoben. Bei § 1 Abs. 1 ZP, der klarstellt, daß zwischen Arbeitgeber und Arbeitnehmer arbeitsrechtlichen Beziehungen bestehen, wurde der sozialistische geprägte Zusatz, daß diese Beziehungen ‚bei der Teilnahme der Bürger an der gesellschaftlichen Arbeit' (*při účasti občanů na společenské práci*) entstehen, gestrichen.
Die Ungleichheit des ökonomisch schwächeren Arbeitnehmers gegenüber dem Arbeitgeber soll nun durch schutzrechtliche Gesetzgebungsmaßnahmen sowie durch die Stärkung der Kollektivverhandlungen ausgeglichen werden[798]. Das Arbeitsrecht wird demzufolge nicht mehr nur hauptsächlich als Individualarbeitsrecht verstanden, sondern das kollektive Arbeitsrecht gewinnt in der Tschechischen Republik wieder an Bedeutung und zwar insbesondere auch in dem Bereich des Koalitions-, Kollektivvertrags-, Schlichtungs- und Arbeitskampfrecht (s. nur das Gesetz Nr. 2/1991 Slg. über Kollektivverhand-lungen und das Gesetz Nr. 120/1990 Slg. über die Gewerkschaftspluralität). Mit der Privatisierung der Wirtschaft kehrt die Rechtsordnung der Tschechischen Republik zu Kollektivverhandlungen zwischen den Sozialpartnern sowie zur tarifvertraglichen Regelung der Arbeits- und Lohnbedingungen zurück[799]. Es kommt zur Ausbildung einer Zweigleisigkeit des kollektiven Arbeitsrechts: Neben der institutionellen Mitbestimmung in Betrieb und Unternehmen (Arbeitnehmer-/ Belegschaftsvertretung) existiert nun auch ein gewerkschaftliches Tätigsfeld im Kollektivvertragsrecht und zwar im wesentlichen ohne staatliche Einflußnahme.

---

[796] Vgl. 2. Teil, A.I.3)B)b).
[797] Vgl. hierzu 2. Teil, A.I.3)B)b).
[798] S. zum Schutz durch Kollektivverhandlungen *Bělina* (-Tomeš), Pracovní právo (1997), S. 85 f.
[799] *Kostečka*, ArbuR 1992, S. 322.

Im Gegensatz zur wichtigen wirtschaftsorganisatorischen Funktion des Arbeitsrechts in der sozialistischen ČSSR bezweckt das Arbeitsrecht in der Tschechischen Republik als einem marktwirtschaftlichen Land nun vor allem den Schutz der Arbeitnehmer im Arbeitsverhältnis[800]. Zwar beeinflußen arbeitsrechtliche Vorschriften auch in marktwirtschaftlichen Ländern die Wirtschaftsordnung (wie z.B. Mitbestimmungsgesetze über Arbeitnehmer-vertreter in Unternehmensorganen oder das Tarifvertrags- und Arbeitskampfrecht[801]). Jedoch ist dies nicht wie im Sozialismus im Sinne einer wirtschaftsorganisatorischen Funktion des Arbeitsrechts zu verstehen. Das Arbeitsrecht ist nämlich nicht mehr Mittel des Staates zur zentralen Lenkung der im Rahmen seiner (Plan-) Wirtschaft festgesetzten Arbeitsmarktpolitik und hat keine wirtschaftslenkende Funktion. Es gibt nur den Rahmen für einen freien Arbeitsmarkt vor, ohne organisatorisch lenkend in die Wirtschaft einzugreifen, und überläßt die Arbeitsrechtsordnung im übrigen der privatautonomen Gestaltung[802]. Das Arbeitsrecht soll heutzutage den Arbeitgebern nur rechtliche Möglichkeiten eröffnen, damit sie ihre Betriebe flexibel und nach den jeweiligen Bedürfnissen der Wirtschaftssituation leiten können[803]. Dabei soll das Arbeitsrecht eine gewisse Kartellwirkung haben, um den Druck des (an sich erwünschten) Wettbewerbs auf dem Arbeitsmarkt zu mildern[804].

II. Kollektives Arbeitsrecht

1) Bedeutung des kollektiven Arbeitsrechts im Rahmen der Marktwirtschaft

A) Funktion und Bedeutung der Gewerkschaften

Das Rechtsverständnis über die Existenzrechtfertigung von Gewerkschaften und über ihre Aufgaben nach der Wende hat sich größtenteils grundlegend gewandelt.

Zwar gibt es keine Legaldefinition der Gewerkschaft im tschechischen Recht, aber aufgrund der Charta der Grundrechte und –freiheiten (Nr. 2/1993 Slg.) und den internationalen Vereinbarungen (insbesondere das Abkommen Nr. 87/1948[805] und das AwskR 1966[806]), die Bestandteile der tschechischen

---

[800] *Galvas*, Právo a zaměstnání 2001, H. 2, S. 12; *Bělina* (-Kalenská), Pracovní právo (1997), S. 16; vgl. zur Rechtslage vor der Wende 2. Teil, A.I.3)C).

[801] S. *Dütz*, Arbeitsrecht, Rn. 1; vgl. auch *Fuchs*, Právo a zaměstnání 1998, H. 3, S. 2 und *Píchová*, Právo a zaměstnání 2000, H. 11-12, S. 20.

[802] *Galvas* (-ders.), Pracovní právo, S. 18 f.

[803] *Galvas* (-ders.), Pracovní právo, S. 18; *Bělina* (-Kalenská), Pracovní právo (1997), S. 16.

[804] Vgl. *Fuchs*, Právo a zaměstnání 1998, H. 3, S. 2.

[805] Veröffentlicht unter Nr. 489/1990 Slg., im folgenden abgekürzt als „Abkommen Nr. 87/1948".

[806] Veröffentlicht unter Nr. 120/1976 Slg.; im folgenden abgekürzt als „AwskR 1966".

Rechtsordnung sind (Art. 10 Verfassung Nr. 1/1993 Slg. i.d.F. Nr. 395/2001 Slg.), läßt sich eine Definition für die Gewerkschaft herleiten.
Danach handelt es sich bei der Gewerkschaft um eine freiwillige Vereinigung der Bürger zum Schutz ihrer wirtschaftlichen und sozialen Interessen (Art. 27 Abs. 1 Charta, Art. 2 Abkommen Nr. 87/1948, Art. 8 Nr. 1 a) S. 1 AwskR 1966), die eine rechtliche und wirtschaftliche Unabhängigkeit aufweist (vgl. Art. 27 Abs. 2 Charta, Art. 4, Art. 3 Abs. 2 und Art. 8 Abs. 2 Abkommen Nr. 87/1948, Art. 8 Nr. 1 a) S. 2 und c) AwskR 1966).

a) Vereinigungsfreiheit

Die Koalitionsfreiheit i.S.d. Art. 27 Abs. 1 Charta (vgl. Art. 2 Abkommen Nr. 87/1948, Art. 8 Nr. 1 a) S. 1 AwskR 1966) umfaßt als individuelle Gewährleistung die freiwillige Gründung von Gewerkschaften und den freiwilligen Beitritt zu einer Gewerkschaft[807], aber auch die Betätigungsfreiheit als das Recht des einzelnen Koalitionsmitglieds, an der Tätigkeit der Gewerkschaft teilzunehmen. Denn sonst wären Gründungs- und Beitrittsfreiheit nur Selbstzweck. Gewährleistet ist zugleich die negative Koalitionsfreiheit (vgl. § 3 Abs. 1 Gesetz Nr. 83/1990 Slg.), die im damaligen totalitären System zwar auf dem Papier bestand, aber durch den politischen Druck zum Beitritt in die ROH verletzt war[808].
Der Rechtsordnung läßt sich darüber hinaus auch eine kollektive Gewährleistung im Sinne einer Bestands- und Betätigungsgarantie der Koalition entnehmen. Denn Art. 27 Abs. 3 Charta Nr. 2/1993 Slg. (vgl. auch Art. 3 Abs. 1, Art. 5 Abkommen Nr. 87/1948, Art. 8 Nr. 1 b) und c) AwskR 1966), wonach die Tätigkeit und das Entstehen der *Gewerkschaftsorganisation* nur ausnahmsweise eingeschränkt werden darf, formuliert ausdrücklich ein Kollektivgrundrecht, indem es sich auf die Gewerkschaft als solche und nicht auf die einzelnen Mitglieder bezieht.
Die Gewerkschaft ist als eine Vereinigung im Sinne des Gesetzes über die Vereinigungsfreiheit juristische Person und damit rechtsfähig, und zwar ab dem Tag, nach dem der Mitteilungsantrag über ihre Gründung dem Innenministerium zugestellt wurde (§ 2 Abs. 3 S. 1 i.V.m. § 9 a) Abs. 1 Gesetz Nr. 300/1990 Slg.) Sie muß mindestens aus drei Personen bestehen (§ 6 Abs. 2 S. 1 i.V.m. § 9 a Abs. 2 Gesetz Nr. 83/1990 Slg. i.d.F. Nr. 300/1990 Slg.).
Die Vereinigungsfreiheit i.S.d. Art. 27 Abs. 1 Charta Nr. 2/1993 Slg. bedingt sinnlogisch die Pluralität der Gewerkschaften, da sonst das Recht zur freiwilligen Vereinigung nicht ausübbar wäre. Explizit wird die Pluralität der Gewerkschaften durch Art. 27 Abs. 2 S. 2 Charta Nr. 2/1993 Slg. garantiert, wonach eine Begrenzung der Anzahl der Gewerkschaftsorganisationen genauso wie eine Begünstigung einiger Gewerkschaften im Unternehmen oder in einer bestimten Branche unzulässig ist.

---

[807] Vgl. *Galvas* (-ders.), Pracovní právo, S. 376.
[808] Vgl. 2. Teil, A.II.2)B).

Die Gewährleistung der Gewerkschaftspluralität ist ein wesentlicher Unterschied zur Rechtslage vor der Wende, die von der Monopolstellung der Einheitsgewerkschaft (ROH) geprägt war[809]. Zwar war die Gründung anderer Gewerkschaften neben der ROH rechtlich nicht ausgeschlossen (vgl. Art. 5 Verfassung Nr. 100/1960 Slg.), aber durch die obligatorische Einheitsstruktur und die rechtliche Begünstigung der ROH bedeutungslos[810]. Es galt das sozialistische Prinzip ‚Ein Betrieb – Eine Gewerkschaftsorganisation', das die Gewerkschaftspluralität praktisch unterbund[811].

b) Schutz der wirtschaftlichen und sozialen Interessen der Arbeitnehmer

(1) Stärkung der Interessenvertretungsfunktion der Gewerkschaften

Gem. Art. 27 Abs. 1 Charta Nr. 2/1993 Slg. (vgl. auch Art. 10 Abkommen Nr. 87/1948, Art. 8 Nr. 1 a) S. 1 AwskR 1966) dürfen sich die Bürger in Koalitionen vereinigen, um ihre wirtschaftlichen und sozialen Interessen zu schützen. Die Charta Nr. 2/1993 Slg. bringt damit zum Ausdruck, daß der Zweck der Gewerkschaftstätigkeit hauptsächlich auf die Vertretung bestimmter Gruppeninteressen, insbesondere bestimmter Branchen- oder Berufsgruppeninteressen, gerichtet ist[812]. Galvas[813] bezeichnet in diesem Sinne das kollektive Arbeitsrecht als ‚Recht der Gruppen von Arbeitern' (*práva skupin pracovníků*).
Im Vergleich zur sozialistischen Verfassung Nr. 100/1960 Slg., deren Art. 5 als Zweck der Vereinigung die Entfaltung der gesellschaftlichen Tätigkeiten und die Verwirklichung der Rechte der Bürger (also nicht der Interessen) nannte, stärkt der heutige Verfassungswortlaut die Interessenvertretungsaufgabe der Gewerkschaft.
Mit der Wende gewann die Gewerkschaft in der Tschechischen Republik also ihre ursprüngliche Bedeutung als „Interessenverband" zurück, indem ihr die Festlegung der allgemeinen Arbeits- und Wirtschaftsbedingungen in Kollektivverträgen im Interesse der Arbeitnehmer zuerkannt wurde.
In diesem Punkt unterscheidet sich das neue Rechtsverständnis bedeutend von der sozialistischen Betrachtungsweise. Erinnern wir uns daran, daß eine wirkliche Interessenvertretung einzelner (Berufs-)Gruppen durch die Gewerkschaft dem sozialistischen Universalismus- und Interesseneinheits-gedanken widersprach und angesichts der zentralen Festlegung der Arbeitsbedingungen im Rahmen der Planwirtschaft auch unerwünscht war[814].

[809] Vgl. 2. Teil, A.II.2)B).
[810] Vgl. 2. Teil, A.II.2)A) und B).
[811] Vgl. 2. Teil, A.II.2)D)b).
[812] Vgl. auch *Galvas* (-ders.), Pracovní právo, S. 363 und S. 377.
[813] *Galvas* (-ders.), Pracovní právo, S. 361.
[814] Vgl. 2. Teil, A.II.1)A).

Das neue Wirtschaftssystem, mit dem ein privates Unternehmertum eingeführt und die sozialistischen Organisationen aufgehoben wurden, geht von einer klaren Trennung der am Arbeitsrechtsverhältnis Beteiligten in wirtschaftlicher und rechtlicher Hinsicht aus. Gerade der Widerspruch in den Interessen der Arbeitnehmer und Arbeitgeber bis hin zur Polarisation, hervorgerufen durch die unterschiedlichen Situationen und Ziele der Beteiligten, ist soziale Grundlage für die Entstehung des kollektiven Arbeitsrechts und die Existenz von Interessenorganisationen[815].

Demgegenüber verschleierte die sozialistische Lehre die Gegensätzlichkeit zwischen der sozialistischen Organisation als Arbeitgebersubjekt und den Arbeitern mit dem Gedanken der einheitlichen Herrschaft der Arbeiterklasse und betrachtete die Trennung zwischen den Beteiligten eines Arbeitsrechtsverhältnisses als nur „formal"[816]. In ihren Augen fungierte die Gewerkschaft als Bindeglied zwischen den Arbeitern und der sozialistischen Organisation, um die formale Über-/ Unterordnung, die durch die notwendige individuelle Führungsstruktur der Organisation hervorgerufen wurde, zu überbrücken[817]. Hauptaufgabe der sozialistischen Gewerkschaft war nicht die Interessenvertretung, sondern die Vermittlung der Teilnahme an der Leitung, Entfaltung und Kontrolle der sozialistischen Organisation, also ihre Belegschaftsvertretungsaufgabe[818]. Das gewerkschaftliche Tätigkeitsfeld war damit hauptsächlich auf den Bereich der Unternehmensebene beschränkt[819].

Im Gegensatz dazu stellt die Gewerkschaft im neuen Rechtsverständnis kein Bindeglied zwischen den Beteiligten dar, sondern ist eine auf Konfrontation mit dem Arbeitgeber ausgelegte Organisation, um die speziellen Interessen der Arbeitnehmer wahrnehmen zu können[820]. Mit Blick auf eine effektive Interessenwahrnehmung wurde die Gewerkschaft von ihrer Begrenzung auf den Unternehmensbereich befreit und soll nun vor allem auch auf höherer Ebene Kollektivverhandlungen führen[821].

Lenins These, daß die Gewerkschaft unter anderem auch die Arbeiter vor dem Staat schützt[822], läßt sich in einer Marktwirtschaft nicht aufrechterhalten. Denn mit der Privatisierung und Einführung des privaten Unternehmertums richtet sich der Schutz nicht mehr gegen den Staat respektive die staatlichen Organisationen als seine Verwaltungseinheiten, sondern gegen die Arbeitgeber.

Bei den Interessen, zu deren Schutz sich die Arbeiter vereinigen können, handelt es sich gem. Art. 27 Abs. 1 Charta Nr. 2/1993 Slg. (vgl. Art. 8 Nr. 1 a) AwskR 1966) um wirtschaftliche *und* soziale Interessen. Aufgrund der Verbindung

---

815 *Galvas* (-ders.), Pracovní právo, S. 363.
816 Vgl. 2. Teil, A.II.1)A).
817 Vgl. 2. Teil, A.II.1)A).
818 Vgl. 2. Teil, A.II.1)A).
819 *Ústav státu a práva Akademie věd ČR*, Práce a mzda 1993, H. 10, S. 34.
820 Vgl. auch *Šubrt* (-Ernst), Práce a mzda 1994, H. 13, S. 24.
821 *Ústav státu a práva Akademie věd ČR*, Práce a mzda 1993, H. 10, S. 34.
822 Vgl. 2. Teil, A.II.1)A).

durch das Wort „und“ ist von einer Verknüpfung der Arbeits- und Wirtschaftsbedingungen auszugehen, so daß wirtschaftspolitische Gegenstände nur mit Bezug zu Arbeitsrechtsverhältnissen erfaßt werden[823]. Auch in diesem Punkt läßt sich ein Unterschied zur Aufgabe der Gewerkschaft in der sozialistischen ČSSR aufzeigen, da früher unternehmerische Investitionsent-scheidungen auch ohne konkreten Bezug zu Arbeitsrechtsverhältnissen der Mitwirkung der Einheitsgewerkschaft (ROH) unterlagen (vgl. Art. 4 d) Beschluß IV.ggK/1959 Slg.[824]) und auch in Kollektivverträgen geregelt werden konnten (vgl. § 5 b) RegVO Nr. 82/1989 Slg.).
Im Zusammenhang mit der Stärkung der Interessenvertretung steht im übrigen die Einführung der Gewerkschaftspluralität in der Tschechischen Republik[825]. Denn eine effektive Vertretung bestimmter (Gruppen-)interessen erfordert mehrere Vereinigungen, die sich den einzelnen unterschiedlichen Gruppeninteressen annehmen konnten, während eine einzige Gewerkschaft einzelne Gruppeninteressen infolge der Interessenvielfalt nicht effektiv berücksichtigen kann.
Im Zusammenhang mit der Stärkung der Interessenvertretung steht auch die Tatsache, daß sich nun nur Bürger in einem bestehenden Arbeitsrechtsverhältnis gewerkschaftlich organisieren können[826]. Nach sozialistischer Rechtslage konnten darüber hinaus auch Personen, die in keinem Arbeitsrechtsverhältnis zur sozialistischen Organisation standen (wie z.B. Rentner oder frühere Arbeiter der sozialistischen Organisation), Gewerkschaftsmitglieder werden[827].

(2) Prinzip der sozialen Repräsentation

Das tschechische kollektive Arbeitsrecht weist zwei Besonderheiten auf, die ebenfalls Auswirkungen auf die Interessenvertretung haben.
Zum einen hat die Gewerkschaft die Aufgabe der Arbeitnehmervertretung (Belegschaftsvertretung) in Betrieb und Unternehmen, die ihr während des sozialistischen Regimes zuerkannt wurde, auch nach der Wende beibehalten, so daß wir weiterhin dem Phänomen der gewerkschaftlichen Belegschaftsvertretung begegnen.
Zum anderen fungiert die Gewerkschaft in beiden Funktionen (Betriebs- und Interessenvertretung) ex lege als sozialer Repräsentant *aller* Arbeitnehmer des Betriebes bzw. Unternehmens, in dem sie zuständig ist, namentlich auch als Repräsentant der nicht gewerkschaftlich organisierten Arbeitnehmer[828]. Diese Stellung als Repräsentant läßt sich der Konzeption des Arbeitsgesetzbuchs (z.B.

---

[823] Vgl. *Galvas* (-ders.), Pracovní právo, S. 379.
[824] Vgl. hierzu auch 2. Teil, A.II.3)C)c).
[825] S. hierzu 2. Teil, B.II.1)A)a).
[826] *Galvas* (-ders.), Pracovní právo, S. 377.
[827] Vgl. 2. Teil, A.II.1)A).
[828] *Galvas* (-ders.), Pracovní právo, S. 364 und S. 371 und *ders.*, Právo a zaměstnání 2002, H. 1, S. 10.

§§ 18 b Abs. 1, 41, 59 Abs. 1 ZP) entnehmen, das den Gewerkschaften Mitwirkungs- und Mitbestimmungsrechte ohne Rücksicht auf die Gewerkschaftsmitgliedschaft der Arbeitnehmer zuerkennt. Auch der Kollektivvertrag erfaßt die nicht gewerkschaftlich organisierten Arbeitnehmer in seiner normativen Wirkung (§ 5 Abs. 3 Gesetz Nr. 2/1991 Slg.). Bei den Kollektivverträgen ist der Grundsatz der sozialen Repräsentation im Vergleich zur sozialistischen Rechtslage also ausdrücklich gesetzlich festgelegt. Der einzelne Arbeitnehmer kann die soziale Repräsentation für sich auch nicht ausschließen[829].

Im Vergleich dazu sieht das deutsche Tarifvertragsrecht eine Tarifwirkung der Inhalts- und Abschlußnormen (nicht der Normen über betriebliche und betriebsverfassungsrechtliche Fragen) auf Außenseiter nicht vor (vgl. §§ 3 Abs. 1 und Abs. 2, 4 Abs. 1 TVG[830]). Trotz der Beschränkung der unmittelbaren Geltung der Tarifnormen auf Verbandsangehörige im deutschen Recht gewährt der tarifgebundene Arbeitgeber, sei es aus Rationalitätsgründen oder weil eine unterschiedliche Behandlung als ungerecht empfunden wird, den Außenseiter-Arbeitnehmern (z.B. individualvertraglich) fast immer die volle Anwendung der tarifvertraglichen Regelung. Dennoch besteht gegenüber dem Außenseiter keine *rechtliche* Bindung aus dem Tarifvertrag.

Das Prinzip der sozialen Repräsentation in der Tschechischen Republik ist in der sozialistischen Regierungszeit entstanden, als die ROH die Funktion der Belegschaftsvertretung, die sie zur Vertretung aller Arbeiter eines Betriebes ermächtigte, nach und nach übernommen hat[831]. Mit der Verschmelzung der Funktionen der Interessenvertretung und der Arbeitnehmervertretung im Betrieb hat sich der Umfang der sozialen Repräsentation auch auf die Interessenvertretungsfunktion ausgedehnt.

Dem sozialistischen Rechtssystem, das von dem Überwiegen der Aufgabe der Belegschaftsvertretung und von der allmählichen Verdrängung der wirklichen Interessenvertretung ausging und in dem sogar Kollektivverträge nur im Rahmen des Betriebes bzw. Unternehmens und nur zur Erfüllung der Planvorgaben des Betriebes abgeschlossen wurden[832], mochte es systemimmanent sein, daß die Gewerkschaft Repräsentant aller Arbeiter war.

Mit einem System, das die Eigenschaft der Gewerkschaft als freiwilligen Interessenverband und ihre Interessenvertretungsfunktion betont, ist die normative Kollektivvertragswirkung auf nicht gewerkschaftliche organisierte Arbeitnehmer (sog. Außenseiter) allerdings unvereinbar. Denn zum einen hat das Nichtgewerkschaftsmitglied grundsätzlich keinen Einfluß auf die gewerkschaftliche Tätigkeit (etwa im Rahmen der Mitgliederversammlung) und kann so seine Interessen auch nicht vorbringen. Zum anderen liegt die Gefahr nahe, daß sich die Gewerkschaft angesichts ihrer Stellung als sozialer Repräsentant nicht ernsthaft

---

829 *Galvas*, Právo a zaměstnání 2002, H. 1, S. 10.
830 Abkürung für das in Deutschland geltende Tarifvertragsgesetz.
831 Vgl. 2. Teil, A.II.3)B).
832 Vgl. 2. Teil, A.II.1)A) und B).

um die Anwerbung zahlreicher Mitglieder sowie um die Durchsetzung der Interessen ihrer Mitglieder, aber auch der Nichtmitglieder bemüht. Denn aufgrund der Repräsentationsstellung kann sie ohnehin unabhängig von der Zahl ihrer Mitglieder für alle Arbeitnehmer des Unternehmens Kollektivverträge abschließen. Der Arbeitnehmer könnte des weiteren den Ansporn verlieren, einer Gewerkschaft beizutreten, wenn diese seine Interessen auch ohne eine Gewerkschaftsmitgliedschaft als Repräsentant vertreten kann.
Die einfachgesetzliche Festlegung der Kollektivvertragswirkung auch auf Außenseiter-Arbeitnehmer läßt sich auch nicht aus der Verfassungsordnung der Tschechischen Republik ableiten. Die wörtliche Fassung des Art. 27 Abs. 1 Charta Nr. 2/1993 Slg., der die Koalitionsfreiheit verankert, lautet: „Jeder hat das Recht, sich freiwillig mit anderen zum Schutz seiner wirtschaftlichen und sozialen Interessen zu vereinigen."[833]. Der Koalitionsfreiheit unterfällt neben dem ausdrücklich erwähnten Recht der Koalitions*bildung* auch der Schutz der positiven und negativen Koalitionsbetätigungsfreiheit des einzelnen[834]. Auch das Institut des Kollektivvertrages wird über die Koalitionsfreiheit garantiert; denn das Aushandeln und der Abschluß von Kollektivverträgen gehören zu den typischen koalitionsspezifischen Verhaltensweisen. Darüber hinaus geht aber aus Art. 27 Abs. 1 Charta Nr. 2/1993 Slg. nicht hervor, daß den Koalitionen umfassende, sich auf alle am Arbeitsleben beteiligten Personen beziehende Rechtssetzungsaufgaben übertragen sind. Vielmehr spricht der Verfassungswortlaut eher gegen eine tarifliche Rechtssetzung auch gegenüber den Außenseitern. Denn er gewährleistet dem Bürger als Freiheitsrecht, sich mit anderen zu einer Koalition zusammenzuschließen und zwar zur Wahrung „seiner" (vgl. Art. 27 Abs. 1 Charta Nr. 2/1993 Slg.: „*svých*") wirtschaftliche und sozialen Interessen. Die Verfassung beschränkt damit die Koalitionstätigkeit eindeutig auf die Wahrnehmung der Interessen der Mitglieder[835] und betont so die Eigenschaft der Koalition als einen Mitgliederverband. Ob sich daraus ergibt, daß die Tarifautonomie nicht nur auf staatlicher Delegation, sondern auch auf mitgliedschaftlicher Legitimation beruht[836], kann dahin gestellt bleiben. In jedem Fall ist die personelle Reichweite der Tarifautonomie grundsätzlich auf die Gewerkschaftsmitglieder beschränkt und bedarf bei Ausdehung auf Außenseiter einer besonderen Rechtfertigung.

---

[833] Tschechische Text des Art. 27 Abs. 1 Charta Nr. 2/1993 Slg.: „Každý má právo svobodně se sdružovat s jinými na ochranu svých hospodářských a sociálních zájmů.".
[834] Vgl. 2. Teil, B.II.1)A)a).
[835] Im Vergleich dazu ist die deutsche Verfassung weniger eindeutig, da es in Art. 9 Abs. 3 S. 1 Grundgesetz die Bildung von Vereinigung nur allgemein „zur Wahrung und Förderung der Arbeits- und Wirtschaftsbedingungen" gewährleistet, ohne konkret auf die Interessen der einzelnen Gewerkschaftsmitglieder abzustellen.
[836] Vgl. zu diesem Streitpunkt im Rahmen des deutschen Tarifrechts ausführlich *Waltermann*, ZfA 2000, S. 65 f.

Verfassungsrechtliche Bedenken[837] gegen die normative Kollektivvertragswirkung auch auf Außenseiter i.S.d. § 5 Abs. 3 GKV bestehen auch mit Blick auf die negative Koalitionsfreiheit, nämlich als die Freiheit einer Koalition fernzubleiben. Zwar ist der Arbeitnehmer keinem (zumindest direkten) rechtlichen oder wirtschaftlichen Druck, einer Koalition beitreten zu müssen, ausgesetzt. Aber dadurch, daß sich der Rechtssetzungsbereich der Koalition auch auf den Außenseiter bezieht, wird dieser rechtlich so behandelt, als ob er der Koalition angehört. Dies stellt eine mit dem Beitrittszwang vergleichbare Situation dar. Die negative Koalitionsfreiheit kann nicht lediglich das Recht bedeuten, rechtsformal die Mitgliederstellung zu vermeiden. Denn ihr wesentlicher Sinn besteht gerade darin, dem einzelnen die Möglichkeit zu geben, sich der Machtsphäre einer Vereinigung fernzuhalten[838]. Dies bedeutet auch, daß der Außenseiter grundsätzlich außerhalb des Rechtssetzungsbereichs des Verbandes verbleiben darf[839]. Die Tarifautonomie sollte nur diejenigen treffen, die sich durch den Koalitionsbeitritt bewußt auf eine selbstverwaltete Regelung ihrer Arbeits- und Wirtschaftsbedingungen durch Koalitionen eingelassen haben. Daß der Tarifautonomie daneben dennoch eine gewisse Ordnungsfunktion zukommt und sie de facto wesentliche Rahmenbedingungen des Arbeitslebens vorgibt, bleibt unbestritten[840].

Daneben führt die normative Tarifvertragswirkung auch auf Außenseiter in der Tschechischen Republik zu Problemen und unbefriedigenden Ergebnissen, wenn mehrere Gewerkschaften in einem Unternehmen zuständig sind und jede Gewerkschaft soziale Repräsentantin der Arbeiter ist.

Allerdings ist die normative Kollektivvertragswirkung auch auf Außenseiter-Arbeitnehmer eines tarifgebundenen Arbeitgebers kein Einzelphänomen der Tschechischen Republik. Denn in den meisten Ländern in- und außerhalb der EU erfaßt der Kollektivvertrag auch die Außenseiter; ausdrücklich sehen das innerhalb der EU die Gesetze der Länder Belgien, Frankreich, Luxemburg, Niederlande, Österreich und Spanien vor[841]. Damit wird deutlich, daß das Argument der Verletzung der negativen Koalitionsfreiheit wohl wenig Beachtung in dem realen Arbeitsleben findet.

c) Rechtliche und wirtschaftliche Unabhängigkeit

Das Erfordernis der rechtlichen und wirtschaftlichen Unabhängigkeit der Gewerkschaft ist eine Folge der Stärkung der Gewerkschaft als „Interessenverband". Denn eine effektive Wahrnehmung der Arbeitnehmerinteressen verlangt

---

837 So auch *Galvas*, Právo a zaměstnání 2002, H. 1, S. 10 und *ders*, Pracovní právo (1999), S. 372 f.

838 So auch *Birk*, RdA 1995, H. 2, S. 75; ein Verstoß gegen die negative Koalitionsfreiheit ist allerdings strittig (s. näher *Birk*, RdA 1995, H. 2, S. 75 mit weiterem Nachweis).

839 So auch *Birk*, RdA 1995, H. 2, S. 75.

840 Vgl. *Waltermann*, ZfA 2000, S. 77 f.

841 Vgl. *Birk*, RdA 1995, H. 2, S. 75.

eine Unabhängigkeit sowohl gegenüber dem Staat und den politischen Parteien als auch im Verhältnis zum Gegner, nämlich zur Arbeitgeberseite. In diesem Punkt unterscheidet sich die Gewerkschaft der Tschechischen Republik ebenfalls wesentlich von ihrem sozialistischen Vorgänger, der Einheitsgewerkschaft (ROH).

(1) Staatliche Neutralität

Die Unabhängigkeit muß sowohl in rechtlicher als auch in finanzieller Hinsicht gegenüber dem Staat und den politischen Parteien bestehen; eine satzungsmäßige Unterwerfung unter die Ziele einer Partei ist nicht erlaubt. Zum Ausdruck bringen den Gedanken der staatlichen Unabhängigkeit Art. 27 Abs. 2 S. 1 Charta Nr. 2/1993 Slg. (vgl. Art. 3 Abs. 2 und Art. 8 Abs. 2 Abkommen Nr. 87/1948, Art. 8 Nr. 1 a) S. 2 AwskR 1966), wonach Gewerkschaften unabhängig vom Staat entstehen, und Art. 27 Abs. 3 Charta Nr. 2/1993 Slg. (vgl. Art. 8 Nr. 1 c) AwskR 1966), der eine Einschränkung der Gewerkschafts-tätigkeit nur ausnahmsweise aus Staatsschutzinteressen und bei Eingriffen in Rechte anderer erlaubt.
Ausdruck der rechtlichen Unabhängigkeit gegenüber dem Staat ist insbesondere, daß die Gewerkschaft Satzungsautonomie hat (§ 6 Abs. 2 Gesetz Nr. 83/1990 Slg.), d.h. daß sich die Gewerkschaft unabhängig von staatlicher Einflußnahme eine Satzung geben kann und daß sich die Mitglieder dieser Satzung unterwerfen[842].
Dem Erfordernis nach rechtlicher Unabhängigkeit entspricht auch die Tatsache, daß die Entstehung der Gewerkschaften lediglich an die deklaratorische Mitteilung (*evidence*, vgl. § 9 a Abs. 1 Gesetz Nr 83/1990 Slg. i.d.F. Nr. 300/1990 Slg.) gegenüber den zuständigen staatlichen Organen, nicht aber an eine staatliche Genehmigung geknüpft ist (§ 9 a Abs. 2 i.Vm. §§ 6 Abs. 1, 8 Gesetz Nr. 83/1990 i.d.F. Nr. 300/1990 Slg.). Insoweit besteht kein Unterschied zur Rechtslage vor der Wende, wo die ROH sowie andere Gewerkschaften außerhalb der ROH-Struktur ebenfalls keiner staatlichen Genehmigung unterlagen[843].
Zur wirtschaftlichen Unabhängigkeit gehört, daß die Gewerkschaft weder vom Staat noch vom Arbeitgeber finanziell unterstützt wird[844]. In der sozialistischen Regierungszeit waren staatliche finanzielle Zuwendungen an die Einheitsgewerkschaft dagegen üblich[845].
Eng zusammen mit der Gewährung der Unabhängigkeit gegenüber dem Staat hängt auch die nach der Wende erfolgte Herausgliederung der Gewerkschaft aus dem Staatsgefüge („Entstaatlichung“[846]). Die Gewerkschaft gilt nicht mehr als

---

842 Vgl. *Galvas* (-ders.), Pracovní právo, S. 376 und S. 380.
843 Vgl. zur sozialistischen Rechtslage 2. Teil, A.II.2)B).
844 *Galvas* (-ders.), Pracovní právo, S. 381.
845 Vgl. 2. Teil, A.II.1)A).
846 S. *Kahle*, Práce a mzda 1991, H. 7, S. 21.

Helfer des Staates zum Ausbau der „sozialistischen Demokratie" wie im totalitären Vorgängerregime und verliert die staatlichen Funktionen, die ihr die sozialistische Regierung zuerkannte.
Wichtigstes Beispiel für die Entstaatlichung ist der Ausschluß der Gewerkschaften von der Beilegung individualarbeitsrechtlicher Streitigkeiten durch die Abschaffung der Schiedskommissionen[847]; die Beilegung von Individualarbeitsrechtsstreitigkeiten obliegt nun ausschließlich den Gerichten (§ 207 ZP). Auch die Durchführung der Krankenversicherung, die früher den ROH-Gewerkschaftsorganen zustand, übernahmen staatliche Organe (vgl. §§ 52 und 54 Gesetz Nr. 180/1990 Slg.[848]).
Des weiteren wurden in diesem Zusammenhang die Beteiligungsrechte der Gewerkschaft im Rahmen des Gesetzgebungsverfahrens nach der Wende erheblich gekürzt. Während noch die Einheitsgewerkschaft (ROH) bei dem Erlaß von materiellen arbeitsrechtlichen Gesetzen ein Zustimmungsrecht hatte (vgl. § 23 Abs. 1 ZP Nr. 52/1989 Slg.[849]), stehen den Gewerkschaften nach der Wende in diesem Fall nur Erörterungsrechte zu (§ 23 Abs. 1 S. 1 ZP Nr. 3/1991 Slg.). Das Zustimmungsrecht, das noch auf dem Gedanken der Monopolstellung der ROH und ihrer Aufgabe als Helfer des Staates basierte, war mit dem neuen Verständnis der Gewerkschaften und der Einführung der Gewerkschaftspluralität unvereinbar[850]. Denn wenn zum Gesetzeserlaß nun die Zustimmung aller Gewerkschaftsorgane erforderlich wäre, hätte nur eine einzelne, ggf. kleine Gewerkschaft die Gesetzgebung behindern können.
Bei formellen Gesetzen im arbeitsrechtlichen Bereich bleibt es bei einem Erörterungsrecht der Gewerkschaften (§ 23 Abs. 2 ZP Nr. 3/1991 Slg.[851]).
Zur Aufgabe der Gewerkschaft zählt zwar nach wie vor die Überwachung, daß die arbeitsgesetzlichen Vorschriften sowie die kollektivvertraglichen Verpflichtungen durchgeführt werden (§ 22 Abs. 1 und Abs. 2 S. 1 ZP). Im Vergleich zur Rechtsordnung vor der Wende, wo der Einheitsgewerkschaft ebenfalls diese Überwachungsaufgabe zukam[852], besteht nun aber keine Kontroll*pflicht*[853] der

---

847 Vgl. näher 2. Teil, A.II.1)A) zur Beteiligung der Gewerkschaften an individualarbeitsrechtlichen Streitigkeiten vor der Wende im Rahmen der Schiedskommissionen.

848 Zákon č. 180/1990 Sb. o změnách předpisů o nemocenském a socialním zabezpečení a o mateřském příspěvku a některých dalších předpisů.

849 Vgl. bereits 2. Teil, A.II.1)A).

850 In diesem Sinne auch *Přenosilová*, Práce a mzda 1991, H. 2-3, S. 13.

851 Vgl. zur alten Rechtslage vor der Wende § 23 Abs. 3 ZP Nr. 52/1989 Slg. und bereits 2. Teil, A.II.1)A).

852 Vgl. hierzu 2. Teil, A.II.1)A).

853 Vgl. § 22 Abs. 1 ZP Nr. 52/1989 Slg.: „Revoluční odborové hnutí svou činností *vede* pracující v souladu s celospolečenskými zájmy k jednotnému uplatňování a dodržování ustanovení tohoto zákoníku (...)." [*Übersetzung*: „Die Revolutionäre Gewerkschaftsbewegung *führt* mit ihrer Tätigkeit die Arbeiter im Einklang mit den gesamtgesellschaftlichen Interessen *zu* der einheitlichen Geltendmachung und Verwirklichung der Regelungen dieses Gesetzes (...)."] und § 22 Abs. 3 S. 1 ZP Nr. 52/1989 Slg.: „Orgány Revolučního odborového hnutí určené Ústřední radou odborů *vykonávají* v organizacích společenskou kontrolu nad

Gewerkschaft mehr, sondern ein Kontroll*recht*[854]. Die Gewerkschaft hat auch nicht mehr die Möglichkeit (wie etwa nach dem Recht vor der Wende gem. § 22 Abs. 2 S. 1 ZP Nr. 52/1989 Slg.), selbst in Zusammenarbeit mit staatlichen Organen geeignete Maßnahmen zu ergreifen, um die Durchsetzung vom Arbeitgeber zu verlangen. Sie kann lediglich die Arbeitnehmer anspornen, ihre eigenen Rechte durchzusetzen (vgl. § 22 Abs. 3 e) ZP).
Lenins These, daß die Gewerkschaft im Sozialismus auch den Staat vor den Arbeitern schützen sollte[855], ist mit dem neuen Rechtsverständnis hinsichtlich der Gewerkschaft, dem Verlust der Quasi-Staatlichkeit und der Forderung nach staatlicher Neutralität unvereinbar.

(2) Gegnerreinheit /-unabhängigkeit

Neben der staatlichen Neutralität muß die Gewerkschaft auch Unabhängigkeit im Verhältnis zum Gegner, dem Arbeitgebersubjekt, besitzen (sog. Gegnerreinheit /-unabhängigkeit).
Zwar erwähnt das tschechische Recht, insbesondere die Charta der Grundrechte und -freiheiten, dieses Erfordernis im Gegensatz zur staatlichen Unabhängigkeit nicht explizit. Doch ist das Merkmal der Unabhängigkeit gegenüber dem Arbeitgeber Voraussetzung für eine effektive Interessenwahrnehmung und mit der neuen Bedeutung der Gewerkschaft als „Interessenverband" eng verbunden. Denn die Gewerkschaft vertritt in der Regel völlig gegensätzliche Interessen gegenüber dem Arbeitgeber und bedarf daher einer Unabhängigkeit gegenüber diesem.
Auch in diesem Punkt unterscheidet sich das neue Rechtsverständnis über Gewerkschaften wesentlich von der Rechtssituation vor der Wende. Denn die sozialistische Lehre verschleierte die Gegensätzlichkeit von Gewerkschaft und Arbeitgebersubjekt. Nach ihrer Ideologie waren die Mitglieder der sozialistischen Organisation und Gewerkschaft identisch, da sich beide aus den Arbeitern als Angehörige der herrschenden Klasse zusammensetzten[856]. Die Gewerkschaft stellte somit keinen Gegenpol zur sozialistischen Organisation dar, da beide das

---

dodržováním pracovněprávních předpisů." [*Übersetzung*: „Die Organe der Revolutionären Gewerkschaftsbewegung, die der Zentralrat der Gewerkschaften festlegt, *führen* in den Organisationen die gesellschaftliche Kontrolle über die Einhaltung arbeitsrechtlicher Vorschriften *aus*."].

[854] Vgl. § 22 Abs. 1 ZP Nr. 3/1991 Slg.: „Odborové orgány *dbají* o dodržování ustanovení tohoto zákoníku a ostatních pracovněprávních předpisů (...)." [*Übersetzung*: „Die Gewerkschaftsorgane *kümmern sich um* die Einhaltung der Regelungen dieses Gesetzes und anderer arbeitsrechtlicher Vorschriften (...)."] und § 22 Abs. S. 1 ZP Nr. 74/1994 Slg.: „Příslušné odborové orgány *mají právo vykonávat* u zaměstnavatelů *kontrolu* nad dodržováním pracovněprávních předpisů (...)." [*Übersetzung*: „Die zuständigen Gewerkschaftsorgane *haben das Recht*, bei den Arbeitgebern die Kontrolle über die Einhaltung arbeitsrechtlicher Vorschriften (...) *auszuüben*."]; vgl. auch *Tröster* (ders./Vysokajová), Zákoník práce, S. 47.

[855] Vgl. 2. Teil, A.II.1)A).

[856] Vgl. 2. Teil, A.II.1)A).

gleichgerichtete Ziel, die Interessen der Arbeiterklasse zu wahren, hatten[857]. Da die Gewerkschaft nach der sozialistischen Lehre Interessengleichgesinnte im Verhältnis zu den sozialistischen Organisationen war, wäre die Forderung nach einer Gegnerunabhängigkeit im Sinne dieser Lehre widersprüchlich.
Demgegenüber ist nach dem heutigen Rechtsverständnis die Gewerkschaft als Interessenvertreterin keine Interessengleichgesinnte im Verhältnis zu dem Arbeitgeber. Sie vertritt in der Regel völlig gegensätzliche Interessen gegenüber diesem und ist auf Konfrontation ausgerichtet[858].

B) Funktion und Bedeutung des Kollektivvertrages

Dem Kollektivvertrag soll nach der Wende eine wesentliche Funktion im Rahmen der Gestaltung der Arbeitsrechtsordnung zukommen, während staatliche Regelungen zurückgedrängt und auf wichtige Schutzaspekte beschränkt werden sollen[859].
Das neue marktwirtschaftliche System bewertet Kollektivverhandlungen und Kollektivverträge als flexible und effektive Instrumente zur Lösung der sozialen Probleme im Arbeitsrecht[860]. Die Kollektivverträge bieten eine Richtigkeitsgewähr dafür, daß die Arbeitnehmerinteressen angemessen berücksichtigt werden[861]. Denn eine Besonderheit der Kollektivverhandlungen ist die grundsätzlich anzunehmende, ggf. durch Einsatz von Arbeitskampfmitteln erlangte Gleichgewichtigkeit der Vertragspartner. Im Vergleich zum einzelnen Arbeiter, der gegenüber dem Arbeitgeber meist ökonomisch schwächer ist, stellt nämlich die Gewerkschaft einen stärkeren und somit geeigneteren Verhandlungspartner gegenüber dem Arbeitgeber dar[862].
Mit dem Wegfall der zentralen staatlichen Regelungen der Arbeits- und Wirtschaftsbedingungen verlor der Kollektivvertrag seine bisherige hauptsächliche Funktion als betriebliches Instrument zur Verwirklichung der staatlichen Wirtschaftsplanvorgaben[863].
Kollektivverträge im neuen Rechtsverständnis nach der Wende 1989 sind nun das Ergebnis von wirklichen Kollektivverhandlungen, auf das sich beide Vertragspartner geeinigt haben[864]. Nach § 2 Abs. 1 GKV legt der Kollektivvertrag die Rechtsbeziehungen zwischen dem Arbeitgeber und den Arbeitnehmern und den Gewerkschaften fest. Gewerkschaften und Arbeitgeber werden danach im Gegensatz zu dem sozialistischen Verständnis, nach dem beide ein gemeinsames

---

[857] Vgl. 2. Teil, A.II.1)A).
[858] S. auch bereits 2. Teil, B.II.1)A)b)(1).
[859] Vgl. *Baloušek/Měchura*, Práce a mzda 1994, H. 1, S. 3.
[860] *Bělina* (-Tomeš), Pracovní právo (1997), S. 85.
[861] *Bělina* (-Tomeš,) Pracovní právo (1997), S. 85.
[862] *Bělina* (-Tomeš), Pracovní právo (1997), S. 85 f.; vgl. auch bereits 2. Teil, B.I)3).
[863] Vgl. zu dieser Funktion 2. Teil, A.II.1)B).
[864] *Bělina* (-Tröster), Pracovní právo (2001), Rn. 1580.

Interesse verfolgten, zu wirklichen vertraglichen Gegnern[865]. Im Vergleich zu seinem zum bloßen Formalismus verkümmerten Gegenstück im totalitären Regime[866] gewinnt der Kollektivvertrag seine Bedeutung als wirklicher Vertrag im Sinne eines gegenseitigen Aushandelns der Vertragsbedingungen und als Mittel der Lösung von Interessenkonflikten zurück[867]. Befreit wird der Kollektivvertragsinhalt von dem nichtrechtlichen Ballast aus seiner Vorgängerzeit, wie politischen Angaben und bloßen Informationen. Als Instrument der Interessenwahrnehmung stellen Kollektivverträge den Konsens zwischen den unterschiedlichen Interessen auf der Arbeitgeber- und der Arbeitnehmerseite dar[868]. Der Abschluß von Kollektivverträgen soll nun zu den Hauptaufgaben der Gewerkschaften gehören, die ja vor allem als Interessenvertreterin auftritt[869].
Um eine effektive Interessenwahrnehmung zu ermöglichen, ist der Kollektivvertrag nicht mehr nur auf die betriebliche und unternehmerische Ebene beschränkt, sondern grundsätzlich auch auf höherer Ebene wünschenswert[870]. Das neue Rechtssystem führt daher überbetriebliche Kollektivverträge, die im totalitären Regime bedeutungslos waren und kurz vor der Wende sogar unzulässig wurden[871], als wichtige Gestaltungsmittel der Arbeitsrechtsordnung wieder ein[872].
Das Arbeitsrecht nach der Wende sieht den Kollektivvertrag als Rechtsquelle der Arbeitsrechtsordnung[873]. Der Umfang der normativen Regelungsmöglichkeiten wurde nach der Wende durch die Umwandlung vieler zwingender Rechtsnormen in einseitig zwingende bzw. dispositive Regelungen erweitert[874]. Kollektivverträge erhielten insbesondere einen breiteren Spielraum für das Aushandeln von Löhnen und anderer Arbeitsbedingungen, was im einzelnen noch näher aufgezeigt wird.

---

865 *Carabelli/Sciarra* (- Vimercati), Collective labour law, S. 43.
866 S. hierzu 2. Teil, A.II.1)B).
867 Vgl. *Carabelli/Sciarra* (- Vimercati), Collective labour law, S. 43.
868 In diesem Sinne *Bělina* (-Tomeš), Pracovní právo (1997), S. 86.
869 S. 2. Teil, B.II.1)A)b)(1).
870 S. bereits 2. Teil, B.II.1)A)b)(1).
871 Vgl. 2. Teil, A.II.1)B).
872 Vgl. *Ústav státu a práva Akademie věd ČR*, Práce a mzda 1993, H. 10, S. 34.
873 Vgl. *Bělina* (-Kalenská), Pracovní právo (1997), S. 113.
874 S. bereits 2. Teil, B.I.1)B)c).

2) Arbeitnehmer-/Belegschaftsvertretungsrecht

A) Weiterhin gewerkschaftliche Belegschaftsvertretung

a) Bedeutung

Unter Mitbestimmung im weiten Sinne ist die Beteiligung der Arbeitnehmer an Entscheidungen in Betrieb und Unternehmen zu verstehen[875]. Zu unterscheiden ist dabei die arbeitsrechtliche Form der Mitbestimmung im Betrieb und Unternehmen (Belegschaftsvertretungsrecht) sowie die Beteiligung der Arbeitnehmer an der Auswahl und der Kontrolle der Unternehmensleitung (sog. Unternehmensmitbestimmung).

Das neue Aktiengesetz, das die Form der Kapitalgesellschaften einführte, ermöglichte nach der Wende den Arbeitnehmern in gewissem Umfang eine Unternehmensmitbestimmung in den Organen der Kapitalgesellschaften (vgl. z.B. die Beteiligung der Arbeitnehmer im Aufsichtsrat der Aktiengesellschaft gem. § 55 Abs. 3 Aktiengesetz Nr. 104/1990 Slg.[876]).

Im Rahmen der arbeitsrechtlichen Form der Mitbestimmung kennt das tschechische Belegschaftsvertretungsrecht auch nach der Wende weiterhin die gewerkschaftliche Vertretung der Arbeitnehmer im Unternehmen (vgl. § 18 b ZP).

Zwar erlauben zum Teil auch einige (west-)europäische Länder gewerkschaftliche Belegschaftsvertretungsorgane[877]. Im Unterschied zur Tschechischen Republik handelt dort allerdings die Gewerkschaft grundsätzlich nie alleine als Arbeitnehmervertretungsorgan, sondern neben Unternehmensräten, die i.d.R. hauptsächlich die Belegschaftsvertretungs-funktionen ausüben[878]. Die westeuropäischen Länder, die auch eine gewerkschaftliche Vertretung vorsehen, geben folglich dem „dualistischen System"[879], d.h. der Belegschaftsvertretung sowohl durch Unternehmens-ausschüsse als auch durch Gewerkschaften, den Vorrang[880]. Grundsätzlich unterscheiden aber die Beitrittsländer der EU zwischen dem primären Recht der Gewerkschaften auf Kollektivverhandlungen über Lohn- und andere Arbeitsbedingungen und dem Recht der Arbeiter auf Information und Beratung im Betrieb und Unternehmen, das hauptsächlich durch ande-

---

[875] Vgl. *Kalenská/Tröster*, Ke vzniku pracovního práva, S. 38 und *Tröster*, Právo a zaměstnání 2002, H. 1, S. 3.

[876] Zákon č. 104/1990 Sb. o akciových společnostech.

[877] So zum Beispiel Belgien, Dänemark, Irland, Portugal, vgl. *Sádková*, Práce a mzda 1997, H. 3, S. 33 ff. und H. 4, S. 28 ff.

[878] *Jakubka*, Práce a mzda 2001, H. 10, S. 30; vgl. auch *Sádková*, Práce a mzda 1997, H. 3, S. 33 ff. und H. 4, S. 28 ff.

[879] Vgl. hierzu *Kalenská*, Právní rádce 2000, H. 4, S. 7.

[880] Lediglich Großbritannien sieht hauptsächlich eine gewerkschaftliche Arbeitnehmervertretung vor, schließt allerdings die Errichtung weiterer Vermittlungsorgane aufgrund Vereinbarungen der Sozialpartner nicht aus (vgl. *Sádková*, Práce a mzda 1997, H. 4, S. 33 f.).

re, aus Wahlen der gesamten Belegschaft hervorgehenden Organen (insbesondere Unternehmensräten) vermittelt wird[881].

Demgegenüber herrscht in der Tschechischen Republik das „monistische System“[882]. Das bedeutet, daß die eigentliche Belegschaftsvertretung nur durch Gewerkschaften ausgeübt wird. Der Gewerkschaft kommt, wie auch schon vor der Wende[883], die Repräsentationsstellung kraft Gesetzes, nicht infolge demokratischer Wahlen durch die Belegschaft zu. Das Gewerkschaftsorgan handelt ohne Rücksicht auf die Anzahl der Gewerkschaftsmitglieder bei dem Arbeitgeber auch für solche Arbeitnehmer, die nicht gewerkschaftlich organisiert sind[884].

Das Belegschaftsvertretungsrecht ist dabei nicht in einem eigenen Gesetz geregelt, sondern die Mitbestimmungs- und Mitwirkungsrechte ergeben sich aus mehreren Gesetzen, wie zum Beispiel dem Arbeitsgesetzbuch, seiner Durchführungsverordnung, dem Gesetz über die Beschäftigung, dem Gesetz über die Gewerkschaftspluralität etc Diese Unübersichtlichkeit führte in der Literatur[885] bereits zur Forderung nach einem eigenständigen Gesetz, das die Rechtsbefugnisse der Gewerkschaften zusammenfaßt.

Die gewerkschaftliche Belegschaftsvertretung ist neben dem Prinzip der sozialen Repräsentation ein Überbleibsel aus der sozialistischen Regierungszeit, in welcher die Gewerkschaft nach und nach die Aufgaben der Betriebsräte übernommen hat[886].

Während allerdings vor der Wende der Betriebsausschuß der ROH als gewerkschaftliches Arbeitnehmervertretungsorgan nur auf *betrieblicher* Ebene tätig war (vgl. Art. 1 und 2 Beschluß IV.ggK/1959 Slg.)[887], läßt sich dem heutigen tschechischen Recht eine solche Beschränkung auf den Betrieb, d.h. auf eine arbeitstechnische Organisationseinheit mit einer rechtlich abgesicherten einheitlichen Leitungsmacht, nicht entnehmen. Denn das Arbeitsgesetzbuch sowie das Gesetz über die Gewerkschaftspluralität regeln die Rechte der gewerkschaftlichen Arbeitnehmervertretung gegenüber dem ‚Arbeitgeber‘ (*zaměstnavatel*), ohne daß sie diese Rechte auf die Betriebsebene oder auf andere Organisationseinheiten begrenzen (vgl. §§ 18 b, 41, 59 ZP, § 2 Gesetz Nr. 120/1990 Slg.). Da das Arbeitsgesetzbuch aber durchaus die Unterscheidung zwischen dem Arbeitgeber und seinen Organisationseinheiten kennt (vgl. § 8 Abs. 2 S. 2 ZP: *organizační jednotky*[888] und § 98 ZP: *jednotlivé organizačni útvary*[889]), ist davon auszuge-

---

[881] *Sádková*, Práce a mzda 1997, H. 2, S. 28; *Jakubka*, Práce a mzda 2001, H. 10, S. 30; *Tröster*, Právo a zaměstnání 2002, H. 1, S. 5 f.

[882] Vgl. hierzu *Kalenská*, Právní rádce 2000, H. 4, S. 7.

[883] Vgl. näher zur Situation vor der Wende 2. Teil, A.II.3)B).

[884] *Tomandlová*, Zákoník práce, S. 38; *Kalenská/Tröster*, Ke vzniku pracovního práva, S. 38.

[885] *Jakubka*, Práce a mzda 1993, H. 7-8, S. 49; *Kostečka*, Právo a zákonnost 1990, H. 5, S. 260.

[886] Vgl. 2. Teil, A.II.3)B).

[887] Vgl. auch 2. Teil, A.II.2)D)b): Prinzip ‚Ein Betrieb – Eine Grundorganisation der ROH (ZO ROH)‘.

[888] [*Übersetzung*: Organisationseinheiten].

hen, daß die Gewerkschaft die Interessen der Belegschaft des gesamten Unternehmens, d.h. der wirtschaftlichen Organisationseinheit, wahrnehmen kann.
Der Begriff der „Betriebs"-verfassung, den zum Beispiel Kostečka[890] für die arbeitsrechtliche Form der Mitbestimmung im Betrieb und Unternehmen in der Tschechischen Republik in deutscher Sprache (wohl in Anlehnung an das deutsche Arbeitsrecht) verwendet, ist folglich nicht ganz zutreffend.
Infolge der Bezugnahme auf das Unternehmen als ganzes und nicht nur auf den Betrieb ist die Errichtung eines Gesamtbetriebsrates auf Unternehmensebene bei mehreren selbständigen Betrieben eines Unternehmens überflüssig und im tschechischen Recht im übrigen auch nicht vorgesehen.
Eine weitere Schwäche des tschechischen Belegschaftsvertretungsrechts ist, daß es ausnahmslos alle Arbeitnehmer (vgl. § 11 ZP) erfaßt, ohne die leitenden Angestellten (vgl. § 9 Abs. 3 ZP) auszugrenzen. Das tschechische Recht geht diesbezüglich immer noch von der Interesseneinheit aller Arbeitnehmer, wie sie der Sozialismus propagierte, aus. Die leitenden Angestellten können aber wegen ihrer arbeitgeberähnlichen Stellung im Betrieb und Unternehmen und wegen ihrer besonderen Interessenlagen[891] nicht der gesamten Belegschaft zugerechnet werden und bedürfen m. E. einer eigenen neben der Belegschaftsvertretung bestehenden Vertretung.

b) Unterschied zu anderen zulässigen Arbeitnehmervertretungen

Das Phänomen der gewerkschaftlichen Belegschaftsvertretung hat sich im allgemeinen Rechtsverständnis so tief verwurzelt, daß bis heute der Gedanke an eine gewerkschaftsunabhängige Belegschaftsvertretung nur langsam positiven Widerhall findet.
Lange Zeit, bis über zehn Jahre nach der Wende 1989, ging das Belegschaftsvertretungsrecht von der *allein* möglichen Repräsentation der Arbeiter durch die Gewerkschaft aus.
Im Vergleich dazu haben die postsozialistischen Länder Ungarn und Polen bereits unmittelbar nach Ablösung des sozialistischen Regimes neben weiterhin bestehenden Arbeitnehmervertretungsrechten der Gewerkschaft Arbeitnehmerräten eingeführt[892]. In Ungarn zum Beispiel sollten Arbeitnehmerräte nach dem deutschen Modell der „Betriebsräte" entstehen, wobei das ungarische Arbeitsgesetz allerdings letztendlich den Arbeitnehmerräte nur wenige und meist schwache Beteiligungsrechte zuerkannte und die Räte in der Organisation ihrer Wah-

---

[889] [*Übersetzung*: einheitliche Organisationsabteilungen].
[890] *Kostečka*, ArbuR 1992, H. 11, S. 322.
[891] Vgl. auch *Kostečka*, Právo a zákonnost 1990, H. 5, S. 258 f., der auf das Problem der unterschiedlichen Interessenlagen bei leitenden Angestellten im Rahmen der Erörterung der gewerkschaftlichen Vereinigungsfreiheit hingewiesen hat.
[892] Vgl. *Carabelli/Sciarra* (-Vimercati), Collective labour law, S. 24 ff.

len von der Gewerkschaft abhängig machte[893]. In Polen sind bereits 1981 durch das Gesetz vom 25. September 1981 Arbeitnehmerräte eingeführt worden, die zur Kooperation mit den Gewerkschaften verpflichtet waren[894]. Erst 1989 wurde die Kooperationspflicht aufgelöst; im übrigen galt das Gesetz von 1981 und somit die Koexistenz zwischen gewerkschaftlichen Arbeitnehmervertretungen und unabhängigen Arbeitnehmerräten auch nach der Wende in Polen weiter[895]. Allerdings bezieht sich das Gesetz von 1981 nur auf staatliche Unternehmen und die Belegschaftsvertretung durch Arbeitnehmerräte in privaten Unternehmen ist gesetzlich nicht geregelt[896].

Erste Veränderungen im Rahmen des Belegschaftsvertretungsrechts der Tschechischen Republik brachte die Novelle Nr. 155/2000 Slg. zum 1. Januar 2001 (Art. 26 Gesetz Nr. 155/2000 Slg.), deren Ziel insbesondere die Anpassung des tschechischen Arbeitsrechts an das EU-Recht war. Mit dem Europa-Abkommen vom 4. Oktober 1993 (Nr. 7/1995 Slg.)[897] hat sich die Tschechische Republik nämlich mit Blick auf einen künftigen EU-Beitritt verpflichtet, ihre Rechtsvorschriften schrittweise mit dem Gemeinschaftsrecht vereinbar zu machen (Art. 69 des Abkommens).

Die Novelle hat das innerstaatliche Recht insbesondere mit den Richtlinien über den Betriebsübergang (Nr. 77/187/EEC in der Fassung Nr. 98/50/EC), über die Massenentlassung (Nr. 75/129/EEC in der Fassung Nr. 92/56/EEC), über die Sicherheit und den Gesundheitsschutz am Arbeitsplatz (Nr. 89/391/EEC in der Fassung Nr. 91/383/EEC) sowie über die Errichtung europäischer Betriebsräte (Nr. 94/45/EC) harmonisiert[898]. Diese vier Richtlinien wurden gem. Art. 137 Abs. 1, 3. Spiegelstrich EGV zur „Unterrichtung und Anhörung der Arbeitnehmer" erlassen[899].

Ziel dieser Richtlinien ist es insbesondere, die Kommunikation und Kooperation zwischen dem Arbeitgeber und seinen Arbeitnehmern zu sichern, wobei die Richtlinien die Pflicht des Arbeitgebers festlegen, die Arbeitnehmer über bestimmte Angelegenheiten zu informieren und diese mit den Arbeitnehmern zu erörtern (sog. „sozialer Dialog")[900]. Dabei gehen die Richtlinien ausdrücklich

[893] *Carabelli/Sciarra* (-Vimercati), Collective labour law, S. 28 und *Carabelli/Sciarra* (-Lehoczky/Ládo), Collective labour law, S. 128 f. und S. 131.

[894] *Carabelli/Sciarra* (-Vimercati), Collective labour law, S. 26.

[895] *Carabelli/Sciarra* (-Vimercati), Collective labour law, S. 26.

[896] *Carabelli/Sciarra* (- Vimercati), Collective labour law, S. 27 und (- Florek), Collective labour law, S. 203.

[897] Vgl. hierzu bereits 2. Teil, B.I.3).

[898] S. die Begründung des Gesetzesentwurfs zu Gesetz Nr. 155/2000 Slg. durch das *MfAS*, Právo a zaměstnání 1999, H. 11-12, S. 26; s. auch *Tomandlová*, Zákoník práce, S. 57 und ausführlich zu den Europäischen Richtlinien, die die Novelle Nr. 155/2000 Slg. berücksichtigt hat, s. *Jakubka*, Práce a mzda 2000, H. 7-8, S. 6 ff.

[899] Vgl. zur Umsetzung dieser Richtlinien und zur Frage der Kompatibilität des tschechischen Rechts mit dem Gemeinschaftsrecht *Seibold*, Die Osterweiterung, S. 75 ff., 83 ff. 98 ff. und 181 ff.

[900] Vgl. *Tomandlová*, Zákoník práce, S. 57.

auch von der Möglichkeit der Vermittlung des „sozialen Dialogs“ durch Arbeitnehmervertretungen aus[901].

Die europarechtlichen Grundlagen im primären Gemeinschaftsrecht für den „sozialen Dialog“[902], d.h. den Dialog zwischen den Sozialpartnern Arbeitnehmer und Arbeitgeber, der auch zu vertraglichen Beziehungen zwischen den Partnern führen kann, sind § 118 b EGV[903], die durch die Einheitliche Europäische Akte in den EGV eingeführt wurde, sowie das Maastrichter Abkommen über die Sozialpolitik von 1991, das durch den Amsterdamer Vertrag von 1997 in den EGV eingeführt wurde.

Im Sinne der genannten Richtlinien führte die Novelle des Arbeitsgesetzbuchs zwei wichtige Neuerungen ein: Während das bisherige Recht die Beteiligungsrechte, also auch Informations- und Erörterungsrechte, nur der Gewerkschaft als Vertretungsorgan zugestand (vgl. §§ 18 Abs. 1 bis 4 ZP Nr. 74/1994 Slg.), verankerte die Novelle ein eigenes Informations- und Erörterungsrecht aller Arbeitnehmer (§ 18 Abs. 1 S. 1 ZP Nr. 155/2000 Slg.). Der Arbeitgeber hat die Pflicht, die Arbeitnehmer direkt über bestimmte Angelegenheiten zu informieren und diese mit ihnen zu erörtern (§ 18 Abs. 1 S. 2 i.V.m. § 18 Abs. 2 und 3 ZP Nr. 155/2000 Slg.), falls keine Arbeitnehmervertretung bei ihm existiert. Ansonsten muß er seiner Informations- und Erörterungspflicht gegenüber einer bestehenden Arbeitnehmervertretung nachkommen (vgl. §§ 18 b Abs. 2 und 3, 24 Abs. 2 und 3 ZP Nr. 155/2000 Slg.).

Zum zweiten beseitigte die Novelle Nr. 155/2000 Slg. die Ausschließlichkeit der gewerkschaftlichen Arbeitnehmervertretung im Betrieb und Unternehmen, indem sie weitere Arten von Arbeitnehmervertretungen einführte (§ 24 Abs. 1 ZP Nr. 155/2000 Slg.). Mögliche Arbeitnehmervertretungen sind zukünftig zwar weiterhin die Gewerkschaftsorgane, aber auch ‚Arbeitnehmerräte‘ (*rady zaměstnanců*, s. § 18 Abs. 1 S. 2 ZP Nr. 155/2000 Slg.) sowie ‚Vertreter speziell für den Bereich der Sicherheit und des Gesundheitsschutzes bei der Arbeit‘ (*zástupce pro oblast bezpečnosti a ochrany zdraví při práci*[904], s. § 18 Abs. 1 S. 2 ZP Nr. 155/2000 Slg.).

Im Vergleich zu den gewerkschaftlichen Betriebsverfassungsorganen kann die gesamte Belegschaft der Arbeitnehmer ab einer bestimmten Anzahl von beschäftigten Arbeitnehmern (vgl. § 25 Abs. 1 ZP Nr. 155/2000 Slg.[905]) aus ihren eigenen Reihen die Arbeitnehmerräte und die Räte BOZP wählen (§ 25 a Abs. 6

---

901 Vgl. *Tomandlová*, Zákoník práce, S. 57.

902 Näher hierzu *Hrabcová*, Práce a mzda 2000, H. 3-4, S. 57 f.; *Fuchs*, Sociální politika 1998, H. 7-8, S. 2 ff.; *Fuchs*, Právo a zaměstnání 1998, H. 3, S. 3 f. und S. 8.

903 Abkürzung für den Vertrag zur Gründung der Europäischen Gemeinschaft vom 25. März 1957.

904 Im folgenden abgekürzt als „Räte BOZP“.

905 Für die Wahl des Arbeitnehmerrates ist Voraussetzung, daß mehr als 25 Arbeitnehmer in einem Arbeitsverhältnis bei dem Arbeitgeber beschäftigt sind (§ 25 Abs. 1 S. 1 ZP Nr. 155/2000 Slg.). Für die Wahl des Rates BOZP müssen mehr als 10 Arbeitnehmer beschäftigt sein (§ 25 Abs. 1 S. 3 ZP Nr. 155/2000 Slg.).

ZP Nr. 155/2000 Slg.). Im Unterschied zur Gewerkschaft sind die neu eingeführten Arbeitnehmervertretungen keine Vereinigungen im Sinne des Art. 27 Abs. 1 Charta und Art. 2 Abkommen Nr. 87/1948[906], so daß die Wahlen nicht interne Angelegenheiten sind und das Arbeitsgesetzbuch daher die Wahl der Arbeitnehmerräte näher festlegen konnte (vgl § 25 a) bis b) ZP Nr. 155/2000 Slg.). Eine Pflicht zur Wahl eines Arbeitnehmerrates oder Rates BOZP besteht nicht. Vielmehr bleibt es der Belegschaft überlassen, ob sie einen solchen Rat errichten möchte (vgl. § 24 Abs. 1 ZP Nr. 155/2000 Slg.[907]).
Wie bei den gewerkschaftlichen Belegschaftsvertretungsorganen beschränkt das Arbeitsgesetzbuch auch die Tätigkeit der Arbeitnehmerräte und der Räte BOZP nicht auf die betriebliche Ebene (vgl. §§ 24 Abs. 1, 25 Abs. S. 1 ZP Nr. 155/2000 Slg.).
Mit der Einführung dieser weiteren Belegschaftsvertretungen hob die Novelle zwar die ausschließliche gewerkschaftliche Arbeitnehmervertretung auf. Allerdings räumt das Arbeitsgesetzbuch der gewerkschaftlichen Vertretung hinsichtlich Existenz und Tätigkeit Priorität ein.
Arbeitnehmerräte und Räte BOZP dürfen erst errichtet werden, wenn kein gewerkschaftliches Belegschaftsvertretungsorgan in dem Unternehmen wirkt (vgl. § 24 Abs. 1 ZP Nr. 155/2000 Slg.[908]). Die Existenz eines gewerkschaftlichen Vertretungsorgans schließt die anderen Arbeitnehmervertretungen aus. Wird nachträglich ein Gewerkschaftsorgan bei dem Arbeitgeber zuständig, so endet die Tätigkeit der anderen Arbeitnehmervertretungen, sobald die Gewerkschaft ihr Entstehen und ihre Zuständigkeit nachweist (§ 25 Abs. 6 a) ZP Nr. 155/2000 Slg.). Bei einem Arbeitgeber zuständig zu sein bedeutet nicht notwendig, daß das Gewerkschaftsorgan sich innerhalb des Betriebes eines Arbeitgebers konstituiert. Es reicht, daß Arbeitnehmer dieses Arbeitgebers Gewerkschaftsmitglieder sind und die Gewerkschaft diesem Arbeitgeber schriftlich mitteilt, daß sie in seinem Betrieb satzungsgemäß tätig wird[909]. Eine Mindestzahl von Gewerkschafschaftsmitgliedern in einem Betrieb oder Unternehmen ist für diesen Fall gesetzlich nicht normiert[910]. Somit können ein einzelner Arbeitnehmer mit dem Beitritt zu einer bestehenden Gewerkschaft oder drei Arbeitnehmer durch Gründung einer neuen Gewerkschaft das Ende der von der gesamten Belegschaft

---

[906] Vgl. *Tomandlová*, Zákoník práce, S. 57.
[907] Vgl. § 24 Abs. 1 ZP Nr. 155/2000 Slg.: „(...) *si mohou* zaměstnanci (...) *zvolit* radu zaměstnanců (...).“ [*Übersetzung*: „(...) *können* die Arbeitnehmer (...) einen Arbeitnehmerrat *wählen* (...).“].
[908] § 24 Abs. 1 ZP Nr. 155/2000 Slg.: „K zajištění práva na informace a projednání si mohou zaměstnanci zaměstnavatele, *u něhož nepůsobí odborová organizace*, zvolit radu zaměstnanců, popřípadě zástupce pro oblast bezpečnosti a ochrany zdraví při práci.“ [*Übersetzung*: „Zur Sicherung ihrer Rechte auf Information und Erörterung können die Arbeitnehmer des Arbeitgebers, *bei dem keine Gewerkschaftsorganisation wirkt*, einen Arbeitnehmerrat, gegebenfalls Vertreter für den Bereich Sicherheit und Gesundheitsschutz bei der Arbeit wählen.“].
[909] *Gerauer/Baron/Britz*, Arbeitsrecht, Rn. 11.
[910] *Gerauer/Baron/Britz*, Arbeitsrecht, Rn. 11.

(vielleicht sogar von Hunderten von Arbeitnehmern) legitimierten Arbeitnehmerräte bzw. Räte BOZP herbeiführen. Dies spricht für die Unvollkommenheit der Novelle des Arbeitsgesetzbuchs Nr. 155/2000 Slg.[911].

Das Arbeitsgesetzbuch weist der Gewerkschaft einen unvergleichbar größeren Tätigkeitsbereich als den anderen Arbeitnehmervertretungen zu. Denn die neu eingeführten Belegschaftsvertretungen haben größtenteils nur Informationsrechte und wenige Erörterungsrechte. Gem. § 24 Abs. 2 ZP Nr. 155/2000 Slg. haben die Arbeitnehmerräte Informationsrechte im Umfang des § 18 Abs. 2 a) bis f) und Abs. 3 a) und b) ZP Nr. 155/2000 Slg., die Räte BOZP im Umfang des § 18 Abs. 2 g) und Abs. 3 c) ZP Nr. 155/2000 Slg

Im einzelnen stehen dem Arbeitnehmerrat danach Informationen zu über die wirtschaftliche und finanzielle Situation des Unternehmens (§ 18 Abs. 2 a) ZP Nr. 155/2000 Slg.), einen geplanten Betriebs- bzw. Betriebsteilübergang auf einen anderen Arbeitgeber (§ 18 Abs. 2 b) i.V.m. § 250 Abs. 1 ZP Nr. 155/2000 Slg.), die Rechtsstruktur und innere Organisation des Unternehmens (§ 18 Abs. 2 c) ZP Nr. 155/2000 Slg.), die wahrscheinliche Entwicklung seiner Beschäftigungspolitik (§ 18 Abs. 2 d) ZP Nr. 155/2000 Slg.), eine geplante Massenentlassung und zwar mindestens 20 Tage vor Ausspruch der Kündigungen (§ 52 Abs. 2 ZP Nr. 155/2000 Slg.) sowie geplante strukturelle Änderungen oder organisatorische Maßnahmen im Zusammenhang mit der Massenkündigung (§ 18 Abs. 2 e) ZP Nr. 155/2000 Slg.) und über grundlegende Fragen hinsichtlich der Arbeitsbedingungen (§ 18 Abs. 2 f) ZP Nr. 155/2000 Slg.).

Darüber hinaus hat der Arbeitnehmerrat Erörterungsrechte bei einem geplanten Betriebsübergang (§ 18 Abs. 3 a) i.V.m. § 250 Abs. 1 ZP Nr. 155/2000 Slg.) und bei Maßnahmen im Zusammenhang mit einer Massenkündigung (§ 18 Abs. 3 b) i.V.m. § 52 Abs. 2 ZP Nr. 155/2000 Slg.).

Der Rat BOZP hat Informations- und Erörterungsrechte im Umfang der gesetzlichen Regelungen über Sicherheit und Gesundheitsschutz am Arbeitsplatz (§ 18 Abs. 2 g) i.V.m. § 136 a ZP Nr. 155/2000 Slg.).

Das Gesetz gesteht den neuen Arbeitnehmervertretungen nur ausnahmsweise ein Recht auf Mitbestimmung zu, wie z.B. dem Rat BOZP bei der Organisation der jährlichen Überprüfung von Sicherheit und Gesundheitsschutz an den Arbeitsplätzen gem. § 136 a IV ZP Nr. 155/2000 Slg

Im Gegensatz dazu hat die Gewerkschaft neben den gleichen Informations- und Erörterungsrechten, die auch den Arbeitnehmerräten bzw. den Räten BOZP zustehen (vgl. §§ 18 b Abs. 2 b) i.V.m. 18 Abs. 2 ZP Nr. 155/2000 Slg.; §§ 18 b Abs. 2 h) i.V.m. 18 Abs. 3 ZP Nr. 155/2000 Slg.), noch viele weitere Mitwirkungs- und Mitbestimmungsrechte (vgl. §§ 18 Abs. 2 a), Abs. 3 a)-g) ZP Nr. 155/2000 Slg.).

Das gewerkschaftliche Belegschaftsvertretungsorgan beteiligt sich weiterhin im Rahmen der Arbeitsrechtsbeziehungen zwischen Arbeitnehmer und Arbeitgeber (§ 18 b Abs. 1 ZP Nr. 155/2000 Slg.). So erkennt das Arbeitsgesetzbuch dem

---

[911] In diesem Sinne auch *Šubrt*, Práce a mzda 2000, H. 13, S. 5.

Gewerkschaftsorgan, nicht aber den neu eingeführten Arbeitnehmervertretungen, zum Beispiel bei personellen Einzelmaßnahmen bezüglich Einstellung (vgl. § 35 Abs. 3 ZP), Auflösung eines Arbeitsverhältnisses (vgl. § 59 Abs. 1 und 2 ZP), ‚Überführung auf eine andere Arbeit' (vgl. § 41 ZP) sowie bei sozialen Angelegenheiten wie bei der Ordnung des Betriebes (§ 82 Abs. 3 S. 2 ZP), der Verteilung der Arbeitszeit und des Urlaubs (§§ 84 Abs. 1 S. 1, 85 Abs. 1 S. 1, § 108 Abs. 1 S. 1 ZP), der Lohngestaltung (§ 18 b Abs. 3 d) ZP), der Gestaltung von Arbeisplatz, -ablauf und –umgebung (§ 18 b Abs. 3 b) ZP) Mitbestimmungs- und Mitwirkungsrechte zu.
Auch im Bereich der Sicherheit und des Gesundheitsschutzes am Arbeitsplatz steht der Gewerkschaft gem. § 136 Abs. 1 ZP neben den Rechten, die auch der Rat BOZP hat, ein umfassendes Kontrollrecht zu.

Eine weitere Errungenschaft der Novelle Nr. 155/2000 Slg. war die Einführung der §§ 18 a, 25 d) – l) ZP, die das tschechische Arbeitsrecht an die Richtlinie Nr. 94/45/EG des Rates vom 22. September 1994 über die Errichtung Europäischer Betriebsräte angleichen und damit einen entscheidenden Harmonisierungsschritt im arbeitsrechtlichen Bereich darstellen. Diese neuen Gesetzesregelungen treten mit dem endgültigen Beitritt der Tschechischen Republik zur Europäischen Union in Kraft (Art. 26 Gesetz Nr. 155/2000 Slg.), so daß erst ab diesem Zeitpunkt mit Europäischen Betriebsräten als weiteren Belegschaftsvertretungsorganen zu rechnen ist.
Gem. § 25 g) Abs. 1 i.V.m. § 25 d) Abs. 1 S. 2 ZP Nr. 155/2000 Slg. werden dann die zentrale Leitung des Unternehmens bzw. der Unternehmensgruppe (sog. *ústředí*, § 25 d) Abs. 7 ZP Nr. 155/2000 Slg.) und ein nach § 25 e) ZP Nr. 155/2000 Slg. gebildetes besonderes Verhandlungsgremium der Arbeitnehmervertreter (*vyjednávací výbor*) Europäische Betriebsräte oder sonstige Verfahren zur grenzübergreifenden Unterrichtung und Anhörung der Arbeitnehmer in gemeinschaftsweit tätigen Unternehmen(sgruppen) mit Sitz in der ČR vereinbaren können. Die nähere Ausgestaltung der Unterrichtung und Anhörung werden die Parteien - unter Beachtung der Form- und Inhaltsvorgaben gem. §§ 25 h) und i) ZP Nr. 155/2000 Slg. - frei festlegen können, ohne dabei an die Vorschriften bezüglich der Errichtung eines Europäischen Betriebsrates kraft Gesetzes (§§ 25 j) – l) ZP Nr. 155/2000 Slg.) gebunden zu sein (§ 25 g Abs. 1 S. 2 ZP Nr. 155/2000 Slg.).
Wird es zu keiner Vereinbarung im oben genannten Sinne kommen, so wird grundsätzlich ein Europäischer Betriebsrat kraft Gesetzes zu errichten sein (§ 25 j) i.V.m. § 25 d) Abs. 1 S. 2 ZP Nr. 155/2000 Slg.). Seine Zusammensetzung und interne Organisation werden sich nach den §§ 25 j) – l) ZP Nr. 155/2000 Slg. richten.
Die Europäischen Betriebsräte werden neben den nationalen Belegschaftsvertretungen der Tschechischen Republik tätig sein, ohne Auswirkungen auf deren

Existenz und Tätigkeit zu haben[912]. Denn die Europäischen Betriebsräte sind für den Informationsaustausch auf internationaler Ebene zuständig (vgl. § 18 a ZP Nr. 155/2000 Slg.).
Die Regelungen der §§ 25 d -k ZP sind mit dem Gemeinschaftsrecht, insbesondere der Richtlinie 94/45/EG (Europäische Betriebsräte), grundsätzlich voll kompatibel[913]. Lediglich die Nichteinbeziehung des EWR-Raums, d.h. Norwegen, Island, Liechtenstein, in den Geltungsbereich der Errichtung Europäischer Betriebsräte bzw. sonstiger Verfahren zur grenzübergreifenden Unterrichtung und Anhörung erscheint nicht kompatibel mit dem Gemeinschaftsrecht[914]. So legt § 25 d Abs. 3 ZP fest, dass zu den Mitgliedstaaten, lediglich die Staaten der Europäischen Gemeinschaft gehören, so dass die Richtlinie demnach nicht bei Unternehmensoperationen mit den EWR-Staaten Norwegen, Island oder Liechtenstein anwendbar wäre. Auch das Erfordernis gem. § 25 d Abs. 5 a) ZP, wonach für ein gemeinschaftsweit operierendes Unternehmen mindestens 1.000 Arbeitnehmer in „allen" Mitgliedstaaten beschäftigt sein müssen, ist ungenau, da die Richtlinie nur erfordert, dass mindestens 1.000 Arbeitnehmer des gemeinschaftsweit operierenden Unternehmens in „den" Mitgliedstaaten beschäftigt sind[915]. Art. 10 der Richtlinie 94/45/EG, wonach für die im Rahmen der Richtlinie tätigen Arbeitnehmervertreter die gleichen Schutzvorschriften und Sicherheiten gelten sollen, wie sie Arbeitnehmervertretern nach den jeweiligen innerstaatlichen Vorschriften zukommen, ist nicht vollständig im tschechischen Recht umgesetzt worden. So darf zum Beispiel der Arbeitgeber Mitglieder von Gewerkschaftsorganen, die zur Mitbestimmung im Unternehmen befugt sind, nur mit vorheriger Zustimmung des zuständigen Gewerkschaftsorgans kündigen (§ 59 Abs. 2 ZP). Dieser Schutz wurde bisher noch nicht auf den Schutz der anderen Arbeitnehmervertreter in Arbeitnehmerräten bzw. bei den Räten BOZP ausgedehnt, so daß das tschechische Recht insoweit nur teilweise mit dem Gemeinschaftsrecht kompatibel ist[916].

Zusammenfassend betrachtet behält das tschechische Arbeitsrecht auch nach der Novelle Nr. 155/2000 Slg. das „monistische System", d.h. die Belegschaftsvertretung nur durch die Gewerkschaft[917], im Großen und Ganzen bei. Denn die Gewerkschaft wirkt bei dem Arbeitgeber als alleiniges Vertretungsorgan, indem sie durch ihre Existenz die Gründung andere Arbeitnehmervertretungen verhindert bzw. zum Erlöschen bereits bestehender Arbeitnehmervertretungen führt, und sie hat darüber hinaus die meisten und wichtigsten Belegschaftsvertretungsrechte.

---

912 *Tomandlová*, Zákoník práce, S. 69.
913 S. hierzu ausführlich *Seibold*, Die Osterweiterung, S. 181 ff.
914 *Seibold*, Die Osterweiterung, S. 187.
915 Vgl. *Seibold*, Die Osterweiterung, S. 188.
916 Vgl. *Seibold*, Die Osterweiterung, S. 205.
917 Vgl. hierzu 2. Teil, B.II.2)A)a).

Diese rechtliche Regelung war das Ergebnis eines Kompromisses der Sozialpartner, der dem Gesetzesentwurf Nr. 155/2000 Slg. voranging. Während nämlich die Gewerkschaften forderten, daß sie auch weiterhin ausschließliche Vertreter aller Arbeitnehmer blieben, verlangten die Arbeitgebervertretungen, daß der Arbeitgeber auch weiterhin nur mit einer Arbeitnehmervertretung verhandeln mußte, unabhängig davon, ob sie gewerkschaftlich war oder durch die Wahlen der gesamten Belegschaft hervorging[918].

c) Forderung nach einer Reform des Belegschaftsvertretungsrechts

Zu prüfen bleibt, ob das Institut der gewerkschaftlichen Belegschaftsvertretung in der Tschechischen Republik, das selbst mit der Einführung der Arbeitnehmerräte und der Räte BOZP seine gewichtige Bedeutung nicht verloren hat[919], für die Zukunft beizubehalten ist.
Jakubka[920], der betont, daß Arbeitnehmervertretungen nur ‚Schlichter', nicht aber ‚Betreuer' der Arbeitnehmer sein sollten, sieht zum Beispiel in dem Phänomen der gewerkschaftlichen Belegschaftsvertretung eine Gefährdung der bloßen Vermittlungsfunktion. Denn seiner Ansicht nach üben Gewerkschaften aufgrund ihrer rechtlichen Vorbildung eher die Rolle von ‚Betreuern' aus.
In der Literatur tauchten bereits unterschiedliche Forderungen nach einer Reform auf: Verlangt wird zum Beispiel die Beschränkung der Aufgabe der Gewerkschaften auf den Bereich der Interessenvertretung außerhalb des Betriebes und Unternehmens und die Errichtung eigenständiger Arbeitnehmervertretungen im Bereich der Belegschaftsvertretung[921]. In Erwägung gezogen wird auch die Möglichkeit der Errichtung eines „dualistischen Systems" in der Form, daß Gewerkschaften und andere Arbeitnehmervertretungen die Belegschaft gleichzeitig vertreten und daß im Falle der Nichteinigung der Vertretungsorgane das Organ mit den meisten Mitgliedern bzw. Wählern die Vertretung alleine übernimmt[922].
Eine klare Ablehnung der gewerkschaftlichen Arbeitnehmervertretung in der Tschechischen Republik ist dann gerechtfertigt, wenn die gewerkschaftliche Vertretung zulasten einer effektiven Arbeitnehmerbeteiligung an Entscheidungen im Betrieb und Unternehmen oder zulasten der allgemeinen Interessenvertretungsfunktion der Gewerkschaft geht.
Richten wir zunächst das Augenmerk auf den Bereich der Mitbestimmung in Betrieb und Unternehmen. Der Gedanke der Arbeitnehmerbeteiligung beruht auf

---

918 *Jakubka*, Práce a mzda 2001, H. 10, S. 29.
919 S. 2. Teil, B.II.2)A)b).
920 *Jakubka*, Práce a mzda 2001, H. 10, S. 29.
921 *Kostečka*, Právo a zakonnost 1990, H. 5, S. 251 und S. 259; *ders.*, Právo a zakonnost 1990, H. 2, S. 91; *Tomeš*, Právník 1991, H. 5, S. 376; *Ústav státu a práva Akademie věd ČR*, Práce a mzda 1993, H. 2, S. 36; einschränkend *Kalenská*, Právní rádce 2000, H. 4, S. 7.
922 *Kalenská*, Právní rádce 2000, H. 4, S. 7.

dem Gedanken der Selbstbestimmung des Menschen[923]. Das Recht auf Selbstbestimmung ist verletzt, wenn die Arbeitnehmer eines Unternehmens keinen oder unzureichenden Einfluß auf die gewerkschaftliche Belegschaftsvertretung hinsichtlich deren Gründung und Tätigkeit haben.
Bei der Entstehung der gewerkschaftlichen Belegschaftsvertretungsorgane besteht eine ungenügende demokratische Legitimation durch die Belegschaft eines Unternehmens. Denn legitimiert haben das Gewerkschaftorgan nur die Gewerkschaftsmitglieder im Rahmen der Mitgliederversammlung, nicht aber die nicht gewerkschaftlich organisierten Arbeitnehmer[924]. Inbesondere nach der Wende[925] fällt dieser Legitimationsmangel besonders ins Gewicht, da sich die gewerkschaftliche Zugehörigkeit der Arbeitnehmer mit Aufhebung der Einheitsgewerkschaft (ROH) und mit Wegfall des Beitrittsdruckes von 90 % auf 30 % reduziert hat[926].
Auch der Einfluß der Belegschaft auf die Tätigkeit der Gewerkschaftsorgane ist unzureichend. Bis zu zehn Jahren nach der Wende mußte das Gewerkschaftsorgan nur im Rahmen der Mitgliederversammlung, also nur gegenüber den Gewerkschaftsmitgliedern, Rechenschaft über seine Tätigkeit abgeben. Eine Art Betriebsversammlung aller Arbeitnehmer, wie wir sie im deutschen Recht als „wichtigste Einrichtung zum Informationsaustausch zwischen Belegschaft und Betriebsrat“[927] kennen, fehlte bisher. Erst die Novelle Nr. 155/2000 Slg. (§ 25 c Abs. 3 ZP) hat die Pflicht der Arbeitnehmer-vertretungen, also auch der Gewerkschaftsorgane, eingeführt, die Arbeitnehmer über ihre Tätigkeit zu informieren, und dadurch die Informationspflicht der Belegschaftsvertretung gegenüber der *gesamten* Arbeitnehmerschaft im Unternehmen festgesetzt.
Doch trotz der neu eingeführten Informationspflicht läßt sich nicht von einem wirklichen Informations*austausch* zwischen Belegschaft und ihrer Vertretung, also einer wirklichen Rückkoppelung an die Interessen der Belegschaft, sprechen. Denn das Gesetz sieht umgekehrt keine Anträge und Stellungnahmen der Arbeitnehmer zu Beschlüssen des Gewerkschaftsorgans vor, wodurch eine Rückkoppelung der Vertretung an die Arbeitnehmer gesichert wäre. Darüber hinaus weist die gesetzliche Regelung weitere Schwächen auf, indem sie nur äußerst ungenau die Information der Arbeitnehmer „in geeigneter Weise“[928] for-

---

[923] *Kostečka*, Právo a zakonnost 1990, H. 5, S. 258.
[924] Vgl. auch *Kostečka*, Právo a zakonnost 1990, H. 5, S. 258.
[925] Vgl. zum Legitimationsmangel vor der Wende 2. Teil, A.II.3)B).
[926] S. *Tomandlová*, Zákoník práce, S. 57; vgl. auch *Sádková*, Práce a mzda 1997, H. 2, S. 27; *Tröster*, Právo a zaměstnání 2002, H. 1, S. 6.
[927] *Dütz*, Arbeitsrecht, Rn. 784.
[928] Vgl. § 25 c) Abs. 3 ZP Nr. 155/2000 Slg.: „Zástupci zaměstnanců jsou povinni *vhodným způsobem* informovat zaměstnance na všech pracovištích o své činnosti a o obsahu a závěrech informací a projednání s zaměstnavatelem.“ [*Übersetzung*: „Die Vertreter der Arbeitnehmer sind verpflichtet, *in geeigneter Weise* die Arbeitnehmer an allen Arbeitsplätzen über ihre Tätigkeiten und über die Inhalte der Informationen und Erörterungen mit dem Arbeitgeber zu informieren.“].

dert. Die Vorschrift trifft keine Aussage darüber, ob zu diesem Zweck eine Versammlung der Arbeitnehmer einzuberufen ist, wann und in welchen Abständen die Information zu erfolgen hat, ob die Arbeitnehmer die Möglichkeit haben, eine Versammlung einzuberufen und ob sie ihr Recht auf Informationen rechtlich durchsetzen können.

Probleme im Rahmen der gewerkschaftlichen Belegschaftsvertretung ergeben sich um so mehr, wenn die Gewerkschaften ihre Zuständigkeit nicht mehr, wie bisher in der Tschechischen Republik üblich[929], nach Arbeitsplätzen bzw. nach einzelnen Arbeitgebern ausrichten, sondern (theoretisch auch möglich[930]) auf regionale Gebiete begrenzen. Eine Gewerkschaft kann dann für mehrere konkurrierende Arbeitgeber ein und dasselbe Belegschaftsvertretungsorgan bestimmen, was zu Überbelastung und zu Interessenkonflikten führen kann[931].

Nach alledem wird offensichtlich, daß sowohl hinsichtlich Entstehung und Tätigkeit des gewerkschaftlichen Vertretungsorgans im Unternehmen die Einflußnahme der gesamten Belegschaft, insbesondere der Nichtgewerkschaftsmitglieder, zu unzureichend ist, als daß das Selbstbestimmungsrecht der Arbeitnehmer durch die Belegschaftsvertretung gewährleistet wäre. Die Effektivität der Arbeitnehmervertretungsfunktion der Gewerkschaftsorgane ist somit gefährdet.

Doch auch die Interessenvertretungsfunktion der Gewerkschaften außerhalb des Betriebes und des Unternehmens, d.h. auf kollektivvertraglicher und arbeitskampfrechtlicher Ebene, ist durch das System der gewerkschaftlichen Arbeitnehmervertretung beeinträchtigt. Denn bei den Belegschafts- und Interessenvertretungen handelt es sich um zwei Rechtsinstitute mit unterschiedlichen Zielsetzungen, so daß ein und dasselbe Organ beide Funktionen nicht angemessen auszuüben vermag.

Die Belegschaftsvertretung in einem Betrieb oder Unternehmen stellt eine primär auf Kooperation angelegt Form der Arbeitnehmerbeteiligung dar, die den Informationsaustausch und Erörterungen zwischen Arbeitgeber und Arbeitnehmer zum Wohle des Betriebes und der Arbeitnehmer ermöglichen soll. Denn sowohl Arbeitgeber als auch Arbeitnehmer haben ein gemeinsames Interesse daran, daß das betreffende Unternehmen floriert. Zwar ist im tschechischen Arbeitsrecht dieses Kooperationsgebot nicht in einer allgemeinen Vorschrift festgelegt (wie zum Beispiel im deutschen Recht). Aber dennoch gilt der Grundsatz der vertrauensvollen Zusammenarbeit zwischen Arbeitgeber und Belegschaftsvertretung auch in der ČR, da dieses Prinzip an verschiedenen Stellen im tschechischen Arbeitsrecht konkretisiert wird.

---

[929] S. *Galvas* (-ders.), Pracovní právo, S. 379 und *ders.*, Právo a zaměstnání 2002, H. 1, S. 11.

[930] Vgl. *Schulz*, Právní rádce 2000, H. 2, S. 25.

[931] Vgl. *Schulz*, Právní rádce 2000, H. 2, S. 25 und *Galvas*, Právo a zaměstnání 2002, H. 1, S. 11, die insbesondere auf eine Gefährdung der Geheimhaltungspflichten der Gewerkschaftsfunktionäre hinweisen; vgl. auch *Bělina*, Právo a zákonnost 1990, H. 6-7, S. 367.

Zum Beispiel definiert § 18 Abs. 1 S. 3 ZP Nr. 155/2000 Slg. den Begriff der Erörterung als gemeinsame Besprechung einer betriebs- und unternehmensbezogenen Angelegenheit mit dem „Ziel, Einigungen zu erreichen“[932]. In dem Erfordernis eines ernsten Willens zur Einigung in strittigen Fragen kommt das Gebot der Zusammenarbeit am eindrücklichsten zum Ausdruck.
Eine weitere Konkretisierung des Kooperationsgebotes findet sich in § 25 Abs. 2 ZP Nr. 155/2000 Slg., wonach den Arbeitnehmervertretungen das Recht zusteht, ergänzende Informationen und Antworten von dem Arbeitgeber auf Anfrage zu erhalten. Denn vertrauensvolle Zusammenarbeit ist nur möglich, wenn der Arbeitgeber die Arbeitnehmervertretung über alle relevanten Angelegenheiten rechtzeitig und umfassend unterrichtet.
Das Kooperationsprinzip liegt auch den Unterstützungspflichten, die das Arbeitsgesetzbuch dem Arbeitgeber gegenüber der Belegschaftsvertretung auferlegt, zugrunde. So hat der Arbeitgeber gem. § 25 c) Abs. 4 ZP Nr. 155/2000 Slg. die Pflicht, eine ordnungsgemäße Belegschaftsvertretungs-tätigkeit (auch in finanzieller Hinsicht) zu ermöglichen, insbesondere entsprechend seiner Betriebsmöglichkeiten in angemessenem Umfang Räume mit notwendigen Ausstattungen und sachlichen Mitteln zur Verfügung zu stellen. Den Arbeitgeber treffen ferner Lohnfortzahlungspflichten, weil die Mitglieder der Arbeitnehmervertretungen für ihre Aufgaben von der Arbeitsleistung ohne Verlust des Anspruchs auf Arbeitsentgelt freizustellen sind (§ 25 c) Abs. 5 S. 1 ZP Nr. 155/2000 Slg.).
Die Mitglieder der Arbeitnehmervertretungen haben demgegenüber bestimmte Geheimhaltungspflichten über Angelegenheiten, von denen sie bei Ausübung ihrer Aufgaben erfahren (§ 25 c Abs. 6 ZP Nr. 155/2000 Slg.). Dies ist Ausdruck eines gewissen Vertrauensverhältnisses zwischen Arbeitgeber und Arbeitnehmervertretung.
Die Verankerung des Kooperationsgebots im tschechischen Recht beseitigt nicht den Gegensatz von Arbeitnehmer- und Arbeitgeberinteressen. Geregelt wird vielmehr die Art und Weise des Zusammenwirkens von Arbeitgeber und Arbeitnehmervertretung nach dem Prinzip einer betrieblichen Partnerschaft (Kooperation statt Konfrontation).
Im Gegensatz zu dem Kooperationsgebot, das die Belegschaftsvertretungsfunktion kennzeichnet, erfordert die Interessenvertretungsfunktion vielmehr eine bis zur Polarisation und Konfrontation reichende Verteidigung der Arbeitnehmerinteressen mit dem Ziel, vorteilhafte Kollektivverträge, ggf. unter Einsatz von Arbeitskampfmitteln, abzuschließen.

---

[932] Vgl. § 18 Abs. 1 S. 3 ZP Nr. 155/2000 Slg.: „Projednáním se rozumí jednání mezi zaměstnavatelem a zástupci zaměstnanců, *za účelem dosažení shody.*“ [*Übersetzung*: „Unter Erörterung versteht man die Verhandlung zwischen dem Arbeitgeber und den Arbeitnehmervertretern *mit dem Ziel, eine Einigung zu erreichen.*“]; ähnlich auch die spezielleren §§ 52 Abs. 2 und 250 Abs. 1 ZP hinsichtlich des Begriffs der Erörterung bei Massenentlassungen und Betriebsübergängen.

Die beiden Institute unterscheiden sich demnach zum einen hinsichtlich der Art und Weise der Verhandlungsführung (Kooperation oder Konfrontation)[933].
Zum anderen unterscheiden oder sollten sie sich vielmehr auch hinsichtlich der Vertretungsadressaten unterscheiden. Denn während die Arbeitnehmervertretung die gesamte Belegschaft im Unternehmen vertritt, sollte die Gewerkschaft als Interessenvertreterin nur die Gruppeninteressen ihrer Mitglieder wahrnehmen. Daß sich Kollektivverträge im tschechischen Recht aufgrund der sozialen Repräsentationsstellung der Gewerkschaften in ihrem normativen Teil auch nach der Wende auf die Nichtgewerkschaftsmitglieder beziehen, ist eine negative Folge der Übernahme der Arbeitnehmervertretung durch die Gewerkschaft in der sozialistischen ČSSR und behindert eine angemessene Interessenvertretung[934].
Die tschechische Rechtsordnung verwischt durch die Vermengung der Belegschafts- und Interessenvertretungsaufgabe und durch das Prinzip der sozialen Repräsentation die Gegensätzlichkeit beider Institute und schadet damit sowohl einer angemesssenen Belegschafts- als auch Interessenvertretung.
Für die Zukunft zu fordern ist daher eine wirkliche Trennung zwischen Gewerkschaften als Interessenvertreter nur ihrer Mitglieder und selbständigen Arbeitnehmervertretungen. In einem marktwirtschaftlichen Land sollten die Mitbestimmung in Betrieb und Unternehmen und die Tarifautonomie nebeneinander bestehen, ohne daß die betriebliche Mitbestimmung die allgemeinen Koalitionsaufgaben beeinträchtigt und umgekehrt.
Nachfolgendes Beispiel verdeutlicht besonders die Unvereinbarkeit der Verbindung beider Aufgaben in einem Organ. So entsprechen die bereits genannten Unterstützungspflichten (Zuverfügungstellung von Räumen und sachlichen Mitteln) und Lohnfortzahlungspflichten bei Freistellung der Mitglieder der Arbeitnehmervertretung i.S.d. § 25 Abs. 4 und 5 ZP Nr. 155/2000 Slg. auf Seiten des Arbeitgebers zwar dem Gebot der Kooperation; sie verstoßen aber zugleich gegen das Gebot der gewerkschaftlichen Unabhängigkeit im Verhältnis zum Arbeitgeber[935]. Zu lösen ist dieser Widerspruch nur durch eine klare Trennung der Belegschafts- und Interessenvertretungsaufgaben und durch Übertragung dieser Aufgaben auf verschiedene Organe.
Probleme wegen der gewerkschaftlichen Arbeitnehmervertretung ergeben sich ebenfalls, wenn mehrere Gewerkschaften in einem Unternehmen zuständig sind.

---

[933] In diesem Sinne auch *Ústav státu a práva Akademie věd ČR*, Práce a mzda 1993, H. 2, S. 36), das das Arbeitnehmervertretungsorgan als „orgán pracovního míru“ [*Übersetzung*: Organ des Arbeitsfriedens] und das Gewerkschaftsorgan als „orgán pracovního boje“ [*Übersetzung*: Organ des Arbeitskampfes] bezeichnet und eine Trennung von Arbeitnehmerbeteiligung im Betrieb und gewerkschaftlicher Interessenvertretung fordert.

[934] Vgl. bereits 2. Teil, B.II.1)A)b)(2).

[935] Vgl. *Galvas* (-ders.), Pracovní právo, S. 381, der diese Regelungen zwar auch als unvereinbar mit der geforderten Unabhängigkeit der Gewerkschaften sieht, aber dabei nicht bedenkt, daß diese Regelungen für eine angemessene Belegschaftsvertretung im Sinne des Kooperationsgebotes erforderlich sind.

Hier stellt sich die Frage, wie die gesamte Belegschaft einheitlich vertreten wird. Das Gesetz Nr. 120/1990 Slg. über die Gewerkschaftspluralität regelt diese Beziehungen ziemlich schwerfällig, was noch ausgeführt wird.
Doch auch mit Blick auf die Harmonisierung zu den EU-Richtlinien, die den „sozialen Dialog“ in bestimmten Angelegenheiten fördern, erscheint eine Reform des tschechischen Belegschaftsvertretungsrechts gerechtfertigt. Zwar schreiben die Richtlinien nicht vor, durch welches Organ der „soziale Dialog“ vermittelt werden soll[936], so daß zwar grundsätzlich auch ein gewerkschaftliches Organ hierfür in Frage kommen kann. Die Arbeitsgesetzesnovelle Nr. 155/2000 Slg. ist meines Erachtens[937] der Forderung, den „sozialen Dialog“ zwischen allen Arbeitnehmern und dem Arbeitgeber zu gewährleisten, jedoch nicht vollends gerecht geworden. Denn sie legt fest, daß die gewerkschaftliche Belegschaftsvertretung vorrangig ist und andere Arbeitnehmervertretungen ausschließt. Denkbar ist nun der Fall, daß ein Unternehmen aus mehreren Organisationseinheiten besteht, die sich an unterschiedlichen Orten befinden. Hat nur eine dieser Organisationseinheiten ein gewerkschaftliches Vertretungsorgan, das bei ihm zuständig ist, so besteht in den übrigen Organisationseinheiten des Unternehmens nach dem Gesetz (§ 24 Abs. 1 ZP) keine Möglichkeit, einen Arbeitnehmerrat oder Rat BOZP zu errichten. Das Gewerkschaftsorgan kann nun aber territorial auf seine Organisationseinheit begrenzt handeln. Aufgrund der Koalitionsfreiheit kann die Gewerkschaft nämlich nicht gezwungen werden, ihre territoriale Zuständigkeit zu erweitern[938]. In diesem Fall ist dann allerdings der Informationsaustausch der Arbeitnehmer der übrigen Organisationseinheiten desselben Unternehmens nicht gewährleistet. Eine extensive Auslegung des § 18 Abs. 1 S. 1 ZP, der den Arbeitnehmern das Recht auf Information und Erörterung zugesteht, in dem Sinne, daß der Arbeitgeber gegenüber diesen Arbeitnehmern dann direkt Informations- und Erörterungsrechte hat[939], ist meines Erachtens nicht möglich. Denn das Gesetz schreibt ein solches direktes Informations- und Erörterungsrecht der Arbeitnehmer nur vor, wenn bei dem Arbeitgeber keine Gewerkschaft oder keine andere Arbeitnehmervertretung tätig ist (§ 18 Abs. S. 2 ZP). Dabei stellt das Gesetz, dem die Unterscheidung zwischen Arbeitgeber (vgl. § 8 Abs. 1 ZP) und seinen Organisationseinheiten bekannt ist[940], eindeutig nur auf den Arbeitgeber und nicht auf die einzelnen Organisationseinheiten ab. Eine extensive Auslegung wäre daher contra legem.

---

[936] Vgl. auch *Hrabcová*, Práce a mzda 2000, H. 3-4, S. 59; *Fuchs*, Sociální politika 1998, H. 7-8, S. 4; *Tröster*, Právo a zaměstnání 2002, H. 1, S. 7 (Fn. 8); Begründung des Gesetzesentwurfs zu Gesetz Nr. 155/2000 Slg. durch das *MfAS*, Právo a zaměstnání 1999, H. 11-12, S. 29.

[937] A.A. *Hrabcová*, Práce a mzda 2000, H. 3-4, S. 61, die in der Arbeitsgesetzesnovelle Nr. 155/2000 Slg. und der Einführung anderer Arbeitnehmervertretungen eine optimale Harmonisierung mit dem EU-Recht sieht.

[938] So auch *Šubrt*, Práce a mzda 2000, H. 13, S. 5.

[939] So *Šubrt*, Práce a mzda 2000, H. 13, S. 5.

[940] S. näher hierzu 2. Teil, B.II.2)A)a).

Bereits angesichts der Harmonisierung mit den EU-Richtlinien wäre es daher angebracht, zumindest über eine Beschränkung des gewerkschaftlichen Belegschaftsvertretungsrechts auf die Betriebsebene (und nicht mehr wie bisher auf die Unternehmensebene)[941] und/oder über die Auflösung ihrer Vorrangstellung gegenüber anderen Arbeitnehmervertretungen nachzudenken.
Vielfach wird in der Verdrängung der Arbeitnehmerräte durch die Existenz von Gewerkschaften und überhaupt in der Vorrangstellung der Gewerkschaften auch ein Verstoß gegen das Koalitionsgrundrecht Art. 27 Abs. 1 und Abs. 3 Charta Nr. 2/1993 Slg., das auch für die Arbeitnehmerräte gelten soll, angenommen[942]. Dem kann jedoch nicht zugestimmt werden, da es sich bei den Arbeitnehmerräten nicht um Koalitionen handelt. Denn sie sind keine auf Dauer angelegte Vereinigungen, die Satzungsautonomie haben. Außerdem erfordert die Interessenvertretung eine gewisse Tarifwilligkeit, d.h. eine Bereitschaft zum Abschluß von Kollektivverträgen, wozu die Arbeitnehmerräte allerdings nicht befugt sind[943].
Zusammenfassend betrachtet besteht kein berechtigter Grund für die Beibehaltung des Systems einer (primär) gewerkschaftlichen Belegschaftsvertretung und eine Reform hin zu einer klaren Aufgabentrennung zwischen der Arbeitnehmervertretung, die sich mit den betriebs-/unternehmensinternen Belangen aller Arbeiter beschäftigt, und der Gewerkschaft, die die Belange ihrer Mitglieder außerhalb des Unternehmens vertritt, erscheint unerläßlich. Die Übernahme der Arbeitnehmervertretung durch die Gewerkschaft konnte nur in einem zentraladministrativen System bestehen bleiben, in dem die Interessenvertretungsfunktion zurückgedrängt war und die Belegschafts-vertretung der Erfüllung der staatlichen Planvorgaben diente; sie ist aber als sozialistisches Überbleibsel mit dem heutigen Rechtsverständnis des kollektiven Arbeitsrechts nicht vereinbar. Dennoch konserviert die Arbeitsgesetzesnovelle Nr. 155/2000 Slg. in gewissem Umfang den Rechtszustand der Gewerkschaften vor 1989[944], indem es die Vorrangstellung der Gewerkschaften im Rahmen der Belegschaftsvertretung auch weiterhin verankert.

---

941 So wohl auch *Associace pro rozvoj kolektivního výjednávání* [Übersetzung: Vereinigung für die Entfaltung von Kollektivverhandlungen, im folgenden abgekürzt als „AKV“], Práce a mzda 2001, H. 5, S. 36, die eine Novellierung des § 18 Abs. 1 ZP hinsichtlich der Informations- und Erörterungsrechte der Arbeitnehmer für den Fall fordert, daß die Gewerkschaft nur in einem Teil des Unternehmens zuständig ist.

942 So *Kalenská*, Právní rádce 2000, H. 4, S. 7 und wohl auch *Galvas*, Právo a zaměstnání 2002, H. 1, S. 12 und *Jakubka*, Práce a mzda 2000, H. 7-8, S. 26.

943 In diesem Sinne auch *Galvas*, Právo a zaměstnání 2003, H. 1, S. 4.

944 So auch *Jakubka*, Práce a mzda 2001, H. 10, S. 29.

B) Beteiligungsrechte der Gewerkschaften

a) Beteiligungsarten

Das tschechische Arbeitsrecht sieht zwei Arten der gewerkschaftlichen Beteiligung in Betrieb und Unternehmen vor: die Mitbestimmung (*spolurozhodování*) und die Mitwirkung (*součinnost*). Über die Zuständigkeit des Gewerkschaftsorganes in diesen Fällen entscheidet die Gewerkschaft intern (vgl. § 272 Abs. 4 ZP)[945].

Während in der sozialistischen ČSSR das Ausmaß der Mitbestimmungsrechte (Zustimmungsrechte) der Einheitsgewerkschaft ziemlich weit gefächert war[946], wurden die Mitbestimmungsrechte nach der Wende insbesondere durch die Arbeitsgesetzesnovelle Nr. 3/1991 Slg. erheblich begrenzt und in bloße Mitwirkungsrechte umgewandelt[947]. Mit der Aufhebung des Gesetzes Nr. 37/1959 Slg. wurde auch die Befugnis der Gewerkschaft, im Bereich der betrieblichen Mitbestimmungsrechte die Rechtsbeziehungen zwischen Betriebsleiter und betrieblichen Gewerkschaftsorganen gesetzesgleich zu regeln[948], beseitigt. Denn diese große Einflußmöglichkeit entsprach noch dem sozialistischen Verständnis von der Bedeutung der Gewerkschaft als Helfer des Staates[949] und ist mit der „Entstaatlichung" der Gewerkschaften nach der Wende[950] nicht vereinbar. Die Mitbestimmungsrechte ergeben sich nun aus den Gesetzen und im Rahmen der Gesetze aus den Vereinbarungen zwischen Gewerkschaften und Arbeitgebern.

Der Grund für die Begrenzung der gewerkschaftlichen Mitbestimmungsrechte lag in der Entstaatlichung der Gewerkschaft und der Einführung des privaten Unternehmertums. Denn in der sozialistischen ČSSR hatte die ROH-Gewerkschaft als staatlicher Helfer die Aufgabe, dem Staat respektive den sozialistischen Organisationen als seinen Verwaltungseinheiten bei der Erfüllung der Planvorgaben zur Hand zu gehen, was das hohe Ausmaß der Mitbestimmungsrechte erklärte. Mit dem veränderten Rollenverständnis der Gewerkschaft nach der Wende war die Fülle der Mitbestimmungsrechte nicht mehr zu vereinbaren. Vielmehr mußte nun seit dem Wegfall der Planwirtschaft und seit der Einführung des privaten Unternehmertums auch die unternehmerische Entscheidungsfreiheit des Arbeitgebers (vgl. Art. 26 Var. 2 Charta Nr. 2/1993 Slg.) berücksichtigt und mit dem Selbstbestimmungsrecht der Arbeitnehmer (vgl. Art. 1 Charta Nr. 2/1993 Slg.), das eine Teilnahme der

---

945 *Jakubka*, Práce a mzda 2001, H. 10, S. 26; *Šubrt*, Práce a mzda 2000, H. 13, S. 6; *Bělina* (-Tröster), Pracovní právo (2001), Rn. 1524.

946 Vgl. 2. Teil, A.II.3)C)b).

947 *Kostečka*, ArbuR 1994, S. 437 und *ders.*, ArbuR 1992, S. 322. Das hohe Ausmaß der Mitbestimmungsrechte kritisierte bereits *Kalenská*, Právník 1969, H. 2, S. 102 ff.

948 S. hierzu 2. Teil, A.I.2)A) und A.II.1)A) (a.E.).

949 Vgl. zur Rolle der Gewerkschaft 2. Teil, A.II.1)A).

950 Vgl. zur Entstaatlichung der Gewerkschaft 2. Teil, B.II.1)A)c)(1).

Charta Nr. 2/1993 Slg.), das eine Teilnahme der Arbeitnehmer in Betrieb und Unternehmen rechtfertigt[951], in Einklang gebracht werden.

b) Mitbestimmung

Unter die Mitbestimmung fallen die Fälle, in denen das Gesetz die vorherige Zustimmung (*předchozí souhlas*) oder die bloße Zustimmung (*souhlas*) des Gewerkschaftsorgans oder eine Vereinbarung (*dohoda*) zwischen dem Gewerkschaftsorgan und dem Arbeitgeber verlangt. Hinsichtlich der Mitbestimmungsarten unterscheidet sich die neue Rechtslage somit nicht wesentlich von der sozialistischen Rechtslage, bis auf die Tatsache, daß das Arbeitsgesetzbuch seit der Wende wieder Vereinbarungen vorsieht, während die letzte große Gesetzesnovelle Nr. 188/1988 Slg. im sozialistischen Vorgängerstaat kurz vor der Wende die Vereinbarung als Mitbestimmungsrecht abgeschafft hatte[952].
Die Mitbestimmungsrechte sind in den Rechtsvorschriften (meist im Arbeitsgesetzbuch und seiner Durchführungsverordnung) abschließend aufgezählt (vgl. § 18 b) Abs. 1 ZP[953]) und können nicht durch Vereinbarungen der Sozialpartner, auch nicht durch Kollektivverträge, erweitert werden, es sei denn das Gesetz ermächtigt ausdrücklich hierzu[954].
Hinsichtlich der Rechtsfolgen für die Rechtshandlung des Arbeitgebers legt § 242 Abs. 2 S. 1 ZP fest, daß die Rechtsmaßnahme, zu der nicht die gesetzlich vorgesehene Zustimmung erteilt wurde oder die nicht in der vorgeschriebenen Form zustande kam, dann ungültig ist, wenn das Arbeitsgesetzbuch es ausdrücklich bestimmt. Insofern bestehen auch hinsichtlich der Folgen für die vorgenommene Rechtshandlung keine Unterschiede zur alten Rechtslage[955].
Ist die erforderliche Mitbestimmung unterblieben, so steht die Rechtshandlung im Widerspruch zu den Rechtsvorschriften, und zwar selbst dann, wenn das Fehlen der Zustimmung nicht zur Ungültigkeit der Rechtshandlung geführt hat[956]. Während vor der Wende eine solche Verletzung disziplinarisch geahndet wurde[957], handelt sich nun in beiden Fällen (Unwirksamkeit oder Wirksamkeit der Rechtshandlung) um einen Fall der Störung der arbeitsrechtlichen Vorschriften, dessen Beseitigung das Arbeitsamt anordnen kann (§ 8 Abs. 3 Gesetz

---

[951] Vgl. *Kostečka*, Právo a zákonnost 1991, H. 6, S. 351.
[952] Vgl. hierzu 2. Teil, A.II.3)C)b).
[953] Vgl. § 18 b) Abs. 1 ZP: „Odborové orgány mají právo účastnit se pracovněprávních vztahů (...) za podmínek *stanovených zákonem*.“ [*Übersetzung*: „Die Gewerkschaftsorgane können sich gemäß den *gesetzlich festgelegten* Bedingungen an den Arbeitsrechtsverhältnissen (...) beteiligen.“].
[954] *Šubrt*, Práce a mzda 2000, H. 13, S. 7; *Bělina* (-Tröster), Pracovní právo (2001), Rn. 1532; für eine Gesetzesänderung zur Einführung der Möglichkeit einer kollektivvertraglichen Erweiterung der Mitbestimmungsrechte *AKV*, Práce a mzda 2000, H. 1-2, S. 92.
[955] Vgl. zur alten Rechtslage 2. Teil, A.II.3)C)b).
[956] *Bělina* (-Tröster), Pracovní právo (2001), Rn. 1533.
[957] S. 2. Teil, A.II.3)B)c).

Nr. 9/1991 Slg.[958]) und den das Arbeitsamt gem. §§ 8 Abs. 4 und 9 Abs. 1 Gesetz Nr. 9/1991 Slg. (in der zuletzt gültigen Fassung) mit einer Geldstrafe belegen kann. Gem. § 16 Gesetz Nr. 9/1991 Slg. sind für den Erlaß der Geldstrafe die Vorschriften des Verwaltungsverfahrens maßgebend sowie die dort möglichen Rechtsbehelfe[959] anwendbar.
Eine ‚echte' Mitbestimmung[960] liegt nur dann vor, wenn die Rechtshandlung des Arbeitgebers ohne die Zustimmung bzw. die Vereinbarung unwirksam oder undurchführbar ist, wenn also die Maßnahme nur im einvernehmlichen Zusammenwirken beider Parteien getroffen werden kann.
Wie bereits erwähnt hat sich das Ausmaß der Mitbestimmungsrechte der Gewerkschaften im Rahmen von arbeitsrechtlichen Beziehungen seit der Wende erheblich reduziert. Während die Gewerkschaft vor der Wende Mitbestimmungsrechte in allen wesentlichen Fragen, die das gesamte Betriebskollektiv oder sehr wichtige Einzelinteressen der Arbeiter (wie Kündigung, ‚Überführung auf eine andere Arbeit') betrafen, hatte [961], gibt es heute Mitbestimmungsrechte nur in begrenzten Fällen.
Eine Beschränkung des Mitbestimmungsrechts fand vor allem in dem Fall der Kündigung durch den Arbeitgeber statt: Während die Gewerkschaft vor der Wende ein Zustimmungsrecht im Fall der (ordentlichen und außerordentlichen) Kündigung bei allen Arbeitnehmern hatte (§ 59 Abs. 1 ZP Nr. 52/1989 Slg.), besteht ein ‚echtes' Mitbestimmungsrecht nun gem. § 59 Abs. 2 S. 1 i.V.m. § 59 Abs. 4 ZP nur noch im Fall der Kündigung eines Mitglieds des gewerkschaftlichen Vertretungsorgans. Das Mitbestimmungsrecht besteht für die Zeit während der Ausübung der Vertretungsfunktion durch das Mitglied und bis zu einem Jahr nach Beendigung dieser Funktion (§ 59 Abs. 2 S. 1 ZP). Das Arbeitsgesetzbuch fingiert die vorherige Zustimmung des Gewerkschaftsorgans, wenn dieses innerhalb einer Frist von 15 Tagen beginnend mit dem Tag, ab dem der Arbeitgeber zur Zustimmungserteilung aufgefordert hatte, die Zustimmung nicht schriftlich abgelehnt hat (§ 59 Abs. 2 S. 2 ZP).
Hat das Gewerkschaftsorgan die Zustimmung verweigert oder hat der Arbeitgeber es nicht zur Zustimmungserteilung aufgefordert, so ist eine dennoch ausgesprochene Kündigung gem. § 242 Abs. 2 S. 1 ZP unwirksam. Auf die Unwirksamkeit der Kündigung kann der Arbeitnehmer-Gewerkschaftsfunktionär sich allerdings nur berufen, wenn er die Unwirksamkeit durch ein fristgemäß angerufenes Zivilgericht gem. §§ 64 i.V.m. 207 ZP hat feststellen lassen.

---

[958] Zákon č. 9/1991 Sb. o zaměstnanosti a působnosti orgánů ČR na úseku zaměstnansti [*Übersetzung*: Gesetz Nr. 9/1991 Slg. über die Beschäftigung und die Zuständigkeit der Organe der Tschechischen Republik in dem Bereich der Beschäftigung].
[959] Vgl. ausführlich *Tomandlová*, Zákoník práce, S. 716.
[960] Vgl. *Šubrt*, Práce a mzda 2000, H. 13, S. 8, der in diesem Fall von dem ‚stärksten' Gewerkschaftsrecht spricht.
[961] S. hierzu 2. Teil, A.II.3)B)c).

Im Falle der Verweigerung der Zustimmung[962] wird die fehlerhafte Kündigung nach § 59 Abs. 4 2. Halbsatz ZP geheilt, wenn das Gericht feststellt, daß die Kündigung nach den anderen Gesetzesvoraussetzungen wirksam ist, und entscheidet, daß dem Arbeitgeber nicht zugemutet werden kann, das Arbeitsverhältnis fortzuführen.

Im Fall der Kündigung eines Arbeitsverhältnisses hat sich das Mitbestimmungsrecht also in drei Punkten erheblich reduziert: Zum einen besteht das Zustimmungsrecht zur Kündigung nicht mehr hinsichtlich aller Arbeitnehmer[963], sondern nur bei der Kündigung eines Mitgliedes des gewerkschaftlichen Vertretungsorgans. Die Gewerkschaft kann die Kündigung des Arbeitsverhältnisses durch den Arbeitgeber somit grundsätzlich (außer bei einem Mitglied des Vertretungsorgans) nicht mehr in Form eines Vetos verhindern. Allerdings ist bei der Kündigung eines Mitgliedes der gewerkschaftlichen Vertretung die Gewerkschaft nach wie vor nicht an gesetzliche Verweigerungsgründe gebunden, so daß in diesem Fall das Mitbestimmungsrecht immer noch recht erheblich ist.

Zum zweiten vermeidet das Gesetz im Fall der Kündigung eines Mitgliedes der gewerkschaftlichen Vertretung durch die Fiktion der Zustimmung Rechtsunsicherheit und Verzögerungen, wenn das Gewerkschaftsorgan sich überhaupt nicht äußert. Nach der früheren Rechtslage war die Gewerkschaft nämlich an keine Frist für ihre Zustimmungserteilung bzw. –verweigerung gebunden und konnte durch Passivität auch die Überprüfung durch das höhere Gewerkschaftsorgan verhindern[964].

Und drittens besteht keine Überprüfungsmöglichkeit mehr durch das nächsthöhere Gewerkschaftsorgan, das eine verweigerte Zustimmung ersetzen konnte (vgl. § 59 Abs. 4 ZP Nr. 52/1989 Slg.)[965]. Die Überprüfung der Verweigerung der Zustimmung erfolgt in einem solchen Fall ausschließlich durch neutrale Gerichte[966]. Allerdings kann der Arbeitgeber nicht direkt eine Ersetzung der Zustimmung durch das Gericht erwirken, sondern er muß erst die Kündigung aussprechen und dann warten, ob der Arbeitnehmer gegen diese Kündigung gerichtlich vorgeht und ob das Gericht eine Heilung nach § 59 Abs. 4 ZP vorsieht. Im Rahmen der nächsten Novelle des Arbeitsgesetzbuchs wäre darüber nachzudenken, ob dem Arbeitgeber nicht im Interesse eines effektiven Rechtsschutzes die Gelegenheit gegeben werden sollte, vor Ausspruch einer (möglicherweise unwirksamen) Kündigung eine gerichtliche Klärung herbeiführen zu können.

---

[962] Z.T. wird diese Heilungsmöglichkeit auch für den Fall angewandt, in dem der Arbeitgeber das Gewerkschaftsorgan überhaupt nicht zur Zustimmungserteilung aufgefordert hat (vgl. *Tomandlová*, Zákoník práce, S. 119).

[963] So aber noch die Rechtslage vor der Wende, vgl. hierzu 2. Teil, A.II.3)C)b).

[964] Vgl. 2. Teil, A.II.3)C)b).

[965] S. hierzu bereits 2. Teil, A.II.3)C)b).

[966] Genauer: durch das Kreisgericht der Zivilgerichtsbarkeit gem. § 7 Abs. 1 und § 9 Abs. 2 g) občanský soudní řád [Im folgenden abgekürzt als o.sř.; *Übersetzung*: Zivilprozeßordnung].

Ein ‚echtes' Mitbestimmungsrecht hat die Gewerkschaft wie bereits im sozialistischen Vorgängerstaat[967] bei dem Erlaß oder der Änderung der Arbeitsordnung (§ 82 Abs. 3 S. 2 ZP), da in diesem Fall die vorherige Zustimmung des Gewerkschaftsorgans Wirksamkeitsvoraussetzung für die erlassene Arbeitsordnung ist (vgl. § 82 Abs. 3 S. 2 a.E. ZP i.V.m. § 242 Abs. 2 S. 1 ZP). Im Gegensatz zur Rechtslage vor der Wende ist der Arbeitgeber nun aber grundsätzlich[968] nicht zur Herausgabe einer Arbeitsordnung verpflichtet (§ 82 Abs. 1 S. 1 ZP), so daß er nicht mehr notwendig eine Einigung mit der Gewerkschaft erzielen muß. Dies schwächt das Mitbestimmungsrecht im Vergleich zu früher etwas ab.

Weitere Zustimmungsrechte bestehen im Fall der zeitlichen Verteilung des Urlaubs auf das Kalenderjahr. Die Gewerkschaft hat das Recht der vorherigen Zustimmung bei der Aufstellung eines Urlaubsplans (§ 108 Abs. 1 S. 1 ZP). Des weiteren kann der Arbeitgeber, der die Verteilung des Urlaubs mindestens 14 Tage vor dem vorgesehenen Beginn des Urlaubs dem einzelnen Arbeitnehmer mitteilen muß, die Mitteilungsfrist ausnahmsweise mit (bloßer) Zustimmung des Gewerkschaftsorgans verkürzen (§ 108 Abs. 1 S. 4 ZP).

Bei diesen beiden Zustimmungsrechten handelt es sich jedoch nicht um einen Fall der ‚echten' Mitbestimmung, da die fehlende Zustimmung mangels ausdrücklicher Regelung nicht zur Ungültigkeit der Arbeitgebermaßnahme führt (vgl. § 242 Abs. 2 S.1 ZP).

Ein Zustimmungsrecht besteht des weiteren bei Fragen der Kürzung des Erholungsurlaubs durch den Arbeitgeber. Der Arbeitgeber kann mit Zustimmung der Gewerkschaft bei außerordentlichen Arbeitsergebnissen des Arbeiters von einer Kürzung des Erholungsurlaubs, die § 11 Abs. 2 S. 1 RegVO Nr. 108/1994 Slg. (in der Fassung Nr. 461/2000 Slg.) bei unentschuldigtem Fernbleiben vorsieht, absehen (§ 11 Abs. 2 S. 2 RegVO Nr. 108/1994 Slg. in der Fassung Nr. 461/2000 Slg.). Genauso wie bereits zuvor liegt allerdings kein Fall eines ‚echten' Mitbestimmungsrechts vor, da das Gesetz die Ungültigkeit der Arbeitgebermaßnahme bei Fehlen der Zustimmung nicht ausspricht.

Ein Fall der ‚echten' Mitbestimmung besteht dagegen gem. § 130 Abs. 2 S. 1 ZP, der eine Vereinbarung zwischen Arbeitgeber und Gewerkschaftsorgan vorsieht. Danach kann der Arbeitgeber mit dem Gewerkschaftsorgan wichtige betriebliche Gründe, bei denen er dem Arbeiter die Ausführung der Arbeit nicht anbieten kann, sowie die Höhe des Lohnersatzes in der Spanne von 60 – 80 % des Durchschnittslohnes für eine solche Arbeitsverhinderung schriftlich vereinbaren. Voraussetzung ist, daß es sich nicht um eine Arbeitsverhinderung handelt, die auf einem vom Arbeitnehmer unverschuldeten Betriebsstillstand infolge Maschinenschäden oder auf ungünstigen Witterungseinflüssen beruht (§§ 130 Abs. 2 S. 1, 130 Abs. 1 i.V.m. 129 Abs. 1 und Abs. 2 ZP). Ohne eine solche Vereinbarung mit dem Gewerkschaftsorgan, muß der Arbeitgeber die volle

---

[967] Vgl. hierzu 2. Teil, A.II.3)C)b).

[968] Eine Pflicht zum Erlaß einer Arbeitsordnung besteht für Arbeitgeber der staatlichen Verwaltung (§ 82 Abs. 1 S. 2 i.V.m. § 73 Abs. ZP).

Lohnhöhe des Durchschnittslohnes nach § 130 Abs. 1 ZP leisten. Die einseitige Lohnkürzung durch den Arbeitgeber ist nicht möglich (§ 130 Abs. 2 S. 2 ZP).
Ein weiteres ‚echtes'[969] Mitbestimmungsrecht besteht bei der Festlegung des Kontigents des Fonds für kulturelle und soziale Bedürfnisses der Arbeitnehmer, der nach besonderen Vorschriften[970] zu errichten ist, und bei der Abschöpfung dieses Fonds (§ 19 ZP). Der Arbeitgeber kann also ohne Zustimmung oder Vereinbarung mit dem Gewerkschaftsorgan über diesen Fonds nicht entscheiden[971].
Ebenfalls ein Mitbestimmungsrecht hat die Gewerkschaft gem. § 40 Abs. 5 RegVO Nr. 108/1994 Slg. (in der Fassung Nr. 461/2000 Slg.) bei Fällen, in denen das Gesetz auf ein unentschuldbares Versäumen der Arbeit durch den Arbeitnehmer abstellt (z.B. bei der Kürzung des Urlaubs gem. § 11 Abs. 2 S. 1 RegVO Nr. 108/1994 Slg., bei der Kürzung von Lohnersatzansprüchen gem. § 22 Abs. 2 RegVO Nr. 108/1994 Slg.). In Form der Vereinbarung kann der Arbeitgeber mit der Gewerkschaft darüber entscheiden, ob es sich um ein solches unentschuldbares Fernbleiben von der Arbeit handelt, wobei zur Feststellung auch die gewerkschaftliche Zustimmung ausreicht[972].
Die wenigen Vereinbarungen zwischen Arbeitgeber und Gewerkschaftsorgan, die das Arbeitsrecht im Rahmen der Mitbestimmung vorsieht (vgl. § 130 Abs. 2 S. 1 ZP, § 19 ZP, § 40 Abs. 5 RegVO Nr. 108/1994 Slg.), sind uneinheitlich geregelt.
So sind die Rechtswirkungen der Vereinbarungen unterschiedlich. Bei den Vereinbarungen i.S.d. § 130 Abs. 2 S. 1 ZP und § 40 Abs. 5 RegVO Nr. 108/1994 Slg. handelt es sich um solche, die unmittelbar auf das individualvertragliche Arbeitsverhältnis (also normativ) wirken. Gem. § 130 Abs. 2 S. 1 ZP kann der Arbeitgeber nämlich in einer schriftlichen Vereinbarung mit dem zuständigen Gewerkschaftsorgan die wichtigen betrieblichen Gründe, die eine Arbeitsverhinderung bedingen, und die Höhe des Lohnersatzes festlegen, (und jetzt wörtlich:) „der den Arbeitnehmern in solchen Fällen gebührt"[973]. Durch die Verwendung dieser Wortwahl macht das Gesetz deutlich, daß es sich um einen unmittelbaren Anspruch der Arbeitnehmer handelt[974]. Auch bei § 40 Abs. 5 RegVO Nr. 108/1994 Slg. hat die Entscheidung über die Entschuldbarkeit des Fernbleibens von der Arbeit unmittelbar Auswirkungen auf die damit zusammenhängenden Fragen der Kürzung des Erholungsurlaubs[975].

---

969 Vgl. *Tomandlová*, Zákoník práce, S. 45.
970 Insbesondere bei staatlichen Unternehmen gem. § 19 Abs. 3 Gesetz Nr. 77/1997 über das staatliche Unternehmen i.V.m. § 1 Bekanntmachung des Finanzministeriums Nr. 310/1995 Slg. über den Fonds für kulturelle und soziale Bedürfnisse (Mittlerweile ersetzt durch die Bekanntmachung Nr. 114/2002 in der Fassung Nr. 510/2002 Slg.).
971 Vgl. *Tomandlová*, Zákoník práce, S. 45.
972 Vgl. *Carabelli/Sciarra* (-Tomeš/Tkáč), Collective labour law, S. 76.
973 Vgl. § 130 Abs. 2 S. 1 ZP: „*výši náhrady mzdy (...), která zaměstnanci v těchto případech náleží.*".
974 Vgl. auch *Tomandlová*, Zákoník práce, S. 198.
975 Vgl. *Tomandlová*, Zákoník práce, S. 340.

Hingegen entfaltet die Vereinbarung i.S.d § 19 ZP über den Fonds für kulturelle und soziale Bedürfnisse keine solche normative Wirkung. Es handelt sich nur um schuldrechtliche Verpflichtungen zwischen den Sozialpartnern. Denn § 12 Abs. 9 Bekanntmachung Nr. 310/1995 Slg. über den Fonds für kulturelle und soziale Bedürfnisse[976] bestimmt, daß der Arbeitnehmer keinen Anspruch auf die Gewährung von Anteilen aus diesem Fonds hat.

Rechtsunterschiede und -unsicherheit bestehen auch darüber, ob die Mitbestimmung erzwingbar ist und ob die getroffenen Vereinbarungen durchsetzbar sind. Kommt im Falle des § 130 Abs. 2 S. 1 ZP keine Vereinbarung zwischen dem Arbeitgeber und dem Gewerkschaftsorgan zustande, so bleibt es bei der Lohnersatzzahlungspflicht des Arbeitgebers in voller Höhe des Durchschnittslohns. Eine Mitbestimmung der gewerkschaftlichen Belegschaftsvertretung ist nicht erzwingbar; eine Einigungsstelle nicht vorgesehen. Der Arbeitgeber ist also in diesem Fall immer auf das Einvernehmen der Gewerkschaft angewiesen.

Das tschechische Recht sagt dagegen nichts darüber aus, welche Möglichkeiten bestehen, wenn es zu keiner Zusammenarbeit zwischen den Sozialpartnern bei der Festlegung des Fonds für kulturelle und soziale Bedürfnisse gem. § 19 ZP und im Falle der Entscheidung über die Entschuldbarkeit des Fernbleibens von der Arbeit gem. § 40 Abs. 5 RegVO Nr. 108/1994 Slg. kommt. Da das staatliche Unternehmen verpflichtet ist, einen Fonds für soziale und kulturelle Bedürfnisse zu bilden (§ 19 Abs. 1 b) Gesetz Nr. 77/1997 Slg. über das staatliche Unternehmen), und da die Ansprüche über die Kürzung des Erholungsurlaubs notwendig an die Beurteilung des Fernbleibens als (un-)entschuldigt geknüpft sind (vgl. § 11 Abs. 2 S. 1 RegVO Nr. 108/1994 Slg.), müßte es sich also bei den beiden Fallvarianten um eine erzwingbare Mitbestimmung handeln. Allerdings trifft die Rechtslage keine Regelung, wie das erforderliche Einvernehmen zu erreichen ist, insbesondere ob und welche Einigungsstelle das Einvernehmen ersetzen kann.

Selbst bei erzielter Einigung i.S.d. § 19 ZP besteht die Gefahr der Nichterfüllung der Verpflichtungen durch die Sozialpartner. Die rechtliche Durchsetzbarkeit dieser Verpflichtungen ist ebenfalls nicht geregelt. Denn das Arbeitsgesetzbuch bestimmt lediglich für Streitigkeiten zwischen dem Arbeitgeber und dem Arbeitnehmer über Ansprüche aus dem Arbeitsverhältnis, also nur für individualarbeitsrechtliche Streitigkeiten, daß diese vor dem Zivilgericht beizulegen sind (vgl. § 207 ZP). Ansprüche im Zusammenhang mit Kollektiv-streitigkeiten regelt das Gesetz Nr. 2/1991 Slg. über Kollektivverhandlungen. Für Streitigkeiten im Rahmen des Belegschaftsvertretungsrechts hingegen gibt es keine gerichtliche Instanz.

Mit den aufgezählten Rechten erschöpft sich im wesentlichen der Umfang der gewerkschaftlichen Mitbestimmungsrechte. Zustimmungsrechte bestehen im

---

[976] Vyhláška č. 310/1995 Sb. o fondu kuturních a sociálních potřeb (Mittlerweile ersetzt durch die Bekanntmachung Nr. 114/2002 Slg. i.d.F. Nr. 510/2002 Slg.).

Gegensatz zur früheren Rechtslage[977] nicht mehr bei der Verteilung der Arbeitszeit und der Überstundenarbeit, der betrieblichen Lohngestaltung, bei der Zuweisung von Werkswohnungen und bei der ‚Überführung des Arbeiters auf eine andere Arbeit' als die vertraglich vereinbarte Arbeit. Hier stehen der Gewerkschaft nach der Wende nur noch Erörterungsrechte zu.

c) Mitwirkung

Die Mitwirkungsrechte der Gewerkschaft unterteilen sich in Erörterungs- (Beratungs-) (*právo na projednání*)[978], Informations- (*právo na informace*), Kontroll- (*právo kontroly*) und Entscheidungsrechte (*právo rozhodování*).
Das Recht auf Information erfaßt die Pflicht des Arbeitgebers, der Gewerkschaft in dem gesetzlich vorgeschriebenen Umfang Informationen zu gewähren[979]. Dabei erfolgt die Information in der Regel nach Durchführung der Maßnahme, in bestimmten Fällen (z.B. bei geplanten betrieblichen Änderungen) aber auch vor ihrer Durchführung[980].
Unter der Erörterung versteht das Gesetz die Verhandlung zwischen dem Arbeitgeber und dem Belegschaftsvertretungsorgan mit dem Ziel, eine Einigung zu erreichen (s. Legaldefinition bei § 18 Abs. 1 S. 2 ZP). Diese Einigung ist kein Vertrag im arbeitsrechtlichen Sinne; sie kann allerdings in Kollektivverträgen vereinbart werden[981]. Der Arbeitgeber muß die betreffende Angelegenheit mit der Gewerkschaft erörtern, bevor er die Maßnahme durchführt[982]. Kommt es zu keiner Einigung im Rahmen der Erörterung, so entscheidet der Arbeitgeber allein nach eigenem Ermessen[983].
Im Gegensatz zu den Mitbestimmungsrechten sind die Informations- und Erörterungsrechte lediglich enumerativ aufgezählt. Dies ergibt sich aus der Formulierung ‚insbesondere' (*zejména*) in § 18 b Abs. 2 und 3 ZP, die das Gesetz bei der Aufzählung dieser Mitwirkungsrechte gebraucht. Eine vertragliche (auch kollektivvertragliche) Erweiterung des Bereichs der Informations- und Erörterungsrechte durch die Sozialpartner ist daher möglich[984]. Allerdings darf der Umfang der bereits rechtlich geregelten Mitwirkungsrechte nicht über den gesetzlich

---

977 S. zur Rechtslage vor der Wende 2. Teil, A.II.3)C)b).
978 Zum Teil werden lediglich die Erörterungsrechte als Mitwirkungsrechte (*právo součinnosti*) bezeichnet und die gewerkschaftlichen Beteiligungsrechte in Erörterungs-, Informations-, Mitbestimmungs-, Kontroll- und Entscheidungsrechte unterteilt, vgl. *Bělina* (-Tröster), Pracovní právo (2001), Rn. 1523; *Šubrt*, Práce a mzda 2000, H. 13, S. 8 f Dabei handelt es sich jedoch nur um Unterschiede in der formalen Unterteilung der Beteiligungsrechte.
979 *Bělina* (-Tröster), Pracovní právo (2001), Rn. 1525.
980 *Bělina* (-Tröster), Pracovní právo (2001), Rn. 1525.
981 *Jakubka*, Práce a mzda 2000, H. 7-8, S. 25.
982 *Bělina* (-Tröster), Pracovní právo (2001), Rn. 1527.
983 *Bělina* (-Tröster), Pracovní právo (2001), Rn. 1527.
984 So auch *Šubrt*, Práce a mzda 2000, H. 13, S. 7 und S. 15 (Fn. 4).

vorgesehenen Rahmen hinaus erweitert, z.B. ein Mitwirkungsrecht nicht in ein Mitbestimmungsrecht umgewandelt werden[985].
Dies kann zu dem paradoxen Fall[986] führen, daß in einem Kollektivvertrag nicht vereinbart werden darf, Vergütungsfragen in Form von internen Lohnvorschriften des Unternehmens, zu denen die Zustimmung der Gewerkschaft erforderlich sein soll, zu regeln. Denn dies wäre ein Verstoß gegen. § 18 b Abs. 3 d) ZP i.V.m. § 18 Abs. 1 S. 2 Gesetz Nr. 1/1992 Slg. (Lohngesetz), der für die Vergütungsangelegenheiten lediglich ein gewerkschaftliches Erörterungsrecht vorschreibt. Demgegenüber kann die Vergütungsangelegenheit allerdings bereits inhaltlich direkt im Kollektivvertrag geregelt werden, da § 18 Abs. 1 S. 2 Gesetz Nr. 1/1992 Slg. hierzu ermächtigt.
Im Gegensatz zu den Informations- und Erörterungsrechten sind die gewerkschaftlichen Kontroll- und Entscheidungsrechte abschließend und (kollektiv-) vertraglich nicht erweiterbar[987].
Die Maßnahmen, die der Arbeitgeber unter Verletzung der Erörterungsrechte getroffen hat, sind rechtlich wirksam (vgl. § 242 Abs. 2 S. 2 ZP). Denn die Erörterungsrechte sind – wie auch nach der alten Rechtslage[988] – nur eine konsultative Form der Beteiligung, ohne den Arbeitgeber in seiner Entscheidung zu binden. Der Arbeitgeber hat nämlich das alleinige Recht, in der betreffenden Angelegenheit zu entscheiden – und zwar auch ohne Rücksicht auf die Ergebnisse der Erörterung[989].
Ermöglicht der Arbeitgeber die gewerkschaftliche Mitwirkung (also Information oder Erörterung) nicht, so handelt es sich allerdings um eine Störung der Rechtspflichten, was zur Anordnung der Beseitigung der Rechtsverletzung sowie zur Auferlegung einer Geldbuße durch das Arbeitsamt gem. § 8 Abs. 3 und Abs. 4 sowie 9 Abs. 1 Gesetz Nr. 9/1991 Slg. führen kann[990].
Die meisten Informations- und Erörterungsrechte ergeben sich aus der allgemeinen Vorschrift des § 18 b Abs. 2 und 3 ZP, in der die überwiegenden gewerkschaftlichen Rechte beispielhaft aufgezählt sind.
Informationsrechte hat die Gewerkschaft gem. § 18 b Abs. 2 ZP[991] insbesondere hinsichtlich der Lohnentwicklung und der Beschäftigungspolitik des Unternehmens, hinsichtlich der ökonomischen und finanziellen Situation des Unternehmens, seiner rechtlichen Struktur, hinsichtlich struktureller Änderungen im Unternehmen, insbesondere im Zusammenhang mit Massenentlassungen nach § 52

---

[985] Vgl. *Šubrt*, Práce a mzda 2000, H. 13, S. 9 und S. 15 (Fn. 4), wo Šubrt nur von der kollektivvertraglichen Erweiterungsmöglichkeit der Informations- und Erörterungsrechte hinsichtlich anderer Fälle als den gesetzlich vorgegebenen Fällen spricht; so wohl auch *Bělina* (-Tröster), Pracovní právo (2001), Rn. 1529.
[986] Aufgeführt bei *Šubrt*, Práce a mzda 2000, H. 13, S. 9.
[987] *Šubrt*, Práce a mzda 2000, H. 13, S. 7.
[988] S. zur Rechtslage vor der Wende 2. Teil, A.II.3)C)c).
[989] *Bělina*, Pracovní právo (2001), Rn. 1527.
[990] Ähnlich bereits auch hinsichtlich der Mitbestimmung, s. 2. Teil, B.II.2)B)b).
[991] Vgl. hierzu bereits 2. Teil, B.II.2)A)b).

Abs. 2 bis 4 ZP, sowie bei einem geplanten Betriebsübergang gem. § 249 ZP, bei grundlegenden Fragen der Arbeitsbe-dingungen sowie bei Angelegenheiten im Bereich der Sicherheit und des Gesundheitsschutzes am Arbeitsplatz.
Ein Informationsrecht hat die Gewerkschaft auch nach dem „Gesetz über die Beschäftigung" bei strukturellen Änderungen des Betriebes, die zur Auflösung von Arbeitsverhältnisses führen (§ 20 Abs. 1 Gesetz Nr. 1/1991 Slg.), also bei sog. betriebsbedingten Kündigungen.
Erörterungsrechte hat die Gewerkschaft gem. § 18 b Abs. 3 ZP[992] insbesondere über die wirtschaftliche Situation des Arbeitgebers, die Normierung der Arbeit, Änderungen in der Arbeitsorganisation, die Lohngestaltung, die Schulung und Weiterbildung der Arbeiter, bei der Fürsorge um besondere Arbeitnehmergruppen (Jugendliche, Mütter, Arbeiter mit eingeschränkter Arbeitsfähigkeit), bei Maßnahmen, die eine größere Anzahl der Arbeitnehmer betreffen, bei einem geplanten Betriebsübergang gem. § 249 ZP, bei Maßnahmen im Zusammenhang mit der Massenentlassung der Arbeiter gem. § 52 Abs. 2 bis 4 ZP und bei Fragen im Bereich der Sicherheit und des Gesundheitsschutzes am Arbeitsplatz.
Gem. § 18 b Abs. 4 ZP können der Arbeitgeber und das zuständige Gewerkschaftsorgan in den Fällen des § 18 b Abs. 3 c) bis g) ZP, also bei der Änderung der Arbeitsorganisation, der Lohngestaltung, der Schulung und Weiterbildung, der Fürsorge um besondere Arbeitnehmergruppen und bei Maßnahmen, die eine größere Anzahl von Arbeitnehmern betreffen, eine Vereinbarung (*dohoda*) schließen, wenn sie eine Einigung in diesen Fragen erzielt haben.
Diese mit der Novelle Nr. 155/2000 Slg. eingeführte Form der Vereinbarung stellt im tschechischen Belegschaftsvertretungsrecht einen völlig neuen Typ der Vereinbarung[993] dar, der in der Literatur bisher jedoch nicht auf große Aufmerksamkeit stieß. Denn sie ermöglicht ein vertragliches Mittel zwischen den Sozialpartnern, ohne daß auf die Form des Kollektivvertrages zur vertraglichen Regelung belegschaftsvertretungsrechtlicher Angelegenheiten zurückgegriffen werden müßte.
Bei der Vereinbarung i.S.d. § 18 b Abs. 4 ZP handelt es sich nicht um einen Fall der Mitbestimmung, wo in bestimmten Fällen auch die Form der Vereinbarung zugelassen ist (z.B. gem. §§ 19 Abs. 1, 130 Abs. 2 S. 1 ZP, § 40 Abs. 5 RegVO Nr. 108/1994 Slg.[994]). Während nämlich der Arbeitgeber bei den Vereinbarungen im Rahmen der Mitbestimmung die Maßnahme nicht ohne einvernehmliches Zusammenwirken mit der Gewerkschaft durchführen kann, bleibt es im Fall der Erörterungsrechte des § 18 b) Abs. 3 ZP bei dem Alleinentscheidungsrecht des Arbeitgebers sowie bei der lediglich beratenden Funktion der Gewerkschaft. Kommt es allerdings zu einer Einigung zwischen beiden Parteien, kön-

---

992 Vgl. hierzu bereits 2. Teil, B.II.2)A)b).

993 So auch die Vereinigung *AKV* in ihrer Stellungnahme zum Entwurf der Novelle des Arbeitsgesetzbuchs Nr. 155/2000 Slg., Práce a mzda 2000, H. 1-2, S. 92; *Jouza*, Právní rádce 2001, H. 3, S. 36.

994 S. näher hierzu 2. Teil, B.II.2)B)b).

nen Arbeitgeber und Gewerkschaft in den Fällen des § 18 b) Abs. 4 ZP das Ergebnis in einer Vereinbarung (als eine Art Betriebsabsprache) bindend festhalten. Eine normative Wirkung dieser Vereinbarung läßt sich dem Gesetz aber nicht entnehmen. Es handelt sich daher um einen schuldrechtlichen Vertrag ohne normative Wirkung auf die Arbeitsverhältnisse, der nur den Arbeitgeber und das Gewerkschaftsorgan verpflichtet, so daß im Arbeitsvertrag abweichende Vereinbarungen getroffen werden können.
Allerdings ist völlig unklar, welche Rechtsfolgen die Nichterfüllung einer solchen Vereinbarung nach sich ziehen kann bzw. wie die Erfüllung rechtlich durchzusetzen ist, insbesondere wer den Streit, der aus der Verletzung einer solchen Betriebsabsprache resultiert, beilegen kann.
Auch können sich Probleme ergeben, wenn ein Betriebs- bzw. Unternehmenskollektivvertrag diesselben Angelegenheiten anders regelt als die Betriebsabsprache. Aufgrund der normativen Wirkung des Kollektivvertrages ist in einem solchen Fall wohl vom Vorrang des Kollektivvertrages auszugehen. Eindeutiges ergibt sich allerdings nicht aus dem Gesetz.
Die AKV hält diesen neuen Typ der Vereinbarung (§ 18 b) Abs. 4 ZP) schlicht für überflüssig, da bereits Kollektivverträge diese Angelegenheiten üblicherweise regeln könnten und die Durchsetzbarkeit von Kollektivverträgen nach dem Gesetz Nr. 2/1991 Slg. über Kollektivverhandlungen eindeutig festgelegt ist. In ihrer Stellungnahme zu dem Gesetzesentwurf der Novelle Nr. 155/2000 Slg. schlägt die AKV daher eine Veränderung des Wortlauts des § 18 b) Abs. 4 ZP dahingehend vor, daß im Falle von Vereinbarungen in Kollektivverträgen über Maßnahmen nach § 18 b) Abs. 4 ZP ein Erörterungsrecht der Gewerkschaft nicht mehr besteht[995]. Hinsichtlich der genauen Rechtswirkungen dieser Vereinbarung sowie hinsichtlich der Durchsetzbarkeit und des Konkurrenzverhältnisses zu Kollektivverträgen besteht für die Zukunft also noch gesetzlicher Handlungsbedarf.
Weitere Informationspflichten ergeben sich unter anderem aus den besonderen Regelungen des Arbeitsgesetzbuchs: Der Arbeitgeber muß gem. § 35 Abs. 3 ZP der Gewerkschaft neu abgeschlossene Arbeitsverhältnisse sowie gem. § 59 Abs. 5 ZP die Auflösung von Arbeitsverhältnissen, wenn diese aus anderen Gründen als durch Kündigung erfolgt, mitteilen. Nach der Rechtslage vor der Wende hatte die Gewerkschaft in solchen Fällen zusätzlich ein Kontrollrecht über Abschluß und Aufhebung von Arbeitsverhältnissen (§§ 35 Abs. 3, 59 Abs. 3 ZP Nr. 52/1989 Slg.).

---

[995] *AKV*, Práce a mzda 2000, H. 1-2, S. 92 zur Formulierung des § 18 Abs. 4 ZP: „Pokud opatření uvedená v odstavci 3 pism. c), d), e), f) nebo g) jsou upravena v kolektivní smlouvě, nevyžaduje se k jejich uplatnění projednání s příslušným odborovým orgánem." [*Übersetzung*: „Solange Maßnahmen nach den Absätzen 3 Buchstaben c), d), e), f) oder g) in Kollektivverträgen geregelt sind, ist es nicht nötig, zu ihrer Geltendmachung die Beratung des zuständigen Gewerkschaftsorgans einzuholen."].

In den Bereichen der ‚Überführung des Arbeiters auf eine andere als die vertraglich vereinbarte Arbeit' und der (ordentlichen oder außerordentlichen) Kündigung des Arbeiters durch den Arbeitgeber wurde die gewerkschaftliche Mitbestimmung erheblich reduziert: Während die sozialistische Rechtslage der Gewerkschaft ein Zustimmungsrecht bei der ‚Überführung auf eine andere Arbeit' (§ 41 Abs. 1 ZP Nr. 52/1989 Slg.) und bei der Kündigung (§ 59 Abs. 1 ZP Nr. 52/1989 Slg.) gewährte, besteht in diesen Fällen seit der Wende nur ein gewerkschaftliches Erörterungsrecht (§§ 41, 59 Abs. 1 ZP). Ein ‚echtes' Mitbestimmungsrecht in Form der vorherigen Zustimmung gewährt das Arbeitsgesetzbuch jetzt nur noch bei der Kündigung des Arbeitsverhältnisses von einem Mitglied des gewerkschaftlichen Vertretungsorgans[996].
Auch bei der Verteilung der Arbeitszeit kam es nach der Wende zu wesentlichen Beschränkungen der Beteiligungsrechte. Die Gewerkschaft hat nun lediglich Erörterungsrechte bei der Verteilung der wöchentlichen Arbeitszeit auf die einzelnen Wochentage (§§ 84 Abs. 1 S. 1, 85 Abs. 1 S. 1 ZP), bei der Festlegung von Beginn und Ende der täglichen Arbeitszeit einschließlich der Pausen (§§ 87 Abs. 1, Abs. 2 S. 1, 89 Abs. 2, 3 ZP), bei der Vereinbarung von Gleitzeiten innerhalb eines Tages sowie bei der Festlegung flexibler wöchentlicher Arbeitszeiten (§§ 85 a Abs. 1 ZP), bei der ausnahmsweisen Anordnung der Arbeit in arbeitsfreien Zeiten (§ 91 Abs. 2 ZP), bei der Festlegung der Überstundenanzahl bei dem Arbeitgeber oder einzelnen Organisationsabteilungen (§ 98 ZP), bei Fragen der Sicherheit und des Gesundheitsschutzes und der Organisation des Arbeitsablaufs im Rahmen von Nachtarbeit (§ 99 Abs. 5 ZP). In all diesen Fällen gewährte die sozialistische Rechtslage der Organisation noch Zustimmungsrechte[997].
Weitere Beratungsrechte bestehen in den Fällen der Festlegung eines regelmäßigen Termins zur Auszahlung des Lohnes (§ 119 Abs. 2 ZP), bei der Festlegung der Höhe und der Art des Schadensersatzes bei einem vom Arbeitnehmer verursachten Schaden, sofern der Schaden nicht am Produktionsausschuß entstanden ist oder den Betrag von 1.000 tschechischen Kronen nicht übersteigt (§ 185 Abs. 4 ZP), und bei der Art und der Höhe des Schadensersatzes im Falle von Arbeitsunfällen und Berufskrankheiten (§ 193 ZP).
Die Gewerkschaft hat ein Teilnahmerecht bei der Untersuchung der Ursachen und Gegebenheiten für die Entstehung von Arbeitsunfällen (§ 133 c Abs. 1 ZP) und bei der Festlegung von kürzeren Arbeitszeiten von Frauen, die ihre Kinder betreuen, oder von schwangeren Frauen, wenn diese Frauen eine Kürzung beantragen (§ 156 Abs. 2 ZP). Kontrollrechte, Teilnahmerechte und Entscheidungsrechte bestehen bei Fragen der Sicherheit und des Gesundheitsschutzes am Arbeitsplatz (§§ 136 Abs. 1, 136 a Abs. 1, Abs. 2 S. 1, Abs. 3 ZP). Zu den Entscheidungsrechten zählen zum Beispiel die Anweisung an den Arbeitgeber, bestimmte Mängel im Bereich der Sicherheit und des Gesundheitsschutzes am Ar-

[996] S. bereits 2. Teil, B.II.2)B)b).
[997] Vgl. näher zur Rechtslage vor der Wende 2. Teil, A.II.3)C)b).

beitsplatz zu beseitigen (§ 136 Abs. 1 c) ZP) und die Ausführung der Arbeit in bestimmten Fällen (z.B. bei Überstunden- und Nachtarbeit), die die Sicherheit und den Gesundheitsschutz beeinträchtigen könnten, zu verbieten (§ 136 Abs. 1 d) ZP). Zu dem Kontrollrecht gehört das Recht, die Arbeitsstätten betreten zu dürfen (§ 136 Abs. 1 a) ZP).

d) Probleme bei Gewerkschaftspluralität

Die Ausübbarkeit der Beteiligungsrechte wird allerdings durch das Phänomen der gewerkschaftlichen Arbeitnehmervertretung[998] erschwert. Denn als Folge dieses Phänomens gibt es in einem Unternehmen gegebenenfalls nicht ein einziges Belegschaftsvertretungsorgan, sondern bei Zuständigkeit mehrerer Gewerkschaften in einem Unternehmen auch mehrere Belegschaftsvertretungsorgane, mit denen der Arbeitgeber zu verhandeln hat.
Das sog. Gesetz über die Gewerkschaftspluralität (Gesetz Nr. 120/1990 Slg.) regelt diese Beziehungen ziemlich schwerfällig, und zwar ohne Rücksicht darauf, ob es sich um mehrere Gewerkschaften ein und desselben Verbandes oder unterschiedlicher Verbände handelt[999]. Es unterscheidet im Rahmen der Fälle der gewerkschaftlichen Erörterungs- und Zustimmungsrechte nach solchen Arbeitgebermaßnahmen, die alle oder eine große Anzahl der Arbeitnehmer betreffen (vgl. § 2 Abs. 1 S. 1 Gesetz Nr. 120/1990 Slg.), und solchen, die sich lediglich auf einen einzelnen Arbeitnehmer beziehen (vgl. § 3 Abs. 1 Gesetz Nr. 120/1990 Slg.).
Sind mehrere Arbeitnehmer tangiert, dann hat der Arbeitgeber die Pflicht, die betreffende Angelegenheit mit allen beteiligten Gewerkschaftsorganen zu erörtern sowie die Zustimmung von allen Gewerkschaftsorganen einzuholen, sofern er sich mit den Gewerkschaften nicht anders einigt (§ 2 Abs. 1 S. 1 Gesetz Nr. 120/1990 Slg.). Als abweichende Regelung können zum Beispiel die Gewerkschaften mit dem Arbeitgeber die Zuständigkeit eines Unternehmensausschusses für unternehmensbezogene Angelegenheiten vereinbaren[1000].
Wenn sich die beteiligten Gewerkschaftsorgane innerhalb von 15 Tagen nicht darüber einigen, ob sie die Zustimmung erteilen, entscheidet dann hinsichtlich der Zustimmung allein das Gewerkschaftsorgan mit der meisten Anzahl der bei dem Arbeitgeber tätigen Gewerkschaftsmitglieder (§ 2 Abs. 1 S. 2 Gesetz Nr. 120/1990 Slg.). Den Fall, daß die Mitgliederanzahl von zwei Gewerkschaften identisch ist, übersieht das Gesetz allerdings.

---

[998] Vgl. näher hierzu 2. Teil, B.II.2)A)c).
[999] Vgl. *Kahle* (Práce a mzda 1990, H. 7, S. 3), nach dessen Ansicht das Gesetz über die Gewerkschaftspluralität nur auf die Fälle, in denen mehrere Gewerkschaften unterschiedlicher Verbände wirken, anwendbar sein sollte. Denn bei Zugehörigkeit zu ein und demselben Verband sei es Sache des Verbandes, über die Zuständigkeit der Gewerkschaften zu entscheiden.
[1000] *Kahle*, Práce a mzda 1990, H. 7, S. 4.

Indem das Gesetz im Falle der Zustimmung eine Einigungsverhandlung der verschiedenen Gewerkschaften verlangt, kann die Zustimmung durch mögliche Obstruktion einer (kleinen) Gewerkschaft faktisch verhindert werden[1001]. Dies stellt nach einer Literaturmeinung[1002] im Rahmen der Koalitionsfreiheit eine unzulässige Begünstigung einer (nämlich der kleineren) Gewerkschaft dar, die nach Art. 27 Abs. 2 S. 2 Charta Nr. 2/1993 Slg. unzulässig ist. Dagegen ist m. E. ein Eingriff in das Koalitionsgrundrecht nicht anzunehmen, da es sich bei der betreffenden gewerkschaftlichen Tätigkeit eben nicht um eine typischerweise mit den Koalitionsaufgaben in Zusammenhang stehende Tätigkeit handelt. Denn die Gewerkschaft übt die Beteiligungsrechte als Belegschaftsvertretungsorgan aus und fungiert in dieser Aufgabe eben nicht als „eigentliche" Gewerkschaft. Dennoch führt die erforderliche Einigung bei der Ausübung der Beteiligungsrechte zu unsachgemäßen Lösungen und zur Bevorzugung kleinerer Gewerkschaften und bedarf dringend einer Novellierung.
Sinnlos und den Betriebsablauf erschwerend ist das Erfordernis einer einheitlichen Zustimmung auch dann, wenn die Gewerkschaften aufgrund ihrer satzungsmäßigen Zuständigkeit für verschiedene Bereiche oder in verschiedenen Organisationseinheiten wirken und gar nicht miteinander konkurrieren. Der Arbeitgeber benötigt nach dem Wortlaut des § 2 Abs. 1 S. 1 Gesetz Nr. 120/1990 Slg., der eben nicht auf die Organisationseinheit, sondern auf das Unternehmen als solches abstellt, dennoch die Zustimmung beider Gewerkschaften (etwa zu dem Erlaß der Arbeitsordnung in nur einem Organisationsteil seines Unternehmens), auch wenn eine Gewerkschaft in einer ganz anderen Organisationseinheit des Unternehmens tätig ist[1003].
Bei arbeitsrechtlichen Maßnahmen, die einen einzelnen Arbeitnehmer betreffen (wie z.B. die Kündigung durch den Arbeitgeber oder die ‚Überführung auf eine andere Arbeit'), wird der Arbeitnehmer im Fall, daß mehrere Gewerkschaften in dem Unternehmen wirken, durch die Gewerkschaft vertreten, deren Mitglied er ist (§ 3 Abs. 1 Gesetz Nr. 120/1990 Slg.). Ist der Arbeitnehmer nicht gewerkschaftlich organisiert, dann vertritt ihn die Gewerkschaft mit der größten Mitgliederanzahl bei dem Arbeitgeber, es sei denn, der Arbeitnehmer bestimmt etwas anderes (§ 3 Abs. 2 Gesetz Nr. 120/1990 Slg.). Dabei kann der Arbeitnehmer sich nur eine andere Gewerkschaft – und zwar auch gegen deren Willen - aussuchen, die bei dem Arbeitgeber zuständig ist; er kann aber nicht die gewerkschaftliche Vertretung völlig ausschließen[1004]. Wirkt bei dem Arbeitgeber nur

---

[1001] So auch *Kostečka*, ArbuR 1992, H. 11, S. 322 und *ders.*, Právo a zákonnost 1990, H. 5, S. 258.
[1002] *Šubrt*, Práce a mzda 1992, H. 4-5, S. 47.
[1003] So ebenfalls *Šubrt*, Práce a mzda 2000, H. 13, S. 7; a. A. aber *Kahle*, Práce a mzda 1990, H. 7, S. 5, der in einem solchen Fall (m.E. entgegen des Gesetzeswortlauts) das Gesetz über die Gewerkschaftspluralität eng auslegt und für nicht anwendbar hält und folglich nur auf die Zustimmung der in der betreffenden Organisationseinheit tätigen Gewerkschaft abstellt.
[1004] Vgl. *Galvas*, Právo a zaměstnání 2002, H. 1, S. 10; *Kahle*, Práce a mzda 1990, H. 7, S. 7, der die Auswahlmöglichkeit des nicht gewerkschaftlich organisierten Arbeitnehmers sogar

eine Gewerkschaft, so wird der Arbeitnehmer aufgrund der Stellung als sozialer Repräsentant, die der Gewerkschaft im tschechischen Arbeitsrecht zukommt, von der einzigen Gewerkschaft vertreten, auch wenn er nicht ihr Mitglied ist[1005]. Das Gesetz über die Gewerkschaftspluralität ordnet in jedem Fall eine soziale Repräsentation des Arbeitnehmers durch eine Gewerkschaft an[1006].
Daneben geht es stillschweigend davon aus, daß bei jedem Arbeitgeber irgendeine Gewerkschaft zuständig ist, und vernachlässigt den Fall, daß keine Gewerkschaft existiert. Im Falle der Existenz einer Gewerkschaft bei dem Arbeitgeber, sei es auch in einer anderen Organisationseinheit des Unternehmens, ist die Gewerkschaft der soziale Repräsentant des Arbeitnehmers. Der Arbeitnehmer kann die soziale Repräsentation nicht ausschließen. Besteht dagegen keine Gewerkschaft, so hat der Arbeitnehmer keinen sozialen Repräsentanten. Es bleibt also letztendlich sehr unbefriedigend dem Zufall überlassen, ob eine soziale Repräsentation vorliegt.
Zum Teil[1007] wird in der gewerkschaftlichen Belegschaftsvertretung eines nicht gewerkschaftlich organisierten Arbeitnehmers ein Verstoß gegen die negative Koalitionsfreiheit angenommen. Ähnlich wie bereits im Fall, daß mehrere Arbeitnehmer betroffen sind[1008], kann m. E. aber auch hier nicht das Koalitionsgrundrecht argumentativ herangezogen werden. Denn die Gewerkschaft übt im vorliegenden Fall eben nicht typische Koalitionstätigkeiten aus, sondern handelt als gewerkschaftliches Belegschaftsvertretungsorgan. Aufgrund des Phänomens der gewerkschaftlichen Belegschaftsvertretung in der Tschechischen Republik sollte immer genau zwischen den Aufgaben der Interessen- und Belegschaftsvertretung unterschieden werden und nur bei den typischen Koalitionsaufgaben auf das Koalitionsgrundrecht zurückgegriffen werden.
Die Probleme bei der Zuständigkeit mehrerer Gewerkschaften in einem Unternehmen sind die Folge des Zusammenspiels von zwei Tatsachen, nämlich daß das Arbeitsrecht nach der Wende die Gewerkschaftspluralität eingeführt und aber zugleich die gewerkschaftliche Beteiligung als sozialistisches Überbleibsel beibehalten hat, ohne zu bedenken, daß die Beteiligungsrechte bisher nur auf eine Gewerkschaft, die ROH-Organisation, ausgerichtet waren. Die Korrektur durch das Gesetz über die Gewerkschaftspluralität ist wie eben gezeigt sehr unzufriedenstellend geregelt.

---

auf die Gewerkschaften beschränkt, die in der Organisationseinheit des Unternehmens tätig sind, zu welcher auch der Arbeitnehmer gehört.

[1005] *Kahle*, Práce a mzda 1990, H. 7, S. 7.

[1006] *Galvas*, Právo a zaměstnání 2002, H. 1, S. 10.

[1007] Vgl. aber *Jakubka*, Práce a mzda 2001, H. 10, S. 26, der eine völlig Ablehnung der gewerkschaftlichen Vertretung durch den Arbeitnehmer mit dem Recht, sich frei gewerkschaftlich vereinigen zu können, begründet.

[1008] Vgl. oben.

e) Bewertung

Eine Begrenzung der zu hohen Mitbestimmungsrechte der Gewerkschaft nach der Wende war zwar nötig angesichts der Gewährleistung der unternehmerischen Entscheidungsfreiheit und angesichts des veränderten Rollenverständnisses der Gewerkschaft, die eben nicht mehr Helfer des Staates und Mitverwalter (wie im Rahmen der sozialistischen Organisationen) ist. Allerdings kam es im tschechischen Belegschaftsvertretungsrecht m. E. zu einer fast schon zu radikalen Kürzung und Aufhebung der Mitbestimmungsrechte, die in diesem Umfang nicht erforderlich gewesen wäre.

Das tschechische Belegschaftsvertretungsrecht kannte (und kennt auch nach der Wende) in der Regel nur die Form der Zustimmung im Rahmen der Mitbestimmung. Führte das Fehlen der Zustimmung nach dem Gesetz zur Unwirksamkeit der Maßnahme, so konnte die gewerkschaftliche Belegschaftsvertretung in der sozialistischen ČSSR den Arbeitgeber (also die sozialistische Organisation) an dem Erlaß der Maßnahme hindern. Die Mitbestimmungsrechte stellten also in ihrer stärksten Form betriebsverfassungs-rechtliche Vetorechte gegenüber der Arbeitgebermaßnahme dar[1009]. Eine solch starke Mitbestimmung ist nun in der Tat in einem marktwirtschaftlich geprägten Land im Hinblick auf einen Eingriff in die unternehmerische Entscheidungsfreiheit bedenklich.

Die tschechische Rechtsordnung hat nach der Wende die Mitbestimmungsrechte meist in Mitwirkungsrechte umgewandelt, so daß nur wenige Mitbestimmungsangelegenheiten[1010] übrig blieben.

Dies mag zwar insbesondere bei einigen personellen Einzelmaßnahmen (z.B. bei der Kündigung) gerechtfertigt sein. In anderen Bereichen wäre es allerdings vorteilhafter gewesen, auch über eine andere, flexiblere (vertragliche) Form der Mitbestimmung nachzudenken[1011], wie z.B. in Form von Betriebsabsprachen und Betriebsvereinbarungen, wobei letzteren auch normative Wirkung zukommen kann. Zu diesen Bereichen zählen hauptsächlich soziale Angelegenheiten, wie die Verteilung der Arbeitszeit und des Urlaubs, die Auszahlung des Arbeitsentgelts, die Festlegung von Überstunden sowie die Lohngestaltung. Zur Lohngestaltung gehören alle Fragen über die Art und Weise der Ermittlung der Arbeitsvergütung (also nicht über die Festlegung der Entgelthöhe), insbesondere Fragen über die Aufstellung von Entlohnungsgrundsätzen (z.B. Vergütung nach Zeit- oder Akkordlohn, Prämiensysteme) und über die Einführung sowie Anwendung von neuen Entlohnungsmethoden zur Bewertung der Arbeitsleistung. In all diesen Bereichen sind wichtige Interessen der Arbeitnehmerbelegschaft

---

[1009] S. näher 2. Teil, A.II.3)C)b).

[1010] Vgl. zu den Mitbestimmungsrechten der Gewerkschaft nach der Wende 2. Teil, B.II.2)B)b).

[1011] So auch *Fenz*, Práce a mzda 1996, H. 11-12, S. 35 und *Jakubka*, Práce a mzda 2001, H. 10, S. 28, nach dessen Auffassung die strikte Festlegung der gewerkschaftlichen Rechte eine flexiblere Verhandlung und Vereinbarung unter den Sozialpartnern verhindert.

betroffen, so daß eine Mitbestimmung zur Verwirklichung des Selbstbestimmungsrechts der Arbeitnehmer im Unternehmen gerechtfertigt wäre und keinen unzulässigen Eingriff in die unternehmersiche Entscheidungsfreiheit darstellen würde. Auch bei der personellen Einzelmaßnahme der ‚Überführung des Arbeitnehmers auf eine andere Arbeit' besteht kein Grund, die Gewerkschaft lediglich auf ein Mitwirkungsrecht zu beschränken, da durch die Eingliederung des Arbeitnehmers in den neuen Arbeitsbereich die Interessen der dort schon Beschäftigten berührt sein könnten.

Während die ROH-Gewerkschaft vor der Wende in diesen Bereichen, insbesondere bei der Festlegung des Urlaubs und der Arbeitszeit und bei der betrieblichen Lohngestaltung, ein Zustimmungsrecht hatte[1012], sieht das tschechische Arbeitsrecht hierfür seit der Wende mit Ausnahme der Verteilung der Urlaubszeit, wobei auch hier kein ‚echtes' Mitbestimmungsrecht besteht[1013], lediglich Erörterungsrechte der Gewerkschaft vor[1014].

Zu erwägen wäre hier eine vertragliche Form des Mitbestimmungsrechts, wie sie zum Beispiel das deutsche Betriebsverfassungsrecht in diesen Bereichen vorsieht. In den sozialen Angelegenheiten unterscheidet das deutsche Betriebsverfassungsgesetz zwischen erzwingbaren und freiwilligen Mitbestimmungsrechten. Die erzwingbaren Mitbestimmungsrechte erfaßen alle oben genannten sozialen Angelegenheiten, während zur freiwilligen Mitbestimmung Fragen über die Errichtung von Sozialeinrichtungen und zusätzliche Maßnahmen zur Verhütung von Arbeitsunfällen und Gesundheitsschädigungen zählen. Ist die Mitbestimmung erzwingbar, so kann der jeweilige Sozialpartner, falls keine Einigung erzielt wird, eine Einigungsstelle anrufen, deren Spruch für beide Seiten verbindlich ist und die Einigung der Sozialpartner ersetzt. Ist die Mitbestimmung dagegen freiwillig, so kann eine betriebsautonome Rechtssetzung nur bei gütlicher Einigung der Sozialpartner oder bei einverständlicher Akzeptanz der Schlichtung durch eine Einigungsstelle erfolgen. Bleibt eine Einigung aus, so bedeutet dies im Fall der freiwilligen Mitbestimmung das Scheitern der betriebsautonomen Rechts-setzung.

Die Form der erzwingbaren Mitbestimmung ermöglicht, daß in jedem Fall in der betreffenden Sozialangelegenheit entschieden wird (zur Not durch Zwangsschlichtung durch die Einigungsstelle), so daß es zu keinem endgültigen Veto durch das Arbeitnehmervertretungsorgan kommen kann, was aber vor der Wende bei der Verweigerung der Zustimmung in vielen Fällen der Fall war[1015]. Auch führen Vereinbarungen und vorangegangene Verhandlungen der unterschiedlichen Positionen zwischen den Sozialpartnern zu einer flexibleren und sachgerechteren Berücksichtigung der sozialen Probleme als ein bloß auf „Ja" oder „Nein" beschränktes Zustimmungsrecht.

1012 Vgl. hierzu 2. Teil, A.II.3)C)b).
1013 S. 2. Teil, B.II.2)B)b).
1014 S. näher 2. Teil, B.II.2)B)c).
1015 S. oben.

Eine solche Unterscheidung zwischen erzwingbarer und freiwilliger Mitbestimmung in Form von Vereinbarungen und die Möglichkeit, eine Einigungsstelle anzurufen, kennt das tschechische Belegschaftsvertretungsrecht nicht sowie es überhaupt nur wenige Formen der *vertraglichen* Beteiligung zuläßt.
Die wenigen Fälle, die Vereinbarungen im Rahmen der Mitbestimmung ermöglichen, sehen zwar ansatzweise eine freiwillige oder erzwingbare Mitbestimmung vor. So unterbleibt im Falle des § 130 Abs. 2 S. 1 ZP bei fehlender Einigung der Rechtssetzungsakt über die Kürzung des Lohnersatzes, so daß es sich nur um eine freiwillige Mitbestimmung handelt[1016]. Demgegenüber setzen die §§ 19 ZP, 40 Abs. 5 RegVO Nr. 108/1994 Slg. eine Einigung als notwendig voraus, was eigentlich den Fall einer erzwingbaren Mitbestimmung nahelegt[1017]. In beiden Fallgruppen trifft das Gesetz aber keine Aussage darüber, wie eine Einigung, ggf. auch erzwingbar, herbeigeführt werden kann und wie Vertragsverletzungen geltend zu machen sind.
Die mit Gesetz Nr. 155/2000 Slg. neu eingeführte Form der Vereinbarung gem. § 18 b) Abs. 4 ZP besteht zwar lediglich im Rahmen der Mitwirkungsrechte, stellt aber einen weiteren Schritt auf dem Weg zur Einführung vertraglicher Beteiligungsformen im tschechischen Belegschaftsvertretungsrecht dar. Unzureichend geregelt sind hier aber die Möglichkeiten der rechtlichen Durchsetzbarkeit der Vereinbarung und das Verhältnis zu inhaltsgleichen Absprachen in Betriebs- und Unternehmenskollektivverträgen. Vor allem die Stellungnahme der AKV, die diese neue Form der Vereinbarung für überflüssig hält und auf Kollektivverträge verweist[1018], zeigt, daß solche Vereinbarungen auf betriebsverfassungsrechtlicher Ebene bisher nicht auf große Akzeptanz stoßen. Betriebs- und Unternehmenskollektivverträge gelten noch immer als vertragliche Mittel zur Verwirklichung der Beteiligung, wenn das tschechische Belegschaftsvertretungsrecht Vereinbarungen zwischen den Sozialpartnern vorsieht.
So gehen auch die meisten rechtlichen Regelungen davon aus, daß dann, wenn vertragliche Mittel im Rahmen des Belegschaftsvertretungsrechts zugelassen sind, die vertragliche Form der Beteiligung durch Kollektivverträge erfolgt. Zum Beispiel ersetzen Vereinbarungen in Kollektivverträgen das Erörterungsrecht der Gewerkschaft bei Maßnahmen, die die kollektive Festlegung der Arbeitszeiten, die Anordnung der Arbeit in arbeitsfreien Zeiten und die Überstundenarbeit betreffen (§ 99 a ZP). Gleiches gilt bei der Bestimmung der Auszahlung des Lohns (§ 119 Abs. 2 ZP).
Diese Präsenz der Kollektivverträge im Rahmen des tschechischen Belegschaftsvertretungsrechts mag noch ein Überbleibsel des sozialistischen Rechtsverständnisses sein und mit der Verbindung von Belegschafts- und Interessenvertretungsfunktion in der Gewerkschaft zusammenhängen. Auf lange Sicht sollte aber über eine Trennung dieser Funktionen und damit verbunden auch ü-

[1016] Vgl. 2. Teil, B.II.2)B)b).
[1017] Vgl. 2. Teil, b.II.2)B)b).
[1018] S. hierzu 2. Teil, B.II.2)B)c).

ber die Einführung eines neuen vertraglichen Beteiligungsrechts[1019] nachgedacht werden. Rechtlich geregelt werden müßte dann auch das Verhältnis zu den Kollektivverträgen. Denn bisher gibt es im tschechischen Arbeitsrecht keine Überschneidung von Kollektivverträgen und vertraglichen Beteiligungsformen im Rahmen der Belegschaftsvertretung, da letztere nur in äußerst geringem Maß vorgesehen sind und i.d.R. keine normativen Wirkungen entfalten.
Neben der Stärkung der vertraglichen Beteiligung, ggf. in Form der erzwingbaren Mitbestimmung, ist die Unterscheidung zwischen Rechts- und Regelungsstreitigkeiten notwendig, da diese Streitigkeiten unterschiedliche Streitbeilegungsinstitutionen erfordern. Genau wie vor der Wende[1020] differenziert das Arbeitsrecht nicht zwischen Rechts- und Regelungsstreitigkeiten und den geeigneten Streitbeilegungsmöglichkeiten für diese Fälle und verkürzt damit den Rechtsschutz.
Für die Rechtsstreitigkeiten, d.h. für die Streitigkeiten über das *Bestehen* eines Beteiligungsrechts, sollte das tschechische Recht im Interesse eines effektiven Rechtsschutzes eine *gerichtliche* Überprüfungsinstanz sowie gegebenenfalls Ansprüche des Belegschaftsvertretungsorgans auf Unterlassung und/oder Beseitigung der Arbeitgebermaßnahme einführen. Bisher besteht im tschechischen Recht bei Verletzung der bestehenden gesetzlichen Beteiligungsrechte lediglich die Möglichkeit, daß das *Arbeitsamt* gegenüber dem Arbeitgeber die Beseitigung der Rechtsverletzung anordnet (§ 8 Abs. 3 Gesetz Nr. 9/1991 Slg.)[1021] und eine Geldstrafe gem. §§ 8 Abs. 3 und Abs. 4 sowie 9 Abs. 1 Gesetz Nr. 9/1991 Slg. auferlegt, gegen die dann der Arbeitgeber verwaltungsverfahrensrechtliche Rechtsbehelfe einlegen kann[1022].
Dies ist zwar gegenüber dem sozialistischen Rechtssystem schon eine Verbesserung, da nicht mehr die Gewerkschaft über die Streitigkeiten im Zusammenhang mit den Beteiligungsrechten entscheidet[1023]. Da es sich jedoch um *bestehende* Rechte handelt, liegt kein Grund vor, die Durchsetzbarkeit dieser Rechte (auch aus den vertraglichen Vereinbarungen) nicht durch die Gerichte zu gewährleisten. Dies ist sogar im Interesse eines effektiven Rechtsschutzes in einem Rechtsstaat geboten. Bei den Regelungsstreitigkeiten im Rahmen der Belegschaftsvertretung ist die Einführung einer freiwilligen oder erzwingbaren, paritätisch besetzten Einigungsstelle zur Schlichtung wünschenswert, um die belegschaftsautonome Rechtssetzung zu fördern.
Hinsichtlich der (kollektiv-)vertraglichen Abdingbarkeit der Beteiligungsrechte erlaubt das tschechische Belegschaftsvertretungsrecht keine Erweiterung der Mitbestimmungsrechte, insbesondere keine vertragliche Umwandlung eines

---

[1019] Bereits *Kostečka* (Právo a zákonnost 1990, H. 5, S. 260) hat im Jahr 1990 darauf aufmerksam gemacht, daß zur Mitbestimmung sowohl die genehmigende als auch die vertragliche Form gehören.
[1020] Vgl. zur Rechtslage vor der Wende 2. Teil, A.II.5)B).
[1021] Insofern handelt es sich um eine abdrängende Sonderzuweisung i.S.d. § 7 Abs. 1 o.s.ř
[1022] S. bereits 2. Teil, B.II.2)B)b) und c).
[1023] So aber noch nach der Rechtslage vor der Wende 2. Teil, A.II.5)B).

Mitwirkungsrechts in eine Mitbestimmung[1024]. Für eine solch zwingende Regelung der Mitbestimmungsrechte besteht allerdings in einem marktwirtschaftlichen System keine Rechtfertigung. Denn die Mitbestimmungsrechte dienen im neuen Rechtssystem dem Schutz der Arbeitnehmer zur Verwirklichung ihrer Selbstbestimmungsrechte im Unternehmen[1025] und sollten daher nur einseitig zwingend sein. Das heißt, daß dann Vereinbarungen, die zu einer Einschränkung der Mitbestimmungsrechte führen, unwirksam wären, da die gesetzlichen Regelungen als Arbeitnehmerschutzbestimmungen jedenfalls einen diesbezüglichen Mindestrahmen festlegen. Die Erweiterung der Mitbestimmungsrechte wäre dagegen zulässig, da es sich eben um einseitig zwingende Arbeitnehmerschutzbestimmungen handelt. Die unzulässige Erweiterung von Mitbestimmungsrechten spiegelt im tschechischen Belegschaftsvertretungsrecht noch den sozialistischen Grundsatz: *„Es ist alles erlaubt, was nicht ausdrücklich verboten ist."* wider.

3) Kollektivvertragsrecht

A) Allgemeines

a) Arten der Kollektivverträge und Kollektivvertragsparteien

Kollektivverträge sind zweiseitige arbeitsrechtliche Akte sui generis zwischen den Kollektivvertragsparteien, den Arbeitgebern und den Gewerkschaften[1026]. Nach dem Gesetz über Kollektivverhandlungen (Gesetz Nr. 2/1991 Slg.) unterscheidet man zwischen ‚Unternehmenskollektivverträgen' (*podnikové kolektivní smlouvy*) und Verbandskollektivverträgen, d.h. ‚Kollektivverträgen höherer Stufe' (*kolektivní smlouvy vyššího stupně*). Die Möglichkeit, Streitigkeiten über die Tariffähigkeit der Koalitionspartner durch Gerichte entscheiden zu lassen, kennt das tschechische Arbeitsrecht nicht[1027].

Unternehmenskollektivverträge i.S.d. § 2 Abs. 3 a) GKV sind Kollektivverträge, die ein einzelner Arbeitgeber mit dem bei ihm zuständigen Gewerkschaftsorgan abschließt. Als zuständig gilt gem. § 32 Abs. 1 GKV das Gewerkschaftsorgan, das für die betreffende Gewerkschaft nach ihrer Satzung zu Handeln berechtigt ist. Die Kollektivverträge auf Unternehmensebene gelten für ein Unternehmen oder auch nur für einen organisatorisch selbständigen Betriebsteil des Unternehmens[1028]. Der Begriff „Unternehmenskollektivvertrag", den das Gesetz verwendet, setzt nicht notwendig voraus, daß sich der Kollektivvertrag auf das gesamte Unternehmen beziehen muß. Denn § 2 Abs. 3 a) GKV spricht lediglich

---

[1024] S. näher 2. Teil, B.II.2)B)b) und c).
[1025] Vgl. 2. Teil, B.II.2)B)a).
[1026] *Bělina* (-Kalenská), Pracovní právo (1997), S. 111; *Fuchs/Tröster*, Arbeit und Sozialpolitik 1998, S. 61.
[1027] *Kostečka*, Právo a zakonnost 1991, H. 6, S. 349.
[1028] So auch *Bělina* (-Kalenská), Pracovní právo (1997), S. 113.

davon, daß ein Unternehmenskollektivvertrag zwischen dem zuständigen Gewerkschaftsorgan und dem Arbeitgeber abgeschlossen wird. Da die Gewerkschaft aber gem. § 32 Abs. 1 GKV die Zuständigkeit des Gewerkschaftsorgans bestimmt und diese auch nur auf einen Betrieb bei dem Arbeitgeber beschränken kann, sind folglich auch Betriebskollektivverträge zulässig.

Kollektivverträge höherer Stufe i.S.d. § 2 Abs. 3 b) GKV sind Kollektivverträge, die zwischen einem zuständigen überbetrieblichen Gewerkschaftsorgan, d.h. einem Organ von Gewerkschaftsorganisationen oder –verbänden, und einem oder mehreren Arbeitgeberverbänden abgeschlossen werden. Die Zuständigkeit des höheren Gewerkschaftsorgans bestimmt der betreffende Gewerkschaftsverband (§ 32 Abs. 1 GKV).

Vertragspartei des Verbandskollektivvertrages ist also nie ein einzelner Arbeitgeber, sondern immer nur ein Verein von Arbeitgebern[1029]. Die Verbandskollektivverträge beziehen sich nur auf die Arbeitgeber, die Mitglieder des abschließenden Arbeitgeberverbandes sind[1030]. Die Arbeitgebervereinigung muß sich wie die Gewerkschaft nach dem Gesetz Nr. 83/1990 Slg. (in der Fassung Nr. 300/1990 Slg.) konstituieren. Arbeitgebervereinigungen sind danach juristische Personen, und zwar ab dem Tag, nach dem der Mitteilungs-antrag über ihre Gründung dem Innenministerium zugestellt wurde (§ 2 Abs. 3 S. 1 i.V.m. § 9 a) Abs. 1 Gesetz Nr. 300/1990 Slg.)[1031]. Aus den Verbandskollektivverträgen entstehen dem einzelnen Arbeitnehmer wie auch bei den Unternehmenskollektivverträgen direkte Ansprüche; es ist daher nicht nötig, diese Ansprüche in Firmenkollektivverträgen aufzunehmen[1032]. Verbands-kollektivverträge können bereichs-, berufs- oder gebietsbezogen abgeschlossen werden[1033].

Die Möglichkeit der Gründung von Arbeitgebervereinigungen besteht in der Tschechischen Republik erst seit der Wende, da Arbeitgebervereinigungen im sozialistischen Vorgängerregime angesichts des Staatseigentums und der Zentralisierung der Wirtschaft keine Berechtigung fanden und auch nicht entstehen konnten.

Der Inhalt der Verbandskollektivverträge orientiert sich in der Regel an dem Ergebnis von Verhandlungen des ‚Rates für wirtschaftliche und soziale Übereinkunft' (*rada hospodářské a sociální dohody*), einem Drei–Parteien-Organ, das sich aus Verbänden der Gewerkschaften, der Arbeitgeber und und aus dem Mi-

---

[1029] *Kostečka*, ArbuR 1992, H. 11, S. 323; *Tomandlová*, Zákoník práce, S. 642.

[1030] *Šubrt*, Práce a mzda 2000, H. 13, S. 11.

[1031] Nach Ansicht des *Ústav státu a práva Akademie věd ČR*, Práce a mzda 1993, H. 2, S. 35, war die Eigenschaft als Rechtssubjekt gesetzlich nicht erforderlich festzulegen, sofern den Vereinigungen die Fähigkeit zu Kollektivverhandlungen und Abschlüssen von Kollektivverträgen zugestanden wird; s. *Carabelli/Sciarra* (-Tomeš/Tkáč), Collective labour law, S. 92 f. zu den sich in der ČR gebildeten Arbeitgebervereinigungen.

[1032] *Bělina* (-Tröster), Pracovní právo (2001), Rn. 1586.

[1033] *Bělina* (-Tröster), Pracovní právo (2001), Rn. 1599.

nisterium zusammensetzt[1034]. Dieses Organ verhandelt über alle wesentlichen Fragen hinsichtlich wirtschaftlicher und sozialer Interessen der Arbeitnehmer und der Arbeitsbedingungen[1035]. Das Verhandeln des Drei-Parteien-Organs ist nicht gesetzlich geregelt und gilt nicht als Kollektivverhandlung im Sinne des Gesetzes Nr. 2/1991 Slg.; es geht den Kollektivverhandlungen nur voraus[1036]. Die Ergebnisse dieser Verhandlungen wurden bisher in der Regel in einem Generalabkommen der Tschechischen Republik (*Generální dohoda*) für den Zeitraum eines Jahres zusammengefaßt[1037]. Das Generalabkommen hat dabei nicht die Form einer allgemein verbindlichen Rechtsvorschrift, sondern die Mitglieder des Drei-Parteien-Organs müssen sich mit ihrer Autorität dafür einsetzen, daß die Ergebnisse des Abkommens bei dem Abschluß von Kollektivverträgen höherer Stufe berücksichtigt werden[1038]. Allerdings ist es seit dem Jahr 1995 nicht mehr zu einem solchen Generalabkommen gekommen[1039]. Mittlerweile haben sich neue Institutionen des „sozialen Dialogs" hinsichtlich der Arbeits- und Wirtschaftsbedingungen auf gesamtstaatlicher oder regionaler Ebene gebildet[1040].

Wer genau nun auf Seiten der Gewerkschaft Kollektivvertragspartei eines Firmen- oder Verbandskollektivvertrages ist, war[1041] und ist auch nach der Wende teilweise umstritten[1042]. Fraglich ist nämlich, ob die gesamte Gewerkschaft oder nur ihre Organe Vertragspartner sind. Das Gesetz über Kollektivverhandlungen ist insofern mißverständlich. Denn zum einen spricht das Gesetz davon, daß die zuständigen Gewerkschafts*organe* Kollektivverträge mit dem Arbeitgeber, ggf. der Arbeitgebervereinigung abschließen können (vgl. §§ 1, 2 Abs. 2 und Abs. 3 a) und b) GKV). Es bezeichnet diese Subjekte, mitunter die Gewerkschafts*organe,* in § 3 Abs. 1 Gesetz Nr. 2/1991 Slg. sogar als Vertragsseiten (*smluvní strany*). Zum anderen legt § 32 Abs. 1 GKV fest, daß das Gewerkschaftsorgan im Rahmen der Kollektivverhandlungen zuständig ist, welches berechtigt ist, *im Namen der Gewerkschaft* Rechtsbeziehungen herbeizuführen. Dies könnte eher zur einer Befürwortung der These führen, daß die Gewerkschaft selbst Vertragspartner ist. Letztendlich ist aber danach zu unterscheiden, welches Subjekt die Verpflichtungen des Kollektivvertrages treffen und welches zu Kollektivverhandlungen und zu Kollektivvertragsabschlüssen

---

[1034] *Bělina* (-Tröster), Pracovní právo (2001), Rn. 1581; *Fuchs/Tröster*, Arbeit und Sozialpolitik 1998, S 61.

[1035] *Bělina* (-Tröster), Pracovní právo (2001), Rn. 1582.

[1036] *Bělina* (-Tröster), Pracovní právo (2001), Rn. 1581.

[1037] *Bělina* (-Tröster), Pracovní právo (2001), Rn. 1582.

[1038] *Bělina* (-Tröster), Pracovní právo (2001), Rn. 1582.

[1039] *Bělina* (-Tröster), Pracovní právo (2001), Rn. 1582.

[1040] Näher *Bělina* (-Tröster), Pracovní právo (2001), Rn. 1582.

[1041] S. zur Rechtslage vor der Wende 2. Teil, A.II.4)A)a).

[1042] Vgl. *Bělina* (-Tröster), Pracovní právo (2001), Rn. 1587 ff.; *Galvas*, Kolektivní pracovní právo (1995), S. 31 f.

für das sich kollektivvertraglich verpflichtende Rechtsubjekt berechtigt ist[1043]. Kollektivvertragspartei im vertragsrechtlichen Verständnis ist dann immer die Partei, die unmittelbar verpflichtet wird. Dies kann das Gewerkschaftsorgan oder die Gewerkschaft sein[1044].
Nach tschechischem Recht sind auch alle Koalitionen von Beamten und von Angestellten und Arbeitern im öffentlichen Dienst sowie Haushaltsorganisationen tariffähig[1045]. Die Tariffährigkeit ergibt sich aus dem Umkehrschluß zu § 20 Abs. 2 S. 2 ZP. Danach beziehen sich die Fälle, in denen das Arbeitsgesetzbuch festlegt, daß arbeitsrechtliche Ansprüche in Kollektivverträgen erhöht oder erweitert werden können, nur auf Unternehmer-Arbeitgeber, es sei denn das Gesetz bestimmt ausdrücklich etwas anderes. Die Rechtslage geht hier also davon aus, daß Arbeitgeber, die keine unternehmerische Tätigkeit betreiben (also die Staatsverwaltung und der öffentliche Dienst im weiten Sinne[1046]), sowie ihre Arbeitnehmer zwar Kollektivverträge abschließen dürfen, also grundsätzlich tariffähig sind. Das tschechische Recht unterscheidet somit bei der Tariffähigkeit nicht zwischen Beamten und Arbeitnehmern des öffentlichen Dienstes. Es begrenzt aber den Inhalt dieser Kollektivverträge hinsichtlich der Regelung arbeitsrechtlicher Ansprüche, was noch näher aufgeführt wird.
Allerdings sind in der Tschechischen Republik Kollektivverhandlungen auf höherer Stufe im Haushaltsbereich praktisch ausgeschlossen und das sowohl für Beamte als auch für die übrigen Angestellten und Arbeiter des öffentlichen Dienstes. Denn um Kollektivverträge auf höherer Stufe abschließen zu können, sind die öffentlich-rechtlichen Arbeitgeber gezwungen, sich zu Vereinigungen im Sinne des Gesetzes Nr. 83/1990 Slg. als eigenständige Rechtssubjekte zusammenzuschließen[1047]. Dies ergibt sich aus dem Wortlaut des § 9 a Gesetz Nr. 83/1990 Slg. (i.d.F. Nr. 300/1990 Slg.), der für Gewerkschaften und Arbeitgeberorganisationen Besonderheiten bei der Gründung vorsieht und damit auch die Entstehung von Arbeitgeberverbänden nach dem Gesetz über die Vereinigungsfreiheit (Nr. 83/1990 Slg.) voraussetzt. Das Gesetz Nr. 83/1990 Slg. (i.d.F. Nr. 300/1990 Slg.) differenziert hinsichtlich der Rechtsfähigkeit nicht zwischen dem Vereinsrecht und dem Koalitionsrecht. Während bei einem (politischen) Verein i.S.d. Art. 20 Abs. 1 Charta Nr. 2/1993 Slg. die Rechtsfähigkeit zur sinnvollen Wahrnehmung der Vereinsziele erforderlich erscheint, bedürfte die Koalition i.S.d. Art. 27 Abs. 1 Charta Nr. 2/1993 Slg. zur Verwirklichung der wirtschaftlichen und sozialen Rechte ihrer Mitglieder lediglich eine Tariffähigkeit, d.h. die Fähigkeit zum Abschluß von Kollektivverträgen, und die Partei- und

---

[1043] Vgl. *Bělina* (-Tröster), Pracovní právo (2001), Rn. 1592 f., der das handelnde Gewerkschaftsorgan als „Kollektivvertragssubjekt im engerem Sinn“ und die sich verpflichtende Partei als „Kollektivvertragssubjekt im weiteren Sinn“ bezeichnet.
[1044] S. *Bělina* (-Tröster), Pracovní právo (2001), Rn. 1593.
[1045] Vgl. *Přenosilová,* Práce a mzda 1991, H. 2-3, S. 9.
[1046] S. *Kostečka,* ArbuR 1992, H. 11, S. 323.
[1047] *Ústav státu a práva Akademie věd ČR*, Práce a mzda 1993, H. 2, S. 35; vgl. auch *Šubrt*, Práce a mzda 1992, H. 4-5, S. 51 f.; s. auch bereits oben.

Prozeßfähigkeit bei Kollektivstreitigkeiten[1048]. Eine darüber hinausgehende Rechtsfähigkeit ist für die Wahrnehmung der Koalitionsaufgaben nicht zwingend erforderlich[1049]. Insbesondere die öffentlich-rechtlichen Arbeitgeber haben in der Regel kein Bedürfnis, neben ihren bereits bestehenden Verwaltungs- und Organisationsstrukturen eine Vereinigung und damit eine juristische Person mit eigener Satzung zu gründen[1050]. Das gesetzliche Erfordernis, wonach sich Gewerkschaften sowie Gewerkschafts- und Arbeitgeberverbände nach dem Gesetz Nr. 83/1990 Slg. zu juristischen Personen formieren müssen, ist eine unzulässige Beschränkung, die gegen Art. 27 Abs. 3 Charta Nr. 2/1993 Slg. verstößt[1051]. Danach darf nämlich die Tätigkeit von Gewerkschaften und anderen Koalitionen gesetzlich nur eingeschränkt werden, wenn es zum Schutz des Staates, der öffentlichen Ordnung und der Rechte anderer notwendig ist. Ein solcher Ausnahmefall besteht bei der Gründung von Arbeitgeber-Verbänden im öffentlichen Dienst nicht.

b) Probleme bei Gewerkschaftspluralität

Im Fall der Zuständigkeit mehrerer Gewerkschaften bei einem Arbeitgeber bestimmt § 2 Abs. 2 i.V.m. § 2 Abs. 1 Gesetz Nr. 120/1990 Slg., daß die Gewerkschaften nur einvernehmlich zusammen (Unternehmens-/Betriebs-) Kollektivverträge abschließen können, solange sie gemeinsam nichts anderes mit dem Arbeitgeber vereinbart haben.

Im Vergleich dazu kann in den Fällen, die eine gewerkschaftliche Zustimmung verlangen, bei Gewerkschaftspluralität auch das Gewerkschaftsorgan mit der größten Mitgliederanzahl bei dem Arbeitgeber über die Zustimmungserteilung allein entscheiden, wenn die Gewerkschaftsorgane nicht innerhalb der gesetzlichen Frist zu einer Entscheidung gelangen[1052]. Diese Möglichkeit besteht bei Abschluß von Kollektivverträgen nicht, da das Gesetz hier ausnahmslos die Einigung aller zuständigen Gewerkschaftsorgane fordert. Bei Kollektivverhandlungen hat demnach jede Gewerkschaft eine gleiche Stellung. Gegen den Willen irgendeiner Gewerkschaftsorganisation, die bei dem Arbeitgeber wirkt, ist der Abschluß eines Unternehmenskollektivvertrags nicht möglich[1053].

Das gesetzliche Erfordernis des Einvernehmens bei Abschluß von Kollektivverträgen auf Betriebs- und Unternehmensebene korrigiert die negativen Folgen, die das Prinzip der sozialen Repräsentation[1054] bei Gewerkschaftspluralität her-

---

[1048] *Kostečka*, Práce a mzda 1992, H. 1, S. 43 f.

[1049] So auch *Ústav státu a práva Akademie věd ČR*, Práce a mzda 1993, H. 2, S. 35 und *Kostečka*, Práce a mzda 1992, H. 1, S. 43 f.

[1050] *Šubrt*, Práce a mzda 1991, H. 1, S. 18; *Kostečka*, ArbuR 1992, H. 11, S. 323.

[1051] So auch *Ústav státu a práva Akademie věd ČR*, Práce a mzda 1993, H. 2, S. 35 und *Kostečka*, Práce a mzda 1992, H. 1, S. 44.

[1052] S. 2. Teil, B.II.2)B)c).

[1053] *Tomandlová*, Zákoník práce, S. 64.

[1054] S. bereits zur sozialen Repräsentation 2. Teil, B.II.1)A)b)(2).

vorrufen würde. Da nämlich ein Kollektivvertrag grundsätzlich alle Arbeitnehmer, auch die nicht oder anders gewerkschaftlich Organisierten, erfaßt, wären konsequenterweise bei Mehrheit von Unternehmens- /Betriebskollektivverträgen alle diese Kollektivverträge regulär für ein und diesselben Arbeitsverhältnisse einschlägig. Der Arbeitnehmer wäre dann an mehrere Kollektivverträge normativ gebunden (Fall der Tarifkonkurrenz), was zur unübersichtlichen Anspruchsvielfalt und Rechtsunsicherheit führen würde. Das erforderliche Einvernehmen beseitigt nun diese Tarifkonkurrenz sowohl auf Unternehmens- als auch auf Betriebsebene und führt eine i.d.R. zwingende Tarifeinheit jeweils auf der Unternehmens- bzw. der Betriebsebene ein, ohne eine Tarifkonkurrenz entstehen zu lassen. Indem nämlich die Gewerkschaften bei Abschluß eines Unternehmens- bzw. Betriebskollektivvertrages einvernehmlich zusammen handeln müssen, gilt grundsätzlich immer nur ein Unternehmenskollektivvertrag bei dem Arbeitgeber bzw. nur ein Betriebskollektivvertrag für einen Betrieb (Grundsatz: *„Ein Arbeitgeber – Ein Unternehmenskollektivvertrag*" bzw. *„Ein Betrieb – Ein Betriebskollektivvertrag*")[1055].

Eine Tarifkonkurrenz ist lediglich denkbar, wenn ein Unternehmenskollektivvertrag und ein Betriebskollektivvertrag für den Bereich ein und desselben Betriebes einschlägig sind. Die beiden Vertragsarten stehen nicht in einem Verhältnis der Über-/Unterordnung zueinander, sondern sind gleichrangig[1056]. Das tschechische Recht geht hier allerdings davon aus, daß es in einem solchen Fall i.d.R. nicht zur einer Kollision der Inhalte beider Verträge kommen dürfte, es sei denn ein Abschlußbeteiligter hat seine Abschlußkompetenz überschrittten[1057]. Dann wäre die Kollision der Tarifnormen über die Regeln der Bindung an den Vertrag bei Überschreiten der Vertretungsmacht zu lösen[1058]. Gem. § 10 Abs. 2 S. 1 ZP ist danach der Vertrag gültig, sofern der Arbeitnehmer nicht hat wissen können, daß der Vertretungsbefugte auf Seiten des Arbeitgebers seine Abschlußvollmacht nicht überschritten hat. In der Regel ist dies nicht der Fall, so daß der Arbeitgeber auch an für die Arbeitnehmer günstigere Regelungen eines Betriebskollektivvertrages gebunden ist, als es der Unternehmenskollektivvertrag vorsieht[1059].

Daneben ist im tschechischen Recht auch Tarifpluralität von Unternehmens- und Betriebskollektivverträgen denkbar[1060]. Unter Tarifpluralität ist - wie bei der Tarifkonkurrenz - ein Fall der Mehrheit von Kollektivverträgen zu verstehen, nur daß nun verschiedene Kollektivverträge nicht auf ein und dieselben, sondern auf

---

[1055] Vgl. hierzu auch *Galvas* (-ders.), Pracovní právo, S. 399, der von dem Prinzip „Ein Arbeitgeber – Ein (Unternehmens-)Kollektivvertrag" spricht.

[1056] *Bělina* (-Tröster), Pracovní právo (2001), Rn. 1584.

[1057] *Šubrt*, Práce a mzda 1991, H. 1, S. 19; *Bělina* (-Tröster), Pracovní právo (2001), Rn. 1584.

[1058] *Šubrt*, Práce a mzda 1991, H. 1, S. 19; *Bělina* (-Tröster), Pracovní právo (2001), Rn. 1584.

[1059] S. näher dazu *Šubrt*, Práce a mzda 1991, H. 1, S. 22.

[1060] Vgl. auch *Šubrt*, Práce a mzda 2000, H. 13, S. 11.

unterschiedliche Arbeitsverhältnisse anwendbar sind und lediglich der Arbeitgeber, nicht aber der Arbeitnehmer an mehrere Kollektivverträge gebunden ist. Zwar wird durch die soziale Repräsentationswirkung der Kollektivverträge das Entstehen von Tarifpluralität auf Betriebs- und Unternehmensebene weitgehend vermieden. Denn die Kollektivverträge sind grundsätzlich für alle Arbeitsverhältnisse einschlägig und erfassen in der Regel nicht verschiedene Arbeitsverhältnisse. Tarifpluralität ist aber zum Beispiel denkbar bei Abschluß mehrerer Betriebskollektivverträge für verschiedene Betriebe oder eines Unternehmens- und Betriebskollektivvertrages, wenn der Betriebskollektivvertrag infolge (vereinbarter) Spezialität für den Betrieb und der Unternehmenskollektivvertrag für die übrigen Betriebe des Unternehmens gilt. Möglich ist auch, daß die Gewerkschaftsorgane mit dem Arbeitgeber eine vom gesetzlichen Erfordernis des Einvernehmens abweichende Vereinbarung treffen (vgl. § 2 Abs. 2 a.E. Gesetz Nr. 120/1990 Slg.), zum Beispiel mit dem Inhalt, daß jede Gewerkschaftsorganisation mit dem Arbeitgeber einen eigenen Kollektivvertrag abschließen kann. In diesem Fall ist jedoch zur Vermeidung der Tarifkonkurrenz ratsam, daß die Gewerkschaften sich mit dem Arbeitgeber zugleich darüber einigen, für welchen Kreis von Arbeitnehmern, insbesondere der gewerkschaftlichen nicht Organisierten, der Kollektivvertrag gelten soll[1061]. Diese Fallkonstellation der Gewerkschaftspluralität stellt also eine Ausnahme von dem Grundsatz dar, daß die normative Wirkung des Kollektivvertrages für Nichtgewerkschaftsmitglieder nicht abdingbar ist[1062].

Das erforderliche Einvernehmen bei Gewerkschaftspluralität behindert eine angemessene Interessenvertretung der Arbeitnehmer und führt die eingeführte Gewerkschaftspluralität ad absurdum. Denn der Sinn der Gewerkschaftspluralität besteht doch gerade darin, die Gründung mehrerer Gewerkschaften zur Vertretung verschiedener Gruppeninteressen (durch Abschluß auch verschiedener Kollektivverträge als Mittel der Interessenwahrnehmung) zu ermöglichen. Wird nun allerdings zwingend ein Einvernehmen der Gewerkschaften auf Unternehmensebene bei Abschluß eines Kollektivvertrages verlangt, so ähnelt dieses Erfordernis in gewisser Weise noch der sozialistischen Vorstellung von der Interesseneinheit der Arbeiter. Der Unterschied besteht allein darin, daß der Sozialismus wirkliche Interessenunterschiede der Arbeiter angesichts der gleichen Stellung zu den Produktionsmitteln geleugnet hat, während nun zwar Interessenunterschiede anerkannt werden (vgl. Art. 27 Abs. 1 Charta Nr. 2/1993 Slg.)[1063], aber durch das gesetzliche Erfordernis des Einvernehmens vereinheitlicht werden müssen. Dies widerspricht einer angemessenen (Gruppen-) Interessenvertretung und stellt einen Verstoß gegen Art. 27 Abs. 1 Charta Nr. 2/1993 Slg. dar, der die Koalitionsbildung zur Vertretung der wirtschaftlichen und sozialen Interessen gewährleistet.

[1061] *Tomandlová*, Zákoník práce, S. 644.

[1062] S. zu dem Grundatz 2. Teil, B.II.1)A)b)(2).

[1063] S. näher 2. Teil, B.II.1)A)b)(1).

Der Grundsatz: „*Ein Unternehmen – Das Einvernehmen mehrerer Gewerkschaftsorganisationen bzw. ein Unternehmenskollektivvertrag*“, der die gegenwärtige tschechische Rechtslage bei Abschluß eines Kollektivvertrages betrifft, stellt sich m.E. als Fortsatz des sozialistischen Grundsatzes: „*Ein Betrieb – Eine Gewerkschaftsorganisation*“ [1064] dar. Denn genau wie das sozialistische Prinzip, das die Tarifeinheit in einem Betrieb bestimmte, führt der neue Grundsatz zum Abschluß eines einheitlichen Kollektivvertrages auf Unternehmens- bzw. Betriebsebene, nur daß er an die neuen Umstände, nämlich die Einführung der Gewerkschaftspluralität, angepaßt wurde.
Dem Arbeitnehmer wird vor diesem Hintergrund der Anreiz genommen, überhaupt einer Gewerkschaft beizutreten, da sich die Gewerkschaft mit anderen Gewerkschaften einigen muß und somit eine angemessene Interessenwahrnehmung gefährdet ist. Durch das Erfordernis des Einvernehmens profitieren auch insbesondere kleinere und unbedeutendere Gewerkschaften, die ihre Forderungen mit der Drohung der Nichtzustimmung zum Abschluß des Kollektivvertrags trotz des gegensätzlichen Standpunkts der Mehrheit des Arbeiterkollektivs durchsetzen können[1065]. Diese Besserstellung der kleineren Gewerkschaften stellt einen Verstoß gegen. Art. 27 Abs. 2 S. 2 Charta Nr. 2/1993 Slg. dar, der die Begünstigung von Gewerkschaften im Unternehmen verbietet.
Darüber hinaus stellt sich diese Regelung als Einschränkung der Tarifautonomie i.S.d. § 27 Abs. 1 Charta Nr. 2/1993 Slg. und der Vertragsfreiheit dar, da einer Gewerkschaft im Falle der Nichteinigung mit anderen Gewerkschaften die Möglichkeit genommen wird, mit dem Arbeitgeber einen Kollektivvertrag abzuschließen. Insbesondere bei dem Abschluß eines Betriebskollektivvertrages ist die Einschränkung gravierend, wenn das Einvernehmen auch der übrigen Gewerkschaften, die nicht in dem betreffenden Betrieb zuständig sind, eingeholt werden muß.
Für die Zukunft ist die Abschaffung der zwingenden Tarifeinheit im Unternehmen sowie der sozialen Repräsentationswirkung, die damit in Zusammenhang steht, zu fordern. Denn nur so wird eine angemessene Wahrnehmung der Interessen der Gewerkschaftmitglieder möglich und kann die Akzeptanz von Gewerkschaftstätigkeiten wachsen. Tarifpluralität und –konkurrenz sind als erwünschte Folgen der Gewerkschaftspluralität anzusehen und nicht von vorneherein auszuschließen. Erst auf nächster Stufe sind dann die möglichen Probleme der parallelen Geltung mehrere Kollektivverträge (etwa durch Anwendung des Spezialitätsprinzips) zu lösen.

[1064] S. hierzu 2. Teil, A.II.2)D)b).
[1065] *Kostečka*, Právo a zákonnost 1991, H. 6, S. 350.

B) Inhalt von Kollektivverträgen

a) Normativer und schuldrechtlicher Teil

(1) Allgemeines

Im Gegensatz zum sozialistischen Rechtssystem[1066] bestehen mit Blick auf die Stärkung der Vertragsfreiheit nach der Wende weder im Arbeitsgesetzbuch noch im Gesetz über Kollektivverhandlungen zwingende Vorgaben für den Inhalt von Kollektivverträgen[1067]. Der Inhalt der heutigen Kollektivverträge bestimmt sich ausschließlich nach dem Willen der Vertragsseiten, allerdings in den Grenzen der gegebenen Rechtsvorschriften[1068].

Den möglichen Inhalt von Kollektivverträgen nach der Wende bestimmen insbesondere die materiell-rechtliche Regelung § 2 Abs. 1 GKV sowie § 20 Abs. 2 ZP.

§ 2 Abs. 1 GKV legt knapp fest, daß Inhalt von Kollektivverträgen sowohl die Regelung von individuellen oder kollektiven Beziehungen zwischen Arbeitgebern und Arbeitnehmern als auch die Vereinbarung gegenseitiger Rechte und Pflichten der Vertragsparteien sein können. Das Gesetz über Kollektiverhandlungen gibt damit inhaltlich nur den Rahmen vor. Im ersten Fall des § 2 Abs. 1 GKV handelt es sich um Kollektivvereinbarungen mit normativem Charakter, d.h. um Vereinbarungen, die unmittelbar Rechte und Pflichten des einzelnen Arbeitnehmers oder des Kollektivs von Arbeitnehmern begründen, und im zweiten Fall um schuldrechtliche Verpflichtungen der Kollektivvertragspartner[1069].

Die Definition des § 2 Abs. 1 GKV bezieht sich auf einen rein rechtlichen (nämlich normativen und schuldrechtlichen) Inhalt des Kollektivvertrages. Demgegenüber konnten Kollektivverträge im sozialistischen Rechtssystem auch andere, nichtrechtliche Inhalte im Sinne der sozialistischen Hauptziele des Kollektivvertrages gem. § 20 Abs. 1 ZP Nr. 52/1989 Slg., wie zum Beispiel moralisch-politische Propaganda, Informationen und Wiedergabe von Dokumenten, aufweisen. Die sozialistisch geprägte Formulierung der Hauptziele eines Kollektivvertrages gem. § 20 Abs. 1 ZP Nr. 52/1989 Slg. hat die neue Rechtsordnung nicht übernommen. Mit der Definition des § 2 Abs. 1 GKV gewinnt der Kollektivvertrag nach der Wende - im Vergleich zu dem bloßen Formalismus, der den Kollektivvertrag im Sozialismus prägte,- seine eigentliche Bedeutung als wirklicher Vertrag (sui generis) zurück.

[1066] Vgl. zur Rechtslage vor der Wende 2. Teil, A.II.4)A)b).
[1067] *Šubrt*, Práce a mzda 2000, H. 13, S. 12.
[1068] *Šubrt*, Práce a mzda 1991, H. 1, S. 14.
[1069] *Kostečka*, Právo a zákonnost 1991, H. 6, S. 348.

Der durch die Novelle Nr. 3/1991 Slg. neu formulierte § 20 Abs. 2 ZP[1070] präzisiert die Möglichkeit der Vereinbarung von normativen Kollektivregelungen. Er lautet: „In Kollektivverträgen können Lohn- und andere arbeitsrechtliche Ansprüche im Rahmen der gegebenen arbeitsrechtlichen Vorschriften geregelt werden. Soweit dieses Gesetz festlegt, in welchen Fällen in Kollektivverträgen arbeitsrechtliche Ansprüche der Arbeiter erhöht oder erweitert werden können, bezieht sich das auf die Organisation, die eine unternehmerische Tätigkeit ausübt, wenn es nicht ausdrücklich anders bestimmt ist."[1071].

Die neue Fassung des § 20 Abs. 2 ZP hat sich gegenüber der Fassung des Arbeitsgesetzbuchs vor der Wende (Nr. 52/1989 Slg.) dahingehend geändert, daß sie zum einen keine Aussage mehr über schuldrechtliche Verpflichtungen eines Kollektivvertrages trifft[1072], sondern sich nur auf die nähere Ausgestaltung des normativen Teils beschränkt. Da aber gem. § 4 Abs. 2 a) GKV der Teil des Kollektivvertrages unwirksam ist, der im Widerspruch zu den rechtlichen Vorschriften steht, gilt für schuldrechtliche Verpflichtungen eines Kollektivvertrages nach wie vor[1073], daß sie den Rechtsvorschriften nicht widersprechen dürfen[1074].

Zum zweiten wurden bei der Ausgestaltung der kollektivvertraglichen Regelungsmöglichkeit von arbeitsrechtlichen Ansprüchen die Worte ‚im Einklang mit' (*v souladu s*) den gesetzlichen Vorschriften durch den Ausdruck ‚im Rahmen der' (*v rámci*) gesetzlichen Vorschriften ersetzt.

Und zum dritten ist § 20 Abs. 2 ZP ein weiterer Satz (Satz 2) hinzugefügt worden, der zwischen unternehmerischer und nicht unternehmerischer Tätigkeit bei Erhöhung oder Erweiterung arbeitsrechtlicher Ansprüche unterscheidet.

Der normative Teil eines Kollektivvertrages wirkt – wie bereits erwähnt[1075] – unmittelbar auch für die nicht gewerkschaftlich organisierten Arbeitnehmer (§ 5 Abs. 3 Gesetz Nr. 2/1991 Slg.), ohne daß er individualarbeitsvertraglich miteinbezogen werden müßte. Die normative Wirkung für Nichtgewerkschaftsmitglieder ist grundsätzlich auch nicht abdingbar[1076].

1070 § 20 Abs. 2 ZP Nr. 3/1991 Slg.: „V kolektivních smlouvách lze upravovat mzdové a ostatní pracovněprávní nároky v rámci daném pracovněprávními předpisy. Pokud tento zákon stanoví, ve kterých prípadech lze v kolektvních smlouvách zvyšovat nebo rozšiřovat pracovněprávní nároky pracovníků, vztahuje se to na organizace, které provozují podnikatelskou činnost, není-li výslovně stanoveno jinak.".

1071 Die Fassung des § 20 Abs. 2 ZP Nr. 3/1991 Slg. wurde durch die spätere Novelle des Arbeitsgesetzbuchs Nr. 74/1994 Slg. (Art. 1 Nr. 3 und Nr. 4) dahingehend geändert, daß die Worte ‚die Arbeiter' (*pracovníky*) durch ‚die Arbeitnehmer'(*zaměstnanci*) und die Worte ‚Organisation' (*organizace*) durch ‚Arbeitgeber' (*zaměstnavatel*) ersetzt wurden.

1072 So aber die Fassung des § 20 Abs. 2 a.E. ZP Nr. 52/1989 Slg. (vor der Wende); vgl. 2. Teil, A.II.4)B)c).

1073 So auch nach der Fassung des § 20 Abs. 2 a.E. ZP Nr. 52/1989 (vor der Wende), vgl. 2. Teil, A.II.4)B)c).

1074 So auch *Přenosilová*, Práce a mzda 1991, H. 2-3, S. 9.

1075 S. 2. Teil, B.II.1)A)b)(2).

1076 S. 2. Teil, B.II.1)A)b)(2) und B.II.3)A)b).

(2) Allgemeinverbindlicherklärung gem. § 7 Abs. 1 GKV

Gem. § 7 Abs. 1 GKV kann das Ministerium für Arbeit und soziale Angelegenheiten durch Rechtsvorschrift die Verbindlichkeit eines Kollektivvertrages höherer Stufe auf solche Arbeitgeber ausdehnen, die nicht Mitglieder der Arbeitgeberorganisation, die diesen Vertrag abgeschlossen hat, sind. Das Gesetz über Kollektivverhandlungen regelt die Allgemeinverbind-licherklärung nur knapp. Voraussetzung ist, daß die Arbeitgeber, auf die sich der Kollektivvertrag erweiternd erstrecken soll, ihren Unternehmenssitz in der Tschechischen Republik haben und nicht bereits dem Anwendungsbereich eines anderen Kollektivvertrages höherer Stufe unterliegen (§ 7 Abs. 2 GKV). Des weiteren müssen diese Arbeitgeber ähnliche Tätigkeiten ausüben und ähnliche ökonomische und soziale Strukturen aufweisen wie die Arbeitgeber, die Mitglieder der abschließenden Arbeitgeberorganisation sind (§ 7 Abs. 2 GKV). Darüber hinaus trifft das Gesetz über Kollektivverhandlungen keine näheren Bestimmungen zur Allgemeinverbindlicherklärung, wie zum Beispiel darüber, aus welchem Anlaß eine Allgemeinverbindlicherklärung durchzuführen ist, wie dabei im einzelnen zu verfahren ist, d.h. ob und wie die Gewerkschaften und Arbeitgeber einzubeziehen sind bzw. die geplante Allgemeinverbind-licherklärung mit ihnen zu erörtern ist und ob das Ministerium verpflichtet ist, den für allgemein verbindlich zu erklärenden Kollektivvertrag vorher auf seine Gültigkeit zu überprüfen.
Die Allgemeinverbindlicherklärung hat zum einen wettbewerbslenkende Funktion. Denn der nichttarifgebundene Arbeitgeber kann nicht mehr untertariflich entlohnen und der nichttarifgebundene Arbeitnehmer kann seine Arbeitskraft auf dem Arbeitsmarkt nicht preisgünstiger als Gewerkschafts-mitglieder anbieten[1077]. Es soll somit eine vergleichbare Ausgangssituation geschaffen werden, um Konkurrenztätigkeiten zu ermöglichen. Zum anderen liegt der Zweck der Allgemeinverbindlicherklärung auch darin, Außenseiter, insbesondere nicht tarifgebundene Arbeitnehmer, an tariflichen Leistungen teilhaben zu lassen[1078].
Das Institut der Allgemeinverbindlicherklärung ist allerdings in der arbeitsrechtlichen Lehre heftig umstritten. Vielfach wird die Allgemeinverbindlicherklärung mit der in Art. 27 Abs. 1 Charta Nr. 2/1993 Slg. garantierten Koalitionsfreiheit für unvereinbar erklärt[1079]. Begründet wird dies mit einem Verstoß gegen die negative Koalitionsfreiheit, da der Staat die Arbeitgeber, die selbst nicht Mitglieder der Arbeitgeberverbände sind, den Ergebnissen der Kollektivverhandlungen dieser Verbände unterwirft und sie so indirekt zum Beitritt in die Verbände zwingt[1080]. Umgekehrt werde den Arbeitnehmern der nichttarifgebundenen Arbeitgeber das Gefühl vermittelt, sie müßten nicht Kollektivverhandlun-

[1077] Vgl. *Galvas*, Práce a mzda 2002, H. 4, S. 49.
[1078] Vgl. *Galvas*, Práce a mzda 2002, H. 4, S. 49.
[1079] Vgl. *Galvas*, Právo a zaměstnání 2002, H. 1, S. 12 ff.; *Jakubka*, Práce a mzda 2001, H. 10, S. 28; *Kalenská*, Právo a zaměstnání 2000, H. 1-2, S. 3.
[1080] *Galvas*, Práce a mzda 2002, H. 4, S. 49.

gen führen, da sich ohnehin die Ergebnisse der Kollektiv-verhandlungen auf sie erstrecken würden[1081].

Des weiteren wird auch ein Verstoß gegen das im Koalitionsgrundrecht verankerte Prinzip der Vertragsfreiheit gesehen[1082]. Zur Vertragsfreiheit gehört, daß die Parteien die Art des Vertrages, den Vertragspartner und den konkreten Inhalt frei wählen können. Nach dem Wortlaut des § 7 Abs. 1 GKV bezieht sich die Allgemeinverbindlicherklärung nun aber nicht nur auf einen Teil des Kollektivvertrages, sondern auf den gesamten Inhalt[1083]. Das bedeutet, daß nicht nur die normativen Regelungen, sondern auch die schuldrechtlichen Beziehungen allgemeinverbindlich werden[1084]. Damit wird das Prinzip der Vertragsfreiheit unterlaufen, wonach wegen der freien Wahl des Vertragspartners die schuldrechtlichen Vereinbarungen nur die Vertragsseiten, die den Inhalt vereinbart haben, treffen sollen.

De lege ferenda ist somit zumindest eine Beschränkung der Allgemeinverbindlicherklärung auf den normativen Teil zu fordern. Unabhängig davon bedarf es einer Überprüfung der Verfassungsmäßigkeit des § 7 Abs. 1 GKV durch das Verfassungsgericht.

Kritisiert[1085] wird des weiteren die Tatsache, daß die Allgemeinverbindlicherklärung nicht notwendig eine Verbesserung, sondern sogar eine Verschlechterung der Arbeitsbedingungen der Außenseiter bedeuten kann. Denn gem. § 4 Abs. 2 c) GKV ist ein Unternehmenskollektivvertrag in dem Teil ungültig, in dem er Lohnansprüche in einem höheren Maß gewährt als der Verbandskollektivvertrag. Wird nun ein Verbandskollektivvertrag allgemeinverbindlich, der einen niedrigeren Lohnumfang gewährt als bestehende Unternehmenskollektivverträge, so muß der Lohn auf das Maß des Verbandskollektivvertrages gekürzt werden. Das bedeutet für die Arbeitnehmer unzweifelhaft eine Verschlechterung der Lohnbedingungen. Allerdings ist dies nicht primär ein Problem der Allgemeinverbindlicherklärung, sondern vielmehr die Folge der äußerst vertragsfreiheitsfeindlichen Regelung des § 4 Abs. 2 c) GKV, auf die noch näher eingegangen wird. Eine Reduktion der Löhne ergibt sich nämlich auch ohne Allgemeinverbindlicherklärung, wenn ein Verbandskollektivvertrag abgeschlossen wird, der niedrigere Löhne vorsieht als der Unternehmenskollektivvertrag eines verbandsangehörigen Arbeitgebers.

Im übrigen hat der Arbeitgeber keine geeigneten Rechtsbehelfe gegen eine Allgemeinverbindlicherklärung[1086]. Für einen Antrag auf Aufhebung der Bekannt-

---

1081 *Galvas*, Práce a mzda 2002, H. 4, S. 49.

1082 So *Galvas*, Právo a zaměstnání 2002, H. 1, S. 12; *Kostečka*, Právo a zákonnost 1991, H. 9, S. 513.

1083 Strittig, vgl. *Kostečka*, Právo a zákonnost 1991, H. 9, S. 518 f.

1084 So auch *Galvas*, Právo a zaměstnání 2002, H. 1, S. 12.

1085 So *Galvas*, Práce a mzda 2002, H. 4, S. 50 und *ders.*, Právo a zaměstnání 2002, H. 1, S. 12.

1086 S. ausführlich hierzu *Galvas*, Práce a mzda 2002, H. 4, S. 50-52 und *ders.*, Právo a zaměstnání 2002, H. 1, S. 13.

machung der Allgemeinverbindlicherklärung i.S.d. § 43 Abs. 1 c) und Abs. 2 b) Gesetz Nr. 182/1993 Slg. (Gesetz über das Verfassungsgericht) ist neben der Regierung derjenige antragsbefugt, der eine Verfassungsbeschwerde i.S.d. § 74 Gesetz Nr. 182/1993 Slg. erheben kann. Bei einer Verfassungsbeschwerde an das Verfassungsgericht (§ 72 Abs. 1 a) Gesetz Nr. 182/1993 Slg.) ist bereits die Frage nach der Beschwerdebefugnis des Arbeitgebers problematisch zu beantworten. Denn beschwerdebefugt ist derjenige, der behauptet, durch eine rechtskräftige Entscheidung in einem Verfahren, in dem er beteiligt war, oder durch eine sonstige Maßnahme der öffentlichen Gewalt in seinen Verfassungsrechten verletzt zu sein. Bei dem Verfahren zur Allgemeinverbindlicherklärung handelt es sich nicht um ein Verfahren, in dem der Arbeitgeber Beteiligter war[1087]. Der Arbeitgeber könnte sich lediglich gegen die bereits bekanntgemachte Allgemeinverbindlicherklärung als gegen eine „sonstige Maßnahme der öffentlichen Gewalt", durch die sich der Verbandskollektivvertrag auf ihn erstreckt, wenden[1088]. Allerdings hat das Verfassungsgericht hierzu festgestellt, daß das Verfahren eines Organs der öffentlichen Gewalt, das normenbildende Rechtsmacht hat (also auch die Allgemeinverbindlicherklärung des Ministeriums für Arbeit und Soziale Angelegenheiten i.S.d. § 7 Abs. 1 GKV), nicht als Verwaltungsakt und damit nicht als Maßnahme der öffentlichen Gewalt i.S.d. § 72 Abs. 1 Gesetz Nr. 182/1993 Slg. angesehen werden kann, sondern als staatlicher Rechtssetzungsakt zu einem anderen Verfahren nach dem Gesetz über das Verfassungsgericht (mit anderen Antragsbefugten) gehört[1089]. Der Arbeitgeber ist somit für einen Antrag auf Aufhebung der Bekanntmachung nicht beschwerdebefugt.

Der Arbeitgeber hat gegenwärtig nur zwei Möglichkeiten, um gegen die Allgemeinverbindlichkeit vorzugehen[1090]: Zum einen kann er einen Individualarbeitsrechtsstreit abwarten, in dem er vom Zivilgericht zur Erfüllung der Ansprüche aus dem für allgemeinverbindlich erklärten Kollektivvertrag verurteilt wird, und sich dann gegen das letztinstanzliche Urteil mit einer Verfassungsbeschwerde an das Verfassungsgericht wenden. Zum anderen kann der Arbeitgeber sich an öffentliche Institutionen wenden, die i.S.d. § 64 Abs. 2 Gesetz Nr. 182/1993 Slg. zur Beantragung der Aufhebung der Bekanntmachung vor dem Verfassungsgericht befugt sind.

1087 *Galvas*, Právo a zaměstnání 2002, H. 1, S. 13.

1088 S. ausführlich hierzu *Galvas*, Právo a zaměstnání 2002, H. 1, S. 13.

1089 Ausführlich *Galvas*, Práce a mzda 2002, H. 4, S. 51; vgl. auch *Kostečka*, Právo a zákonnost 1991, H. 9, S. 518.

1090 So *Galvas*, Práce a mzda 2002, H. 4, S. 51 f.

b) Beschränkungen der Kollektivvertragsfreiheit

(1) Regelungen mit normativer Wirkung

(A) § 20 Abs. 2 S. 1 ZP: Aushandeln der Lohn- und anderen arbeitsrechtlichen Ansprüche „im Rahmen der Gesetze“

Wie bereits erwähnt[1091] können Kollektivverträge gem. § 20 Abs. 2 S. 1 ZP Lohnansprüche und die übrigen arbeitsrechtlichen Ansprüche, also normative Regelungen, in dem durch die arbeitsrechtlichen Vorschriften vorgegebenen Rahmen regeln.
Die nähere Auslegung des nach der Wende neu formulierten § 20 Abs. 2 S. 1 ZP ist allerdings umstritten[1092]. Fraglich ist insbesondere, ob die Neufassung gegenüber der sozialistischen Fassung des § 20 Abs. 2 ZP Nr. 52/1989 Slg., die noch auf das Erfordernis des „Einklangs“ der normativen Kollektivregelungen mit den gesetzlichen Vorschriften abstellte[1093], bereits per se eine Öffnung der Kollektivvertragsfreiheit bedeutet.
Die Neufassung ist nicht so zu verstehen, daß stets eine ausdrückliche gesetzliche Ermächtigung für Kollektivvereinbarungen zu forden ist. Denn das Arbeitsgesetzbuch unterscheidet eindeutig zwischen den Worten ‚gemäß‘ (vgl. § 244 Abs. 1 ZP[1094]) und ‚im Rahmen von‘ (vgl. § 20 Abs. 2 S. 1 ZP) und zwar innerhalb ein und derselben Gesetzesfassung, so daß davon auszugehen ist, daß diesen Begriffen eine unterschiedliche Bedeutung zukommen soll.
Ein Blick auf die Synonyme für das Wort ‚gemäß, wie ‚nach‘, ‚laut‘ oder ‚aufgrund‘, zeigt, daß die Vereinbarung sich auf eine gesetzliche Grundlage stützen muß, daß der Begriff also eine ausdrückliche rechtliche Ermächtigung verlangt[1095]. Der Ausdruck „im Rahmen von“ hingegen ist im allgemeinen Sprachgebrauch weiter zu verstehen als der Begriff „gemäß“. Das Wort „Rahmen“ läßt sich mit den Worten ‚Umrandung‘, ‚Einfassung‘ gleichsetzen und der Ausdruck „im Rahmen von“ kann mit den Synonymen ‚in Abstimmung zu‘, ‚in Anpassung zu‘, ja auch mit dem im sozialistischen Rechtssystem gebrauchten Begriff „im Einklang mit“ umschrieben werden. Die grammatische Auslegung ergibt somit keinen Unterschied zwischen den Worten „im Rahmen von“ und „im Einklang mit“[1096].

1091 S. 2. Teil, B.II.3)B)a)(1).

1092 S. zum Auslegungsstreit des § 20 Abs. 2 S. 1 ZP nur *Týc/Michal*, Práce a mzda 1995, H. 6, S. 28 ff. und *David*, Právní rádce 2002, H. 4, S. 39.

1093 Vgl. näher hierzu 2. Teil, A.II.4)B)c).

1094 § 244 Abs. 1 ZP: „Smlouva (dohoda) sjednaná *podle* příslušných ustanovení pracovněprávních předpisů (...).“ [*Übersetzung*: „Der Vertrag (die Vereinbarung), der *gemäß* den entsprechenden Regelungen der arbeitsrechtlichen Vorschriften vereinbart worden ist, (...).“].

1095 Vgl. bereits 2. Teil, A.II.4)B)c).

1096 In diesem Sinne auch *Šubrt*, Práce a mzda 1991, H. 1, S. 23, der keinen sachlichen Unterschied in den Begriffen „im Einklang mit“ und „im Rahmen von“ sieht, und *Přenosilová*,

Dieser Auslegung entspricht auch der Sprachgebrauch des Gesetzgebers. Denn im Rahmen der Novelle des Arbeitsgesetzbuchs Nr. 74/1994 Slg. plante der Gesetzgeber ursprünglich den Wortlaut des § 20 Abs. 2 S. 1 ZP dahingehend zu verändern, daß Kollektivverträge nur dann von rechtlichen Regelungen abweichen dürfen, wenn die Rechtsvorschriften es *ausdrücklich* zuließen[1097]. Eine solche weitgehende Verengung der Kollektivvertragsfreiheit verwarf der Gesetzgeber jedoch glücklicherweise noch im Verlauf der geplanten Novelle.
Demnach ist genau wie nach der sozialistischen Rechtslage[1098] eine ausdrückliche Ermächtigung für Kollektivvereinbarungen über arbeitsrechtliche Ansprüche nicht erforderlich[1099]. Normative Kollektivregelungen sind nach der Neufassung des § 20 Abs. 2 S. 1 ZP Nr. 3/1991 Slg. folglich grundsätzlich dann möglich, wenn entweder eine ausdrückliche Ermächtigung besteht oder die Vereinbarung nicht gegen zwingende Vorschriften verstößt[1100].
Da allerdings die meisten Rechtsnormen bezüglich arbeitsrechtlicher Ansprüche immernoch zwingend sind, bleibt es in der Regel in Anlehnung an den Grundsatz *„Was nicht ausdrücklich erlaubt ist, ist verboten."*[1101] bei dem Erfordernis nach einer ausdrücklichen gesetzlichen Ermächtigung für die kollektivvertragliche Regelung arbeitsrechtlicher Ansprüche[1102].
Der Begriff des „Rahmens" verbietet zugleich die Regelung von Ansprüchen, die über den gesetzlich vorgegebenen Rahmen hinausgehen, also zum Beispiel von atypischen Ansprüchen, die das Gesetz nicht kennt, oder von Ansprüchen, die den gesetzlich vorgegebenen Mindest- oder Höchstrahmen unter- oder überschreiten[1103]. In Kollektivverträgen können somit keine vom Gesetz abweichende, günstigere Regelungen von arbeitsrechtlichen Ansprüchen und keine atypischen Ansprüche, die das Gesetz nicht kennt, festgelegt werden[1104]. Der Begriff „im Rahmen von" deutet – wie bereits der Begriff „im Einklang mit" – an, daß ein bestimmter gesetzlich vorgegebener (Regelungs-) Bereich nicht überschritten werden darf. Der rechtliche Rahmen wird durch die zwingenden oder dispositiven arbeitsrechtlichen Vorschriften bestimmt. Fehlen Vorschriften über besondere Ansprüche, so bedeutet das, daß auch kein Rahmen für eine Kollektivregelung in diesem Fall besteht und keine Kollektivvereinbarung möglich ist[1105].

Práce a mzda 1991, H. 2-3, S. 9, die stillschweigend auch von derselben Auslegung der § 20 Abs. 2 ZP Nr. 52/1989 Slg. und des § 20 Abs. 2 S. 1 ZP Nr. 3/1991 Slg. ausgehen.

1097 S. hierzu *Ústav státu a práva Akademie věd ČR*, Práce a mzda 1993, H. 2, S. 33; *Jakubka*, Práce a mzda 1993, H. 7-8, S. 52.

1098 S. zur Rechtslage vor der Wende 2. Teil, A.II.4)B)c).

1099 So auch *Šubrt*, Práce a mzda 1991, H. 1, S. 23 und *ders.*, Práce a mzda 1994, H. 13, S. 33.

1100 So wohl *Šubrt*, Práce a mzda 2000, H. 9-10, S. 62; *Tomandlová*, Zákoník práce, S. 46.

1101 Vgl. *Tomandlová*, Zákoník práce, S. 46 und *Kahle*, Práce a mzda 1994, H. 2, S. 45.

1102 Vgl. *Přenosilová*, Práce a mzda 1991, H. 2-3, S. 9; *Šubrt*, Práce a mzda 1991, H. 1, S. 27; *Galvas* (-ders.), Pracovní právo, S. 400.

1103 So auch *Šubrt*, Práce a mzda 1991, H. 1, S. 2; *ders.*, Práce a mzda 1994, H. 13, S. 33 und *ders.*, Práce a mzda 2000, H. 9-10, S. 64; *Kahle*, Práce a mzda 1994, H. 2, S. 45.

1104 *Šubrt*, Práce a mzda 1991, H. 1, S. 27; *Kahle*, Práce a mzda 1994, H. 2, S. 45.

1105 So auch *Šubrt*, Práce a mzda 2000, H. 9-10, S. 64.

Im Gegensatz zu dieser Auslegung versteht eine andere Literaturmeinung[1106] den Begriff „im Rahmen von“ im Sinne des § 20 Abs. 2 S. 1 ZP extensiv. Nach dieser Ansicht sind kollektivvertragliche Regelungen über arbeitsrechtliche Ansprüche immer zulässig, wenn sie den gesetzlichen Vorschriften *nicht widersprechen*, d.h. nicht gegen gesetzliche Vorschriften verstoßen[1107]. Allein entscheidend sei danach, ob eine Rechtsvorschrift, sofern sie existiert, die kollektivvertragliche Regelung ausdrücklich verbietet oder bezüglich desselben Regelungsgehalts bereits zwingend ist. Ist dies nicht der Fall, so sind Kollektivregelungen arbeitsrechtlicher Ansprüche nach dieser Ansicht auch über den Rahmen des Gesetzes hinaus möglich, so daß auch vom Gesetz abweichende Erhöhungen und Erweiterungen sowie atypische Ansprüche vereinbart werden können[1108].
Im Sinne dieser Gegenansicht würde folglich für die Regelung normativer Kollektivvereinbarungen der Grundsatz: *„Es ist alles erlaubt, was nicht ausdrücklich oder konkludent verboten ist.“* gelten und die Neufassung des § 20 Abs. 2 S. 1 ZP nach der Wende würde eine Öffnung der Kollektivvertragsfreiheit gegenüber der sozialistischen Rechtslage darstellen.
Diese Literaturmeinung ist allerdings abzulehnen. Denn die zu extensive Auslegung des § 20 Abs. 2 S. 1 ZP setzt in unzulässiger Weise den Begriff „im Rahmen von“, wie § 20 Abs. 2 S. 1 ZP ihn gebraucht, mit dem Ausdruck „nicht in Widerspruch zu“ den gesetzlichen Vorschriften gleich. Der Begriff „nicht in Widerspruch zu“ ist aber bereits nach dem allgemeinen Sprachgebrauch weitergehend zu verstehen als der Ausdruck „im Rahmen von“[1109]. Während bei letzterem Ausdruck nach dem allgemeinen Sprachgebrauch stets eine bestimmte Einfassung bzw. Umrandung beachtet werden muß[1110], entfällt dieses Erfordernis bei dem Begriff „nicht in Widerspruch zu“. Nach dem Erfordernis, „nicht in Widerspruch zu“ den gesetzlichen Vorschriften zu handeln, ist eine Vereinbarung bereits dann möglich, wenn sie nicht gegen die Gesetze, also gegen ausdrückliche Verbote oder zwingende Vorschriften, verstößt. Liegt kein Gesetzesverstoß vor, so können auch über den rechtlichen Rahmen hinausgehende, atypische Ansprüche sowie Erweiterungen und Erhöhungen von gesetzlichen Ansprüchen vereinbart werden.

[1106] So *Steiner*, Právní rádce 2000, H. 7, S. 33; eine weitergehende Literaturmeinung geht sogar von der Unwirksamkeit des § 20 Abs. 2 S. 1 ZP infolge Verstosses gegen Art. 2 Abs. 3 Charta Nr. 2/1993 Slg. aus (vgl. hierzu: *Týc/Michal*, Práce a mzda 1995, H. 6, S. 28, der den Meinungsstreit schildert und diese Literaturmeinung – allerdings ohne Zitierung – darstellt.).
[1107] *Steiner*, Právní rádce 2000, H. 7, S. 33.
[1108] *Steiner*, Právní rádce 2000, H. 7, S. 33.
[1109] So auch *Šubrt*, Práce a mzda 2000, H. 13, S. 13 und *Přenosilová*, Práce a mzda 1991, H. 2-3, S. 9, die – allerdings ohne nähere Erklärung – von einer unterschiedlichen Wortbedeutung dieser beiden Begriffe ausgehen.
[1110] Ähnlich auch *Šubrt*, Práce a mzda 2000, H. 9-10, S. 64, der bei Fehlen gesetzlicher Regelungen bezüglich eines im Kollektivvertrag vereinbarten Anspruchs die Existenz des erforderlichen Rahmens im Sinne des § 20 Abs. 2 S. 1 ZP verneint und von der Unwirksamkeit der Vertragsvereinbarung ausgeht; vgl auch bereits oben.

Sogar die Sprachregelung des Gesetzgebers untermauert diese unterschiedliche grammatische Auslegung der beiden Begriffe. Denn die tschechische Rechtsordnung unterscheidet selbst zwischen diesen beiden Ausdrücken: Während § 20 Abs. 2 S. 1 ZP die Möglichkeit von normativen Kollektivregelungen nur „im Rahmen der" arbeitsrechtlichen Vorschriften vorsieht, bestimmt § 4 Abs. 2 a) GKV[1111], daß Kollektivverträge ungültig sind, wenn diese „in Widerspruch zu" den rechtlichen Vorschriften stehen.
Diese beiden Gesetzesvorschriften stehen sich in einem Spezialitätsverhältnis gegenüber, wobei § 20 Abs. 2 S. 1 ZP bezüglich normativen Regelungen im Verhältnis zu § 4 Abs. 2 a) GKV spezieller ist[1112]. § 4 Abs. 2 a) GKV bezieht sich auf alle anderen inhaltlichen Festlegungen eines Kollektivvertrages, sei es auf schuldrechtliche Verpflichtungen zwischen den Vertragsparteien oder auf die Regelung von Ansprüchen, die nicht arbeitsrechtlicher Natur sind[1113]. In diesen Fällen ist zum einen (wie auch vergleichsweise bei § 20 Abs. 2 S. 1 ZP) eine gesetzliche Ermächtigung zur Kollektivregelung nicht erforderlich und zum anderen (im Gegensatz zu § 20 Abs. 2 S. 1 ZP) eine kollektivvertragliche Vereinbarung auch zulässig, wenn die Rechtsordnung diese Verpflichtungen nicht oder nur teilweise regelt (atypische Vereinbarung)[1114].
Ein weiteres Argument gegen die extensive Auslegung des § 20 Abs. 2 S. 1 ZP ergibt sich aus § 20 Abs. 2 S. 2 ZP. Danach beziehen sich bei Fehlen anderer gesetzlicher Regelungen die Fälle, in denen das Arbeitsgesetzbuch es ermöglicht, arbeitsrechtliche Ansprüche zu erhöhen oder zu erweitern, nur auf Arbeitgeber mit unternehmerischer Tätigkeit. Das Gesetz geht hier also davon aus, daß Ansprüche den Rahmen der gesetzlichen Regelungen nur übersteigen dürfen, d.h. Erhöhungen oder Erweiterungen vorsehen können, wenn eine ausdrückliche gesetzliche Ermächtigung besteht[1115]. Im Umkehrschluß dazu können arbeitsvertragliche Ansprüche ohne explizite Ermächtigung nur in dem Rahmen, den das Arbeitsgesetzbuch vorgibt und kennt, vereinbart werden.
Die Gegenmeinung[1116] begründet ihre extensive Auslegung unter anderem mit dem Hinweis auf Art. 2 Abs. 3 Charta Nr. 2/1993 Slg.[1117], der die Vertragsfreiheit allgemein verankert. Danach darf jeder das tun, was nicht gesetzlich verboten ist, und keiner darf zu etwas gezwungen werden, was das Gesetz nicht gebie-

---

[1111] § 4 Abs. 2 a) GKV entspricht dem früheren § 20 Abs. 2 a.E. ZP in der Fassung des Gesetzes Nr. 52/1989 Slg., wo es hieß: „(...) andere Verpflichtungen können in Kollektivverträgen nur geregelt werden, wenn sie nicht in Widerspruch zu den rechtlichen Vorschriften stehen.".

[1112] So auch *Šubrt*, Práce a mzda 2000, H. 9-10, S. 64.

[1113] Vgl. *Bělina* (-Kalenská), Pracovní právo (1997), S. 118.

[1114] Vgl. *Šubrt*, Práce a mzda 1991, H. 1, S. 27.

[1115] In diesem Sinne auch *Šubrt*, Práce a mzda 1991, H. 1, S. 24.

[1116] So *Steiner*, Právní rádce 2000, H. 7, S. 33.

[1117] Art. 2 Abs. 3 Charta Nr. 2/1993 Slg.: „Každý může činit, co není zákonem zakázáno, a nikdo nesmí být nucen činit, co zákon neukládá." [*Übersetzung:* „Jeder kann das tun, was nicht gesetzlich verboten ist, und niemand darf gezwungen werden, etwas zu tun, was das Gesetz nicht gebietet."].

tet. Dabei stützt sie[1118] sich auf eine Entscheidung des Verfassungsgerichts aus dem Jahr 1995 (II. ÚS 192/95 z 1.11.1995[1119]), in der das Verfassungsgericht festgestellt hat, daß der Grundsatz der Vertragsfreiheit i.S.d. Art. 2 Abs. 3 Charta Nr. 2/1993 Slg. auch für den Bereich arbeitsrechtlicher Beziehungen gilt[1120]. Zwar ist der Gegenmeinung insoweit zuzustimmen, daß der Charta-Artikel auch im arbeitsrechtlichen Bereich Anwendung findet. Allerdings ist dies für sich allein noch kein Argument für eine extensive Auslegung oder gar für eine Unwirksamkeit des § 20 Abs. 2 S. 1 ZP. Der Grundsatz besagt lediglich, daß jeder das tun darf, was nicht gesetzlich verboten ist. Er verankert allgemein die Vertragsfreiheit und läßt eine Beschränkung nur durch Gesetz zu. Der Grundsatz trifft aber keine Aussage über den Umfang des gesetzlichen Verbotes. Dazu äußerte sich das Verfassungsgericht näher in einer späteren Entscheidung aus dem Jahr 1996 (I. ÚS 27/96[1121]), die die Gegenmeinung unerwähnt läßt. Im Bereich

---

[1118] So *Steiner*, Právní rádce 2000, H. 7, S. 33.

[1119] II. ÚS 192/95 (Sbirky nálezů a usnesení ÚS 1995, č. 73, s. 197 ff.): Dieser Entscheidung lag der Fall zugrunde, daß ein Arbeitgeber mit seinem Arbeitnehmer ein nachvertragliches Wettbewerbsverbot vereinbart hat. Der Arbeitnehmer hat sich verpflichtet, bis zu 12 Monaten nach Beendigung des Arbeitsverhältnisses keine selbständige oder nichtselbständige Tätigkeit im gleichen Bereich des Arbeitgebers auszuüben. Im Falle der Zuwiderhandlung war die Zahlung einer Vertragsstrafe vereinbart. Der Arbeitgeber hat nach Zuwiderhandlung des Arbeitnehmers die Zahlung der Vertragsstrafe gerichtlich eingeklagt, wobei die letzte gerichtliche Entscheidung nach Durchlaufen des gesamten Instanzenzuges die Zahlungsklage zurückgewiesen hat.
Das Verfassungsgericht hob die letzte Entscheidung in dieser Sache mit der Begründung auf, daß die Entscheidung die Chancengleichheit im Wettbewerb (Art. 1 S. 1, Art. 3 Abs. 1 und Art. 26 Abs. 1 Charta Nr. 2/1993 Slg.), gegen die die Wettbewerbsabrede nicht verstößt, nicht berücksichtigt hat. Zu Art. 2 Abs. 3 Charta Nr. 2/1993 Slg., den das Verfassungsgericht allerdings in den Entscheidungsgründen nicht heranzieht, äußert sich das Verfassungsgericht nur aus Klarstellungsgesichtspunkten, indem es allgemein die Anwendbarkeit dieses Charta-Artikels auch im Arbeitsrecht bestätigt.

[1120] II. ÚS 192/95, S. 202.

[1121] Der Entscheidung des Verfassungsgerichts (I. ÚS 27/96; Sbirky nálezů a usnesení ÚS 1996, č. 59, s. 451 ff.) lag eine Kautionsvereinbarung zugrunde. Im Zusammenhang mit dem Abschluß eines Arbeitsvertrages vereinbarten der Arbeitgeber und der Arbeitnehmer die Zahlung einer Kaution durch den Arbeitnehmer, die Voraussetzung für den Abschluß des Arbeitsvertrags sein sollte. Der Anspruch auf Rückzahlung der Kaution sollte gemäß der Vereinbarung nur in bestimmten Fällen (insbesondere bei ordnungsgemäßer Erfüllung der Leistungspflichten des Arbeitnehmers aus dem Arbeitsverhältnis) bestehen, nicht aber bei Kündigung durch den Arbeitnehmer. Der Arbeitnehmer kündigte das Arbeitsverhältnis und machte die Rückzahlung der Kaution gerichtlich geltend. Sowohl das erstinstanzliche Gericht als auch das Berufungsgericht gaben der Klage statt mit der Begründung, daß das Arbeitsrecht eine solche Kautionsvereinbarung als arbeitsrechtliche Abrede nicht kannte und regelte und daß Abreden nur im vorgegebenen Rahmen der Arbeitsgesetze getroffen werden können.
Das Verfassungsgericht wies die Verfassungsbeschwerde des Arbeitgebers zurück. Es qualifizierte die Kautionsvereinbarung ebenfalls als arbeitsrechtliche und nicht als rein zivilrechtliche Abrede. Desweiteren stellte es fest, daß im Bereich des Arbeitsrechts die Vertragsfreiheit durch den überwiegend zwingenden Charakter der Rechtsnormen eingeschränkt ist und daß sie nur dort zur Geltung kommt, wo es die arbeitsrechtlichen Vorschriften ermöglichen. Was

des Arbeitsrechts überwiegt der zwingende Charakter der Arbeitsrechtsnormen, so daß nach Ansicht des Verfassungsgerichts die Vertragsfreiheit nur dort zur Geltung kommt, wo die arbeitsrechtlichen Vorschriften dies ermöglichen[1122]. Das bedeute unter anderem, daß alles, was das Arbeitsrecht nicht kennt und voraussetzt, als gesetzlich verboten anzusehen sei und daß die Vereinbarung atypischer arbeitsrechtlicher Ansprüch daher unzulässig sei[1123].
Die Anwendbarkeit des Art. 2 Abs. 3 Charta Nr. 2/1993 Slg. im Arbeitsrecht führt also nicht zur extensiven Auslegung bzw. zur Ungültigkeit des § 20 Abs. 2 S. 1 ZP. Denn erst das Arbeitsgesetzbuch, hier § 20 Abs. 2 S. 1 ZP, konkretisiert, was im Sinne des Charta-Artikels gesetzlich verboten ist[1124].
Unterschiedliche Auswirkungen hat der Streit um die Auslegung des § 20 Abs. 2 S. 1 ZP zum Beispiel bei der Gewährung von Zuwendungen bei Arbeits- und Lebensjubiläen[1125]. Diese Ansprüche sind keine Lohnvergütung im Sinne des § 4 Abs. 2 Lohngesetz (Gesetz Nr. 1/1992 Slg.), sondern stehen nur im Zusammenhang mit der Beschäftigung. Die tschechische Rechtsordnung kennt solche arbeitsrechtlichen Ansprüche nicht, geschweige denn legt sie den Rahmen für deren Entstehung fest. Nach der Bekanntmachung des Ministeriums für Arbeit und soziale Angelegenheiten Nr. 159/1970 Slg. über die Gewährung von Zuwendungen bei besonderen Arbeits- und Lebensjahrestagen ist die Beurteilung dieser Zuwendungen an die individuelle Arbeitsleistung geknüpft. Kollektivverträge können also Zuwendungen für Arbeits- und Lebensjubiläen, die unabhängig von dem individuellen Arbeitsergebnis entstehen, nur nach der extensiveren Auslegung des § 20 Abs. 2 S. 1 ZP festlegen, während nach der engeren Auslegung eine normative Regelung nicht möglich ist.
Zusammenfassend betrachtet bedeutet die sprachliche Neufassung des § 20 Abs. 2 S. 1 ZP nach der Wende im Bereich der normativen Kollektivregelungen per se noch keine Öffnung für die Kollektivvertragsfreiheit. Denn zwischen den Begriffen „im Einklang mit" und „im Rahmen von" den gesetzlichen Vorschriften besteht kein sachlicher Unterschied. Die neuere Formulierung des § 20 Abs. 2 S. 1 ZP soll lediglich eindeutiger die Freiheit der Regelung dieser Ansprüche in den Grenzen der gegebenen arbeitsrechtlichen Vorschriften zum Ausdruck bringen[1126]. Dennoch bleibt es bei der Begrenzung, daß das, was nicht (ausdrücklich oder konkludent) erlaubt ist, verboten ist.
Im Unterschied zur früheren Rechtslage wurde die Kollektivvertragsfreiheit allerdings durch Ausdehnung des maßgebenden Gesetzesrahmens, d.h. durch

---

also das Arbeitsrecht nicht kennt, ist als gesetzlich verboten anzusehen. Demnach war die Kautionsvereinbarung unwirksam und ein Verstoß gegen Art. 2 Abs. 3 Charta Nr. 2/1993 Slg. lag nicht vor, da die Kautionsvereinbarung gesetzlich verboten war.

[1122] I. ÚS 27/96, S. 459.

[1123] I. ÚS 27/96, S. 459.

[1124] So auch *Šubrt*, Práce a mzda 2000, H. 9-10, S. 63; ähnlich für das Individualarbeitsrecht *Zrutský*, Právní rádce 2000, H. 4, S. 10.

[1125] S. Beispiel bei *Šubrt*, Práce a mzda 2000, H. 13, S. 13.

[1126] *Šubrt*, Práce a mzda 1991, H. 1, S. 23.

das allmähliche Aufweichen des (zweiseitig) zwingenden Charakters einiger Arbeitsrechtsnormen (insbesondere im Rahmen der Novelle Nr. 74/1994 Slg.[1127]), gestärkt, so daß nun mehr arbeitsrechtliche Vorschriften einseitig zwingend bzw. dispositiv sind und damit normative Kollektivregelungen ermöglichen. Die neue arbeitsrechtliche Gesetzgebung nach der Wende hat also den Wirkungsbereich für die Vertragsfreiheit angesichts des § 20 Abs. 2 S. 1 ZP, der normative Kollektivregelungen nur im Rahmen der Arbeitsvorschriften erlaubt, nicht ganz und völlig geöffnet, sondern nur durch Ausdehnung des Rahmens die Grenzen des Wirkungsbereichs erweitert[1128].

Wenn überhaupt so hat die Vorschrift des § 20 Abs. 2 S. 1 ZP nur eine vorübergehende Berechtigung bei dem Übergang der Plan- zur Marktwirtschaft, um bis zur abgeschlossenen Privatisierung eine Mißwirtschaft durch die Staatsunternehmen zu verhindern[1129].

De lege ferenda sollte im Bereich des kollektiven Arbeitsrechts zur Stärkung der Tarifautonomie aber der Grundsatz gelten, daß in Kollektivverträgen das vereinbart werden darf, was nicht durch Gesetz verboten ist[1130]. Eine Änderung des § 20 Abs. 2 S. 1 ZP sowie überhaupt das Aufweichen der vielen zwingenden Arbeitsrechtsnormen, die keine Schutzfunktion haben, ist elementar für die vollständige Einführung der Marktwirtschaft.

Daß die Beziehungen zwischen den am Arbeitsrechtsverhältnis Beteiligten kollektivvertraglich nicht günstiger geregelt werden dürfen, als das Gesetz dem Rahmen nach vorgibt, ist ein wesentlicher Einschnitt in die Kollektivvertragsfreiheit[1131].

(B) § 20 Abs. 2 S. 2 ZP: Beschränkung der Regelungsmöglichkeit durch Kollektivvertrag auf die Unternehmertätigkeit

Eine weitere Beschränkung der Kollektivvertragsfreiheit in ihrem normativen Wirkungsbereich ergibt sich aus § 20 Abs. 2 S. 2 ZP, der im Rahmen der 10. Novelle des Arbeitsgesetzbuchs durch das Gesetz Nr. 3/1991 Slg. (gültig ab 1.2.1991) als neuer zweiter Satz des § 20 Abs. 2 ZP angeschlossen wurde. Danach beziehen sich die Fälle, in denen das Arbeitsgesetzbuch eine Erhöhung oder Erweiterung arbeitsrechtlicher Ansprüche über den Gesetzesrahmen hinaus durch Kollektivverträge ausdrücklich erlaubt, nur auf die Arbeitgeber, die eine unternehmerische Tätigkeit ausüben, sofern nichts anderes bestimmt ist.

Zum einen bringt die Rechtsvorschrift nochmals zum Ausdruck, daß kollektivvertragliche Regelungen grundsätzlich nur im Rahmen der gesetzlichen Min-

---

[1127] S. näher *Kostečka*, Právní praxe 1994, H. 7, S. 382 f.

[1128] In diesem Sinne auch *Kostečka*, Arbeit und Recht 1992, S. 322.

[1129] So auch *Carabelli/Sciarra* (-Tomeš/Tkáč), Collective labour law, S. 85.

[1130] In diesem Sinne auch *Kahle*, Práce a mzda 1996, H. 2, S. 2.

[1131] So auch *David*, Právní rádce 2002, H. 4, S. 39; vgl. auch *Ústav státu a práva Akademie věd ČR*, Práce a mzda 1993, H. 10, S. 33.

dest- und Höchstvorgaben vereinbart werden dürfen[1132]. Für darüber hinausgehende, den Gesetzesrahmen überschreitende Ansprüche ist eine ausdrückliche gesetzliche Ermächtigung erforderlich[1133].
Zum anderen beschränkt die Rechtsvorschrift die Fälle, in denen das Arbeitsgesetzbuch zu einer Erhöhung oder Erweiterung arbeitsrechtlicher Ansprüche über den gesetzlichen Rahmen hinaus ermächtigt, zunächst auf Arbeitgeber, die eine unternehmerische Tätigkeit betreiben. Unter einer unternehmerischen Tätigkeit versteht § 2 Abs. 1 des tschechischen Handels-gesetzbuchs eine planmäßige Tätigkeit, die der Unternehmer selbständig und eigenverantwortlich mit Gewinnerzielungsabsicht durchführt.
Die Möglichkeit der kollektivvertraglichen Regelung dieser Fälle auch für den öffentlich-rechtlichen Bereich besteht lediglich, wenn das Arbeitsgesetzbuch ausdrücklich auch Arbeitgeber, die keine Unternehmenstätigkeit ausüben, erfaßt. Die Beschränkung betrifft also speziell die öffentlich-rechtlichen Arbeitgeber. Für Arbeitgeber, die keine Unternehmenstätigkeit ausüben, zählen insbesondere die Bestimmungen der §§ 83 a Abs. 4, 102 Abs. 2 S. 1, 124 Abs. 5 S. 1, 125 Abs. 1 S. 1 und Abs. 3 S. 2, 128 Abs. 3 S. 1 ZP, die eine Erhöhung oder Erweiterung bestimmter arbeitsrechtlicher Ansprüche ermöglichen, nicht. Diese Bestimmungen beziehen sich unter anderem auf die Kürzung der wöchentlichen Höchstarbeitszeit ohne Lohnkürzung, die Verlängerung der gesetzlichen Urlaubsdauer und die Festlegung einer gegenüber dem Gesetz günstigeren Regelung der Arbeitsfreistellung bei Arbeitshindernissen sowie von Lohnersatzansprüchen in diesen Fällen[1134].
Der Grund für die Begrenzung des Inhalts von Kollektivverträgen im öffentlichen Dienst liegt darin, daß sich der Staat bei diesen Arbeitgebern, die überwiegend vom Staatshaushalt finanziert sind und die somit Steuergelder beziehen, das Recht vorbehalten hat, die Lohn- und Arbeitsbedingungen selbst durch Rechtsvorschriften zu bestimmen und die Gestaltung nicht der freien Tarifverhandlung zu überlassen[1135].
Zwar ist zuzustimmen, daß Arbeitgeber mit unternehmerischer Tätigkeit einen größeren Rahmen für Kollektivverhandlungen, insbesondere im Lohnbereich, haben[1136]. Denn diese Arbeitgeber können mit ihrer wirtschaftlichen Tätigkeit zum Beispiel den Umfang für Lohnaufwendungen eigenständiger bestimmen als öffentlich-rechtliche Arbeitgeber, die den vorgegebenen Haushaltsplan beachten müssen. Dem tragen allerdings bereits die Lohngesetze Rechnung. Nach dem Gehaltsgesetz (Gesetz Nr. 143/1992 Slg.), das sich auf öffentlich-rechtliche Arbeitgeber bezieht, wird das Gehalt für Angehörige des öffentlichen Dienstes

---

[1132] S. hierzu bereits 2. Teil, B.II.3)B)b)(1)(A).
[1133] *Šubrt*, Práce a mzda 2000, H. 13, S. 13.
[1134] Arbeitgeber, die keine Unternehmenstätigkeit ausüben, können zwar auch die Ansprüche auf Arbeitsfreistellung über das gesetzliche Maß hinaus kollektivvertraglich erweitern, allerdings ohne Lohnersatz in diesen Fällen (§ 125 Abs. 5 S. 2 ZP).
[1135] S. *Kostečka*, ArbuR 1992, H. 11, S. 323; *Carabelle/Sciarra* (-Tomeš/Tkáč), S. 86.
[1136] So auch *Kahle*, Práce a mzda 1994, H. 2, S. 45.

gem. § 3 Abs. 4 Gehaltsgesetz in erster Linie durch Gesetz bestimmt. Im Gegensatz dazu legt das Lohngesetz (Gesetz Nr. 1/1992 Slg.), das sich auf unternehmerische Tätigkeiten bezieht, in § 4 Abs. 3 fest, daß der Lohn für Arbeitnehmer im privatrechtlichen Bereich primär kollektivvertraglich festgelegt wird.
Im übrigen ist eine weitere Begrenzung der Kollektivvertragsfreiheit im öffentlichen Dienst, wie sie § 20 Abs. 2 S. 2 ZP vorsieht, nicht erforderlich. So sollte es zum Beispiel Sache der Haushaltsorganisation sein, ob sie den Teil, der für außerordentliche Zuwendungen vorgesehen ist, lieber für weitere Fälle von bezahlter Arbeitsverhinderung auf Seiten der Arbeitnehmer verwendet[1137].
De lege ferenda ist eine Streichung des § 20 Abs. 2 S. 2 ZP zu fordern. Nicht zuzustimmen ist der Sondermeinung Steiners[1138], der § 20 Abs. 2 S. 2 ZP wegen Verstosses gegen das Koalitionsgrundrecht in Art. 27 Abs. 1 Charta Nr. 2/1993 Slg. schlichtweg – ohne Berücksichtigung einer gerichtlichen Alleinentscheidungskompetenz über die Verfassungsmäßigkeit einer Norm -, für ungültig und unanwendbar erklärt.
Ungeachtet der erforderlichen Aufhebung des § 20 Abs. 2 S. 2 ZP ist eine unterschiedliche rechtliche Behandlung von Beamten und Arbeitnehmern des öffentlichen Dienstes – wie sie das deutsche Recht vorsieht - zu empfehlen.
Bisher unterscheidet das tschechische Arbeitsgesetzbuch nämlich nicht streng zwischen Personen, die in einem öffentlich-rechtlichen Dienstverhältnis stehen (wie z.B. Richter, Beamte, Soldaten), und Personen, die im öffentlichen Dienst in einem privatrechtlichen Vertragsverhältnis beschäftigt sind (sog. Arbeitnehmer des öffentlichen Dienstes)[1139]. So ist die Anwendbarkeit des tschechischen Arbeitsgesetzbuchs auf Angehörige des öffentlichen Dienstes, die nicht in einem privatrechtlichen Arbeitsverhältnis stehen, nicht völlig ausgeschlossen. Demgegenüber wird im deutschen Recht das Dienstverhältnis der Angehörigen des öffentlichen Dienstes nur durch Gesetz und Verwaltungsakt, nicht aber durch Tarif- und Arbeitsvertrag gestaltet; auf die Angehörigen, die in einem privatrechtlichen Vertragsverhältnis stehen, sind dagegen die allgemeinen Vorschriften des deutschen Arbeitsrechts (z.T. mit einigen Spezialvorschriften) anwendbar.
Nach tschechischen Recht sind zum Beispiel gemäß § 2 Abs. 1 ZP die Regelungen des Arbeitsgesetzbuchs auf Personen, die ‚öffentliche Funktionen' (*veřejné funkce*)[1140] ausüben und nicht in einem Arbeitsverhältnis stehen (vgl. § 2 Abs. 2 ZP), anwendbar, wenn es das Arbeitsgesetzbuch ausdrücklich bestimmt oder eine spezielle Sonderzuweisung besteht. Gem. § 52 Abs. 2 Gesetz Nr. 335/1991

[1137] S. *Kahle*, Práce a mzda 1994, H. 2, S. 45; vgl. auch *Ústav státu a práva Akademie věd ČR*, Práce a mzda 1993, H. 10, S. 33 und *Kostečka*, Práce a mzda 1992, H. 1, S. 44 und ders., ArbuR 1992, H. 11, S. 323.
[1138] *Steiner*, Právní rádce 2000, H. 7, S. 34.
[1139] Kritisch in diesem Sinne auch *Casale*, Tarifverhandlungen, S. 76 f.
[1140] Der Begriff der „öffentlichen Funktion" ist allerdings nicht näher definiert. Vgl. hierzu *Bělina* (-Pichrt), Pracovní právo (2001), Rn. 318-324.

Slg.[1141] zum Beispiel bezieht sich das Arbeitsgesetzbuch auch auf die Ausübung der Richtertätigkeit, sofern das Gesetz nichts anderes bestimmt. Daneben bezieht sich das Arbeitsgesetzbuch nach § 4 ZP auf die arbeitsrechtlichen Beziehungen der Justizanwärter, der Staatsanwälte, der Rechtsanwärter und der Angehörigen der bewaffneten Kräfte im aktiven Dienst[1142], sofern es dies ausdrücklich festlegt oder eine Sondervorschrift dies bestimmt. Ab dem 1.1.2004 erfaßt § 4 ZP auch staatliche Arbeitnehmer im Sinne des Dienstgesetzes (Gesetz Nr. 218/2002 Slg.[1143]), also die Beamten, so daß das Arbeitsgesetzbuch hier ebenfalls zur Anwendung kommen kann.
Bei Angehörigen des öffentlichen Dienstes, die in einem öffentlich-rechtlichen Dienstverhältnis stehen, sollten aber eigene Gesetze die Gestaltung des Dienstverhältnisses eigenständig und abschließend regeln, um ein ordnungs-gemäßes und effektives Funktionieren der öffentlichen Gewalt sicherzustellen; eine Tariffähigkeit dieser Gruppe ist daher weder möglich noch sinnvoll. Denn diese Personengruppe ist im öffentlichen Interesse tätig und sollte daher bei der Ausübung ihrer Tätigkeit an besondere Grundsätze (wie z.B. Unparteilichkeit, Weisungsunabhängigkeit, hergebrachte Grundsätze der jeweiligen öffentlichen Tätigkeit) gebunden sein.
Dagegen können Arbeitnehmer des öffentlichen Dienstes, die also in einem privatrechtlichen Vertragsverhältnis stehen, weiterhin den Vorschriften des Arbeitsgesetzbuchs unterliegen. Eine Einschränkung der Kollektivvertragsfreiheit der Arbeitnehmer des öffentlichen Dienstes ist für das Funktionieren der öffentlichen Ordnung (vgl. Art. 27 Abs. 3 Charta Nr. 2/1993 Slg.) nicht erforderlich und verstößt daher gegen das Koalitionsgrundrecht und die Tarifautonomie in Art. 27 Abs. 1 Charta Nr. 2/1993 Slg Das tschechische Recht nimmt eine solche Beschränkung allerdings in § 20 Abs. 2 S. 2 ZP vor, indem es bei einer kollektivvertraglichen Erhöhung und Erweiterung eines Anspruchs über den Gesetzesrahmen hinaus eine ausdrückliche Ermächtigung für öffentlich-rechtliche Arbeitgeber verlangt, ohne zwischen den Angehörigen des öffentlichen Dienstes zu unterscheiden. Auch das Gehaltsgesetz unterscheidet nicht zwischen den Angehörigen des öffentlichen Dienstes und nimmt den Arbeitnehmern des öffentli-

---

[1141] Zákon č. 335/1991 Sb. o soudech a soudcích [*Übersetzung*: Gesetz Nr. 335/1991 Slg. über Gerichte und Richter].

[1142] Ab dem 1.1.2004 auch auf die staatlichen Arbeitnehmer im Sinne des Dienstgesetzes (zákon č. 218/2002 Slg. o službě státních zaměstnanců ve správních úřadech a o odměňování těchto zaměstnanců a ostatních zaměstnanců ve správních úřadech – služební zákon [*Übersetzung*: Gesetz Nr. 218/2002 Slg. über den Dienst der staatlichen Arbeitnehmer in Verwaltungsämtern und über die Vergütung dieser Arbeitnehmer und anderer Arbeitnehmer in Verwaltungsämtern]).

[1143] Zákon č. 218/2002 Slg. o službě státních zaměstnanců ve správních úřadech a o odměňování těchto zaměstnanců a ostatních zaměstnanců ve správních úřadech – služební zákon [*Übersetzung*: Gesetz Nr. 218/2002 Slg. über den Dienst der staatlichen Arbeitnehmer in Verwaltungsämtern und über die Vergütung dieser Arbeitnehmer und anderer Arbeitnehmer in Verwaltungsämtern].

chen Dienstes dadurch die Möglichkeit, ihre Vergütung selbst kollektivvertraglich aushandeln zu können.
De lege ferenda sind eigenständige Gesetze, die die Besonderheiten bei Ausübung der Dienstätigkeit umfassend regeln, und eine strikte Trennung zwischen Beamten und Arbeitnehmern des öffentlichen Dienstes mit jeweils eigenständigen Regelungen wünschenswert.

(C) § 4 Abs. 2 c) GKV: Begrenzung im Lohnbereich und das Verhältnis von Verbands- und Unternehmenskollektivverträgen

Im Lohnbereich stellt die Regelung des § 4 Abs. 2 c) GKV noch eine weitere Beschränkung der Kollektivvertragsfreiheit dar. Nach dieser Regelung ist der Unternehmens-/Betriebskollektivvertrag in dem Teil unzulässig, in dem er den Arbeitnehmern einen Lohnanspruch in einem höheren Umfang zuspricht, als der Kollektivvertrag höherer Stufe diesen Anspruch maximal erlaubt. Dies gilt nur, sofern der Verbandskollektivvertrag ausdrücklich eine Höchstgrenze für Lohnansprüche festsetzt[1144].
Die Beschränkung gilt auch für den Fall, daß ein Kollektivvertrag höherer Stufe für allgemeinverbindlich erklärt wird. Sehen nämlich bereits abgeschlossene Unternehmenskollektivverträge höhere Löhne als der für allgemeinverbindlich erklärte Verbandskollektivvertrag vor, so bedeutet dies eine Verschlechterung der Lohnsituation der Arbeitnehmer, wenn der Teil, der den Maximallohn des Verbandskollektivvertrages übersteigt, unzulässig wird[1145].
Der Sinn dieser Regelung besteht darin, ein unverhältnismäßiges Anwachsen der Löhne vor allem im Übergangszeitraum der Transformation des Wirtschaftssystems zur Marktwirtschaft zu vermeiden[1146]. Selbst wenn diese Norm in der Übergangsetappe zur Marktwirtschaft zur Vermeidung einer Lohninflation ihre Berechtigung haben mochte, so beschränkt sie doch mittlerweile 14 Jahre nach der Wende die Kollektivvertragsfreiheit von Unternehmenskollektivverträgen wesentlich, indem sie eine für die Arbeitnehmer günstigere Vereinbarung von Lohnansprüchen behindert[1147].

Die Regelung des § 4 Abs. 2 c) GKV wirft die Frage auf nach dem grundsätzlichen Verhältnis von Verbands- und Unternehmenskollektivverträgen. Das Gesetz über Kollektivverhandlungen enthält keine Bestimmung, nach der der Unternehmenskollektivvertrag grundsätzlich im Einklang mit dem Verbandskollektivvertrag sein muß[1148]. Lediglich § 4 Abs. 2 b) und c) GKV äußert sich zum di-

---

[1144] *Šubrt*, Práce a mzda 1991, H. 1, S. 31.
[1145] S. bereits 2. Teil, B.II.3)B)a)(2).
[1146] *Šubrt*, Práce a mzda 1991, H. 1, S. 31.
[1147] So auch *Kahle*, Práce a mzda 1994, H. 2, S. 46 und *Vladárová*, Práce a mzda 1995, H. 11-12, S. 55.
[1148] So auch *Šubrt*, Práce a mzda 1991, H. 1, S. 19.

rekten Verhältnis zwischen beiden Kollektivvertragsarten durch Festlegung bloßer inhaltlicher Begrenzungen: Danach ist der Unternehmenskollektivvertrag in dem Teil ungültig[1149], in dem er Ansprüche der Arbeitnehmer in einem geringeren Umfang festlegt, als es der Verbands-kollektivvertrag bestimmt (§ 4 Abs. 2 b) GKV), und in dem er den Arbeitnehmern Lohnansprüche in einem höheren Umfang gewährt, als es der Verbandskollektivvertrag maximal zuläßt (§ 4 Abs. 2 c) GKV).
Im übrigen stehen die Kollektivverträge nicht im Verhältnis direkter Abhängigkeit zueinander[1150]. Das bedeutet auch, daß ein Firmenkollektivvertrag auch wirksam arbeitsrechtliche Ansprüche, die nicht Lohnansprüche sind, höher regeln kann, als es eine Maximalbegrenzung des Verbandskollektivvertrages zuläßt[1151]. Unter Beachtung der Einschränkungen des § 4 Abs. 2 b) und c) GKV können also alle Angelegenheiten, die kollektivvertraglichen Regelungen zugänglich sind, sowohl durch Unternehmens- als auch durch Verbandskollektivverträge vereinbart werden.
Dies gilt allerdings nicht, wenn das Arbeitsgesetzbuch zu Vereinbarungen nur in Form des Verbands- oder des Unternehmenskollektivvertrages ermächtigt (z.B. in den Fällen der §§ 95 Abs. 2, 96 Abs. 2 S. 2, 105 Abs. 4 S. 2 2.HS ZP) und die Kollektivvertragsparteien die nicht zulässige Kollektivvertragsart gewählt haben. Dann wäre der Kollektivvertrag gem. § 4 Abs. 2 a) GKV ungültig, wonach ein Kollektivvertrag nicht im Widerspruch zu den rechtlichen Vorschriften stehen darf.

Zusammenfassend bedeutet das, daß der Firmenkollektivvertrag alle kollektivvertraglichen Angelegenheiten regeln kann, sofern diese günstiger als im Verbandskollektivvertrag sind und sofern die Lohnansprüche die Maximalbegrenzung der Verbandskollektivverträge nicht übersteigen, und zwar unabhängig davon, ob der Verbandskollektivvertrag die Angelegenheit bereits geregelt hat[1152]. Der Verbandskollektivvertrag führt also nicht zur Ungültigkeit der Tarifnormen des Unternehmenskollektivvertrages, selbst wenn der Unternehmenskollektivvertrag im für den Arbeitnehmer günstigeren Sinne von den festgelegten Ansprüchen des Verbandskollektivvertrages abweicht[1153]; bei arbeitsrechtlichen Ansprüchen, die keine Lohnansprüche sind, darf er sogar einen ggf. festgelegten Höchstrahmen des Verbandskollektivvertrages überschreiten (arg. e contrario e § 4 Abs. 2 c) GKV).

[1149] Nach *Šubrt* (Práce a mzda 1991, H. 1, S. 31) handelt es sich im Fall des § 4 Abs. 2 c) GKV nicht um eine Nichtigkeit der Norm des Unternehmenskollektivvertrages, sondern nur um einen zeitlichen Anwendungsausschluß während der Geltung des Verbandskollektivvertrages.

[1150] *Tröster* (-ders./Vysokajová), Zákoník práce, S. 433.

[1151] So auch *Týc/Michal*, Práce a mzda 1995, H. 6, S. 35.

[1152] Vgl. *Carabelli/Sciarra* (-Tomeš/Tkáč), Collective labour law, S. 86; *Šubrt*, Práce a mzda 1991, H. 1, S. 20.

[1153] So auch *Šubrt*, Práce a mzda 1991, H. 1, S. 20.

Die Regelung des § 4 Abs. 2 b) und c) GKV drückt im Verhältnis von Verbands- und Unternehmenskollektivvertrag eine Zweistufigkeit bzw. Nachrangigkeit[1154] aus, da in erster Stufe der Verbandskollektivvertrag hinsichtlich der Minima der arbeitsrechtlichen Ansprüche und hinsichtlich des Maximums der Lohnansprüche den Rahmen vorgibt und in zweiter Stufe der Unternehmenskollektivvertrag innerhalb der vorgegebenen Rahmenbegrenzung normative Regelungen treffen kann. Durch diese Minimal- und Maximalbegrenzungen werden in den Unternehmen die Kollektivverhandlungen erschwert[1155]. Auch besteht kein Grund das Verhältnis zwischen Verbands- und Unternehmenskollektivverträgen anders zu beurteilen als das Verhältnis zwischen Unternehmens- und Betriebskollektivverträgen, die ja gleichrangig sind[1156].

Das tschechische Arbeitsrecht geht von einer möglichen Tarifkonkurrenz von Verbands- und Unternehmenskollektivvertrag[1157] aus, da infolge der grundsätzlichen Unabhängigkeit der beiden Kollektivvertragsarten im Verhältnis zueinander für ein und dasselbe Arbeitsverhältnis mehrere Kollektivverträge einschlägig sein können. Diese Tarifkonkurrenz ist im tschechischen Recht nach einem eingeschränkten Günstigkeitsprinzip aufzulösen (§ 4 Abs. 2 b) GKV)[1158]. Das heißt, daß Unternehmenskollektivverträge gegenüber Verbandskollektivnormen günstigere normative Regelungen treffen können. Eingeschränkt ist das Günstigkeitsprinzip, weil Verbandskollektivverträge die Höchstgrenze für Lohnansprüche angeben (vgl. § 4 Abs. 2 c) GKV).
Es gilt somit nicht das Spezialitätsprinzip wie zum Beispiel in Deutschland[1159], nach dem der sachnähere Kollektivvertrag zur Anwendung kommt. Da das deutsche Arbeitsrecht von der Gleichrangigkeit von Verbands- und Unternehmenskollektivvertrag ausgeht, kann es bei dem Verhältnis von Verbands- und Unter-

---

[1154] Ungenau *Šubrt* (Práce a mzda 2000, H. 13, S. 12), der erklärt, daß mit Ausnahme der Regelungen des § 4 Abs. 2 b) und c) GKV der Verbandskollektivvertrag dem Unternehmenskollektivvertrag nicht übergeordnet ist, ohne genau die Fälle, in denen Gleichrangigkeit besteht, zu nennen. Denn dies trifft wohl nur für schuldrechtliche Verpflichtungen zu, da § 4 Abs. 2 b) und c) GKV bereits die normativen Kollektivvereinbarungen abdecken.
[1155] Kritisch zu den Begrenzungen auch *Baloušek/Měchura*, Práce a mzda 1994, H. 1, S. 5; einschränkend kritisch wohl *Kahle* (Práce a mzda 1994, H. 2, S. 46), nach dessen Ansicht Verbandskollektivverträge lediglich Minima für Unternehmenskollektivverträge festlegen sollten, aber im Unternehmenskollektivvertrages geregelte Individualansprüche der Höhe nach nicht begrenzen sollten.
[1156] S. zur Gleichrangigkeit von Unternehmens- und Betriebskollektivvertrag 2. Teil, B.II.3)A)b).
[1157] Vgl. zur nur Tarifkonkurrenz bei Unternehmens- und Betriebskollektivverträgen: 2. Teil, B.II.3)A)b).
[1158] Letztendlich gilt wohl auch zwischen Unternehmens- und Betriebskollektivverträgen die günstigere Regelung des Betriebskollektivvertrages, wenn der Vertrag trotz Überschreitens von Vertretungsbefugnissen i.S.d. § 10 Abs. 2 ZP wirksam ist; vgl. 2. Teil, B.II.3)A)b).
[1159] Vgl. *Dütz*, Arbeitsrecht, Rn. 581.

nehmenskollektivvertrag nicht auf das Günstigkeitsprinzip zurückgreifen, da dieses im Verhältnis ranggleicher Normen keine Anwendung findet[1160].

(2) Schuldrechtliche Regelungen: § 4 Abs. 4 S. 5 Gesetz Nr. 1/1992 Slg. a.F.

Die Kollektivvertragspartner können für den Lohnbereich schuldrechtliche Verpflichtungen treffen, die die Arbeitgeber an die Einhaltung eines festgelegten Umfangs der bei ihnen insgesamt auszuzahlenden Löhne oder an die Beachtung bestimmter Durchschnittslöhne binden[1161].
Für einen langen Zeitraum nach der Wende hatte sogar der Staat die Möglichkeit, die Löhne zu regulieren. Gem. § 4 Abs. 4 S. 5 Gesetz Nr. 1/1992 Slg. i.d.F. Nr. 118/1995 Slg., sog. Lohngesetz, konnte die Regierung durch Verordnung Regulierungs- und Sanktionsmaßnahmen ergreifen, falls der tatsächliche Zuwachs des Durchschnittlohns der Arbeitnehmer, die in den Anwendungsbereich des Lohngesetzes fallen und somit zur privatrechtlichen Sphäre zählen, den tatsächlichen Anstieg der Preise um mehr als 5 % überstieg. Damit konnte die Regierung - wie ähnlich auch bereits durch die Gleichrichtungspolitik zur Zeit des Sozialismus[1162] - den Umfang der auszuzahlenden Lohnmittel bei den Unternehmen beeinflußen[1163].
Das Ziel dieser Gesetzesregelung war, durch die staatliche Lohnregulierung die Preisstabilität im Rahmen der Transformation sicherzustellen und insbesondere einen unangemessenen Lohnzuwachs im Vergleich zu dem Zuwachs der Arbeitsproduktivität und der Handelspreise und damit eine Inflation zu vermeiden[1164].
Diese direktive Lohnregulierungsmöglichkeit im Unternehmensbereich war allerdings mit dem marktwirtschaftlichen Wirtschaftssystem nicht systemkonform und stellte eine Einschränkung der Vertragsfreiheit hinsichtlich der schuldrechtlichen Kollektivregelungen dar[1165]. Die staatliche Lohnregulierung deformierte die marktwirtschaftliche Bewertung der Arbeit und störte mit ihrer Gleichrichtung die Konkurrenzsituation[1166]. Das einzige Regulierungsinstitut im Lohnbereich in der Unternehmenssphäre sollten die Kollektivverträge sein, indem sie über den jährlichen Lohnzuwachs entscheiden[1167].

[1160] S. nur *Dütz*, Arbeitsrecht, Rn. 581; allerdings ist umstritten, ob das Günstigkeitsprinzip auch für gleichrangige Normen gelten soll (vgl. hierzu *Birk*, RdA 1995, H. 2, S. 75).
[1161] *Kahle*, Práce a mzda 1994, H. 2, S. 44.
[1162] Vgl. hierzu 2. Teil, A.II.4)B)d)(1).
[1163] *Bělina* (-Kahle), Pracovní právo (2001), Rn. 579.
[1164] *Bělina* (-Kahle), Pracovní právo (2001), Rn. 759; vgl. auch *Eliáš*, Práce a mzda 1996, H. 4, S. 34.
[1165] Vgl. *Kahle*, Práce a mzda 1994, H. 2, S. 44.
[1166] *Moravec*, Práce a mzda 1995, H. 9, S. 2.
[1167] So auch *Bělina* (-Kahle), Pracovní právo (2001), Rn. 760; in diesem Sinne wohl auch *Eliáš*, Práce a mzda 1996, H. 4, S. 38.

In der Zeit nach der Wende stellte die staatliche Lohnregulierung daher nur eine vorübergehende staatliche Preisstabilisierungsmaßnahme dar, von der die Regierung der Tschechischen Republik in der Vergangenheit bis 1995 Gebrauch gemacht hat. Mit Wirkung zum 31.7.1995 hob sie die Regierungsverordnung Nr. 334/1993 Slg., die sie zur Lohnregulierung erlassen hat, durch die Regierungsverordnung Nr. 145/1995 Slg. wieder auf. Die gesetzliche Ermächtigung zur staatlichen Lohnregulierungskompetenz, § 4 Abs. 4 S. 5 Gesetz Nr. 1/1992 Slg., wurde später mit Wirkung zum 1.1.2001 durch das Gesetz Nr. 217/2000 Slg. aufgehoben.

Demgegenüber kann die Regierung im öffentlich-rechtlichen Bereich das Gehalt der Arbeitnehmer durch Festlegung von absoluten Grenzen der Gehaltsmittel in den öffentlich-rechtlichen Organisationen oder Bestimmung des prozentualen Anteils der Gehaltszuschläge zum üblichen Gehaltstarif beeinflußen (vgl. § 23 Abs. 1 a) Gesetz Nr. 143/1992 Slg.)[1168].

(3) Exkurs: Interne Vorschrift i.S.d. § 21 Abs. 1 ZP

Die Novelle des Arbeitsgesetzbuchs Nr. 74/1994 Slg. führte die sog. „interne Vorschrift" (§ 21 Abs. 1 ZP) als neues Rechtsinstitut ein. Der Arbeitgeber kann arbeitsrechtliche Ansprüche, die nach den arbeitsrechtlichen Vorschriften in Kollektivverträgen vereinbart werden können, durch interne Vorschriften regeln, wenn bei dem Arbeitgeber keine Gewerkschaftsorganisation zuständig ist (vgl. § 21 Abs. 1 und Abs. 3 Var.3 ZP). Es handelt sich um einen einseitigen Rechtssetzungsakt des Arbeitgebers[1169]. Ausgenommen von dieser Rechtssetzungsbefugnis ist allerdings die Regelung von Lohnansprüchen und Ersatz für Reisekosten (vgl. § 21 Abs. 1 ZP); die Möglichkeit der einseitigen Festlegung letzterer Ansprüche bestimmen Spezialgesetze (vgl. § 18 Abs. 2 Gesetz Nr.1/1992 Slg.).

Die Regelungsbefugnis zum Erlaß von internen Vorschriften hat der Arbeitgeber nicht, wenn bei ihm eine Gewerkschaftsorganisation zuständig ist, aber ein Kollektivvertrag dennoch nicht zustande kam, etwa weil eine Einigung zwischen dem Arbeitgeber und der Gewerkschaft oder das erforderliche Einvernehmen mehrerer zuständiger Gewerkschaften i.S.d. § 2 Gesetz Nr. 120/1990 Slg. fehlschlugen[1170].

Entsteht eine Gewerkschaft nach dem Erlaß der internen Vorschrift bei dem Arbeitgeber und regelt diese später in einem Kollektivvertrag den gleichen Inhaltspunkt, den der Arbeitgeber bereits durch interne Lohnvorschrift festgesetzt hat, so ist die kollektivvertragliche Regelung gültig (§ 21 Abs. 2 ZP).

[1168] Vgl. *Bělina* (-Kahle), Pracovní právo (2001), Rn. 762.

[1169] *Kostečka*, Právní praxe 1994, H. 7, S. 381.

[1170] *Tröster* (-ders./Vysokajová), Zákoník práce, S. 46.

Ähnlich wie bei Kollektivverträgen ist eine Regelung durch interne Vorschrift nur möglich, wenn sie das Gesetz voraussetzt, und nur im Rahmen, die das Gesetz bestimmt[1171].

Das Arbeitsgesetz beschränkt bis auf den Fall, daß später ein Kollektivvertrag geschlossen wird (§ 21 Abs. 2 ZP), die zeitliche Dauer der internen Vorschrift nicht, so daß der Arbeitgeber also die Vorschrift nach eigenem Belieben ändern und aufheben kann[1172].

Mit der Einführung der internen Vorschriften verfolgte der Gesetzgeber das Ziel, dem Arbeitgeber die Gewährung und Erweiterung einiger Ansprüche auch ohne kollektivvertragliche Regelung zu ermöglichen[1173].

Denn einige arbeitsrechtliche Ansprüche konnte der Arbeitgeber zuvor nur in Form von Kollektivverträgen gewähren: Zum Beispiel durfte der Arbeitgeber nur im Rahmen eines Kollektivvertrages die Ansprüche des Arbeitnehmers auf Freistellung von der Arbeit aus Gründen des allgemeinen Interesses sowie aus persönlichen Gründen erweitern und den Lohnersatz in diesen Fällen erhöhen (§ 124 Abs. 5 S. 1 ZP i.d.F. Nr. 3/1991 Slg., § 128 Abs. 3 S. 1 ZP i.d.F. Nr. 3/1991 Slg.). Auch die Dauer des Erholungsurlaubs war nur kollektivvertraglich über das gesetzliche Maß hinaus verlängerbar (§ 102 Abs. 3 S. 1 ZP i.d.F. Nr. 3/1991 Slg.) und die wöchentliche Arbeitszeit konnte nur durch Kollektivvertrag ohne Lohnreduktion gekürzt werden (§ 83 Abs. 5 ZP i.d.F. Nr. 3/1991 Slg.).

In diesen Fällen wollte der Gesetzgeber dem Arbeitgeber, bei dem keine Gewerkschaftsorganisation tätig war, ein anderes Mittel zur Verfügung geben, um diese Ansprüche, also meist Begünstigungen des Arbeitnehmers, verwirklichen zu können[1174]. Neben der kollektivvertraglichen Regelungs-möglichkeit wurden diese Fälle im Jahr 1994 daher um die Rechtsbefugnis zum Erlaß interner Vorschriften erweitert (vgl. §§ 124 Abs. 5 S. 1, 128 Abs. 3, 102 Abs. 3 S. 1, 83 Abs. 5 ZP i.d.F. Nr. 74/1994 Slg.).

Interne Vorschriften sollten also nach der Intention des Gesetzgebers lediglich an die Stelle von Unternehmensverträgen, die infolge der Nichtexistenz von Gewerkschaften fehlten, treten und Regelungslücken ersetzen, nicht aber den Abschluß von Kollektivverträgen verhindern[1175].

Die Einführung der internen Vorschrift verdeutlicht besonders anschaulich das im tschechischen Arbeitsrecht auch nach der Wende weiterhin das Prinzip: *„Es ist alles verboten, was nicht ausdrücklich erlaubt ist."* besteht[1176]. Ohne einen gesetzlichen Rechtsgrund dürfen die Beteiligten von Arbeitsrechtsbeziehungen keine arbeitsrechtlichen Ansprüche im oben genannten Sinne vereinbaren. Kon-

---

1171 *Jakubka*, Práce a mzda 1993, H. 7-8, S. 52; vgl. § 21 Abs. 1 und Abs. 3 ZP.

1172 *Tröster* (-ders./Vysokajová), Zákoník práce, S. 46.

1173 *Tröster* (-ders./Vysokajová), Zákoník práce, S. 45.

1174 Vgl. *Töster* (-ders./Vysokajová), Zákoník práce, S. 45.

1175 *Jakubka*, Práce a mzda 1993, H. 7-8, S. 52; vgl. auch *Galvas*, Právo a zaměstnání 2002, H. 1, S. 9.

1176 So auch *Kostečka*, Právní praxe 1994, H. 7, S. 382.

kret bedeutet dies, daß der Arbeitgeber nicht einfach mit dem Arbeitnehmer individualvertraglich obige Ansprüche aushandeln kann. Denn die gesetzliche Regelung geht bisher nur von einer kollektivvertraglichen Gewährung und seit 1994 auch von einer einseitigen Rechtsgewährung durch den Arbeitgeber, nicht aber von einer Individualvereinbarung aus.
Die Tatsache, daß der tschechische Gesetzgeber auch keinen Rechtsgrund für die individualvertragliche Vereinbarung dieser Ansprüche geschaffen hat und stattdessen das vertragsfreiheitsfeindliche Institut der einseitigen Rechtssetzungsbefugnis einführte, zeigt ebenfalls das die Vertragsfreiheit im tschechischen Arbeitsrecht noch nicht völlige Akzeptanz findet.
Obwohl das Rechtsinstitut der internen Vorschrift nicht den Inhalt eines Kollektivvertrages beschränkt, führt es aber dennoch zu einer Gefährdung der gewerkschaftlichen Tätigkeit und der kollektivvertraglichen Arbeitsbeziehungen[1177] und stellt einen Eingriff in die (individuelle) Vertragsfreiheit[1178] dar.
Die Gefahr der internen Vorschriften besteht nämlich darin, daß der Arbeitgeber, dem nun die einseitige Rechtssetzungsbefugnis zukommt, dem Entstehen von Gewerkschaftsorganisationen in seinem Unternehmen ablehnend gegenübersteht und daß ihm das Interesse genommen wird, überhaupt einen Kollektivvertrag abzuschließen. Dadurch wird die Akzeptanz von Kollektivverhandlungen erheblich geschwächt.
Auch die (individuelle) Vertragsfreiheit als marktwirtschaftliche Errungenschaft, wonach Arbeitsbedingungen vertraglich festgelegt werden sollen, ist durch die einseitige Rechtssetzungsbefugnis unzulässig eingeschränkt. Zwar existiert für das tschechische Arbeitsrecht keine allgemeine Vorschrift, die das Prinzip der Vertragsfreiheit verankert[1179]. Für das Entstehen von arbeitsrechtlichen Beziehungen setzt § 7 Abs. 1 ZP[1180] die *Zustimmung* des Arbeitnehmers und des Arbeitgebers voraus und deutet hiermit hinsichtlich der Gründung von Arbeitsrechtsbeziehungen den Grundsatz der Vertragsfreiheit zumindest an. Das Vertragsprinzip beschränkt sich allerdings nicht nur auf die Entstehung von Arbeitsrechtsbeziehungen, sondern gilt auch für die inhaltliche Festlegung von Arbeitsbeziehungen[1181]. Eine einseitige Rechtssetzungsbefugnis für arbeitsrechtliche Ansprüche steht hierzu im Widerspruch.

c) Kollektivvertraglicher Regelungsspielraum im einzelnen

Im folgenden werden die kollektivvertraglichen Regelungsmöglichkeiten näher aufgezeigt, wobei im einzelnen hervorgehoben wird, wenn das tschechische

---

[1177] So auch *Jakubka*, Práce a mzda 1993, H. 7-8, S. 52; *Sádková*, Práce a mzda 1997, H. 2, S. 27; *Hrabcová*, Práce a mzda 2000, H. 3-4, S. 60.
[1178] So auch *Ústav státu a práva Akademie věd ČR*, Práce a mzda 1993, H. 2, S. 36; *Kostečka*, Právní praxe 1994, H. 7, S. 383.
[1179] Vgl. auch 2. Teil, B.I.1)B)b).
[1180] Spezieller für den Arbeitsvertrag: § 27 Abs. 2 ZP.
[1181] Ähnlich *Ústav státu a práva Akademie věd ČR*, Práce a mzda 1993, H. 2, S. 36.

Recht kollektivvertragliche Regelungen nur durch Verbands- und /oder Unternehmenskollektivverträge bzw. nur für die Unternehmens-, nicht aber für die Nichtunternehmenssphäre zuläßt.

(1) Kollektivvereinbarungen über Lohn- und Lohnersatzansprüche

(A) Exkurs: Rechtliche Lohnvorschriften

Um den kollektivvertraglichen Regelungsspielraum im Lohnbereich darstellen zu können, ist zunächst ein Einblick in die nach der Wende bestehenden lohnrechtlichen Vorschriften erforderlich.
Entgeltfragen werden durch die allgemeinen Regelungen des Arbeitsgesetzbuchs §§ 111 – 122 ZP geregelt, sofern sie nicht – wie in der Regel – durch Sondergesetze verdrängt werden (vgl. z.B. § 22 Gesetz Nr. 1/1992 Slg., § 25 Gesetz Nr. 143/1992 Slg.).
§ 111 Abs. 1 ZP verweist hinsichtlich der Löhne und des Gehalts auf Sondervorschriften, wozu insbesondere die Gesetz Nr. 1/1992 Slg.[1182], das sog. Lohngesetz, sowie Nr. 143/1992 Slg.[1183], das sog. Gehaltsgesetz, zählen.
Diese Sondergesetze unterscheiden sich im Anwendungsbereich. Das Gehaltsgesetz bezieht sich auf die Vergütung von Arbeitnehmern bei Arbeitgebern, die kein Unternehmen betreiben, also von Arbeitnehmern der aus öffentlichen Mitteln finanzierten Institutionen (z.B. öffentlichen Dienst) (vgl. § 1 Abs. 1 Gesetz Nr. 143/1992 Slg.)[1184]. Demgegenüber sind gem. § 2 Gesetz Nr. 1/1992 Slg. die Arbeitnehmer der aus öffentlichen Mitteln finanzierten Institutionen vom Anwendungsbereich des Lohngesetzes ausgenommen, so daß das Lohngesetz für alle übrigen Arbeitnehmer, d.h. Arbeitnehmer in der Privatwirtschaft, gilt.
Die unterschiedliche Regelung beruht darauf, daß der Lohn in der Unternehmenssphäre vom unternehmerischen Gewinn abhängt und daher den Vertragsparteien überlassen wird, also nur dem Rahmen nach geregelt ist[1185]. Hingegen wird das Gehalt im öffentlich-rechtlichen Bereich aus dem öffentlichen Haushalt bezahlt, so daß diesbezüglich eine überwiegend zwingende Gehaltsregelung erforderlich ist[1186].
Demnach bestimmt § 4 Abs. 3 Gesetz Nr. 1/1992 Slg. für den privatrechtlichen Sektor, daß der Lohn vor allem vertraglich, also in Form von Individualarbeits-

---

1182 Zákon č. 1/1992 Sb. o mzdě, odměně za pracovní pohotovost a o průměrném výdělku [*Übersetzung:* Gesetz Nr. 1/1992 Slg. über Lohn, Vergütung für Arbeitsbereitschaft und über den Durchschnittsverdienst]; im folgenden in der Gesetzesfassung Nr. 217/2000 Slg. zitiert, soweit keine andere Angabe gemacht wird.

1183 Zákon č. 143/1992 Sb. o platu a odměně za pracovní pohotovost [*Übersetzung:* Gesetz Nr. 143/1992 Slg. über Gehalt und die Vergütung für Arbeitsbereitschaft]; im folgenden in der Gesetzesfassung Nr. 217/2000 Slg. zitiert, soweit nichts anderes bestimmt wird.

1184 *Kostečka*, ArbuR 1994, H. 12, S. 436.

1185 *Bělina* (-Kahle), Pracovní právo (2001), Rn. 770.

1186 *Bělina* (-Kahle), Pracovní právo (2001), Rn. 770.

und Kollektivverträgen, vereinbart wird. Unter Lohn versteht man gem. § 4 Abs. 2 S. 1 Gesetz Nr. 1/1992 Slg. die Vergütung der geleisteten Arbeit in entgeltlicher und in naturaler Form. Der vertraglichen Lohnbestimmung unterliegen also die Festlegung der Lohnform (Akkord-, Zeitlohn), des Grundlohns sowie der beweglichen Lohnbestandteile wie Prämien und Zuwendungen und Lohnzuschläge, also alle Einnahmen, die für die geleistete Arbeit gezahlt werden[1187]. Zu dem Begriff „Lohn" zählt das tschechische Recht dagegen nicht Lohnersatz (bei z.B. Arbeitsverhinderungen), Abfindungen, Ersatz für Reisekosten, Kapitalerträge (Aktien) und die Vergütung von Arbeitsbereitschaft (§ 4 Abs. 2 S. 2 Gesetz Nr. 1/1992 Slg.).
Die Vorschrift des § 4 Abs. 3 Gesetz Nr. 1/1992 Slg. bringt für die Lohnbestimmung im privaten Bereich das Prinzip der Vertragsfreiheit und den Grundsatz: *„Es ist alles erlaubt, was nicht verboten ist."* zum Ausdruck und bedeutet eine völlige Abkehr von den zentral bestimmten Lohntarifen, die durch eine Vielzahl untergesetzlicher Lohnvorschriften in der totalitären ČSSR festgelegt waren[1188]. Insbesondere für Kollektivverträge, die in marktwirtschaftlichen Ländern hauptsächlich Lohnregelungen treffen, stellt diese Vorschrift eine bedeutende Öffnung der Kollektivvertragsfreiheit dar.
Trotz der Betonung der vertraglichen Lohnvereinbarung, die das Gesetz in § 4 Abs. 3 Gesetz Nr. 1/1992 Slg. zum Ausdruck bringt, besteht daneben auch die Möglichkeit, daß der Arbeitgeber den Lohn durch interne Lohnvorschrift (vgl. § 21 ZP) einseitig festlegt. Denn aus § 18 Abs. 2 S. 2 Gesetz Nr. 1/1992 Slg., nach dem die interne Lohnvorschrift ungültig ist, wenn sie nicht schriftlich erlassen wurde oder wenn sie den rechtlichen Vorschriften widerspricht, läßt sich die Zulässigkeit solcher internen Lohnvorschriften ableiten. Dabei haben die Gewerkschaften ein Erörterungsrecht (§ 18 Abs. 1 S. 2 Gesetz Nr. 1/1992 Slg.). Die interne Lohnvorschrift verstößt – wie auch die interne Vorschrift i.S.d. § 21 Abs. 1 ZP[1189] - gegen den Grundsatz der Vertragsfreiheit, da die Lohnregelung nicht der freien Parteibestimmung unterliegt, sondern einseitig vom Arbeitgeber festgelegt wird. Im Gegensatz zur internen Vorschrift i.S.d. § 21 ZP, die sich nicht auf Lohnansprüche bezieht[1190], ist für den Erlaß einer internen Lohnvorschrift nicht erforderlich, daß beim Arbeitgeber keine Gewerkschaft wirkt. Ausreichend ist, daß weder der Arbeits- noch der Kollektivvertrag eine Lohnvereinbarung treffen (vgl. § 18 Abs. 1 S. 2 Gesetz Nr. 1/1992 Slg.)[1191]. Dies stellt eine noch schwerere Erschütterung der Kollektivverhandlungen dar, als sie bereits durch die interne Vorschrift i.S.d. § 21 Abs. 1 ZP besteht. Denn während die interne Vorschrift nach dem Arbeitsgesetzbuch erst zum Zuge kommt, wenn keine Gewerkschaft existiert, wird bei der internen Lohnvorschrift i.S.d. Lohn-

[1187] Vgl. *Tomandlová*, Zákoník práce, S. 474.
[1188] S. zur Rechtslage vor der Wende 2. Teil, A.II.4)B)d)(1).
[1189] Vgl. zur internen Vorschrift 2. Teil, B.II.3)B)b)(3).
[1190] S. 2. Teil, B.II.3)B)b)(3).
[1191] *Tröster* (-Kahle), Zákoník práce, S. 641.

gesetzes das Vorhandensein und die Tätigkeit von Gewerkschaften schlichtweg ignoriert. Kommt zum Beispiel ein Kollektivvertrag mangels Einvernehmens der Vertragspartner nicht zustande, kann der Arbeitgeber selbst in einem solchen Fall einseitig Lohnregelungen treffen. Die Gefahr besteht, daß sich der Arbeitgeber zur vertraglichen Vereinbarung der Löhne nicht sehr motiviert zeigen wird, wenn ihm eine solch große Regelungsmacht zusteht, und daß er den Abschluß von Kollektivverträgen blockiert. In der Tat kommen die internen Lohnvorschriften in der Praxis sehr häufig vor[1192].

Im öffentlich-rechtlichen Bereich gebührt dem Arbeitnehmer nach § 3 Abs. 4 S. 1 Gesetz Nr. 143/1992 Slg. Gehalt nach den Vorschriften des Gehaltsgesetzes, des Arbeitsgesetzbuchs und nach den Durchführungsvorschriften gem. § 23 Gesetz Nr. 143/1992 Slg. und (erst) in diesem Rahmen nach den Kollektivverträgen und ggf. den internen Vorschriften. Daraus ergibt sich, daß das Gehaltsgesetz die Vergütung im öffentlich-rechtlichen Bereich überwiegend zwingend festlegt und kollektivvertragliche Regelungen nur bei ausdrücklicher Ermächtigung zur Ausführung bestimmter rechtlicher Vorgaben möglich sind, was allerdings nur in sehr eingeschränktem Umfang erlaubt ist[1193]. Während beim Lohn der Kollektivvertrag die Hauptrolle spielen soll, richtet sich das Gehalt hauptsächlich nach den durch die Regierung für einzelne Gehaltsstufen bestimmten Tarifen[1194]. Die Tarife sind in der Regel fest oder mindestens der Spannweite nach geregelt[1195]. Das Gehaltsgesetz wird vielfach durch Sondergesetze verdrängt (vgl. § 1 Abs. 2 Gesetz Nr. 143/1992 Slg.).

Eine zulässige Einschränkung der Vertragsfreiheit im Lohnbereich stellt die Festsetzung von Minimallöhnen (*minimální mzda*) durch die Regierungsverordnung Nr. 303/1995 Slg.[1196] (vgl. § 111 Abs. 4 S. 1 ZP) dar; der vertraglich vereinbarte Lohn[1197] darf nicht niedriger sein als der gesetzliche Minimallohn (§ 4 Abs. 4 Gesetz Nr. 1/1991 Slg., § 111 Abs. 3 S. 1 ZP). § 111 Abs. 4 S. 2 ZP bestimmt, daß in Kollektivverträgen nur höhere Löhne als die Minimallöhne vereinbart werden dürfen. Zum Minimallohn zählt dabei nicht der Lohn für Überstundenarbeit sowie Lohnzuschläge für Arbeit unter erschwerenden und gesundheitsschädlichen Bedingungen, für Nachtarbeit und für Arbeit an Feiertagen (§ 111 Abs. 3 S. 2 ZP).

Die Regelung der Minimallöhne steht im Einklang mit dem Internationalen Abkommen über die wirtschaftlichen, sozialen und kulturellen Rechte von 1966, das in seinem Art. 7 b) die Vertragsstaaten zur Sicherung des Exitenzminimums

---

1192 *Tröster* (-Kahle), Zákoník práce, S. 641.

1193 Vgl. auch *Bělina* (-Kahle), Pracovní právo (2001), Rn. 766 und Rn. 786; *Šubrt*, Práce a mzda 2000, H. 13, S. 12.

1194 *Kostečka*, ArbuR 1994, H. 12, S. 436.

1195 *Bělina* (-Kahle), Pracovní právo (2001), Rn. 768.

1196 Nařízení vlády č. 303/1995 Sb. o minimální mzdě [*Übersetzung:* Regierungsverordnung Nr. 303/1995 Slg. über Minimallöhne].

1197 Auch das festgesetzte Gehalt im öffentlich-rechtlichen Bereich darf den Minimallohn nicht unterschreiten (§ 3 Abs. 6 Gesetz Nr. 143/1992 Slg.).

verpflichtet. Die Festlegung von Minimallöhnen dient dem Schutz des Arbeitnehmers[1198].
Neben den Minimallöhnen gelten in der Tschechischen Republik seit 1992 sowohl für den privat- als auch für den öffentlich-rechtlichen Bereich sog. Minimallohntarife (vgl. § 14 Abs. 1 Gesetz Nr. 1/1992 Slg., § 4 Abs. 1 Gesetz Nr. 143/1992 Slg.). Die Minimallohntarife sind je nach der Schwierigkeit, der Verantwortung und der Anstrengung bei der Arbeit in verschiedene Tarifstufen eingeteilt (vgl. § 14 Abs. 2 Gesetz Nr. 1/1992 Slg., § 4 Abs. 1 S. 1 Gesetz Nr. 143/1992 Slg.). Während der Minimallohn den niedrigsten Lohn pro Stunde und pro Monat für jede Beschäftigung bestimmt, ohne nach der Art der Arbeit zu differenzieren (vgl. § 2 Gesetz Nr. 303/1995 Slg.), werden bei der Festlegung der Minimallohntarife die unterschiedlichen Tätigkeiten gerade nach der Art der Arbeit in verschiedene Tarifstufen gruppiert und den Tarifstufen werden bestimmte Minimallohntarife zugeordnet[1199].
Die Minimallohntarife sind für die öffentlich-rechtliche Sphäre durch Gesetz (§ 4 Abs. 3 und Abs. 4 Gesetz Nr. 143/1992 Slg.), für die privatrechtliche Sphäre auf der Grundlage von § 14 Abs. 2 Gesetz Nr. 1/1992 Slg. durch Regierungsverordnung, nämlich durch die Verordnung Nr. 308/1995 Slg., festgelegt.
Während die Minimallohntarife für die öffentlich-rechtliche Sphäre die Grundlage für die Gehälter sind (sog. Gehaltstarife, vgl. § 4 Gesetz Nr. 143/1992 Slg.), haben sie in der privatrechtlichen Sphäre die Bedeutung von verbindlichen Verdienstminima in Fällen, in denen Kollektivverträge entweder überhaupt nicht existieren oder aber keine Lohnregelungen treffen (vgl. § 14 Abs. 1 S. 1 Gesetz Nr. 1/1992 Slg.)[1200]. Das bedeutet für den privatrechtlichen Bereich, daß Kollektivverträge bei dem Aushandeln der Löhne die Minimallohntarife der Höhe nach sowohl über- als auch unterschreiten dürfen[1201].
Nur in den Fällen, in denen kein Kollektivvertrag besteht oder ein Kollektivvertrag keine Lohnregelung beinhaltet, begrenzen die Minimallohntarife die Vertragsfreiheit im Individualarbeitsrecht: Die Lohntarife stellen dann die Mindestgrenze im Rahmen des individualvertraglichen Aushandelns der Lohnhöhe dar[1202].
Im Unterschied zu den Minimallöhnen, die eine Begrenzung sowohl der Individual- als auch der Kollektivvertragsfreiheit bedeuten[1203], führen die Minimallohntarife nur zu einer Einschränkung der Individualarbeitsvertragsfreiheit in den Fällen, in denen keine kollektivvertragliche Lohnregelungen bestehen. Sie stellen aber keine Einschränkung der Kollektivvertragsfreiheit dar.

[1198] *Kostečka*, Práce a mzda 1992, H. 1, S. 45.
[1199] *Kostečka*, Práce a mzda 1992, H. 1, S. 45.
[1200] Vgl. auch *Měchura*, Práce a mzda 1994, H. 13, S. 7.
[1201] *Měchura*, Práce a mzda 1994, H. 13, S. 7.
[1202] *Měchura*, Práce a mzda 1994, H. 13, S. 7.
[1203] Vgl. bereits oben; *Kahle*, Práce a mzda 1996, H. 2, S. 1.

Das Institut der Minimallohntarife ist in marktwirtschaftlichen Systemen wenig üblich, da die Lohnansprüche und die Tarifstufen in der Unternehmenssphäre meist vertraglicher Vereinbarung unterliegen[1204].
Die Minimallohntarifklassen hatten das Ziel, im Rahmen der ökonomischen Transformation, in der eine große Anzahl von Privatpersonen unternehmerisch tätig zu werden beginnt, ohne mit den marktwirtschaftlichen Gegebenheiten (wie dem Abschluß von Kollektivverträgen) näher vertraut zu sein, einen erhöhten Schutz der Arbeitnehmer zu gewähren, falls diese keinem Kollektivvertrag über Lohnvereinbarungen unterliegen[1205]. Allerdings dürfen die Minimallohntarife nur so formuliert sein, daß sie nicht von vorneherein die Bereitschaft zu Kollektivverhandlungen über Löhne einschränken[1206]. Die Arbeitgeber könnten nämlich die Minimallohntarife ausnutzen, indem sie sie als Richtwerte betrachten, oder sie könnten sogar in Anbetracht der Minimallohntarife gar keine Kollektivverträge abschließen wollen[1207]. Mit der zunehmenden Stabilisierung der Wirtschaft im neuen marktwirtschaftlichen System und der zunehmenden Akzeptanz von Kollektivverhandlungen dürften sie nach und nach ihre Bedeutung verlieren.

(B) Kollektivvertragliche Regelungsmöglichkeiten

Im einzelnen zu prüfen ist nun der kollektivvertragliche Regelungsspielraum, der bei der Vereinbarung von Lohn- und Lohnersatzansprüchen besteht.
§ 4 Abs. 3 Gesetz Nr. 1/1992 Slg. ermöglicht in Kollektivverträgen im Unternehmensbereich eine freie Vereinbarung der Löhne, die lediglich durch einige Einschränkungen des Arbeitsgesetzbuches und des Lohngesetzes begrenzt wird. Der Lohn kann also höher und zu günstigeren Bedingungen als im Gesetz vereinbart werden, sofern keine gesetzliche Höchstbegrenzung vorliegt[1208].
Eine Mindestbegrenzung stellt § 111 Abs. 4 S. 1 ZP i.V.m. § 4 Abs. 4 Gesetz Nr. 1/1992 Slg. dar, wonach die kollektivvertragliche Vereinbarung der (Minimal-)Löhne höher als die gesetzlich festgelegten Minimallöhne sein muß. Die gesetzlichen Minimallohntarife stellen dagegen keine gesetzliche Begrenzung dar, da Kollektivverträge diese über- und unterschreiten dürfen[1209].
Das Gehaltsgesetz zählt für den öffentlich-rechtlichen Bereich das Gehalt und die einzelnen Gehaltszuschläge abschließend auf (vgl. § 3 Abs. 4 und §§ 5 bis 15 a) Gesetz Nr. 143/1992 Slg.) und läßt damit i.d.R. keinen Raum für kollektivvertragliche Regelungen. Die Durchführungsverordnungen des Gehaltsgesetzes ermöglichen vereinzelt kollektivvertragliche Regelungen nur in bezug auf

[1204] *Měchura*, Práce a mzda 1994, H. 13, S. 7; *Kahle*, Právo a zaměstnání 2001, H. 11, S. 18.
[1205] *Měchura*, Práce a mzda 1994, H. 13, S. 7; *Kahle*, Právo a zaměstnání 2001, H. 11, S. 18.
[1206] *Měchura*, Práce a mzda 1994, H. 13, S. 8.
[1207] In diesem Sinne auch *Kostečka*, ArbuR 1994, H. 12, S. 436, der das Institut der Minimallohntarife als „Schönheitsfehler“ der tarifvertraglichen Lohnregelung bezeichnet.
[1208] Vgl. *Michal*, Práce a mzda 2002, H. 12, S. 46.
[1209] S. 2. Teil, B.II.3)B)c)(1)(A).

Gehaltsvorschriften, bei denen zum Beispiel das Gehalt nur der Spannweite nach festgelegt wurde, oder nur in bezug auf Lohnzuschläge für Arbeiten unter erschwerenden und gesundheitsschädlichen Bedingungen[1210].

Im Vergleich dazu ist das Lohngesetz viel liberaler. Die kollektive Lohnvereinbarung kann sich insbesondere auf die Bestimmung der Lohnform (z.B. Zeit- oder Akkordlohn) und die Festlegung von Lohntarifklassen und von Lohnzuschlägen beziehen[1211]. Das Lohngesetz ermöglicht auch die freie kollektivvertragliche Regelung von Lohnbestandteilen und -zuschlägen, die das Lohngesetz nicht kennt (wie z.B. Zuschläge für Arbeit an Samstagen und in nachmittäglichen Schichten)[1212]. Insofern erweitert § 4 Abs. 3 Gesetz Nr. 1/1992 Slg. die Regelung des § 20 Abs. 2 S. 1 ZP dahingehend, daß er bis auf einige Lohnzuschläge keinen gesetzlichen Rahmen für die Lohnvereinbarungen vorgibt[1213].

Voraussetzung für eine freie Kollektivvereinbarung ist allerdings, daß es sich bei der vereinbarten Zuwendung tatsächlich um „Lohn" i.S.d. § 4 Abs. 2 S. 1 Gesetz Nr. 1/1992 Slg. handelt. Danach ist Lohn die entgeltliche oder naturale Vergütung für geleistete Arbeit und nicht lediglich eine Zuwendung im Zusammenhang mit der Beschäftigung. Problematisch ist die Definition des Lohns bei der Gewährung des 13. und 14. Monatsgehalts, bei zusätzlicher Vergütung während des Sommerurlaubs oder an Weihnachten sowie bei Zuwendungen für Arbeits- und Lebensjubiläen[1214]. In diesen Fällen ist eine freie Kollektivvereinbarung gem. § 4 Abs. 3 Gesetz Nr. 1/1992 Slg. nur möglich, wenn die Zuwendung unter den Lohnbegriff i.S.d. § 4 Abs. 2 S. 1 Gesetz Nr. 1/1992 Slg. subsumiert werden kann. Anderenfalls verstößt sie gegen § 20 Abs. 2 S. 1 ZP, da das Arbeitsgesetzbuch eine solche Regelung nicht kennt und die Regelung damit den Rahmen der arbeitsrechtlichen Vorschriften überschreitet.

Das Lohngesetz legt nur für einige Fälle, nämlich z.B. bei Überstundenarbeit, bei Arbeit an Feiertagen, in der Nacht sowie unter erschwerenden und gesundheitsschädlichen Bedingungen und bei ‚Überführung auf eine andere Arbeit', dem Arbeitgeber die Pflicht auf, Lohnzuschläge zum Grundlohn zu zahlen (vgl. §§ 5 – 8 Gesetz Nr. 1/1992 Slg.). In diesen Fällen sind die Kollektivverträge durch die zwingenden gesetzlichen (Rahmen-)Vorgaben des Lohngesetzes begrenzt:

Zum Beispiel muß bei Überstundenarbeit der Normalstundenlohn plus ein Zuschlag von 25 % des Durchschnittslohnes gezahlt werden, falls kein Freizeitausgleich gewährt wird (§ 5 Abs. 1 S. 1 Gesetz Nr. 1/1992 Slg.). In einem Kollektivvertrag kann nun gem. § 5 Abs. 2 S. 1 Gesetz Nr. 1/1992 Slg. die Lohntarifhöhe bereits unter Berücksichtigung eventueller Überstundenarbeit geregelt

---

1210 Vgl. hierzu nur *Michal*, Práce a mzda 2002, H. 12, S. 49 f.

1211 Vgl. *Carabelli/Sciarra* (-Tomeš/Tkáč), Collective labour law, S. 77.

1212 Vgl. *Kahle*, Práce a mzda 1994, H. 2, S. 45; *Jouza*, Právní rádce 2000, H. 12, S. 38.

1213 In diesem Sinne auch *Šubrt* (-Kahle), Práce a mdza 1994, H. 13, S. 42 f.

1214 Vgl. *Tröster* (-Kahle), Zákoník práce, S. 609; vgl. bereits zur Problematik der Einordnung von Zuwendungen bei Arbeits- und Lebensjubiläen unter 2. Teil, II.B.3)B)b)(1)(A).

werden, so daß kein Anspruch auf den gesetzlichen Zuschlag besteht. Voraussetzung ist allerdings, daß der Kollektivvertrag im Rahmen der gesetzlichen Höchstgrenze für Überstunden (vgl. § 96 Abs. 1 ZP) den Maximalumfang von Überstunden, die der Arbeitgeber anordnen darf, festlegt (§ 5 Abs. 2 S. 2 Gesetz Nr. 1/1992 Slg.).

Im Gegensatz zur Überstundenregelung können Kollektivverträge keinen höheren Pauschallohn vereinbaren, um Arbeit an Feiertagen abzugelten, sondern jede Arbeit an Feiertagen muß extra vergütet werden (vgl. § 6 Abs. 1 S. 1 Gesetz Nr. 1/1992 Slg.). In Kollektivverträgen kann nun statt des gesetzlich gewährten Freizeitausgleichs ein Lohnzuschlag für Feiertagsarbeit bis zur Höhe des Durchschnittverdienstes vereinbart werden (§ 6 Abs. 1 S. 3 Gesetz Nr. 1/1992 Slg.).

Kollektivverträge können eine andere Höhe der Lohnzuzahlungen bei Arbeiten unter erschwerenden und gesundheitsschädlichen Arbeitsbedingungen und bei Nachtarbeiten vereinbaren, als es die Regierungsverordnung für solche Fälle vorsieht (§ 7 a.E. Gesetz Nr. 1/1992 Slg.). In diesem Fall beläßt das Gesetz die Regelung der Lohnzuzahlung völlig den Kollektivvertragspartnern, so daß auch eine niedrigere Lohnzuzahlung, als sie die Regierungsverordnung vorsieht, vereinbart werden kann[1215].

Kollektivvertragliche Regelungsmöglichkeiten eröffnen sich ebenfalls in den Fällen der ‚Überführung auf eine andere Arbeit'. Der Arbeitnehmer hat in den in § 8 Abs. 1 S. 1 Gesetz Nr. 1/1992 Slg. genannten Fällen (wie z.B. bei Betriebsstillstand, den der Arbeitnehmer nicht verschuldet hat, oder bei Arbeitsverhinderungen wegen ungünstiger Witterungseinflüsse, vgl. § 8 Abs. 1 S.1 d) Gesetz Nr. 1/1992 Slg.) einen Anspruch auf Lohnzuzahlungen bis zur Höhe des Durchschnittverdienstes, wenn er auf eine andere Arbeit überführt wurde, die geringer vergütet wird. Kollektivvertraglich können nur die Gründe für die ‚Überführung des Arbeitnehmers auf eine andere Arbeit' erweitert und dafür eine andere Höhe der Lohnzuzahlungen, als es das Gesetz vorgibt, bis zur Höhe des Durchschnittsverdienstes festgelegt werden (§ 8 Abs. 1 S. 2 Gesetz Nr. 1/1992 Slg.).

Ob die Lohnersatzansprüche, die nicht unter die Definition „Lohn" zu subsumieren sind, da sie nicht für geleistete Arbeit gezahlt werden, kollektivvertraglich für den Unternehmens- und Nichtunternehmensbereich regelbar sind, bestimmt sich nach dem Rahmen der arbeitsrechtlichen Vorschriften (§ 20 Abs. 2 S. 1 ZP):

Die Kollektivvertragsparteien können die Vergütung für die Arbeitsbereitschaft (vgl. § 95 ZP), die nicht dem Begriff „Lohn" zuzuordnen ist (vgl. § 4 Abs. 2 S. 2 Gesetz Nr. 1/1992 Slg.), bestimmen (vgl. § 15 Gesetz Nr. 1/1992 Slg.). Fehlt eine vertragliche Bestimmung, richtet sich die Vergütung für Arbeitsbereitschaft nach der gesetzlichen Regelung des § 15 Gesetz Nr. 1/1992 Slg

Kollektivvertragliche Regelungsmöglichkeiten bestehen auch hinsichtlich der Lohnersatzansprüche bei Arbeitsverhinderung des Arbeitnehmers und bei Beschäftigungshindernissen auf Seiten des Arbeitgebers: Die Fälle der Arbeitsver-

---

[1215] *Jouza*, Právní rádce 2000, H. 12, S. 40; *Michal*, Práce a mzda 2002, H. 12, S. 46.

hinderung des Arbeitnehmers aus Gründen des öffentlichen Interesses regeln die §§ 124 – 126 ZP. Daneben bestimmt das Ministerium für Arbeit und soziale Angelegenheiten gem. § 124 Abs. 4 ZP in der Bekanntmachung Nr. 18/1991 Slg.[1216] weitere Fälle der Arbeitsverhinderung[1217], den Umfang sowie die Bedingungen der kurzfristigen Arbeitsbefreiung und der Gewährung von Lohnersatzansprüchen in diesen Fällen. Die Kollektivvertragspartner können nun für den privatrechtlichen Bereich bei Arbeitsbefreiung in diesen Fällen höhere Lohnersatzansprüche und günstigere Bedingungen für die Gewährung von Lohnersatz, als es die Bekanntmachung vorsieht, sowie darüber hinaus auch weitere Fälle der Arbeitsverhinderung aus Gründen des öffentlichen Interesses mit Lohnersatzansprüchen vereinbaren (§ 124 Abs. 5 S. 1 ZP). Der Lohnersatzanspruch darf dabei allerdings nicht die Höhe des Durchschnittsverdienstes überschreiten (§ 124 Abs. 5 S. 1 2.HS ZP). Im öffentlich-rechtlichen Bereich können Kollektivverträge demgegenüber keine Lohnersatzansprüche, sondern nur weitere Ansprüche auf Arbeitsbefreiung ohne Lohnersatz regeln (§ 124 Abs. 5 S. 2 ZP, vgl. § 20 Abs. 2 S. 2 ZP).

In den Fällen, in denen ein Arbeitnehmer wegen der Ausübung des Militärgrundwehrdienstes oder des Zivildienstes an der Arbeitsleistung verhindert ist, können Kollektivverträge den Zeitraum von zwei Wochen, in denen dem Arbeitnehmer nach dem Arbeitsgesetz Lohnersatz gebührt, erweitern oder dem Arbeitgeber die Möglichkeit gewähren, individualvertraglich eine Verlängerung auszuhandeln (vgl. § 125 Abs. 1 S. 1 ZP). Bei der Militärtätigkeit und bei Zivildiensten außerhalb des Grunddienstes kann kollektivvertraglich ein höherer Lohnersatzanspruch vereinbart werden, als es die Regierungs-verordnung in solchen Fällen festlegt (§ 125 Abs. 3 S. 2 ZP). Die Höhe des Lohnersatzanspruches darf dabei allerdings nicht die Höhe des Durchschnittseinkommens überschreiten (§ 125 Abs. 3 S. 2 2. HS ZP).

In beiden Fällen der § 125 Abs. 1 und Abs. 3 ZP bezieht sich mangels anderweitiger Bestimmung die Möglichkeit einer kollektivvertraglichen Erhöhung der Lohnersatzansprüche nur auf Arbeitnehmer bei Arbeitgebern, die eine unternehmerische Tätigkeit ausüben (vgl. § 20 Abs. 2 S. 2 ZP).

Kollektivvereinbarungen sind auch bei Arbeitsverhinderung der Arbeitnehmer aus persönlichen Gründen möglich. Gem. § 128 Abs. 2 ZP bestimmt die Regierung in der Durchführungsverordnung des Arbeitsgesetzbuchs Nr. 108/1994 Slg., unter welchen Bedingungen und in welchem Umfang der Arbeitnehmer aus persönlichen Gründen von der Arbeit freizustellen ist und wann ihm in diesem Fall ein Lohnersatz zusteht. Kollektivverträge im privatrechtlichen Bereich können den Anspruch des Arbeiters auf Arbeitsbefreiung und den Lohnersatzanspruch erhöhen und weitere Fälle der Arbeitsbefreiung mit Lohnersatz bestimmen (§ 128 Abs. 3 S. 1 ZP). Die Lohnersatzansprüche dürfen dabei ebenfalls

---

[1216] Vyhláška č. 18/1991 Sb. o jiných úkonech v obecném zájmu.

[1217] Die im Arbeitsgesetzbuch festgelegten Fälle sind die Ausübung von öffentlichen Funktionen und bürgerliche Pflichten (vgl. § 124 Abs. 1 ZP).

nicht die Höhe des Durchschnittsverdienstes überschreiten (§ 128 Abs. 3 S. 1 2.HS ZP). Im öffentlich-rechtlichen Bereich können Kollektivverträge lediglich weitere Arbeitsbefreiungen ohne Lohnersatz festlegen (§ 128 Abs. 3 S. 2 ZP, vgl. § 20 Abs. 2 S. 2 ZP).
Über Beschäftigungshindernisse, die der Sphäre des Arbeitgebers zuzurechnen sind, können ebenso Kollektivvereinbarungen getroffen werden. Gem. § 129 Abs. 1 S. 1 ZP hat der Arbeitnehmer einen Lohnersatzanspruch in Höhe von 80 % des Durchschnittsverdienstes, wenn er wegen eines Betriebsstillstandes an der Ausübung seiner Arbeit gehindert ist. Voraussetzung ist, daß der Arbeitnehmer nicht gem. § 37 Abs. 4 a) ZP auf eine andere Arbeit überführt wurde und daß es sich um einen vorübergehenden Schaden handelt, der durch eine vom Arbeitnehmer nicht verschuldete Störung an der Maschineneinrichtung, in der Lieferung von Roh- und Treibstoffen, durch Verwendung fehlerhafter Arbeitsunterlagen oder ähnliche andere betriebliche Ursachen (Arbeitsausfall) verursacht wurde. Gem. § 129 Abs. 2 S. 1 ZP hat der Arbeitnehmer einen Lohnersatzanspruch in Höhe von 60 % des Durchschnittsverdienstes, wenn er wegen ungünstiger Witterungseinflüsse die Arbeit nicht ausführen kann und nicht gem. § 37 Abs. 4 a) ZP auf eine andere Arbeit überführt wurde. Kollektivvertraglich regelbar sowohl in der Unternehmens- als auch in der Nichtunternehmenssphäre (vgl. §§ 129 Abs. 1 S. 2 letzter Halbsatz, 129 Abs. 2 S. 2 letzter Halbsatz ZP, 20 Abs. 2 S. 2 ZP) ist in diesen Fällen des Arbeitsausfalls ein höherer Lohnersatzanspruch, als ihn die gesetzliche Regelung vorsieht, allerdings nur bis zur Höhe des Durchschnittsverdienstes (§ 129 Abs. 1 S. 2 ZP, § 129 Abs. 2 S. 2 ZP).
Im Zusammenhang mit den Lohnansprüchen zu erwähnen ist, daß Kollektivverträge im Unternehmensbereich hinsichtlich der Fälligkeit der Löhne eine kürzere Frist als einen Monat nach Ausführung der Arbeit vereinbaren können (§ 119 Abs. 1 S. 1 ZP, § 10 Abs. 1 Gesetz Nr. 1/1992 Slg.). Diese Möglichkeit der kollektivvertraglichen Fälligkeitsbestimmung besteht nicht für das Gehalt im öffentlich-rechtlichen Bereich (§ 119 Abs. 1 S. 2 ZP). Im Kollektivvertrag können des weiteren der regelmäßige Termin der Lohnauszahlung sowie Alternativen zur Auszahlung bei der Arbeit und am Arbeitsplatz geregelt werden (§ 119 Abs. 2 ZP, § 120 Abs. 3 S. 1 ZP, vgl. auch §§ 10 Abs. 2, 11 Abs. 3 Gesetz Nr. 1/1992 Slg., §§ 16 Abs. 2, 17 Abs. 2 S. 1 Gesetz Nr. 143/1992 Slg.) sowie die Menge des Arbeitsergebnisses und das Arbeitstempo (§ 16 Abs. 3 Gesetz Nr. 1/1992 Slg.) und nähere Bedingungen für die Errechnung des Durchschnittsverdienstes (§ 17 Abs. 10 Gesetz Nr. 1/1992 Slg.) festgelegt werden.
Zusammenfassend läßt sich festhalten, daß die Kollektivvertragsparteien im privatrechtlichen Bereich folgende Lohnregelungen treffen können: die Lohntarifhöhe für die einzelnen Lohntarifklassen, die Lohnformen, die Minimallöhne, die höher als in der Regierungsverordnung vorgegeben sein müssen, sowie die Erhöhung der gesetzlichen Lohnzuschläge für Überstunden-, Nacht- und Feiertagsarbeit und für Arbeit unter gesundheitsschädlichen Bedingungen, die Vereinbarung von sonstigen Lohnzuschlägen, die Vergütung der Arbeitsbereitschaft

und die Erhöhung von Lohnersatzansprüchen bei Arbeits- und Beschäftigungshindernissen im Rahmen der gesetzlichen Vorgaben.
Im öffentlichen-rechtlichen Bereich sind dagegen keine kollektivvertraglichen Regelungen über Lohnansprüche möglich. Auch Kollektivvereinbarungen über Lohnersatz bei Arbeitshindernissen auf Seiten des Arbeitnehmers sind im öffentlichen Bereich nicht zulässig (vgl. §§ 124 Abs. 5 S. 2, 125 Abs. 1 und Abs. 3, 128 Abs. 3 S. 2 ZP), dagegen sind aber bei Beschäftigungshindernissen auf Seiten des Arbeitgebers im Rahmen der gesetzlichen Vorschriften Kollektivregelungen erlaubt (vgl. §§ 129 Abs. 1 S. 2, 129 Abs. 2 S. 2 ZP).

(2) Kollektivvereinbarungen über andere arbeitsrechtliche Ansprüche

Darüber hinaus ermöglicht das Arbeitsgesetzbuch, den Sozialpartnern auch normative Kollektivvereinbarungen über andere arbeitsrechtliche Ansprüche als den Lohn zu treffen, was im einzelnen näher aufgeführt wird. Sofern sich diese Möglichkeit auf die Erhöhung und Erweiterung arbeitsrechtlicher Ansprüche über den Gesetzesrahmen hinaus bezieht, gilt dies nur für Arbeitgeber, die eine Unternehmenstätigkeit ausüben, es sei denn, das Gesetz bestimmt dies ausdrücklich auch für Arbeitgeber, die keine unternehmerische Tätigkeit betreiben, also für den öffentlich-rechtlichen Bereich (vgl. § 20 Abs. 2 S. 2 ZP).
Zu den ausdrücklichen Ermächtigungen zu Kollektivvereinbarungen zählt zum Beispiel § 83 a Abs. 4 ZP. Danach können die Vertragsparteien in Kollektivverträgen die gesetzlich festgelegte wöchentliche Höchstarbeitszeit i.S.d. § 83 a Abs. 1 – 3 ZP ohne Bestimmung von niedrigeren Löhnen für die gesetzlich vorgesehen Fälle (vgl. § 83 a Abs. 3 ZP) kürzen. Dies gilt nur für Arbeitgeber, die eine unternehmerische Tätigkeit betreiben, da eine ausdrückliche Ermächtigung auch für Arbeitgeber des öffentlich-rechtlichen Bereichs nicht existiert (vgl. § 20 Abs. 2 S. 2 ZP). Kollektivvertraglich regelbar ist daneben eine tatsächlich kürzere Arbeitszeit als die gesetzlich festgelegte Höchstarbeitszeit, sofern betriebliche Gründe, gesundheitliche oder sonstige wichtige Gründe auf Seiten des Arbeitnehmers vorliegen – allerdings nur mit entsprechender Lohnkürzung. Zwar erwähnt § 86 Abs. 1 S. 1 und S. 2 ZP für diesen Fall nur die Möglichkeit der Individualvereinbarung. Allerdings handelt es sich nicht um zwingendes Recht, so daß auch eine kollektivvertragliche Regelung möglich ist.
Im Gegensatz dazu erlaubte das sozialistische Rechtssystem keine kollektivvertragliche Kürzung der Höchstarbeitszeit und eine kollektivvertragliche Vereinbarung über die Kürzung der tatsächlichen Arbeitszeiten war erst seit der Novelle des Arbeitsgesetzbuchs Nr. 188/1988 Slg. – allerdings wohl nur theoretisch – zulässig[1218].
Des weiteren können die Kollektivvertragspartner in Firmenkollektivverträgen den gesetzlich erlaubten Umfang der Arbeitsbereitschaft pro Kalendarjahr (§ 95 Abs. 2 S. 4 ZP) sowie den gesetzlichen Umfang der wöchentlichen Überstun-

[1218] S. zur Rechtslage vor der Wende 2. Teil, A.II.4)B)e)(2)(B).

denarbeit i.S.d § 96 Abs. 2 ZP verringern (§ 96 Abs. 2 S. 2 ZP). Im Rahmen der gesetzlichen Vorgaben können Kollektivverträge auch die Länge des Zeitraums, bei dem die wöchentliche Überstundenarbeit von acht Stunden angeordnet werden darf, bestimmen (§ 96 Abs. 4 ZP). Diese kollektivvertraglichen Möglichkeiten gab es in der sozialistischen ČSSR nicht (vgl. §§ 95 Abs. 2, 97 Abs. 2 ZP Nr. 52/1989 Slg.).

Was die Regelung des Urlaubs betrifft, so kam es nach der Wende zu einer deutlichen Öffnung des kollektivvertraglichen Regelungsspielraums. Zur Zeit des Sozialismus in der ČSSR gab es keine Möglichkeit die Dauer des Urlaubs kollektivvertraglich festzulegen bzw. zu erhöhen, da die arbeitsrechtlichen Vorschriften zwingend waren[1219]. Seit der Wende kann der Erholungsurlaub in Kollektivverträgen, die sich auf Arbeitgeber mit einer unternehmerischen Tätigkeit beziehen, über das gesetzlich festgelegte Maß von vier Wochen i.S.d. § 102 Abs. 1 ZP um weitere Wochen verlängert werden (§ 102 Abs. 2 S. 1 ZP). Eine solche kollektivvertragliche Möglichkeit für Arbeitgeber des öffentlichen-Bereichs besteht mangels ausdrücklicher Bestimmung nicht (§ 20 Abs. 2 S. 2 ZP). Kollektivverträge höherer Stufe können den Zeitraum, in dem ein geringerer Arbeitsbedarf besteht und bestimmten Arbeitnehmergruppen für diesen Fall ein Zusatzurlaub zukommt (vgl. § 105 Abs. 4 S. 1 ZP), festsetzen (§ 105 Abs. 4 S. 2 2. HS ZP).

Gem. § 124 Abs. 5 ZP und § 128 Abs. 3 ZP können in Kollektivverträgen sowohl für den Unternehmens- als auch für den Nichtunternehmensbereich die Ansprüche auf Arbeitsbefreiung[1220] bei Arbeitshindernissen aus Gründen des öffentlichen Interesses und aus persönlichen Gründen in den Fällen, die die Regierungsverordnungen i.S.d. § 124 Abs. 4 ZP und § 128 Abs. 2 ZP vorsehen, erhöht und darüber hinaus weitere Fälle der Arbeitsbefreiung vereinbart werden. Im Gegensatz dazu erlaubte das sozialistische Rechtssystem i.d.R. keine kollektivvertragliche Regelung hinsichtlich der Ansprüche auf Arbeitsbefreiung bei Arbeitshindernissen[1221].

Das Arbeitsgesetzbuch nach der Wende enthält darüber hinaus folgende weitere ausdrückliche Ermächtigungen zu Kollektivvereinbarungen, die im sozialistischen Rechtssystem nicht existierten:

Gem. § 30 Abs. 2 ZP dürfen die Vertragsparteien in Kollektivverträgen bestimmen, daß für bestimmte Arbeitnehmergruppen kein befristetes Arbeitsverhältnis vereinbart werden darf. Gem. § 60 Abs. 1 S. 2 ZP können Kollektivverträge die Abfindungsansprüche, die dem Arbeitnehmer bei Auflösung des Arbeitsverhältnisses in den Fällen des § 60 a Abs. 1 S. 1 ZP zustehen, erhöhen und weitere Fälle von Abfindungsansprüchen vereinbaren. Dies gilt auch für den öffentlich-rechtlichen Bereich (§ 60 a Abs. 1 S. 3 ZP). In Kollektivverträgen kann auch bestimmt werden, ob und in welchem Umfang die Zeit der persönlichen Reini-

---

1219 S. 2. Teil, A.II.4)B)e)(2)(B).

1220 S. zu den Lohnersatzansprüchen in diesen Fällen bereits 2. Teil, B.II.3)B)c)(1)(B).

1221 S. zur Rechtslage vor der Wende 2. Teil, A.II.4)B)e)(2)(B).

gung nach Beendigung der Arbeit zur Arbeitszeit gezählt werden soll (§ 88 Abs. 2 ZP). Ferner können Kollektivverträge die Gewährung einer ununterbrochenen Ruhezeit für den Bereich der Landwirtschaft im Rahmen der gesetzlichen Vorgaben regeln (§ 92 Abs. 4 ZP). Gem. § 131 S. 2 ZP können Kollektivverträge Erstattungsansprüche der Arbeitnehmer wegen Abnutzung eigener Werkzeuge, eigener Einrichtungen und Gegenstände, die für die Ausübung der Arbeit notwendig sind und die die Arbeitnehmer mit Zustimmung des Arbeitgebers nutzen, festlegen. In Kollektivverträgen kann vereinbart werden, welchen Arbeitnehmern Verpflegung gewährt wird (§ 140 Abs. 2 ZP). Kollektivverträge können neben den gesetzlichen Fällen i.S.d § 143 Abs. 7 ZP noch weitere Fälle bestimmen, in denen der Arbeitnehmer nicht zur Erstattung der zur Erhöhung seiner Qualifikation getätigten Aufwendungen des Arbeitgebers verpflichtet ist (§ 143 Abs. 8 ZP). Kollektivvertraglich regelbar ist auch ein höherer Entschädigungsanspruch, als ihn das Gesetz für die Fälle vorsieht, in denen dem Gatten und dem Kind eines bei einem Arbeitsunfall oder infolge einer Berufskrankheit ums Leben gekommenen Arbeitnehmers eine einmalige Entschädigung i.S.d. § 200 Abs. 1 S. 1 und S. 2 ZP zusteht (§ 200 Abs. 1 S. 3 ZP).

Mit dieser Aufzählung erschöpft sich im wesentlichen die Anzahl der ausdrücklichen Ermächtigungen des Arbeitsgesetzbuchs für Kollektivvereinbarungen. Daneben sind weitere Kollektivregelungen auch dann möglich, wenn sie nicht gegen zwingendes Recht verstoßen und den arbeitsrechtlich vorgegebenen Rahmen nicht überschreiten (vgl. § 20 Abs. 2 S. 1 ZP). Das heißt zum Beispiel, daß überall dort, wo das Arbeitsgesetzbuch eine Erörterung des Arbeitgebers mit dem Gewerkschaftsorgan fordert, auch Kollektivregelungen über die betreffenden Angelegenheiten möglich sind. Kollektivvertraglich regelbar sind daher die Anweisung von Arbeit an Tagen der Arbeitsruhe (§ 91 Abs. 2 ZP), der Gesamtumfang der Überstundenarbeit (§ 98 ZP) und die Massenregelung der Verteilung der Arbeitszeit, nämlich die Verteilung der Wochenarbeitszeit auf die einzelnen Wochentage, die Festlegung von Beginn und Ende der täglichen Arbeitszeit einschließlich der Essenspausen und von Schichtplänen sowie die Bestimmung gleitender Arbeitszeiten (vgl. §§ 84 Abs. 1 S. 1, 85 Abs. 1 S. 1, 87, 89 Abs. 2 und Abs. 3, 85 a Abs. 1 ZP). § 99 a ZP legt für diese Fälle fest, daß das Erörterungsrecht der Gewerkschaften im Falle einer kollektivvertraglichen Regelung dieser Angelegenheiten entfällt. Daraus ist allgemein herzuleiten, daß anstelle der Erörterung mit der Gewerkschaft immer eine kollektivvertragliche Regelung zulässig ist.

In den Fällen der Verteilung der Arbeitszeit, der Anordnung von Gleitzeiten, der Anweisung von Arbeit an Ruhetagen und der Bestimmung des Umfangs von Überstunden war im sozialistischen Rechtssystem – allerdings wohl nur auf dem Papier - seit der Novelle des Arbeitsgesetzbuchs Nr. 188/1988 Slg., die die Befugnisse der sozialistischen Organisation stärken sollte, auch eine kollektivvertragliche Regelung möglich[1222]. Allerdings gab es in diesen Fällen zum Teil

[1222] S. 2. Teil, A.II.4)B)e)(2)(b).

mehr gesetzliche Beschränkungen (z.B. bei der Anordnung der Gleitzeit, vgl. § 85 b ZP Nr. 52/1989 Slg., bei der Arbeitsbereitschaft, vgl. § 95 Abs. 2 ZP Nr. 52/1989 Slg.).
Kollektivvereinbarungen sind auch möglich, wo das Arbeitsgesetzbuch ein individualvertragliches Aushandeln zwischen Arbeitgeber und Arbeitnehmer erlaubt (vgl. § 37 Abs. 6, § 95 Abs. 2 ZP), sofern die Kollektivregelung eine Vielzahl von Abeitnehmern betrifft.
Außerhalb des Arbeitsgesetzbuches ermöglicht zum Beispiel das Gesetz Nr. 119/1992 Slg. über Reiseeerstattungen kollektivvertragliche Regelungen.

(3) Schuldrechtliche Vereinbarungen

Während normative Kollektivregelungen gem. § 20 Abs. 2 S. 1 ZP den durch die arbeitsrechtlichen Vorschriften gegebenen Rahmen nicht überschreiten dürfen, können schuldrechtliche Vereinbarungen - wie bereits dargestellt[1223] - auch außerhalb des rechtlichen Rahmens getroffen werden. Das heißt, sie können insbesondere auch atypische Ansprüche enthalten, die das Arbeitsgesetzbuch nicht kennt. Die schuldrechtlichen Kollektivregelungen dürfen nur nicht gegen zwingendes Recht verstoßen (§ 4 Abs. 2 a) GKV).
Um nur einige Beispiele zu nennen, können Kollektivverträge die Verpflichtung der Gewerkschaft als Arbeitnehmervertretung, die Arbeitnehmer über die Erörterungen mit dem Arbeitgeber zu informieren (vgl. § 25 c Abs. 3 ZP i.V.m. § 18 Abs. 1 S. 1 ZP), näher bestimmen. Kollektivvertraglich regelbar sind ferner die Beziehungen zwischen Arbeitgeber und Gewerkschaftsorgan bei der Gewährung von Informationen an die Gewerkschaft (vgl. § 18 b Abs. 2 und 3 ZP), insbesondere die Fragen, wie und wie oft die Informationen zu gewähren sind und wer die Informationen wie übermitteln soll[1224].
Die Kollektivvertragsparteien können auch weitere Fälle, als es das Arbeitsgesetzbuch vorsieht, vereinbaren, in denen das Gewerkschaftsorgan ein Informations- oder Erörterungsrecht gegenüber dem Arbeitgeber hat, oder sie können Informationsrechte der Gewerkschaftsorgane zu Erörterungsrechten ausdehnen[1225]. Denn das Arbeitsgesetzbuch zählt in § 18 b Abs. 2 und Abs. 3 ZP lediglich beispielhaft die Informations- und Erörterungsrechte der Gewerkschaftsorgane auf und ist nicht abschließend.
Allerdings können in Kollektivverträgen keine weiteren Mitbestimmungs- und Kontrollrechte festgelegt werden, als das Arbeitsgesetzbuch bestimmt, und bestehende Informations- und Erörterungsrechte können nicht in stärkere Mitbestimmungsrechte umgewandelt werden, da die Aufzählung dieser Rechte abschließend ist[1226].

[1223] S. 2. Teil, B.II.3)B)b)(1)(A).
[1224] Vgl. *Bělina* (-Bognárová), Pracovní právo (2001), Rn. 1525.
[1225] *Šubrt*, Práce a mzda 1991, H. 1, S. 29 und *ders.*, Práce a mzda 2000, H. 13, S. 7.
[1226] *Šubrt*, Práce a mzda 2000, H. 13, S. 7 und S. 9.

Des weiteren können die Kollektivvertragspartner regeln, wie die Verpflegung der Arbeitnehmer bei dem Arbeitgeber zu organisieren und zu finanzieren ist (vgl. § 140 Abs. 2 ZP). Kollektivverträge können auch grundlegende Fragen über die Errichtung und Ausgestaltung des Fonds für kulturelle und soziale Bedürfnisse (vgl. § 19 ZP) enthalten, aus dem zum Beispiel Zuschüsse für die Betriebsverpflegung, für kulturelle und sportliche Ereignisse der Arbeitnehmer, für Jubiläen gezahlt werden können[1227]. Die Kollektivvertragsparteien können Vereinbarungen über soziale Angelegenheiten der Arbeitnehmer und über die Lohnentwicklung (Lohnzuwachs) treffen[1228]. In Kollektivverträgen können auch Vertragsstrafen bei Nichterfüllung der Verpflichtungen und Kontrollmöglichkeiten zur Erfüllung der schuldrechtlichen Verpflichtungen vereinbart werden[1229]. Schuldrechtliche Verpflichtungen sind auch im Bereich der Sicherheit und des Gesundheitsschutzes bei der Arbeit denkbar, zum Beispiel zur Konkretisierung des Teilnahmerechts der Arbeitnehmer bei Angelegenheiten in diesem Bereich (§ 135 Abs. 3 ZP)[1230]. Mit dem Abschluß des Kollektivvertrages verpflichten sich die Gewerkschaften stillschweigend zugleich zur Einhaltung ihrer Friedenspflicht, d.h. die Pflicht, alle Kampfmaßnahmen gegen den bestehenden Kollektivvertrag zu unterlassen[1231].

(4) Bemerkung

Im Vergleich zur sozialistischen Rechtslage hat sich der Regelungsspielraum für normative Kollektivvereinbarungen im Lohnbereich erheblich erweitert. Während vor der Wende die Löhne größtenteils staatlich festgelegt waren, soll die Lohnbestimmung im privatrechtlichen Bereich nun hauptsächlich der individual-, aber vor allem der kollektivvertraglichen Vereinbarung unterliegen. Aber nicht nur im Lohnbereich, sondern auch hinsichtlich anderer inhaltlicher Festlegungen im Rahmen des Arbeitsverhältnisses, insbesondere hinsichtlich der Arbeitszeit, des Umfangs von Arbeitsbereitschaft, der Urlaubsdauer und der Ansprüche auf Arbeitsbefreiung bei Arbeitshindernissen, hat sich der normative Bereich von Kollektivverträgen ausgedehnt.

Dennoch hat sich die Kollektivvertragsfreiheit in der Tschechischen Republik nicht vollends verwirklicht. In einem marktwirtschaftlichen System, das auf den Prinzipien der Vertragsfreiheit und der Tarifautonomie aufbaut, sollten arbeitsrechtliche Gesetzesvorschriften zum Schutz der Arbeitnehmer jedoch i.d.R. nur einseitig zwingend sein, sofern nicht Dritt- oder Allgemeininteressen im Vordergrund stehen. Dadurch dienen sie dem Mindestschutz des Arbeitnehmers, da

[1227] Vgl. *Šubrt*, Práce a mzda 1991, H. 1, S. 30 und ausführlich *Šubrt* (-Čornejová), Práce a mzda 1994, H. 13, S. 38-42.

[1228] *Šubrt*, Práce a mzda 1991, H. 1, S. 30.

[1229] *Šubrt*, Práce a mzda 1991, H. 1, S. 30.

[1230] Näher hierzu *Šubrt*, Práce a mzda 2000, H. 9-10, S. 69.

[1231] *Baloušek/Měchura*, Práce a mzda 1994, H. 1, S. 5.

die Regelungen nicht zuungunsten der Arbeitnehmer abbedungen werden können. Günstigere Arbeitsbedingungen für den Arbeitnehmer sollten dagegen durch Kollektiv- oder Einzelarbeitsverträge i.d.R. jederzeit vereinbart werden können und zwar, ohne daß es diesbezüglich einer ausdrücklichen Gesetzesermächtigung bedürfte.

Dem widerspricht das tschechische Arbeitsrecht. Das Arbeitsgesetzbuch gibt nach wie vor i.d.R. zwingend den Rahmen der arbeitsrechtlichen Ansprüche (also nicht nur Minimal-, sondern auch Maximalansprüche) vor, ohne sich auf die Festlegung von Schutzbestimmungen zugunsten der Arbeitnehmer zu beschränken. Günstigere Bedingungen über den Rahmen der arbeitsrechtlichen Vorschriften hinaus können kollektivvertraglich nur vereinbart werden, wenn die Vorschriften dazu ausdrücklich ermächtigen (vgl. § 20 Abs. 2 S. 2 ZP). Als Beispiele seien hier nur die bereits angeführten[1232] Gesetzesvorschriften (§§ 96, 129 ZP) erwähnt. § 96 Abs. 1 a.E. ZP erlaubt beispielsweise, daß Kollektivverträge einen niedrigeren Umfang an wöchentlichen Überstunden festlegen dürfen, als es das Gesetz vorgibt. §§ 129 Abs. 1 S. 2 und 129 Abs. 2 S. 2 ZP ermächtigen Kollektivverträge dazu, einen höheren Lohnersatz vereinbaren zu können, als es das Gesetz bei den Arbeitshindernissen i.S.d. § 129 ZP vorsieht, allerdings nur bis zur Höhe des Durchschnittsverdienstes. Nicht nur das Erfordernis einer ausdrücklichen Ermächtigung, sondern auch die Beschränkung der Höhe des Lohnersatzes stellen eine Einschränkung der Vertragsfreiheit dar. Die Vereinbarung der Höhe sollte Sache der Kollektivparteien sein.

Die gesetzlichen Beschränkungen, die über Arbeitsschutzaspekte hinaus gehen, können allenfalls in einer Übergangsetappe der wirtschaftlichen Umwandlung sinnvoll sein im Bemühen, eine Lohninflation und dadurch eine beginnende Inflationsspirale zu vermeiden[1233]. In der Zukunft ist aber eine Änderung der arbeitsrechtlichen Vorschriften dahingehend zu wünschen, daß die Festlegung der Arbeitsbedingungen weitgehend den Kollektivvertragsparteien überlassen bleibt und daß nur arbeitsschutzrechtliche Regelungen zwingend sind. Denn wirkliche Kollektivverhandlungen und daraus resultierende Gesamtvereinbarungen zwischen den Verbänden des Arbeitslebens bieten angesichts der Gleichgewichtigkeit der Vertragspartner eine genügende Richtigkeitsgewähr für ihren Inhalt, ohne daß es der gesetzgeberischen Einflußnahme bedarf.

Das bedeutet, daß gewisse Ansprüche des Arbeitnehmers aus Schutzaspekten als Minimalansprüche gesetzlich geregelt werden, ohne daß aber zugleich eine Begrenzung der Höhe der Ansprüche durch das Gesetz vorgenommen wird[1234]. Dies erfordert allerdings ein systemneues Arbeitsgesetzbuch ohne die Begrenzungen der §§ 20 Abs. 2 S. 1 und S. 2 ZP und § 4 Abs. 2 c) GKV, da das derzeitige Arbeitsgesetzbuch trotz der Novellen nach der Wende noch zu sehr auf zwingenden Vorschriften aufbaut und noch zu viele Beschränkungen seitens der

---

[1232] S. 2. Teil, B.II.3)B)c)(1) und (2).

[1233] So auch *Kahle*, Práce a mzda 1994, H. 2, S. 46.

[1234] So auch *Šubrt*, Práce a mzda 1991, H. 1, S. 23.

Gesetzesorgane und der Regierung hinsichtlich Kollektivverhandlungen über lohn- und andere arbeitsrechtliche Ansprüche enthält.

C) Verhältnis Kollektivvertrag - Individualarbeitsvertrag

Eine ausdrückliche Regelung des Verhältnisses zwischen den normativen Regelungen eines Kollektivvertrages, die auf die Einzelarbeitsverhältnisse gesetzesgleich unmittelbar wirken, und den Vereinbarungen eines (abweichenden) Individualarbeitsvertrags findet sich im tschechischen Recht nicht. Fraglich ist daher, ob etwa der Kollektivvertrag gegenüber dem Individualarbeitsvertrag subsidiär ist (Prinzip der Vertragsfreiheit), also der Kollektivvertrag nur gilt, solange der Individualarbeitsvertrag nichts Abweichendes festlegt, oder ob die kollektivvertraglichen Regelungsnormen grundsätzlich zwingend wirken und der Individualarbeitsvertrag nur mit günstigeren Regelungen vom Kollektivvertrag abweichen darf (Günstigkeitsprinzip)[1235] oder auch ungünstige Änderungen enthalten kann, wenn der Kollektivvertrag dies ausdrücklich zuläßt (Öffnungsklausel). Vieles spricht für eine Regelung nach dem Günstigkeitsprinzip[1236] und der Öffnungsklausel. Denn der Kollektivvertrag ist angesichts seiner normativen Funktion gegenüber einem Individualarbeitsvertrag ranghöher und sollte somit in der Festlegung von Mindestrahmenbedingungen Vorrang genießen. Der Grund für Kollektivverhandlungen und Kollektivverträge besteht ja gerade darin, auf Seiten der Arbeitnehmer und der Arbeitgeber gleichstarke Verhandlungspartner für das Aushandeln von Arbeitsbedingungen zu ermöglichen. Nur so ist eine Richtigkeitsgewähr dafür, daß die Arbeitnehmer-interessen angemessen berücksichtigt werden, erreicht, was die individuelle Vertragsfreiheit im Arbeitsrecht nicht zu leisten vermag. Denn der einzelne Arbeitnehmer ist gegenüber dem Arbeitgeber i.d.R. der ökonomisch Schwächere und erst die Arbeitnehmersolidarität schafft auf Seiten der Arbeitnehmer ein soziales Gegengewicht zur Arbeitgeberseite. Würde nun der Individualarbeits-vertrag von den kollektivvertraglichen Bestimmungen zuungsten der Arbeitnehmer abweichen dürfen, wäre die Richtigkeitsvermutung der kollektivvertraglich festgelegten Arbeitsbedingungen unterlaufen. Nur ein Aushandeln von günstigeren individualarbeitsvertraglichen Regelungen oder aber auch von ungünstigeren Regelungen, zu denen der Kollektivvertrag selbst ermächtigt, zerstört die Richtigkeitsvermutung und damit den angemessenen Interessenschutz der Arbeitnehmer nicht[1237].
Im übrigen spricht auch die analoge Anwendung des § 4 Abs. 2 b) GKV für die Anwendung des Günstigkeitsprinzips im Verhältnis von Individual- zu Kollek-

1235 So *Kalenská/Tröster*, Ke vzniku pracovního práva, S. 38; *Fuchs/Tröster*, Arbeit und Sozialpolitik 1998, H. 3-4, S. 60.

1236 So auch die nahezu einhellige Meinung in der Literatur, vgl. nur *Zvánovec*, Práce a mzda 2002, H. 10-11, S. 77; *Bělina*, Právník 2001, H. 7, S. 684.

1237 In diesem Sinne wohl auch *Zvánovec*, Práce a mzda 2002, H. 10-11, S. 77, der allgemein feststellt, daß ein Individualarbeitsvertrag untergeordnet sein müsse, damit ein Kollektivvertrag überhaupt eine Bedeutung habe.

tivvertrag. § 4 Abs. 2 b) GKV bestimmt die Teilungültigkeit des Unternehmens/ -Betriebskollektivvertrages, sofern er ungünstigere Ansprüche als ein Verbandskollektivvertrag enthält. Für eine analoge Anwendung des § 4 Abs. 2 b) GKV ist eine vergleichbare Rechtslage gegeben. Denn § 4 Abs. 2 b) GKV regelt den Fall der Mehrheit zweier Rechtsquellen, nämlich von zwei Kollektivverträgen, und geht bei diesen Rechtsquellen, auch wenn sie nicht artverschieden sind wie der Kollektiv- und der Individualarbeitsvertrag, ebenfalls von einer Zweistufigkeit aus. Ähnlich handelt es sich bei Regelungen des Kollektiv- und des Individualarbeitsvertrages um rangverschiedene Normen und damit um ein zweistufiges Verhältnis, so daß eine vergleichbare Rechtslage vorliegt.
Für die Zukunft zu wünschen ist eine ausdrückliche gesetzliche Festlegung des Verhältnisses zwischen Individualarbeits- und Kollektivvertrag. Insbesondere sollte dadurch eine analoge Anwendung des § 4 Abs. 2 c) GKV, nachdem der Unternehmenskollektivvertrag in dem Teil ungültig ist, der den zulässigen Höchstanspruch des Verbandskollektivvertrags überschreitet, vermieden werden. Bereits in direkter Anwendung stellt § 4 Abs. 2 c) GKV eine Einschränkung der Tarifautonomie dar[1238]. In analoger Anwendung auf das Verhältnis von Individualarbeits- und Kollektivverträgen würde diese Regelung eine wesentliche Einschränkung der Individualvertragsfreiheit bedeuten, da ein Kollektivvertrag zur angemessenen Berücksichtigung der Arbeitnehmer-interessen nur Mindest-, aber keine Höchstarbeitsbedingungen festlegen sollte[1239].
Voraussetzung für die Anwendung des Günstigkeitsprinzips ist allerdings, daß das tschechische Arbeitsrecht für die betreffende Angelegenheit überhaupt ein individualvertragliches Aushandeln zuläßt. So können zum Beispiel die Ansprüche i.S.d. §§ 60 a Abs. 1, 83 a Abs. 4, 129 Abs. 1 und Abs. 2, 200 Abs. 1 ZP (wie Abfindung, Arbeitszeitverkürzung ohne Lohnreduktion, Erhöhung von Lohnersatzansprüchen bei Beschäftigungshindernissen des Arbeitgebers, Schadenseratzansprüche der Hinterbliebenen des Arbeitnehmers) nur kollektivvertraglich geregelt werden, wenn bei dem Arbeitgeber eine Gewerkschaft zuständig ist, und sind nicht einer günstigeren Regelung durch Individualarbeitsvertrag zugänglich[1240]. Bei Fehlen einer Gewerkschaft ist in diesen Fällen darüber hinaus eine Regelung durch „interne Vorschrift" i.S.d. § 21 Abs. 1 ZP möglich.
Diese Regelungen schränken die Individualvertragsfreiheit ein und zeigen zugleich, daß im tschechischen Arbeitsrecht keine eindeutige Normenhierarchie wie Gesetz – Kollektivvertrag – und zuletzt Individualarbeitsvertrag, der grundsätzlich über die kollektivvertragliche Ebene gestellt ist, besteht[1241].

[1238] S. bereits 2. Teil, B.II.3)B)b)(1)(C).
[1239] Vgl. bereits oben.
[1240] Vgl. *Šubrt*, Práce a mzda 2000, H. 9-10, S. 67.
[1241] So auch *Jakubka*, Práce a mzda 2001, H. 10, S. 28 f. und *ders.*, Práce a mzda 2000, H. 7-8, S. 3.

D) Verfahren bei Abschluß, Form und Laufzeit von Kollektivverträgen

Das Verfahren bei Abschluß von Kollektivverträgen richtet sich nach dem Gesetz Nr. 2/1991 Slg. (§ 1 GKV). Das Verfahren ist nur knapp gesetzlich geregelt; im übrigen bleibt die nähere Verfahrensregelung den Parteien überlassen. Gem. § 8 Abs. 1 GKV sind Kollektivverhandlungen eröffnet, sobald ein Kollektivpartner der Gegenseite einen schriftlichen Entwurf über den Abschluß eines Kollektivvertrages vorlegt. Die Gegenseite ist verpflichtet, sich ohne unnötige Verzögerungen zu dem ihr vorgelegten Kollektivvertragsentwurf zu äußern und insbesondere die Ablehnung bestimmter Entwurfsinhalte zu begründen (§ 8 Abs. 2 GKV). Die Ablehnung des Entwurfs als ganzes wäre rechtswidrig (vgl. § 8 Abs. 2 e.E. GKV)[1242]. Allerdings kann die Gegenseite Gegenvorschläge vortragen, die dann als neuer Teilantrag gelten, zu denen sich der Kollektivpartner äußern muß[1243]. Das Gesetz schreibt im Rahmen der Kollektivverhandlungen eine gewisse Mitwirkung der Parteien vor, sofern diese nicht den unterschiedlichen berechtigten Interessen widerspricht (§ 8 Abs. 3 GKV).
Die Verpflichtung, sich auf Verhandlungen mit dem tariflichen Gegner einzulassen, ist kein Verstoß gegen die Vertragsfreiheit, da sie nicht zugleich die Pflicht zum Abschluß eines Kollektivvertrages, wie sie in der ČSSR bestand, beinhaltet[1244]. Denn § 2 Abs. 2 GKV[1245] verankert das Prinzip der Vertragsfreiheit, indem er festlegt, daß die Parteien Kollektivverträge abschließen „können", nicht „müssen". Selbst mit der Zustimmung zu Teilen des Kollektivvertragsentwurfs durch die Gegenseite ist der Vertrag noch nicht geschlossen, da die erforderliche Unterschrift i.S.d. § 4 Abs. 1 GKV fehlt und die Parteien bis zum Abschluß des Vertrages den Inhalt noch ändern können. Da die Verfahrensvorschriften auch nicht die Entscheidung der Koalitionspartner inhaltlich vorbestimmen, sind sie mit dem Grundsatz der Tarifautonomie vereinbar. Erst wenn die Gewerkschaften an Stärke gewonnen haben und das Institut der Kollektivverhandlungen in der Tschechischen Republik den Sozialpartnern vertrauter geworden ist, bedarf es keiner Verhandlungspflichten mehr.
Im Rahmen der neu eingeführten Marktwirtschaft ist die Festlegung eines Anspruchs auf Kollektivverhandlungen wohl auch sinnvoll, um die bisher unerwünschten Kollektivverhandlungen und den Abschluß von Kollektiv-verträgen zu fördern.
Die Vertragsseiten müssen die Kollektivverhandlungen mindestens 60 Tage vor dem Abauf der Geltungsdauer eines bestehenden Kollektivvertrages einleiten (§ 8 Abs. 4 GKV). Zweck dieser Regelung ist es, in der Zeit zwischen Ablauf

[1242] *Šubrt*, Práce a mzda 2000, H. 13, S. 10.
[1243] *Šubrt*, Práce a mzda 2000, H. 13, S. 10.
[1244] *Šubrt*, Práce a mzda 1991, H. 1, S. 35; vgl. zur Rechtslage vor der Wende 2. Teil, A.II.4)A)b).
[1245] § 2 Abs. 2 GKV: „Kolektivní smlouvy *mohou* uzavřít (...)." [*Übersetzung*: „Kollektivverträge *können* (...) abschließen."].

des bisherigen und Abschluß eines neuen Kollektivvertrages einen regelungslosen Zustand zu vermeiden[1246]. Da die tschechische Rechtsordnung auch nach der Wende keine tarifliche Nachwirkung[1247] der Tarifnormen nach Ablauf des Kollektivvertrages kennt, kann aber ein regelungsloser Zustand dann eintreten, wenn es nicht zum Abschluß eines neuen Kollektivvertrages kommt. Allerdings kann die Wirksamkeit einiger Verpflichtungen in Kollektivverträgen abweichend von der Wirksamkeit des übrigen Kollektivvertrages geregelt werden (vgl. § 6 Abs. 2 GKV). Die Vertragsparteien dürfen also die Wirksamkeit einiger Verpflichtungen auch nach Ablauf der Wirksamkeit des übrigen Kollektivvertragsinhaltes bestimmen, um einen rechtslosen Zustand zu vermeiden[1248].
Gem. § 8 Abs. 5 GKV können die Vertragsparteien zugleich in dem Kollektivvertrag ausdrücklich die rechtliche Möglichkeit vereinbaren, den Vertrag in bestimmten festgelegten Punkten während seiner Laufzeit zu ändern. Hinsichtlich des Verfahrens bei dieser Vertragsänderung verweist § 8 Abs. 5 a.E. GKV auf das Verfahren bei Abschluß eines Kollektivvertrages. Das bedeutet, daß die Vertragspartei, die eine Änderung durchsetzen möchte, dann einen Verhandlungsanspruch[1249] hat und das weitere Verfahren vor dem Schlichter und anschließend vor dem Schiedsrichter herbeiführen oder anstelle der Anrufung eines Schiedsrichters Arbeitskampfmittel einsetzen kann.
Ob der Kollektivvertrag darüber hinaus auch einvernehmlich durch die Tarifparteien geändert werden kann, ohne daß eine ausdrückliche Vereinbarung bei Vertragsabschluß besteht, ist umstritten. Während ein Teil der Literatur[1250] die Änderung des Kollektivvertrages für unzulässig bewertet, wenn eine solche ausdrückliche Vereinbarung fehlt, ist nach einer anderen Literaturmeinung[1251] die rechtliche Änderung auch ohne ausdrückliche Vereinbarung im Kollektivvertrag möglich. Allerdings sei dann nicht automatisch das Verfahren, wie es das Gesetz über Kollektivverhandlungen vorschreibt (also der Verhandlungsanspruch, das Verfahren vor dem Schlichter und dem Schiedsrichter, Arbeitskampfmittel), anwenbar[1252]. Der zuletzt genannten Literaturmeinung ist aufgrund des Wortlauts des § 8 Abs. 5 a.E. GKV zuzustimmen. Denn die Vorschrift, die von der Änderung bei ausdrücklicher Vereinbarung der Änderungsmöglichkeit spricht, verweist nur bei ‚dieser Änderung' („*této změně*") des Kollektivvertrages auf das Verfahren bei Abschluß eines Kollektivvertrages. Somit sind nach dem Wortlaut auch Änderungen möglich, wenn eine ausdrückliche Vereinbarung im Kollek-

---

[1246] *Šubrt*, Práce a mzda 1991, H. 1, S. 35.
[1247] Vgl. zur Rechtslage vor der Wende 2. Teil, A.II.4)C).
[1248] So auch *Šubrt*, Práce a mzda 1991, H. 1, S. 33.
[1249] Vgl. oben.
[1250] *Jakubka*, Práce a mzda 2001, H. 10, S. 28; *Šubrt*, Práce a mzda 1991, H. 1, S. 35, der aber später die Auslegung der Gegenmeinung befürwortet (*Šubrt*, Práce a mzda 1992, H. 4-5, S. 51).
[1251] *Tomandlová*, Zákoník práce, S. 645; *Týc/Michal*, Práce a mzda 1995, H. 6, S. 38; *Šubrt*, Práce a mzda 1992, H. 4-5, S. 51 und *ders.*, Práce a mzda 2000, H. 13, S. 10.
[1252] *Týc/Michal*, Práce a mzda 1995, H. 6, S. 38.

tivvertrag fehlt. Im übrigen würde die konträre Auffassung, die eine einvernehmliche Aufhebung und Änderung des Kollektivvertrages für einen solchen Fall nicht zuläßt, die Vertragsfreiheit unzulässig einschränken.
Die Beendigung des Kollektivvertrages durch Aufhebung, die im sozialistischen Rechtssystem nicht möglich war, ist im neuen Rechtssystem zulässig (§ 32 Abs. 2 GKV i.V.m. § 245 Abs. 1 ZP), was auch der Tarifautonomie entspricht.
Kollektivverträge bedürfen zu ihrer Wirksamkeit der Schriftform und der Unterschrift der Vertragspartner bzw. der Vertreter auf derselben Urkunde (§ 4 Abs. 1 GKV).
Im Gegensatz zur sozialistischen Rechtslage[1253] ist für die Wirksamkeit des Kollektivvertrags nicht mehr die Genehmigung des Vertrags durch die Mitgliederversammlung der Gewerkschaft erforderlich.
Die Laufzeit des Kollektivvertrages kann vertraglich festgelegt werden (§ 6 Abs. 1 S. 1 GKV). Fehlt eine solche Vereinbarung, gilt der Kollektivvertrag für den Zeitraum von einem Jahr (§ 6 Abs. 1 S. 2 GKV). Im Vergleich zur sozialistischen Rechtslage besteht nach der Wende hinsichtlich der Laufzeit von Kollektivverträgen völlige Vertragsfreiheit. Nach der sozialistischen Rechtslage war die Laufzeit dagegen zunächst grundsätzlich auf ein Jahr gesetzlich festgelegt; mit Inkrafttreten der Regierungsverordnung Nr. 82/1989 Slg. konnten die Vertragspartner dann die Laufzeit innerhalb des gesetzlichen Rahmens von einem bis zu fünf Jahren vereinbaren[1254].
§ 6 Abs. 2 GKV bestimmt näher, daß der Kollektivvertrag an dem ersten Tag wirksam wird, für den er abgeschlossen wurde, und mit Ablauf des vereinbarten Zeitraums, sofern die Wirksamkeit einiger kollektivvertraglicher Verpflichtungen nicht abweichend vereinbart wurde, endet (§ 6 Abs. 2 GKV). Damit stellt die Regelung klar, daß ein Kollektivvertrag, der zum Beispiel erst im April eines Jahres abgeschlossen wird, aber für das gesamte Kalenderjahr gelten soll, in dem der Abschluß erfolgte, bereits Anfang des Jahres (rückwirkend) wirksam wird[1255].
Das zuständige Gewerkschaftsorgan muß den Inhalt des Kollektivvertrages spätestens bis zu 15 Tagen nach Vertragsabschluß den Arbeitnehmern mitteilen (§ 9 Abs. 5 GKV).
Verbandskollektivverträge und hierzu ergangene Entscheidungen von Schiedsrichtern muß der Arbeitgeberverband, der Vertragspartei ist, innerhalb von 14 Tagen nach Vertragsabschluß beim Ministerium für Arbeit und soziale Angelegenheiten hinterlegen lassen (§ 9 Abs. 1 GKV, § 12 Abs. 1 der Verordnung des MfAS Nr. 16/1991 Slg. über Schlichter, Schiedsrichter und die Hinterlegung überbetrieblicher Kollektivverträge). Die Hinterlegung ist gem. § 9 Abs. 3 S. 1 GKV in der Sammlung der Gesetze der Tschechischen Republik (Slg.) bekannt-

[1253] S. hierzu 2. Teil, A.II.4)C).
[1254] S. 2. Teil, A.II.4)C).
[1255] *Tomandlová*, Zákoník práce, S. 644.

zumachen. Ein Verstoß gegen die Hinterlegungspflicht von Verbandskollektivverträgen führt nicht zur Unwirksamkeit des Vertrages[1256].
Die Vertragsparteien sind verpflichtet, den Kollektivvertrag und hierzu ergangene Entscheidungen von Schiedsrichtern mindestens fünf Jahre seit ihrem Inkrafttreten aufzubewahren (§ 9 Abs. 6 GKV).

4) Schlichtungsrecht

A) Allgemein

Das GKV regelt die Lösung von Kollektivstreitigkeiten. Nach § 10 GKV handelt es sich dabei um Streitigkeiten über den Abschluß von Kollektivverträgen (Regelungsstreitigkeiten) oder über die Erfüllung von kollektivvertraglichen Verpflichtungen, die keine individuellen Ansprüche einzelner Arbeitnehmer begründen (Erfüllungsstreitigkeiten). Ausschließlicher Gegenstand der Erfüllungsstreitigkeiten sind folglich die schuldrechtlichen Verpflichtungen eines Kollektivvertrages und nicht die normativen Ansprüche der Arbeitnehmer (vgl. §§ 20 Abs. 3, 207 ZP).
Die Beilegung der Streitigkeiten erfolgt in zwei Verfahrensabschnitten: Für beide Kollektivstreitigkeiten beginnt die erste Stufe der Streitbeilegung gem. § 11 GKV vor dem Schlichter (*zprostředkovatel*). Nach erfolglosem Verlauf können sich die Kollektivvertragsparteien in der zweiten Stufe gem. § 13 Abs. 1 GKV entweder an den Schiedsrichter (*rozhodce*) wenden oder, falls es sich um eine Regelungsstreitigkeit handelt, Arbeitskampfmittel, wie den Streik oder die Aussperrung, einsetzen (vgl. §§ 16 Abs. 1, 27 Abs. 1 GKV) . Die Unterscheidung nach Regelungs- oder Erfüllungsstreitigkeit ist also auf der zweiten Stufe wichtig, da Arbeitskampfmittel nur bei Regelungsstreitigkeiten rechtmäßig sind. Bei Erfüllungsstreitigkeiten gibt es in der zweiten Verfahrensstufe nur die Möglichkeit, einen Schiedsrichter einzuschalten.
Durch die Einführung von Schlichtungs- und Schiedsverfahren bezweckt das tschechische Recht, einen Streikeinsatz so gut wie möglich zu vermeiden[1257]. Der Streik ist also im tschechischen Recht ultima ratio und das erfolglose Schlichtungsverfahren Ausprägung des Verhältnismäßigkeitsprinzips.
Im Vergleich zu den Regelungen des Schlichtungs- und Schiedsverfahrens regelte das sozialistische Regime die Beilegung von Erfüllungsstreitigkeiten nur rudimentär und die Beilegung von kollektivvertraglichen Regelungsstreitigkeiten überhaupt nicht; der Abschluß von Kollektivverträgen und auch größtenteils der Inhalt waren ohnehin zwingend vorgegeben[1258].
Für das gesamte Schlichtungs- und Schiedsverfahren gilt der Dispositionsgrundsatz, der den Kollektivvertragsparteien erlaubt, in jeder Phase das Verfahren zu

---

[1256] *Tkýc/Michal*, Práce a mzda 1995, H. 6, S. 38.
[1257] *Carabelli/Sciarra* (-Vimercati), Collective labour law, S. 46.
[1258] S. zur Rechtslage vor der Wende 2. Teil, A.II.5)A).

beenden, sei es, daß sie nicht in die nächste Phase eintreten oder daß sie den Antrag auf Einleitung des Verfahrens zurücknehmen[1259].

B) Schlichtungsverfahren: Verfahren vor dem Schlichter (*zprostředkovatel*)

Das Verfahren vor dem Schlichter ist ein nicht förmliches Verfahren mit dem Ziel, den Parteien zu ermöglichen, eine gütliche Lösung des Streits zu finden: Der Schlichter erläßt keine eigene Entscheidung, sondern kann den Parteien lediglich einen Vorschlag zur Streitlösung unterbreiten[1260]. Das GKV regelt das Schlichtungsverfahren nur dem Rahmen nach; das Nähere regelt eine Durchführungsbekanntmachung des Ministeriums für Arbeit und Soziale Angelegenheiten (MfAS) i. S. d. § 15 GKV[1261].
Das Schlichtungsverfahren ist obligatorische Voraussetzung für den Beginn des Schiedsverfahrens (vgl. § 13 Abs.1 GKV) und für die Benutzung von Arbeitskampfmitteln (vgl. §§ 20 a, 28 a GKV). In ihm konkretisiert sich der Verhältnismäßigkeitsgrundsatz: Der Arbeitskampf ist erst nach erfolgloser Schlichtung erforderlich[1262].
Die Kollektivvertragsparteien müssen sich darüber einigen, daß der Streit vor einem Schlichter beigelegt werden soll, und beide Parteien müssen gemeinsam einen Schlichter wählen (§ 11 Abs. 1 GKV). Erfolgt keine Einigung, bestimmt das Ministerium für Arbeit und soziale Angelegenheiten auf Antrag einer der Parteien die Person des Schlichters aus einem bei ihm geführten Verzeichnis (§ 11 Abs. 2 S. 1 GKV). Bei einer Regelungsstreitigkeit kann der Antrag erst nach Ablauf von 60 Tagen ab dem Zeitpunkt gestellt werden, ab dem der schriftliche Kollektivvertragsentwurf der anderen Partei i. S. d. § 8 Abs. 1 GKV vorgelegt wurde (§ 11 Abs. 2 S. 2 GKV). Dies soll sicherstellen, daß zuvor alle eigenen Kollektivverhandlungsmöglichkeiten ausgeschöpft wurden[1263]. Allerdings handelt es sich um eine zu lange Frist; es ist davon auszugehen, daß die Gegenseite auch bei einer Halbierung der Frist genügend Zeit gehabt hätte, um auf den Entwurf zu antworten[1264].
Des weiteren müssen die Kollektivvertragsparteien einen schriftlichen Antrag bei dem Schlichter oder im Falle der Nichteinigung bei dem Ministerium für Arbeit und soziale Angelegenheiten einreichen. Der Antrag muß den genauen Streitgegenstand und das bisher zur Streitbeilegung vorangegangene Verfahren

---

1259 *Galvas* (-ders.), Pracovní právo, S. 406.
1260 *Galvas* (-ders.), Pracovní právo, S. 408; *Šubrt*, Práce a mzda 1991, H. 1, S. 37.
1261 Bekanntmachung des MfAS Nr. 16/1991 Slg. über Schlichter, Schiedsrichter und Hinterlegung von Kollektivverträgen höherer Stufe (vyhláška ministerstvo práce a socialních věcích č. 16/1991 Sb. o zprostředkovatelích, rozhodcích a ukládnání kolektivních smluv vyššího stupně).
1262 So auch *Galvas* (-ders.), Pracovní právo, S. 417.
1263 *Šubrt*, Práce a mzda 1991, H. 1, S. 37.
1264 So auch *Vladárová*, Práce a mzda 1995, H. 11-12, S. 57.

beschreiben[1265]. Beigefügt werden muß schriftliches Anlagemateriel in zweifacher Ausführung sowie die Stellungnahme der anderen Vertragsseite (vgl. § 8 Abs. 2 GKV)[1266]. Schlichter kann jede natürliche (volljährige und geschäftsfähige) Person sowie jede juristische Person sein (§ 11 Abs. 3 S. 1 GKV). Erfolgt die Auswahl durch das Arbeitsministerium, muß der Schlichter in dem Schlichterverzeichnis eingetragen sein (§ 11 Abs. 3 S. 2 GKV). Die Durchführungsbekanntmachung enthält nähere Bedingungen für die Eintragung in das Schlichterverzeichnis[1267]. Der von den Parteien gewählte Schlichter muß mit seiner Aufgabe einverstanden sein (vgl. § 11 Abs. 3 S. 1 GKV), während der vom Ministerium festgelegte Schlichter die Übernahme des Schlichtungsverfahrens nur ausnahmsweise, unter den in der Durchführungsbekanntmachung genannten Bedingungen, ablehnen darf[1268].
Soweit die Parteien nichts anderes vereinbart haben, soll der Schlichter innerhalb von 15 Tagen, nachdem er mit dem Streitgegenstand vertraut gemacht wurde, den Vertragsparteien schriftlich eine Einigung vorschlagen (§ 12 Abs. 1 GKV). Die Vertrautmachung mit dem Rechtsstreit setzt voraus, daß der Schlichter alle schriftlichen Unterlagen, die für die Streitbeilegung erforderlich sind, in Besitz genommen hat[1269].Wann genau dies erfolgt, vereinbaren die Parteien mit dem Schlichter schriftlich[1270].
Gelingt ein Einigungsversuch vor dem Schlichter nicht nach 30 Tagen ab dem Zeitpunkt, ab dem der Schlichter mit dem Streitgegenstand vertraut gemacht wurde, oder nach einer anders vereinbarten Frist, wird die Schlichtung als erfolglos angesehen (§ 12 Abs. 2 GKV). Der erfolglose Ablauf der Fristen i.S.d. § 12 GKV hat jedoch keine Ausschlußfunktion; ein weiteres Verfahren der Streitbeilegung kann zwischen den Vertragsseiten und dem Schlichter jederzeit vereinbart werden[1271]. Die Kosten des Schlichtungsverfahrens tragen die Parteien zu gleichen Teilen (§ 12 Abs. 3 S. 1 GKV)[1272].

[1265] *Šubrt*, Práce a mzda 1991, H. 1, S. 38.
[1266] *Šubrt*, Práce a mzda 1991, H. 1, S. 38.
[1267] Vgl. *Galvas* (-ders.), Pracovní právo, S. 407.
[1268] *Šubrt*, Práce a mzda 1991, H. 1, S. 38.
[1269] *Šubrt*, Práce a mzda 1991, H. 1, S. 38.
[1270] *Šubrt*, Práce a mzda 1991, H. 1, S. 38; s. näher die Bekanntmachung des MfAS Nr. 16/1991 Slg. über Schlichter, Schiedsrichter und Auslegung von Kollektivverträgen höherer Stufe.
[1271] *Šubrt*, Práce a mzda 1991, H. 1, S. 38.
[1272] S. näher die Verordnung des Finanzministeriums Nr. 114/1991 Slg. über die Vergütung des Schlichters und des Schiedsrichters, die Höhe der Gebühr für die Abschrift eines Verbandskollektivvertrages und die Höhe und Form der Erstattung der Kosten des Verfahrens vor dem Schiedsrichter.

C) Verfahren vor dem Schiedsrichter (*rozhodce*)

Nach erfolgloser Schlichtung können die Vertragsparteien gem. § 13 Abs. 1 S. 1 GKV im gegenseitigen Einvernehmen schriftlich die Entscheidung des Regelungs- oder Erfüllungsstreits durch einen Schiedsrichter beantragen.
Einigen sich die Parteien über die Person des Schiedsrichters, ist das Verfahren mit Annahme des Antrags durch den Schiedsrichter eröffnet (§ 13 Abs. 1 S. 2 GKV). Was genau unter der Annahme zu verstehen ist, regelt das Gesetz nicht. Erforderlich ist ein erkennbarer Willensakt des Schiedsrichters, das Schiedsverfahren übernehmen zu wollen[1273]. Nach der Durchführungsbekanntmachung sollen die Parteien die Annahme des Schiedsverfahrens mit dem Schiedsrichter schriftlich erfassen.
Einigen sich die Parteien nicht über die Einleitung eines Schiedsverfahrens oder über die Person des Schiedsrichters, bestimmt das Ministerium für Arbeit und soziale Angelegenheiten den Schiedsrichter auf Antrag einer der Vertragsparteien (§ 13 Abs. 2 GKV). Bei einem Regelungsstreit ist die Anrufung des Arbeitsministeriums jedoch nur zulässig, wenn zusätzlich für die vom geplanten Kollektivvertrag erfaßten Arbeitnehmer ein Streikverbot (vgl. § 20 f) – k) GKV) besteht (§ 13 Abs. 2 GKV). In allen anderen Fällen, in denen kein Streikverbot vorliegt, kann ein Schiedsverfahren bei einem Regelungsstreit nicht ohne Einvernehmen beider Parteien eingeleitet werden[1274].
Mit Zustellung der Entscheidung des Ministeriums an den Schiedsrichter ist das Schiedsverfahren im Falle der Nichteinigung der Parteien eröffnet (§ 13 Abs. 2 2.HS GKV). Mit Stellung des Antrags auf ein Schiedsverfahren bei dem Schiedsrichter oder dem MfAS verzichten die Parteien auf den Einsatz von Arbeitskampfmittel und unterwerfen sich dem Schiedsspruch[1275]. Nimmt der Schiedsrichter das Verfahren im Falle des § 13 Abs. 1 GKV nicht an, so sind die Parteien bei einem Regelungsstreit wieder berechtigt, einen Arbeitskampf zu führen[1276].
Schiedsrichter kann immer nur eine natürliche (volljährige und geschäftsfähige) Person sein, die in dem vom Ministerium für Arbeit und soziale Angelegenheiten geführten Schiedsrichterverzeichnis eingetragen ist (§ 13 Abs. 3 GKV). Im Gegensatz zur Rechtslage vor der Wende, wo die Entscheidungsorgane bei Erfüllungsstreitigkeiten sich aus Organen der Gewerkschaft und der sozialistischen Organisation zusammensetzten[1277], sind nun neutrale Personen als Schiedsrichter zur Streitbeilegung befugt.
In einem Kollektivrechtsstreit dürfen Schlichter und Schiedsrichter nicht ein und dieselbe Person sein (§ 13 Abs. 4 GKV). Der Schiedsrichter muß innerhalb von

---

1273 *Šubrt*, Práce a mzda 1991, H. 1, S. 39.
1274 Vgl. *Bělina* (-ders.), Pracovní právo (2001), Rn. 1710.
1275 *Šubrt*, Práce a mzda 1991, H. 1, S. 39.
1276 *Šubrt*, Práce a mzda 1991, H. 1, S. 39.
1277 S. 2. Teil, A.II.5)A)a).

15 Tagen seit Eröffnung des Verfahrens den Parteien schriftlich seine Entscheidung mitteilen (§ 13 Abs. 5 GKV). Für eine interessengerechte Entscheidung erscheint diese Frist allerdings recht kurz, zumal es auch keine vertragliche Verlängerungsmöglichkeit - wie etwa im Rahmen des Schlichtungsverfahren (vgl. § 12 Abs. 1 GKV) - gibt[1278].
Die Entscheidung des Schiedsrichters ist für beide Parteien verbindlich. Bei einem Regelungsstreit ersetzt der Schiedsspruch die Zustimmung der Parteien zum Abschluß des Kollektivvertrages oder eines Teiles davon. In dem Augenblick, in dem die Entscheidung beiden Vertragsparteien zugestellt ist, ist der Kollektivvertrag dann abgeschlossen (§ 13 Abs. 6 GKV), und zwar hinsichtlich des streitigen Teils mit dem Inhalt, den der Schiedsspruch festlegt[1279].
Problematisch[1280] ist, daß im Rahmen des Schiedsverfahren bei einer Erfüllungsstreitigkeit der Schiedsrichter, der zwar die Rechtsstellung eines Organs der öffentlichen Gewalt hat, nicht über die Erzwingungsmittel eines Richters verfügt, d.h. zum Beispiel nicht die Vorlage von Dokumenten oder erforderliche Erklärungen fordern kann.
Die Kosten für das Verfahren vor einem Schiedsrichter, einschließlich dessen Honorar, trägt immer das Ministerium für Arbeit und soziale Angelegenheiten aus der Staatskasse (§ 13 Abs. 7 GKV).
Im Falle einer Erfüllungsstreitigkeit ist gegen den Schiedsspruch der Rechtsweg zu den Gerichten eröffnet (§ 14 Abs. 1 GKV). Handelt es sich dagegen um eine Regelungstreitigkeit, so ist der Schiedsspruch unanfechtbar (arg. e contrario e § 14 Abs. 1 GKV). Für den Ausschluß des Zivilrechtsweges bei Regelungsstreitigkeiten besteht m. E. allerdings kein berechtigter Grund, da mit einer unanfechtbaren Entscheidung des Schiedsrichters, die den Parteien den Abschluß eines bestimmten Kollektivvertrages oktroyiert, weit mehr in die Kollektivvertragsfreiheit eingegriffen wird, als wenn eine Entscheidung im Rahmen einer Erfüllungsstreitigkeit getroffen wird[1281]. Denn der Schiedsspruch kann allein dem Wunsch einer Partei entsprechen und die andere Partei so an den unerwünschten Vertrag hinsichtlich des gesamten Inhalts binden, während sich bei der Erfüllungsstreitigkeit der Schiedsspruch auf die streitige Verpflichtung beschränkt. Sollte der Schiedsspruch über den Abschluß des Kollektivvertrages gesetzeswidrig sein, so kann er lediglich als Vorfrage in einem Rechtsstreit über die Erfüllung der Kollektivvertragsverpflichtung auf seine Rechtmäßigkeit überprüft werden. In Betracht käme auch eine Verfassungsbeschwerde gegen den Schiedsspruch[1282].

[1278] So auch *Galvas*, Právo a zaměstnání 1999, H. 3-4, S. 15.
[1279] *Šubrt*, Práce a mzda 1991, H. 12, S. 40.
[1280] Kritisch auch *Galvas*, Právo a zaměstnání 1999, H. 3-4, S. 15.
[1281] So auch *Galvas* (-ders.), Pracovní právo, S. 409 und *ders.*, Právo a zaměstnání 1999, H. 3-4, S. 15.
[1282] Vgl. hierzu *Galvas*, Právo a zaměstnání 1999, H. 3-4, S. 15.

Bei einer Erfüllungsstreitigkeit kann eine Vertragspartei innerhalb von 15 Tagen nach Zustellung des Schiedsspruchs bei dem Kreisgericht, in dessen Bezirk der Antragsgegner seinen Sitz hat (§ 14 Abs. 2 S. 2 GKV), die Aufhebung des Schiedsspruchs beantragen (§ 14 Abs. 2 S.1 GKV). Bei Fristablauf oder Nichtannahme des Antrags durch das Kreisgericht erwächst der Schiedsspruch in Rechtskraft (§ 14 Abs. 4 GKV). Das Verfahren vor dem Kreisgericht richtet sich nach der Zivilprozeßordnung und endet mit einem unanfechtbaren Beschluß des Kreisgerichts (§ 14 Abs. 2 S. 3 GKV). Bei dem Verfahren handelt es sich nicht um ein Berufungsverfahren nach § 244 der tschechischen Zivilprozeß-ordnung, sondern um ein Verfahren in erster Instanz (vgl. § 14 Abs. 2 S. 3 GKV)[1283].
Hebt das Kreisgericht den Schiedsspruch auf, verweist es den Rechtsstreit an denselben Schiedsrichter zur neuen Entscheidung zurück (§ 14 Abs. 3 S. 1 GKV). Ist mindestens eine Vertragspartei nicht damit einverstanden, daß derselbe Schiedsrichter entscheidet, kann sie beim Ministerium für Arbeit und soziale Angelegenheiten die Bestimmung eines anderen Schiedsrichters beantragen (§ 14 Abs. 3 S. 1 i. V. m. § 13 Abs. 2 GKV). Bei seiner Entschei-dung ist der Schiedsrichter an den Beschluß des Kreisgerichts gebunden (§ 14 Abs. 3 S. 3 GKV). Ein rechtskräftig gewordener Schiedsspruch ist gerichtlich vollstreckbar (§ 14 Abs. 5 GKV); der Schiedsspruch stellt einen Vollstreckungs-titel nach § 274 h der tschechischen Zivilprozeßordnung dar. Der Staat gewährt dem Ausspruch des Schiedsrichters somit den gleichen Vollstreckungsschutz wie seinen eigenen Organen.
Die Vollstreckbarkeit der Entscheidung über eine Erfüllungsstreitigkeit stellt im neuen Rechtssystem eine wichtige Änderung im Vergleich zur sozialistischen Rechtslage[1284] dar.

5) Arbeitskampf

A) Allgemein

Erst nach der samtenen Revolution im Jahre 1989 und der Einführung der Marktwirtschaft wurden das Streikrecht sowie die Aussperrung tatsächlich als legale Druckmittel zur Lösung von Kollektivstreitigkeiten ohne staatliche Einflußnahme (sog. „staatliche Neutralität") anerkannt: Während die Aussperrung verfassungsrechtlich nicht verankert ist, garantiert die Charta Nr. 23/1991 Slg.[1285] in Art. 27 Abs. 4 ein Streikrecht. Im GKV sind Aussperrung und Streik als eigene Rechtsinstitute näher geregelt (§§ 16 und 27 GKV).

1283 So auch *Šubrt*, Práce a mzda 1991, H. 12, S. 41; a.A. *Bělina* (-ders.), Pracovní právo (2001), Rn. 1706, der von einem zweitinstantzlichen Verfahren ausgeht.
1284 S. zur Rechtslage vor der Wende 2. Teil, A.II.5)A)a).
1285 Nach der Aufteilung der Tschechoslowakischen Republik handelt es sich nunmehr um die Charta Nr. 2/1993 Slg. (Art. 27 Abs. 4).

Das GKV regelt jedoch den Streik und die Aussperrung nicht im allgemeinen, sondern lediglich soweit sie in Zusammenhang mit dem Abschluß eines Kollektivvertrages stehen (vgl. § 1 GKV). Die rechtliche Zulässigkeit eines Streiks, der nicht im Zusammenhang mit dem Abschluß eines Kollektivvertrages steht (namentlich ein politischer Streik oder ein Streik im Rahmen einer Kollektivverhandlung außerhalb des GKV), ist bisher nicht festgelegt.
Nach § 18 Abs. 2 GKV sind Betriebsbesetzungen oder –blockaden (d.h. die Absperrung des Zugangs zur Arbeitsstätte für arbeitswillige Arbeitnehmer) keine zulässigen Arbeitskampfmittel im Rahmen von Kollektivverhandlungen nach dem GKV.
Die Einführung von Arbeitskampfmitteln durch das innerstaatliche Recht nach der Wende ist eine wichtiger Schritt im Rahmen der Transformation zu einer Marktwirtschaft und spiegelt die veränderten gesellschaftsökonomischen Anschauungen wider: Im totalitären System oblag die Lenkung der Arbeitsmarktpolitik ausschließlich dem Staat, der die Arbeitsbedingungen, insbesondere die Löhne, zentral und grundsätzlich zwingend regelte. Eine Einmischung in Form von Streiks durch die Arbeitnehmer hätte diese staatliche, zentrale Lenkung behindert. Ein Streik war daher unerwünscht und galt als Störung der Arbeitsdisziplin, die bis zur Wende noch nach dem Arbeitsgesetzbuch Nr. 65/1965 Slg. (i.d.F. Nr. 52/1989 Slg.) geahndet werden konnte[1286]. Im übrigen wäre die Ausübung des Streikrechts schon allein dadurch erschwert worden, daß die Gewerkschaft als Helfer des Staates mit dem Staat und den sozialistischen Organisationen eng verflochten, also nicht „gegnerrein" und unabhängig, war.
Dagegen sollen in der freien Marktwirtschaft Arbeitgeber und Arbeitnehmer grundsätzlich die Lohn- und Arbeitsbedingungen in Kollektivverträgen frei aushandeln können (Tarifautonomie). Dadurch sollen Arbeitsbedingungen erreicht werden, welche die Interessen der Arbeitgeber sowie der Arbeitnehmer gleichermaßen angemessen berücksichtigen. Nach der Entsstaatlichung und der Einführung der gewerkschaftlichen Unabhängigkeit[1287] stehen sich Gewerkschaften und Arbeitgeber wieder als Verhandlungspartner gegenüber. Um nun eine funktionsfähige Tarifautonomie zu gewährleisten, bedarf es aber annähernd gleichstarker Verhandlungspartner (sog. „Kampfparität"). Arbeitskampfmittel dienen dabei zur Ausgleichung von bestehenden Verhandlungsungleichgewichten zwischen den Verhandlungspartnern. Sie sind im Rahmen freier Kollektivverhandlungen notwendig für einen interessengerechten Ausgleich der Kollektivparteien. Der Arbeitskampf hat für die Tarifautonomie somit eine Hilfsfunktion[1288]. Der Staat darf dieses Gleichgewicht nicht verändern und ist zur Neutralität verpflichtet.
Den Arbeitskampfmitteln kommt nach der Wende folglich ein völlig neues Verständnis zu. Sie werden nicht mehr als Störung der Arbeitsdisziplin und als

---

[1286] S. 2. Teil, A.II.5)A)b).
[1287] Vgl. hierzu 2. Teil, B.II.1)A)c).
[1288] Vgl. *Dütz*, Arbeitsrecht, Rn. 595.

unerwünschter Kampf um den Wert der Arbeit[1289] betrachtet, sondern als durchaus erwünschte Mittel zur Lösung von Konfliktsituationen, in denen die bestehenden Arbeitsbedingungen nicht den sozialen und wirtschaftlichen Forderungen und Bedürfnissen der Arbeitnehmer und Arbeitgeber entsprechen[1290].

B) Streik

a) Definition und Rechtsgrundlage

Nach Art. 8 Nr. 1 d) AwksR 1966 ist das Streikrecht eines der grundlegenden wirtschaftlichen und sozialen Rechte des Bürgers und verpflichtet die Mitgliedstaaten zur Sicherung des Streikrechts. Trotz der Ratifizierung hatte die tschechoslowakische Gesetzgebung bis zur Wende die Gewährung des Streikrechts nicht rechtlich festgelegt, sondern den Streik nach wie vor als Störung der Arbeitsdisziplin gewertet[1291]. Erst sechzehn Jahre nach der Ratifizierung ist im Jahr 1991 das Streikrecht in der Charta der Grundrechte und Grundfreiheite Nr. 23/1991 Slg.[1292] in Art. 27 Abs. 4 verfassungsrechtlich verankert und in den §§ 16-31 GKV näher festgelegt worden. Gem. § 2 Verfassungsgesetz Nr. 23/1991 Slg.[1293] wurde das AwskR 1966 im übrigen unmittelbarer Bestandteil der tschechoslowakischen Rechtsordnung und genoß Vorrang vor dem Gesetz. Mit der Einführung des Streikrechts in das innerstaatliche Recht hat die Tschechische Republik endlich ihre internationale Verpflichtung aus dem AwskR 1966 erfüllt.
Nach der Legaldefiniton des § 16 Abs. 2 GKV ist ein Streik die teilweise oder völlige Unterbrechung der Arbeit durch die Arbeitnehmer. Dabei geht es immer um eine kollektiv ausgeübte Verweigerung der Arbeitsleistung[1294]. Während die völlige Unterbrechung jegliche Arbeitstätigkeiten erfaßt, bezieht sich die teilweise Unterbrechung nur auf einzelne Arbeitsprozesse und –tätigkeiten[1295]. Mit der Arbeitsunterbrechung verletzen die Arbeitnehmer ihre arbeitsvertragliche Pflicht zur Arbeitsleistung nach der Direktion des Arbeitgebers (§ 35 Abs. 1 b) ZP)[1296]. Soweit der Streik jedoch von der Charta der Grundrechte und –freiheiten und von dem GKV geschützt wird, ist eine Teilnahme an ihm auch erlaubt und kann folgliche keine rechtswidrige Vertragsverletzung sein.

[1289] So nach der Rechtslage, s. 2. Teil, A.II.5)A)b).
[1290] So *Galvas* (-Gregorová), Pracovní právo, S. 21.
[1291] S. näher hierzu 2. Teil, A.II.2)C) und A.II.5)A)b).
[1292] Nach der Auflösung der Tschechoslowakischen Republik wurde die Charta unter Nr. 2/1993 Slg. bekanntgemacht.
[1293] Nach der Auflösung der Tschechoslowakischen Republik handelt es sich um Art. 10 Verfassung Nr. 1/1993 Slg.
[1294] *Galvas* (-ders.), Pracovní právo, S. 410 und S. 415.
[1295] *Galvas* (-ders), Pracovní právo, S. 411.
[1296] *Galvas* (-ders.), Pracovní právo, S. 411 f.

Das Streikrecht ist ein kollektives Recht der Arbeitemehmer[1297], das durch die Gewerkschaften (in Form der Bekanntmachung und der Eröffnung des Streiks) organisiert wird[1298]. Der einzelne Arbeitnehmer hat das Recht an dem organisierten und ordnungsgemäß bekanntgemachten Streik teilzunehmen; er darf dazu jedoch nicht gezwungen werden (§ 18 Abs. 1 GKV). Daraus folgt auch, daß der Arbeitnehmer jederzeit seine Streikteilnahme noch vor Beendigung des Streiks beenden darf[1299]. Wegen einer Teilnahme an einem (rechtmäßigen) Streik ist eine rechtliche Verfolgung ausgeschlossen[1300]. Das Recht auf freie Streikteilnahme haben alle (natürlichen oder juristischen) Personen und staatlichen Organe einzuhalten[1301].

Streikteilnehmer ist der Arbeitnehmer, der sich mit dem Streik einverstanden erklärt hat (§ 16 Abs. 4 GKV). Schließt sich der Arbeitnehmer nach Eröffnung des Streiks diesem an, so gilt er ab diesem Zeitpunkt als Streikteilnehmer (§ 16 Abs. 4 a.E. GKV). Streikteilnehmer kann also auch der nicht gewerkschaftlich organisierte Arbeitnehmer sein.

b) Rechtmäßigkeitsvoraussetzungen

(1) Führung durch die Gewerkschaft

Arbeitskämpfe können nur von den Kollektivvertragsparteien geführt werden[1302]. Denn nur diese können den durch Arbeitskampf zu erzwingenden Kollektivvertrag auch abschließen (vgl. § 2 Abs. 2 und 3 GKV). Rechtmäßig ist daher ein Streik nur, wenn er von dem zuständigen Gewerkschaftsorgan oder im Falle eines erstrebten Verbandskollektivvertrages von dem zuständigen höheren Gewerkschaftsorgan geführt wird. Dies folgt aus § 17 Abs. 1 und Abs. 2 GKV, wonach allein dem Gewerkschaftsorgan die Bekanntmachung und die Eröffnung des Streiks obliegt. Welches Gewerkschaftsorgan konkret zuständig ist, bestimmt sich nach der gewerkschaftlichen Satzung (vgl. § 32 Abs. 1 GKV)[1303].

An einer tariffähigen und streikführungsberechtigten Partei fehlt es bei einem „wilden Streik" im Zusammenhang mit dem Abschluß eines Kollektivvertrages[1304]. Denn hierbei handelt es sich um einen Streik, der nur von den Arbeitnehmern ausgeht, nicht jedoch gewerkschaftlich organisiert ist. Ein solcher „wilder Streik" ist daher mangels ordnungsgemäßer Bekanntmachung durch die

---

[1297] *Galvas* (-ders.), Pracovní právo, S. 410.
[1298] *Galvas* (-ders.), Pracovní právo, S. 415.
[1299] *Galvas* (-ders.), Pracovní právo, S. 417.
[1300] *Galvas* (-ders.), Pracovní právo, S. 417.
[1301] Zu den sonst möglichen Rechtsfolgen s. näher *Šubrt*, Práce a mzda 1991, H. 1, S. 47.
[1302] *Galvas (-ders.)*, Pracovní právo, S. 415 und S. 418.
[1303] *Galvas (-ders.)*, Pracovní právo, S. 416 und S. 418.
[1304] So auch *Kostečka*, ArbuR 1992, S. 324 und *ders.*, Právo a zákonnost 1992, H. 1, S. 43. Nach *Kostečka* (ArbuR 1992, S. 325) ist ein wilder Streik außerhalb des GKV zulässig.

Gewerkschaft i.S.d. § 17 Abs. 1 und Abs. 2 GKV gem. § 20 c) GKV unrechtmäßig.
Probleme können sich ergeben, wenn mehrere Gewerkschaftsorganisationen bei einem Arbeitgeber wirken. Wer hier zur Streikführung berechtigt ist, läßt sich aus § 2 Abs. 2 i.V.m. § 2 Abs. 1 S. 1 Gesetz Nr. 120/1990 Slg. ableiten. Danach können die Gewerkschaften, sofern nichts anderes vereinbart wurde, nur einheitlich mit dem Arbeitgeber über einen Kollektivvertrag verhandeln. Wenn die Gewerkschaftsorganisationen aber bei dem Abschluß von Kollektivverträgen nur zusammen tariffähig sind, können sie auch nur gemeinsam einen Streik führen. Der Streik kann folglich nur im gegenseitigen Einvernehmen aller Gewerkschaften bekanntgegeben werden[1305]. Wird ein Einvernehmen unter den betreffenden Gewerkschaften nicht erzielt, so fehlt es an einer streikführungsberechtigten Partei i.S.d. § 17 Abs. 1 und 2 GKV. Ein Streik ist dann nicht rechtmäßig (§ 20 c) GKV). Nicht anwendbar ist hier § 2 Abs. 1 S. 1 Gesetz Nr. 120/1990 Slg., wonach im Falle der Nichteinigung der Gewerkschaften die Gewerkschaft mit der größten Mitgliederzahl beim Arbeitgeber-Subjekt entscheiden soll. Denn § 2 Abs. 2 Gesetz Nr. 120/1990 Slg., der die Tarifähigkeit bei Gewerkschaftspluralität regelt, verweist nur auf den ersten Satz des vorhergehenden Absatzes und somit nur auf das Einvernehmen aller zuständigen Gewerkschaften.
Ähnlich wie bei dem Abschluß eines Kollektivvertrages[1306] kann nun eine kleine Gewerkschaft durch Obstruktion einen (rechtmäßigen) Streik verhindern und damit alle bei dem Arbeitgeber zuständigen Gewerkschaften arbeitskampfunfähig machen. Das erforderliche Einvernehmen bei Gewerkschaftspluralität erschwert daher nicht nur den Abschluß von Kollektivverträgen, sondern auch die Ausübung des Streikrechts unnötig.

(2) Abschluß oder Änderung eines Kollektivvertrages als Kampfziel

Streiks nach dem GKV sind gem. § 16 Abs. 1 GKV nur bei Regelungsstreitigkeiten zulässig, d.h. zur Herbeiführung eines Kollektivvertrags oder zur Änderung eines bestehenden Kollektivvertrags, sofern eine Änderungsmöglichkeit vertraglich vereinbart wurde (§ 8 Abs. 5 GKV). Der Streik, auf den das GKV anwendbar ist (§ 1 GKV), muß folglich auf ein tariflich regelbares Ziel gerichtet sein.
Bei einem Streik zur Erfüllung einer kollektivvertraglichen Verpflichtung (Erfüllungsstreitigkeit) ist der Abschluß eines Kollektivvertrages nicht das Regelungsziel; ein solcher Streik wäre daher nicht rechtmäßig (§ 20 d) i.V.m. § 16 Abs. 1 GKV). Hier sind die Rechtsbeziehungen zwischen den Vertrags-parteien durch einen abgeschlossenen Kollektivvertrag bereits geregelt, so daß es um

---

[1305] So auch *Galvas* (-ders.), Pracovní právo, S. 416 und S. 418.
[1306] S. hierzu 2. Teil, B.II.3)A)b).

Rechtsfragen, nicht um Regelungsfragen geht. Eine richterliche Auslegung der kollektivvertraglichen Verpflichtungen ist vielmehr notwendig[1307].
Nach Abschluß eines Kollektivvertrages ist ein Streik rechtswidrig (§ 20 b) Var.2 GKV). Daraus folgt, daß während der Dauer des Kollektivvertrages eine „sog. Friedenspflicht" besteht, wonach die Kollektivparteien Kampfmaßnahmen gegen den bestehenden Kollektivvertrag zu unterlassen haben[1308].
Der Streik muß nicht notwendig auf die Herbeiführung eines eigenen Kollektivvertrages der Streikenden gerichtet sein[1309]: Nach tschechischem Recht ist auch ein Sympathiestreik (*solidarní stávka*) gem. § 16 Abs. 3 GKV zulässig, der auf die Herbeiführung eines fremden Kollektivvertrages gerichtet ist. In einem solchen Fall streiken die Arbeitnehmer, um andere streikende Arbeitnehmer in derem Kollektivstreit über den Abschluß eines Kollektivvertrages zu unterstützen. Bei einem Sympathistreik fallen also Kampfgegner und Forderungsadressat auseinander, weil der mit dem Arbeitskampf Überzogene das Regelungsziel nicht durch einen eigenen Kollektivvertrag selbst erfüllen kann. Ein Sympathiestreik ist auch innerhalb eines Unternehmens zur Unterstützung einer Organisationseinheit in demselben Unternehmen bei dem Abschluß eines Betriebskollektivvertrages möglich[1310].
Nicht zulässig ist ein Sympathiestreik, der *anstelle* eines Streiks anderer Arbeitnehmer, die z.B. einem Streikverbot unterliegen, geführt wird. Bei einem Sympathiestreik liegt die Gefahr der Störung der Kampfparität zwischen den Kollektivparteien nahe, da der Kampfgegner in solchen Fällen das Regelungsziel nicht durch eigenen Kollektivvertrag selbst erfüllen kann. Gem. § 20 e) GKV ist daher ein Sympathiestreik dann rechtswidrig, wenn der bestreikte Arbeitgeber infolge mangelnder wirtschaftlicher Verknüpfung den Verlauf oder das Ergebnis des anderen unterstützten Streiks nicht beeinflußen kann. Dies ist zum Beispiel nicht der Fall, wenn der vom Sympathiestreik betroffene Arbeitgeber Hauptlieferant des ursprünglich bestreikten Arbeitgebers ist und der Sympathiestreik dadurch erheblichen Druck auf den Arbeitgeber, bei dem der eigentliche Streik geführt wird, ausübt[1311]. Zu erwägen wäre, ob das tschechische Recht einen Sympathiestreik nach dem GKV nicht grundsätzlich verbieten sollte, da er zur Störung der Kampfparität führt und das Erfordernis einer genügenden wirtschaftlichen Verknüpfung i.d.R. schwierig festzustellen ist.

[1307] *Šubrt*, Práce a mzda 1991, H. 1, S. 44.
[1308] Vgl. auch *Týc/Michal*, Práce a mza 1995,H. 6, S. 37, die von einer relativen Friedenspflicht ausgehen, d.h. die tarifliche Friedenspflicht ist nur gegenständlich auf den Inhalt des Kollektivvertrags begrenzt.
[1309] *Galvas* (-ders.), Pracovní právo, S. 420.
[1310] *Šubrt*, Práce a mzda 1991, H. 1, S. 45.
[1311] *Šubrt*, Práce a mzda 1991, H. 1, S. 45.

(3) Verfahrensrechtliche Voraussetzungen

(A) Erfolgloses Schlichtungsverfahren

Weitere Rechtmäßigkeitsbedingung für den Streik ist eine vorangegangene erfolglose Schlichtung (§ 20 a) i.V.m. § 12 Abs. 2 GKV). Dieses Erfordernis gilt jedoch nicht für einen Sympathiestreik (§ 20 a) a.E. GKV). Begründet wird der Verzicht auf dieses Erfordernis beim Sympathiestreik damit, daß dort der Kollektivstreit zwischen anderen Kollektivparteien geführt wird[1312]. Allerdings ist de lege ferenda zumindest als Rechtsmäßigkeitsbedingung für einen Sympathiestreik ein erfolgloses Schlichtungsverfahren bei dem Hauptstreik zu fordern. Denn gerade bei einem solchen Streik besteht eine größere Beeinträchtigung der Arbeitgeberseite und damit der Kampfparität, da ein fremder Kollektivvertrag durchgesetzt werden soll.

(B) Kein Schiedsverfahren

Ein beantragtes Schiedsverfahren schließt einen Streik aus (§ 16 Abs. 1 GKV). Ein nach Eröffnung des Schiedsverfahrens durchgeführter Streik ist daher rechtswidrig (§ 20 b) Var. 1 GKV)[1313]. Sobald der Schiedsspruch rechtskräftig geworden und damit im Falle einer Regelungsstreitigkeit ein Kollektivvertrag abgeschlossen ist, ist ein Streik ebenfalls unzulässig. Denn es handelt sich nunmehr nicht mehr um einen Regelungsstreit (vgl. § 16 Abs. 1 GKV)[1314].

(C) Entscheidung über die Bekanntmachung und Eröffnung des Streiks

Die Rechtmäßigkeit setzt weiter voraus, daß das zuständige Gewerkschaftsorgan ordnungsgemäß über die Bekanntmachung und Eröffnung des Streiks entschieden hat. Wurde der Streik nicht ordnungsgemäß bekanntgemacht oder eröffnet, so ist er unrechtmäßig (§ 20 c) GKV).
Bei einem Streit über den Abschluß eines Firmenkollektivvertrages obliegen sowohl die Bekanntmachung als auch die Eröffnung dem bei dem Unternehmen zuständigen Gewerkschaftsorgan (§ 17 Abs. 1 GKV). Dagegen erfolgt die Entscheidung bei einem Kollektivstreit über den Abschluß eines Verbandskollektivvertrages in zwei Stufen: Das zuständige höhere Gewerkschaftsorgan (vgl. § 32 Abs. 1 GKV) entscheidet zunächst über die Bekanntmachung des Streiks (§ 17 Abs. 2 S.1 GKV). Über die Eröffnung des Streiks beschließt dann bei je-

---

1312 *Šubrt*, Práce a mzda 1991, H. 1, S. 49.

1313 Das Gesetz ist hier ungenau, da es in § 16 Abs. 1 GKV von einem „Antrag“ auf Einleitung des Schiedsverfahrens, in § 20 b) GKV dagegen von der „Eröffnung“ des Schiedsverfahrens spricht. Denn beide Zeitpunkte stimmen nicht genau überein (vgl. § 13 Abs. 1 und 2 GKV).

1314 S. bereits 2. Teil, B.II.5)B)b)(2).

dem einzelnen Unternehmen, auf das sich der Verbandskollektivvertrag beziehen soll, das dort zuständige Gewerkschaftsorgan (§ 17 Abs. 2 S. 2 GKV).

(D) Abstimmung der Arbeitnehmer über den Streik

Eine Entscheidung über die Bekanntmachung und die Eröffnung des Streiks setzt allerdings zunächst voraus, daß zuvor mindestens die Hälfte der Arbeitnehmer, auf die sich der umstrittene Kollektivvertrag beziehen soll, mit dem Streik einverstanden ist (§ 17 Abs. 1 und Abs. 2 GKV). Bei einem Kollektivstreit um den Abschluß eines Verbandskollektivvertrags bezieht sich das Einverständnis nicht auf die Bekanntmachung durch das höhere Gewerkschaftsorgan, sondern nur auf die Eröffnung des Streiks in den jeweilig betroffenen Unternehmen (vgl. § 17 Abs. 2 S.2 GKV). Fehlt dieses Einverständnis, so ist der Streik nicht rechtmäßig (§ 20 c) GKV).
Dieses Erfordernis beim Streikrecht stellt eine Durchbrechung des Prinzips der sozialen Repräsentation der Gewerkschaften dar[1315]: Beim Abschluß eines Kollektivvertrages entscheidet die Gewerkschaft und zwar auch für den nicht gewerkschaftlich organisierten Arbeitnehmer, der als Nichtgewerkschafts-mitglied keine Einflußmöglichkeiten hat. Im Gegensatz dazu ist für die Rechtmäßigkeit eines Streiks ausschlaggebend, ob die Mehrheit der Arbeitnehmer – und zwar einschließlich der nicht gewerkschaftlich Organisierten – mit dem Streik einverstanden ist.
Die mehrheitliche Zustimmung erfolgt in Form einer Abstimmung der Arbeitnehmer; über das Abstimmungsergebnis hat das zuständige Gewerkschaftsorgan Protokoll zu führen (§ 17 Abs. 6 S. 2 GKV). Zunächst ist die für die Abstimmung relevante Gesamtzahl der von dem Kollektivvertrag betroffenen Arbeitnehmer festzustellen. Zwar enthält das Gesetz positiv keine Aussage darüber, welche Arbeitnehmer zur Feststellung der Gesamtzahl einzubeziehen sind. Es spricht in § 17 Abs. 1 und 2 GKV lediglich von den Arbeitnehmern, auf die sich der umstrittene Kollektivvertrag beziehen soll, und schließt die nach § 20 g)-k) GKV einem Streikverbot unterliegenden Arbeitnehmer aus der Gesamtzahl aus (§ 17 Abs. 6 S. 1 GKV). Daraus läßt sich schließen, daß auch diejenigen Arbeitnehmer mitzuberücksichtigen sind, die während der Abstimmung im Urlaub, Mutterschaftsurlaub, auf Dienstreise oder im Wehrdienst sind[1316].
Aus § 17 Abs. 1 und 2 GKV ergibt sich, daß das Einverständnis der Arbeitnehmer vor Eröffnung des Streiks vorliegen muß, so daß die Arbeitnehmer, die sich erst nach Streikbeginn zur Streikteilnahme entschließen (vgl. § 16 Abs. 4 GKV), das Ergebnis nicht mehr beeinflußen können.
Auf welche Weise dann die Abstimmung im einzelnen erfolgen soll (z. B. ob sie schriftlich oder mündlich, öffentlich oder geheim durchzuführen ist), wird nicht geregelt. Näheres zur Durchführung der Abstimmung soll nach einer Ansicht

[1315] So auch *Galvas* (-ders.), Pracovní právo, S. 418 f.
[1316] So auch *Šubrt*, Práce a mzda 1991, H. 1, S. 46.

eine Streikordnung der Gewerkschaften regeln[1317]. Nach anderer Ansicht ist eine rechtliche Regelung erforderlich, da die Einhaltung einer solchen Streikordnung als internes Recht der Gewerkschaften rechtlich nicht durchsetzbar ist[1318].
Bereits hier zeigt sich, daß das GKV für die Rechtmäßigkeit eines Streiks zwar viele Verfahrensvoraussetzungen aufstellt, ohne diese jedoch im einzelnen näher zu konkretisieren. Dies wirft Unsicherheiten auf und fördert nicht gerade die Akzeptanz von Streiks im Rahmen von Kollektivstreitigkeiten.

(E) Schriftliche Mitteilung an den Arbeitgeber

Nach § 17 Abs. 4 a)- c) S. 1 i.V.m. § 20 c) GKV muß das zuständige Gewerkschaftsorgan dem Arbeitgeber mindestens drei Tage vor der Eröffnung des Streiks Folgendes schriftlich mitteilen:
- den Zeitpunkt der Streikeröffnung (§ 17 Abs. 4 S. 1 a) GKV),
- die Gründe und Ziele des Streiks (§ 17 Abs. 4 S. 1 b) GKV) sowie
- die Namen der Vertreter der zuständigen Gewerkschaftsorgane, die berechtigt sind, die Streikteilnehmer zu vetreten (sog. ‚Streikausschuß', § 17 Abs. 4 S. 1 c) GKV).
Änderungen in diesem Namensverzeichnis sind ebenfalls mitteilungspflichtig (§ 17 Abs. 4 S. 2 GKV).

(F) Vorlage des Namensverzeichnisses der Streikteilnehmer

Mindestens einen Tag vor Eröffnung des Streiks muß das zuständige Gewerkschaftsorgan dem Arbeitgeber ein Namensverzeichnis der Arbeitnehmer, die am Streik teilnehmen werden, vorlegen (§ 17 Abs. 5 i.V.m. § 20 c) GKV). Dies soll dem Arbeitgeber ermöglichen, seine Pflicht nach § 22 Abs. 4 GKV zu erfüllen, also den Nichtstreikteilnehmern die Ausführung ihrer Arbeit zu ermöglichen oder im Falle des Betriebsstillstandes die Arbeitnehmer auf eine andere Arbeit zu überführen (§ 37 Abs. 4 a ZP).

(4) Keine Streikverbote

Das Streikrecht i.S.d. Art. 27 Abs. 4 S. 1 Charta Nr. 2/1993 Slg. besteht gem. Art. 41 Abs. 1 Charta Nr. 2/1993 Slg. nur in den Grenzen der Gesetze, die die Charta durchführen. Gem. Art. 27 Abs. 4 2.HS Charta Nr. 2/1993 Slg. und einfachgesetzlich gem. § 20 i) GKV steht das Recht auf Streik nicht den Richtern, Staatsanwälten sowie den Angehörigen der bewaffneten Kräfte und Sicherheitskorps zu. Nach Art. 44 S. 1 Charta Nr. 2/1993 Slg. kann das Gesetz das Streikrecht für Mitarbeiter der Organe der Staatsverwaltung und der territorialen

---

[1317] *Šubrt*, Práce a mzda 1991, H. 1, S. 46; Bedenken bei *Galvas* (-ders.), Pracovní právo, S. 419.
[1318] *Galvas* (-ders.), Pracovní právo, S. 419.

Selbstverwaltung in bestimmten, gesetzlich festgelegten Funktionen begrenzen. Das Gesetz kann das Streikrecht auch für die Personen einschränken, die Berufe ausüben, die unmittelbar notwendig für den Schutz des Lebens und der Gesundheit sind[1319].

Das GKV hat das Streikverbot in § 20 GKV konkretisiert und bestimmt abschließend Streikverbote für Arbeitnehmer, deren Ausführung für die Beibehaltung der öffentlichen Ordnung und des Gesundheitswesens notwendig ist (vgl. § 20 g) – h) GKV).

Das Streikverbot bezieht sich danach:

- auf die Arbeitnehmer bei Einrichtungen des Gesundheitswesens und der Sozialfürsorge, sofern es durch Streiks zur Gefährdung des Lebens oder der Gesundheit der Bürger kommen sollte (§ 20 g) GKV),
- auf Arbeitnehmer bei der Bedienung der Kernkraftwerke, der Anlagen mit spaltbaren Materialien sowie der Vorrichtungen der Erdöl- oder Gasleitungen (§ 20 h) GKV),
- auf Arbeitnehmer bei der Leitung und Sicherung des Flugverkehrs sowie auf Richter, Staatsanwälte und Angehörige der Streitkräfte und Sicherheitskorps (§ 20 i) GKV),
- auf Mitglieder von Feuerschutzkorps, auf betriebliche Feuerschutzeinheiten, Rettungskorps sowie auf die den Telekommunikationsverkehr sicherstellenden Arbeitnehmer, falls es im letzteren Falle durch Streik zur Gefährdung des Lebens oder der Gesundheit bzw. des Eigentums der Bürger kommen sollte (§ 20 j) GKV),
- auf Arbeitnehmer in von Naturkatastrophen betroffenen Regionen, in denen die zuständigen Staatsorgane außerordentliche Maßnahmen verkündet haben (§ 20 k) GKV), und
- ganz allgemein auf den Fall der Wehrbereitschaft des Staates (§ 20 f) GKV).

c) Rechtsfolgen des Streiks

(1) Hauptleistungspflichten des Einzelarbeitsverhältnisses

(A) Kampfbeteiligter Arbeitnehmer

Gem. § 22 Abs. 1 GKV entfällt der Anspruch der Streikteilnehmer auf Lohn und Lohnersatz während ihrer Teilnahme am Streik. Die Gewerkschaften können den streikenden Arbeitnehmern bei Wegfall der Vergütung finanzielle Zuwendungen geben[1320].

Das Gesetz geht bei dem Streik also von einer zeitweiligen Suspendierung der Hauptleistungspflichten aus dem Arbeitsverhältnis aus: Der kampfbeteiligte Ar-

---

1319 *Šubrt*, Práce a mzda 2000, H. 13, S. 14.

1320 *Bělina* (-ders.), Pracovní právo (2001), Rn. 1720.

beitnehmer ist für die Dauer der Streikteilnahme von seiner Arbeitspflicht (§ 35 Abs. 1 b) GKV), der Arbeitgeber von seiner Beschäftigungs- und Vergütungspflicht befreit (§ 35 Abs. 1 a) GKV). Da das Gesetz lediglich von Lohn und Lohnersatz spricht, ist davon auszugehen, daß nicht das gesamte Arbeitsverhältnis suspendiert wird[1321]; die arbeitsvertraglichen Nebenpflichten bleiben unberührt.
Die Suspendierung der Hauptleistungspflichten gilt für jeden streikbeteiligten Arbeitnehmer, und zwar – im Unterschied zur deutschen Rechtslage - unabhängig davon, ob der Streik rechtmäßig oder rechtswidrig ist.
Die Beurteilung der Rechtmäßigkeit und Rechtswidrigkeit des Streiks ist bedeutend für die Einstufung der Streikteilnahme als entschuldigte oder unentschuldigte Abwesenheit und den sich daraus ergebenden arbeitsrechtlichen Rechtsfolgen: In Betracht kommt bei unentschuldigter Arbeitsabwesenheit zum Beispiel die Kürzung des Erholungsurlaubs i.S.d. § 11 Abs. 2 S. 1 RegVO Nr. 108/1994 Slg., der Wegfall des Lohnersatzes bei Feiertagsarbeit, wenn der Arbeiter unentschuldigt unmittelbar vor oder nach dem Feiertag seine Arbeitsschicht nicht eingehalten hat (§ 6 Abs. 3 Gesetz Nr. 1/1992 Slg.), die Kürzung des Lohnersatzes im Falle des Militär- oder Zivildienstes unter den Voraussetzungen des § 125 Abs. 2 ZP.
Bei einem rechtmäßigen Streik gilt die Streikteilnahme als entschuldigte Abwesenheit von der Arbeit. Auch bei einem rechtswidrigen Streik gilt die Teilnahme solange als entschuldigte Abwesenheit, bis das Gericht die Rechtswidrigkeit rechtskräftig festgestellt hat (§ 22 Abs. 2 GKV). Die Streikteilnahme nach Rechtskraft der gerichtlichen Entscheidung über die Rechtswidrigkeit des Streiks ist dagegen eine unentschuldigte Abwesenheit von der Arbeit (§ 22 Abs. 3 GKV). Der Streikteilnehmer, der regelmäßig von der Rechtmäßigkeit des gewerkschaftlich ausgerufenen Streiks ausgehen wird, ist also bei einem unrechtmäßigen Streik bis zur Rechtskraft der Entscheidung geschützt[1322].
Für die Beurteilung des Streiks ist § 22 Abs. 2 und Abs. 3 GKV ein Spezialgesetz gegenüber § 40 Abs. 5 RegVO Nr. 108/1994 Slg., wonach der Arbeitgeber im Einvernehmen mit dem Gewerkschaftsorgan über die Entschuldbarkeit der Arbeitsabwesenheit entscheidet, und schließt dessen Anwendbarkeit aus[1323].
Eine Ausnahme von der Suspendierung der Hauptleistungspflichten während eines Streiks bildet der Fall des § 19 Abs. 2 GKV, wonach die Arbeitnehmer wegen des Sonderschutzes des Arbeitgebers nach § 19 Abs. 1 GKV ihre Arbeit verrichten und dennoch Streikteilnehmer sind. § 19 Abs. 1 GKV statuiert eine Mitwirkungspflicht der Gewerkschaftsorgane, die über die Streikeröffnung entschieden haben, mit dem Ziel, Nachteile für Leib und Leben und Eigentumsschäden zu verhindern. Das streikführende Gewerkschaftsorgan muß im einzel-

[1321] So auch *Galvas* (-ders.), Pracovní právo, S. 411 f., der von einer vorübergehenden Suspendierung einzelner arbeitsvertraglicher Pflichten spricht.
[1322] *Bělina* (-ders.), Pracovní právo (1997), S. 288.
[1323] A.A.: *Týc/Michal*, Práce a mzda 1995, H. 6, S. 44.

nen den Arbeitgeber während der gesamten Streikdauer bei der Sicherung der Arbeitsvorrichtungen vor Beschädigung, Verlust, Vernichtung und Mißbrauch unterstützen sowie bei der Sicherstellung der notwendigen Betriebstätigkeiten, die für den Eigentumsschutz und Gesundheitsschutz erforderlich sind.
Bei den Arbeitnehmern, die diese Sicherungsarbeiten ausführen, handelt es sich trotz der Arbeitsausführung dennoch um Streikende, wenn die Arbeitnehmer sich mit der Teilnahme am Streik einverstanden erklärt haben[1324]. Im Vergleich zu anderen Streikteilnehmern kommt es bei den Arbeitnehmern i.S.d. § 19 Abs. 2 GKV nicht zu einer Suspendierung der Hauptleistungspflichten, sondern sie behalten gegenüber dem Arbeitgeber ihren Lohnanspruch bzw. im Falle der ‚Überführung auf eine andere Arbeit' ihren Lohnersatzanspruch (vgl. § 22 Abs. 4 S. 2 GKV). Und im Falle der Arbeitsverhinderung handelt es sich um eine Arbeitsverhinderung auf Seiten des Arbeitgebers, bei dem sich der Lohnersatzanspruch nach § 130 Abs. 1 ZP beurteilt (vgl. § 22 Abs. 4 S. 2 GKV).
Die Arbeitnehmer unterliegen bei Ausführung der Sicherungsarbeiten i.S.d. § 19 Abs. 1 GKV den Weisungen des Arbeitgebers (§ 19 Abs. 2 GKV).

(B) Kampfunbeteiligter Arbeitnehmer

Gegenüber nicht streikbeteiligten Arbeitnehmern des bestreikten Betriebs bleiben die Beschäftigungs- und die Vergütungspflicht des Arbeitgebers und die Arbeitsleistungspflicht des Arbeitnehmers grundsätzlich bestehen. Der Arbeitgeber muß den Arbeitnehmern die Ausführung ihrer Arbeit ermöglichen (§ 22 Abs. 4 S. 1 GKV). Können die arbeitswilligen Arbeitnehmer infolge des Streiks jedoch ihre Arbeit nicht in der vertraglich vereinbarten Weise oder überhaupt nicht verrichten, bestimmen sich die Vergütungsansprüche gem. § 22 Abs. 4 S. 2 GKV nach den Regelungen des Lohngesetzes über den Lohn bei ‚Überführung auf eine andere Arbeit' (vgl. § 8 Abs. 4 Gesetz Nr. 1/1992 Slg.), gegebenenfalls nach den Regelungen über den Lohnersatz bei Arbeitsverhinderung auf Seiten des Arbeitgebers (§ 130 Abs. 1 ZP).

(2) Haftung für die während des Streiks verursachten Schäden

Gem. § 23 Abs. 1 S. 1 GKV haften die streikbeteiligten Arbeitnehmer und die Arbeitgeber gegenseitig für die während des Streiks verursachten Schäden nach dem Bürgerlichen Gesetzbuch (§ 420 a ff. OZ). Eine Ausnahme besteht für die bei den Sicherungsarbeiten i.S.d § 19 GKV entstandenen Schadensfälle. Hier richtet sich die Haftung nach dem Arbeitsgesetzbuch (§ 23 Abs. 1 S. 2 GKV i.V.m. §§ 170 ff. ZP). Eine Haftung für die ausschließlich durch die Arbeitsverweigerung entstandenen Schäden, also insbesondere für den entgangenen Gewinn, besteht dagegen nicht (§ 23 Abs. 2 GKV).

[1324] *Galvas* (-ders.), Pracovní právo, S. 421.

Gegenüber der zivilrechtlichen Haftung ist die arbeitsrechtliche Haftung nicht so hart, da der Arbeitnehmer nur bei Verschulden (§ 172 Abs. 1 ZP) haftet, eine Haftungsbegrenzung i.S.d. § 179 ZP vorliegt und i.d.R. auch keine Haftung für entgangenen Gewinn (vgl. § 179 Abs. 1 und Abs. 3 ZP) besteht.

Die streikführende Gewerkschaft haftet für einen durch Verletzung der Mitwirkungspflicht i.S.d. § 19 Abs. 1 GKV entstandenen Schaden (§ 23 Abs. 3 GKV) sowie darüber hinaus für den gesamten durch einen rechtswidrig Streik verursachten Schaden, sofern die Rechtswidrigkeit des Streiks gerichtlich festgestellt wurde (§ 23 Abs. 4 GKV). Zwar spricht das GKV in diesen Fällen von einer Haftung nach dem Wirtschaftsgesetzbuch (*hospodářský zákoník*). Dieser Begriff existiert allerdings im tschechischen Recht nicht mehr, da das Handelsgesetzbuch das ehemalige Wirtschaftsgesetzbuch abgelöst hat[1325]. Die Rechtslehre wendet hier einheitlich für die Haftung der Gewerkschaft die Regelungen des Bürgerlichen Gesetzbuchs an[1326]. Gem. § 442 OZ umfaßt die Haftung im Vergleich zur Haftung nach § 23 Abs. 1 und Abs. 2 GKV auch den entgangenen Gewinn des Arbeitgebers.

(3) Auswirkungen der Streikteilnahme auf die Kranken- und Sozialversicherung

Wer während der Teilnahme an einem Streik erkrankt, hat für die Dauer des Streiks keinen Krankengeldanspruch, sofern sich die Voraussetzungen für die Entstehung dieser Krankenversicherungsansprüche im Zeitpunkt der Streikteilnahme erfüllt haben (§ 24 Abs. 1 GKV). Das Krankengeld wird anstelle des Lohnanspruchs gewährt, wenn der Arbeitnehmer keinen Arbeitslohn infolge krankheitsbedingter Arbeitsverhinderung erzielen konnte. Weil aber während der Streikdauer die Arbeitnehmer wegen der Suspendierung der Hauptleistungspflichten des Arbeitsverhältnisses keinen Anspruch auf Lohn haben, kann auch kein entgangener Lohnanspruch durch Krankengeld kompensiert werden[1327].
Erst mit dem ersten Tag, der der Beendigung der Streikteilnahme folgt, können die Krankenversicherungsansprüche wieder entstehen (§ 24 Abs. 2 S. 1 GKV). Die Dauer der Gewährung dieser Ansprüche verlängert sich nicht um die Dauer der Streikteilnahme (§ 24 Abs. 2 S. 2 GKV).
Die Streikteilnahme führt auch zu Nachteilen bei der Gewährung von Ansprüchen im Rahmen der Sozialfürsorge, da die Zeit der Streikteilnahme, in der die Hauptleistungspflichten suspendiert sind, nicht bei der Beurteilung der Sozialhilfeansprüche angerechnet werden (vgl. § 24 Abs. 4 GKV).

[1325] Vgl. 1. Teil, B.II.2)B).

[1326] S. nur *Tröster* (-ders./Vysokajová), Zákoník práce, S. 457; *Galvas* (-ders.), Pracovní právo, S. 423.

[1327] *Tröster* (-ders./Vysokajová), Zákoník práce, S. 458; *Galvas* (-ders.), Pracovní právo, S. 426.

d) Bemerkung

Die Vielzahl der detaillierten verfahrensrechtlichen Voraussetzungen i. S. d. § 17 GKV (wie Urabstimmung der Arbeitnehmer, schriftliche Mitteilung an den Arbeitgeber, Vorlage eines Namensverzeichnisses), deren Nichteinhaltung zur Unrechtmäßigkeit des Streiks führt (§ 20 c) GKV), bewirkt de facto eine Einschränkung des Streikrechts.

Kritisch anzumerken ist darüber hinaus die Suspendierung der Hauptleistungspflichten auch im Rahmen eines rechtswidrigen Streiks. Da dem rechtswidrigen Arbeitskampf nämlich keine rechtfertigende Wirkung zukommt, besteht kein ersichtlicher Grund, warum der rechtswidrige Streik in Abgrenzung zum rechtmäßigen Streik schuldrechtlich nicht eine Verletzung des Arbeitsvertrages darstellen sollte.

Ähnlich wie bei den Rechtsfolgen hinsichtlich der Hauptleistungspflichten[1328] unterscheidet das tschechische Recht bei der Haftung der Arbeitgeber und Arbeitnehmer für die während des Streiks verursachten Schäden nicht zwischen der Rechtmäßigkeit und Rechtswidrigkeit des Streiks, sondern wendet i.d.R. einheitlich die Haftungsregelungen des Bürgerlichen Gesetzbuchs an. Insbesondere bei der Teilnahme an einem rechtmäßigen Streik ist diese harte zivilrechtliche Haftung zweifelhaft. Zwar sind die Hauptleistungspflichten des Arbeitsverhältnisses suspendiert, aber dennoch stehen die Schäden im Zusammenhang mit dem Arbeitsverhältnis[1329]. Denn der Arbeitnehmer hat die Schäden während der Ausübung seines Streikrechts, das in dem Arbeitsverhältnis begründet ist, verursacht. Auch bleiben die arbeitsrechtlichen Nebenpflichten vom Arbeitskampf unberührt. Daher ist nicht verständlich, warum der Teilnehmer an einem rechtmäßigen Streik durch Verweis auf die härtere Haftung des Bürgerlichen Gesetzbuchs gegenüber dem streikunbeteiligten Arbeitnehmer, dessen Haftung sich nach dem Arbeitsgesetzbuch richtet, schlechter gestellt wird. Dadurch wird die Ausübung des verfassungsrechtlich anerkannten Streikrechts für den Teilnehmer eines rechtmäßigen Streiks an negative Folgen geknüpft, so daß von einer unzulässigen Schlechterstellung des Streikteilnehmers gegenüber den nicht streikenden Arbeitnehmern und von einer Einschränkung des Streikrechts ausgegangen werden kann. De lege ferenda ist eine Angleichung der Haftung des Teilnehmers an einem rechtmäßigen Streik an die Haftung des nicht streikbeteiligten Arbeitnehmers zu wünschen[1330].

[1328] Vgl. hierzu 2. Teil, B.II.5)B)c)(1)(A).
[1329] So auch *Galvas* (-ders.), Pracovní právo, S. 423.
[1330] In diesem Sinne wohl auch *Galvas* (-ders.), Pracovní právo, S. 423.

e) Sonstiges

Zur Stärkung der Wirksamkeit eines rechtmäßigen Streiks darf der Arbeitgeber gem. § 25 GKV während des Streiks nicht andere Arbeitnehmer zum Ersatz für die Streikenden einstellen (Annahmeverbot während des Streiks).
Der Streik endet mit Ablauf der Zeit, für die er ausgerufen wurde, oder mit Entscheidung des Gewerkschaftsorgans[1331]. Über die Beendigung des Streiks entscheidet das Gewerkschaftsorgan, das auch über die Bekanntmachung und/ oder die Eröffnung entschieden hat (§ 26 S. 1 GKV). Die Streikbeendigung muß das Gewerkschaftsorgan ohne unnötige Verzögerung den Arbeitgebern schriftlich mitteilen (§ 26 S. 2 GKV).
Die Rechtmäßigkeit des Streiks ist gerichtlich überprüfbar (vgl. § 21 GKV). Der Arbeitgeber, der Arbeitgeberverband oder die Staatsanwaltschaft können bei dem zivilen Kreisgericht einen Antrag auf Feststellung der Rechtswidrigkeit des Streiks stellen; der Antrag hat keine aufschiebende Wirkung, d.h. der Streik kann bis zur gerichtlichen Entscheidung fortgesetzt werden (§ 21 S. 1 GKV)[1332]. Das Verfahren richtet sich nach den Vorschriften der Zivilprozeßordnung über das Verfahren in erster Instanz (§ 21 S. 2 GKV).

f) Zulässigkeit von Streiks außerhalb von Kollektivverhandlungen nach dem GKV

Wie bereits dargestellt bezieht sich das GKV ausschließlich auf Streiks im Zusammenhang mit dem Abschluß eines Kollektivvertrages (vgl. § 1 GKV). Fraglich ist, ob ein Streik nur in den durch das GKV genannten Fällen oder darüber hinaus auch aus anderen Gründen (wie z.B aus politischen Gründen oder aus arbeitsrechtlichen Gründen, die in keinem Zusammenhang zum Abschluss eines Kollektivvertrages stehen,) zulässig ist[1333].
Art. 27 Abs. 4 Charta Nr. 2/1993 Slg. garantiert das Streikrecht zum Schutz der sozialen und wirtschaftlichen Interessen unter den gesetzlich festgelegten Bedingungen (Art. 27 Abs. 1 Charta Nr. 2/1993 Slg.)[1334]. Gem. Art. 41 Charta Nr. 2/1993 Slg. kann das Streikrecht nur in den Grenzen der Gesetze, die es ausführen, geltend gemacht werden.
Das einzige Durchführungsgesetz im Streikrecht ist das Gesetz über Kollektivverhandlungen. Aus dem Fehlen von weiteren Durchführungsgesetzen im Bereich des Streiks könne aber nach überwiegender Meinung in der Literatur[1335]

[1331] *Galvas* (-ders.), Pracovní právo, S. 418.
[1332] Allerdings besteht daneben die Möglichkeit des vorläufigen Rechtsschutzes (§§ 74-77 o.s.ř.).
[1333] Vgl. hierzu *Carabelli/Sciarra* (-Tomeš/Tkáč), Collective labour law, S. 89.
[1334] So auch *Kostečka*, Právo a zákonnost 1992, H. 1, S. 40.
[1335] *Kubínková/Sádková*, Právo a zaměstnání 1996, H. 7-8, S. 10; *Šubrt*, Práce a mzda 2001, H. 1, S. 44; *Vacík/Klimša*, Právo a zaměstnání 1999, H. 9-10, S. 15 und S. 17.

und nach der Rechtsprechung[1336] nicht geschlossen werden, daß ein Streikrecht außerhalb des GKV nicht besteht.
Demnach sind Streiks zwischen den Kollektivparteien, die den Schutz der wirtschaftlichen und sozialen Interessen der Arbeitnehmer betreffen, im Sinne des Art. 27 Abs. 4 Charta Nr. 2/1993 Slg. auch möglich, wenn sie nicht im Zusammenhang mit einem Kollektivvertrag stehen[1337].
Demgegenüber müssen sich rein politische Streiks an dem Widerstandsrecht i.S.d. Art. 23 Charta Nr. 2/1993 Slg. messen. Bei einem solchen Streik sind die Arbeitgeber zwar auch unmittelbar vom Arbeitskampf betroffen. Der Streik wendet sich aber als Forderungsadressaten an staatliche Organe, die durch die negativen gesamtwirtschaftlichen Folgen des Streiks unter Druck gesetzt werden sollen[1338].
Für die Zulässigkeit von Streiks zum Schutz der wirtschaftlichen und sozialen Interessen der Arbeitnehmer außerhalb des GKV spricht auch die Stellung des GKV im System des kollektiven Rechts. Das GKV regelt nur den kollektiven Bereich im Zusammenhang mit Kollektivverträgen (vgl. § 1 GKV) und ist keine komplexe Regelung des kollektiven Arbeitsrechts. Zwar stand schon einmal im Jahre 1990 die Vorbereitung eines eigenständigen Streikgesetzes, das den Streik komplex regeln sollte, im Raum. Doch dieses Gesetz wurde durch die Gewerkschaften wegen der vorgesehenen beträchtlichen Einschränkungen des Streikrechts abgelehnt[1339]. Daher ist die Streikregelung des GKV auch nicht komplex zu verstehen, sondern sie bezieht sich nur auf den Bereich im Zusammenhang mit Kollektivverträgen. Die Schlußfolgerung, daß andere Streiks unzulässig sind, wäre mit Blick auf die fehlende Komplexität des GKV unzutreffend[1340]. Für die Bejahung der Zulässigkeit anderer Streiks spricht auch Art. 2 Abs. 3 Charta Nr. 2/1993 Slg., der von dem Grundsatz ausgeht, daß alles erlaubt ist, was nicht verboten ist[1341].
Dennoch ist ein Recht, das zwar formal besteht, aber nicht näher gewährleistet ist, sehr schwach. Auch wenn es sich um einen legalen Streik handeln sollte, ist es nicht möglich einen Regreß gegen den streikbeteiligten Arbeitnehmer auszuschließen, allerdings nicht aufgrund der Streikteilnahme, sondern aufgrund der

1336 Vgl. die Entscheidung des Stadtgerichts Prag vom 16.2.1993 (Nr. 31 C 190/92-34), beschrieben bei *Kostečka*, Právní praxe 1993, H. 10, S. 616.
1337 So *Kubínková/Sádková*, Právo a zaměstnání 1996, H. 7-8, S. 9; *Galvas*, Právo a zaměstnání 1999, H. 3-4, S. 12 f
1338 *Kostečka*, Právo a zákonnost 1992, H. 1, S. 41.
1339 *Šubrt*, Práce a mzda 1991, H. 1, S. 10.
1340 Für die Zulässigkeit anderer Streiks auch *Šubrt*, Práce a mzda 1991, H. 1, S. 43; *Galvas* (-ders.), Pracovní právo, S. 414; *Kostečka*, ArbuR 1992, S. 324.
1341 So auch *Kostečka*, Právo a zákonnost 1992, H. 1, S. 42.

Nichterbringung der Arbeitsleistung und dadurch der Störung der Arbeitsvertragsverletzung[1342].

De lege ferenda ist eine gesetzliche Klärung der Streitfrage, ob Streiks auch außerhalb des GKV zulässig sind, und der Rechtsfolgen für das Arbeitsverhältnis zu wünschen[1343].

C) Aussperrung

a) Definition und Rechtmäßigkeitsvoraussetzungen

Bei der Aussperrung weigert sich der Arbeitgeber, der Beschäftigungs- und Lohnzahlungspflicht gegenüber dem Arbeitnehmer nachzukommen. Gemäß der Legaldefinition des § 27 Abs. 2 GKV handelt es sich um eine teilweise oder völlige Einstellung der Arbeit durch den Arbeitgeber. Ähnlich wie beim Streik ist die Aussperrung lediglich bei einer Regelungsstreitigkeit, d.h. bei einem Streit über den Abschluß eines Kollektivvertrags, zulässig (vgl. § 27 Abs. 1 GKV). Nach Abschluß eines Kollektivvertrages kann eine Aussperrung nicht rechtmäßig verhängt werden (§ 28 b) 2.Var. GKV).

Eine Aussperrung ist nur rechtmäßig, wenn ein vorangegangenes Schlichtungsverfahren erfolglos war (§ 28 a) GKV) und ein Antrag auf Einleitung eines Schiedsverfahrens nicht gestellt wurde (§ 28 b) 1.Var. GKV). Dies stellt eine Ausprägung des Verhältnismäßigkeitsgrundsatzes dar und zeigt, daß die Aussperrung – genau wie der Streik – das äußerste Mittel zur Lösung einer kollektiven Streitigkeit über den Abschluß eines Kollektivvertrages auf Seiten des Arbeitgebers die Aussperrung sein sollte.

Eine Beschränkung auf eine Abwehraussperrung, mit der der Arbeitgeber nur auf Arbeitskampfmaßnahmen der Arbeitnehmer reagiert, findet sich im GKV nicht, so dass auch von der Zulässigkeit einer Angriffsaussperrung auszugehen ist.

Die Aussperrung kann nur der einzelne Arbeitgeber, nicht der Arbeitgeberverband bekanntmachen[1344]. Bei einem Tarifstreit über einen Verbandskollektivvertrag beinhaltet die Entscheidung des Arbeitgebervereins, Aussperrungen anzuwenden, lediglich eine Empfehlung für den einzelnen Arbeitgeber[1345]. Letztendlich entscheidet der einzelne Arbeitgeber aber über die Bekanntmachung der Aussperrung in seinem Unternehmen.

Der Arbeitgeber muß dem zuständigen Gewerkschaftsorgan mindestens drei Tage vor der Aussperrung die Eröffnung der Aussperrung, ihren Umfang, die

---

[1342] So auch *Šubrt*, Práce a mzda 2001, H. 1, S. 44; Kostecka, Právo a zákonnost 1992, H. 1, S. 45; a.A. *Steiner* (Práce a mzda 2001, H. 5, S. 27) der in der Teilnahme an einem Streik außerhalb des GKV keine Störung der Arbeitsdisziplin sieht.

[1343] So auch *Vacík/Klimša*, Právo a zaměstnání 1999, H. 9-10, S. 12.

[1344] *Šubrt*, Práce a mzda 1991, H. 1, S. 53.

[1345] *Kostečka*, Právo a zákonnost 1992, H. 1, S. 43.

Gründe und Ziele und das Namensverzeichnis der Arbeitnehmer, gegen die sich die Aussperrung richtet, mitteilen (§ 27 Abs. 3 S. 1 GKV). In der gleichen Frist muß der Arbeitgeber den betroffenen Arbeitnehmern die Aussperrung ankündigen (§ 27 Abs. 3 S. 2 GKV). Verstößt der Arbeitgeber gegen die Anforderungen des § 27 Abs. 3 GKV, so ist die Aussperrung gem. § 28 c) GKV rechtswidrig.
Die Aussperrungsverbote gem. § 28 d) – i) GKV gleichen den Streikverboten gem. § 20 f) – k) GKV.
Die Aussperrung ist beendet, wenn der Arbeitgeber dies entschieden hat (§ 31 S. 1 GKV). Der Arbeitgeber muß die Beendigung der Aussperrung dem zuständigen Gewerkschaftsorgan ohne unnötige Verzögerung schriftlich mitteilen (§ 31 S. 1 2.HS GKV). Auch muß er die ausgesperrten Arbeitnehmer über die Beendigung der Aussperrung informieren (§ 30 S. 2 GKV).
Das zuständige Gewerkschaftsorgan und die Staatsanwaltschaft können bei dem zivilen Kreisgericht einen Antrag auf Feststellung der Rechtswidrigkeit der Aussperrung stellen; die Einreichung des Antrags hat keine aufschiebende Wirkung gegenüber der Aussperrung (§ 29 S. 1 GKV)[1346]. Das Kreisgericht verfährt nach den Regelungen der Zivilprozeßordnung über das Verfahren in erster Instanz (§ 29 S. 2 GKV).

b) Rechtsfolgen

Im Gegensatz zum Streik kommt es bei der Aussperrung nicht zu einer Suspendierung der Hauptleistungspflichten. Der Arbeitgeber, der seine Beschäftigungspflicht verletzt, muß den ausgesperrten Arbeitnehmern Lohnersatzansprüche zahlen (vgl. § 30 Abs. 1 GKV). Es handelt sich bei der Aussperrung um ein Beschäftigungshindernis auf Seiten des Arbeitgebers i.S.d. § 130 Abs. 1 ZP (vgl. § 30 Abs. 1 GKV), wobei das GKV für die rechtmäßige Aussperrung vom Arbeitsgesetzbuch abweichende Lohnersatzansprüche regelt. Den betroffenen Arbeitnehmern gebührt ein Lohnersatzanspruch bei einer rechtswidrigen Aussperrung in Höhe des Durchschnittsverdienstes (§ 30 Abs. 1 S. 1 GKV i.V.m. § 130 Abs. 1 ZP), bei einer rechtmäßigen Aussperrung nur in Höhe von 50 % des Durchschnittsverdienstes (§ 30 Abs. 1 S. 2 GKV).
Das Gesetz differenziert zwar zwischen der Rechtmäßigkeit und Rechtswidrigkeit einer Ausperrung und reduziert bei einer rechtmäßigen Aussperrung die Lohnersatzansprüche im Vergleich zur rechtswidrigen Aussperrung. Dennoch wird der Arbeitgeber auch bei Rechtmäßigkeit der Aussperrung mit Lohnersatzansprüchen belastet, so daß die Aussperrung aus wirtschaftlichen Gesichtspunkten i.d.R. nicht zur Anwendung kommen wird[1347]. Dadurch besteht die Gefahr, daß die Kampfparität gestört wird. Denn der Arbeitgeber wird zum Beispiel von

---

[1346] Allerdings besteht daneben die Möglichkeit des vorläufigen Rechtsschutzes (§§ 74-77 o.s.ř.).
[1347] So auch *Galvas* (-ders.), Pracovní právo, S. 425 (Fn. 118) und *Šubrt*, Práce a mzda 2000, H. 13, S. 15 (Fn. 7).

einer Abwehraussperrung als Mittel, um ein durch einen Streik bewirktes Verhandlungsungleichgewicht auszugleichen, Abstand nehmen.
Für während der Aussperrung entstandene Schäden haften der Arbeitgeber und die ausgesperrten Arbeitnehmer gegenseitig nach den Regelungen des Bürgerlichen Gesetzbuchs (§ 30 Abs. 2 S. 1 GKV). Für die ausschließlich durch die Aussperrung entstandenen Schäden besteht keine Haftung (§ 30 Abs. 2 S. 2 GKV).
Die Aussperrung wird bei der Berechnung der Ansprüche im Rahmen der Krankenversicherung nicht berücksichtigt (§ 30 Abs. 3 S. 1 GKV). Bei der Gewährung von Sozialhilfeansprüchen wird ein infolge der Aussperrung niedrigeres Einkommen bei der Beurteilung der Anspruchsbegründung angerechnet (§ 30 Abs. 3 S. 3 GKV).

6) Gerichtliche Beilegung von kollektiven Arbeitsstreitigkeiten

Nur wenige kollektivrechtliche Streitigkeiten werden von den Gerichten entschieden. Gem. § 7 Abs. 1 o.s.ř. Nr. 99/1963 Slg. i.d.F. Nr. 271/2001 Slg. ist der Rechtsweg der Zivilgerichtsbarkeit für Streitigkeiten aus zivilrechtlichen Beziehungen sowie aus Arbeits-, Familien- und Handelsbeziehungen eröffnet, sofern das Gesetz keine andere Regelung vorsieht. Eine eigenständige Arbeitsgerichtsbarkeit oder eigene Senate für Arbeitssachen innerhalb der ordentlichen Gerichte gibt es in der Tschechischen Republik nicht; de lege ferenda ist allerdings eine eigene Arbeitsgerichtsgerichtsbarkeit wünschenswert, da sie eine schnellere und für den Arbeitnehmer zugänglichere Beilegung der Streitigkeiten ermöglicht[1348].
„Arbeitsrechtliche Beziehungen" sind nach § 7 Abs. 1 ZP die Beziehungen zwischen dem Arbeitgeber und dem Arbeitnehmer. Darunter fallen nicht die kollektivrechtlichen Streitigkeiten, bei denen es sich um Streitigkeiten zwischen dem Arbeitgeber bzw. den Arbeitgeberverbänden und der Gewerkschaftsorganisation bzw. den Gewerkschaftsverbänden handelt, so daß für arbeitsrechtliche Kollektivstreitigkeiten grundsätzlich nicht die Zivilgerichtsbarkeit, bei der gem. § 7 Abs. 1 o.s.ř. auf „Arbeitsbeziehungen" abzustellen ist, eröffnet ist[1349].
Lediglich in zwei Fällen besteht eine aufdrängende Sonderzuweisung zu den Zivilgerichten i.S.d. § 7 Abs. 2 o.s.ř.: Danach sind die Zivilgerichte zuständig für die Überprüfung eines Schiedsspruchs über eine Erfüllungsstreitigkeit im Zusammenhang mit einem Kollektivvertrag (§ 14 Abs. 2 S. 2 GKV) und für die Feststellung der Rechtswidrigkeit eines Streiks oder einer Aussperrung (§§ 21, 29 GKV). In erster Instanz[1350] sind dann in diesen Fällen die ‚Bezirksgerichte'

[1348] So auch *Bělina* (-ders.), Pracovní právo (2001), Rn. 1697.
[1349] Str., a.A. *Galvas*, Kolektivní pracovní právo, S. 92 f., der allerdings den Begriff „Arbeitsbeziehung" nicht näher definiert.
[1350] In der Regel sind erstinstanzlich die ‚Bezirksgerichte' (*okresní soudy*) gem. § 9 Abs. 1 o.s.ř. zuständig.

(*okresní soudy*) gem. § 14 Abs. 2 S. 2 GKV bzw. gem. § 9 Abs. 2 f) o.s.ř. sachlich zuständig. Berufungsinstanz ist dann das ‚Obergericht' (*vrchní soud*), § 10 Abs. 2 o.s.ř

Für andere Streitigkeiten im Rahmen des kollektiven Arbeitsrechts ist die Zivilgerichtsbarkeit nicht eröffnet und somit kein Rechtsweg zu den Gerichten gegeben[1351]. Das bedeutet, daß die Gerichte nicht angerufen werden können, wenn Rechtsfragen im Bereich der Arbeitnehmervertretung in Streit stehen, z.B. Streitigkeiten über die Stellung von Räumlichkeiten für notwendige Gewerkschaftstätigkeit durch den Arbeitgeber (§ 19 Abs. 2 ZP), über die Nichtgewährung von Informationen an die Gewerkschaft durch den Arbeitgeber (§ 18 b Abs. 2 ZP) oder über die Nichtgewährung des Erörterungsrechts (§ 18 b Abs. 3 ZP)[1352].

Im Bereich der Arbeitnehmervertretung kann lediglich das Arbeitsamt angerufen werden. Dieses kann bei einer unterbliebenen Mitwirkung und Mitwirkung der Gewerkschaft eine Störung der arbeitsrechtlichen Vorschriften feststellen und die Beseitigung anordnen (§ 8 Abs. 3 Gesetz Nr. 9/1991 Slg.[1353]) und dem Arbeitgeber gem. §§ 8 Abs. 4 und 9 Abs. 1 Gesetz Nr. 9/1991 Slg. (in der zuletzt gültigen Fassung) eine Geldstrafe auferlegen[1354].

7) Empirische Angaben

Nach Angaben des Tschechischen Amts für Statistik waren in der Tschechischen Republik zum 30.06.2000 ca. 3.972.400 Arbeitnehmer in einem Hauptbeschäftigungsverhältnis im privaten Sektor der Nationalen Wirtschaft angestellt[1355]. Davon waren ca. 1.300.000 Arbeitnehmer, also ca. 30 % der Arbeitnehmer, in einer Gewerkschaft organisiert[1356].

Die Gewerkschaften und Gewerkschaftsverbände in der Tschechischen Republik formieren sich nach dem Branchen- oder dem Berufsprinzip[1357]. Das Branchenprinzip besagt, daß sich die Gewerkschaften in einer Branche, in der der Arbeitgeber tätig ist, ohne Rücksicht auf die tatsächliche Einordnung der Arbeit der Mitglieder, zu einem Verband formieren[1358]. Das Berufsprinzip vereinigt alle

---

[1351] Streitig, s. oben.

[1352] A.A. – ohne nähere Begründung – *Šubrt*, Práce a mzda 2000, H. 13, S. 9 und *Gerauer/Baron/Britz*, Arbeitsrecht, Rn. 255, die für solche Streitigkeiten den Rechtsweg vor den Zivilgerichten für eröffnet sehen.

[1353] Zákon č. 9/1991 Sb. o zaměstnanosti a působnosti orgánů ČR na úseku zaměstnansti [*Übersetzung*: Gesetz Nr. 9/1991 Slg. über die Beschäftigung und die Zuständigkeit der Organe der Tschechischen Republik in dem Bereich der Beschäftigung].

[1354] 2.Teil, B.II.2)B)b) und c).

[1355] Angaben der Českomoravská konfederace odborových svazů (Kubinková).

[1356] Angaben der Českomoravská konfederace odborových svazů (Kubinková); vgl. auch *Bělina* (-Bognárová), Pracovní právo (2001), Rn. 1510.

[1357] *Bělina* (-Bognárová), Pracovní právo (2001), Rn. 1511.

[1358] *Bělina* (-Bognárová), Pracovní právo (2001), Rn. 1511.

Arbeitnehmer des gleichen Berufs, ohne Rücksicht auf die Branche des Unternehmens (z.B. der Ärztegewerkschaftsklub)[1359].
Die Gewerkschaftsverbände oder die eigenständigen Gewerkschaften vereinigen sich in der Regel in Konföderationen[1360]. Die größte Gewerkschaftsorganisation ist die ,Tschechisch-Mährische Konföderation der Gewerkschaftsverbände' (*Českomoravská konfederace odborových svazů*[1361]), die ca. 30 Berufsgewerkschaftsverbände mit insgesamt ca. 1.025.825 Mitgliedern, vereinigt[1362]. Die ČMKOS vereinigt sowohl Gewerkschaftsverbände des privat- als auch des öffentlichrechtlichen Sektors[1363]. Die ČMKOS hat die Befugnis, mit dem Sozialpartner und der Regierung als Drei-Parteien-Organ rechtlich unverbindliche Generalabkommen abzuschließen[1364]. Neben der ČMKOS sind noch weitere Gewerkschaftszentralen in der Tschechischen Republik tätig[1365].
Daneben gibt es auf der Unternehmensebene in der Tschechischen Republik noch weitere Gewerkschaften, die nur auf der Unternehmensebene und nicht darüberhinaus in einem Verband wirken. Dabei überwiegen vor allem die reinen ,Unternehmensgewerkschaften' (*podnikové odborové organizaci*), die nach dem Arbeitgeberprinzip organisiert sind. Das heißt, die Gewerkschaft ist nur bei einem Arbeitgeber, also für ein Unternehmen, zuständig[1366]. Hingegen sind die sog. ,örtlichen Gewerkschaftsorganisationen' (*místní organizaci*), die Arbeit-

---

[1359] *Bělina* (-Bognárová), Pracovní právo (2001), Rn. 1511.
[1360] *Bělina* (-Bognárová), Pracovní právo (2001), Rn. 1511.
[1361] Im folgenden abgekürzt als „ČMKOS".
[1362] Unveröffentlichte Angaben der ČMKOS aus dem Jahr 2000 (Marcela Kubinková).
[1363] Unveröffentliche Angaben der ČMKOS aus dem Jahr 2000 (Marcela Kubinková).
[1364] *Bělina* (-Bognárová), Pracovní právo (2001), Rn. 1513.
[1365] Zu nennen sind hier nach Angaben der ČMKOS (Kubinková) insbesondere die ASO (Asociace samostatných odborů, [*Übersetzung:* Vereinigung selbständiger Gewerkschaften]), JSSZ (Jednotný svaz soukromých zaměstnanců, [*Übersetzung:* Einheitlicher Verband privater Arbeitnehmer]), KOK (Křesťanská odborová koalice, [*Übersetzung:* Christliche Gewerkschaftskoalition]), KUK (Konfederace umění a kultury, [*Übersetzung:* Konföderation der Künste und Kultur]), LOK (Lékařský odborový klub, [*Übersetzung:* Ärztegewerkschaftsklub]), OSČMS (Odborové sdružení Čech, Moravy a Slezska, [*Übersetzung:* Gewerkschaftsvereinigung der Tschechen, Mähren und Schlesier]), OS VNKO (Odborový svaz pracovníků vydavatelství, nakladatelství a knižního obchodu Čech a Moravy, [*Übersetzung:* Gewerkschaftsverband der Arbeiter im Verlagswesen und Buchhandel auf dem Gebiet der Tschechen und Mähren]), OSŽ (Odborové sdružení železničářů, [*Übersetzung:* Gewerkschaftsvereinigung der Eisenbahnangestellten]), OSPZ (Odborový svaz pracovníků zemědělství a výživy Čech a Moravy, [*Übersetzung:* Gewerkschaftsverband der Arbeitnehmer im Bereich der Landwirtschaft und der Ernährung auf dem Gebiet der Tschechen und Mähren]), OSNP (Odborový svaz nepedagogických pracovníků školství České republiky, [*Übersetzung:* Gewerkschaftsverband nichtpädagogischer Arbeiter im Schulwesen der Tschechischen Republik]), OSS (Odborvý svaz sklářského, keramického, bižuterního průmyslu a porcelánu, [*Übersetzung:* Gewerkschaftsverband der Glas-, Keramik- und Schmuckindustrie und der Porzellanindustrie]).
[1366] *Bělina* (-Bognárová), Pracovní právo (2001), Rn. 1515.

nehmer verschiedener Arbeitgeber an einem Ort vereinigen (sog. Territorialprinzip), eher selten[1367].
Bis auf die örtlichen Gewerkschaften bestehen sonst keine weiteren regionalen Strukturen der Gewerkschaften[1368]. Lediglich als Organ der ČMKOS bildeten sich sog. ‚Regionalräte der Gewerkschaftsverbände' (*Regionální rady odborových svazů*), die in bestimmten Regionen die Interessen der Mitglieder der Gewerkschaftsverbände unterstützen sollen[1369].
Die ČMKOS hat in einem nicht veröffentlichen Aufsatz von Marcela Kubinková hinsichtlich der Anzahl der im Jahr 2000 tatsächlich in der Tschechischen Republik abgeschlossenen Kollektivverträge folgende Angaben gemacht:
Im Jahr 2000 umfaßten die Unternehmenskollektivverträge nur ca. 35 % aller Arbeitnehmer der Tschechischen Republik (von insgesamt 3.972.400 Arbeitnehmern in der Tschechischen Republik). Davon haben die Gewerkschaften, die zur Konföderation ČMKOS gehören, im Jahr 2000 insgesamt 4.339 Unternehmenskollektivverträge abgeschlossen, die sich auf 1.379.333 Arbeitnehmer bezogen. Es gelang 1.122 Gewerkschaftsorganen (von insgesamt 5.016 bei der ČMKOS) nicht, Unternehmenskollektivverträge abzuschließen. Die Anzahl der Arbeitgeber, bei denen die Gewerkschaftsorganisationen der Gewerkschaftsverbände der ČMKOS wirken, beträgt ca. 9.307.
Die Verbandskollektivverträge im Rahmen der ČMKOS deckten im Jahr 2000 ca. 602.291 Arbeitnehmer (von insgesamt 3.972.400 Arbeitnehmern in der Tschechischen Republik) ab. Im Jahr 2000 haben 12 Gewerkschaftsverbände der ČMKOS 22 Verbandskollektivverträge mit 20 Arbeitgeberorganisationen abgeschlossen. Diese Verbandskollektivverträge beziehen sich auf 1.375 Gewerkschaftsorganisationen und 602.291 Arbeitnehmer.
Zusammenfassend betrachtet sind demnach im Jahre 2000 nur ein Drittel der Arbeitnehmer der Tschechischen Republik von Unternehmenskollektivverträgen und nur ein Sechstel der Arbeitnehmer von Verbandskollektivverträgen betroffen, obwohl gerade die Verbandskollektivverträge als wichtige Gestaltungsmittel der Arbeitsrechtsordnung eingeführt wurden. Daraus folgt, daß in der Praxis das Institut der Kollektivverträge nicht effektiv genutzt wird. Bei Kollektivverhandlungen müssen aber zwei Grundbedingungen erfüllt sein, damit sinnvolle Kollektivverhandlungen stattfinden können: Erstens muß der Arbeitgeber die Gewerkschaft für den Zweck von Kollektivverhandlungen anerkennen und zweitens muß die Verpflichtung des Arbeitgebers, Informationen zum Zwecke von Kollektivverhandlungen preiszugeben, in der täglichen Praxis realisiert sein[1370].
Nach Angaben der ČMKOS (Kubinková) liegt die hauptsächliche Ursache dafür, daß nur so wenige Verbandskollektivverträge in der Tschechischen Repu-

---

[1367] *Bělina* (-Bognárová), Pracovní právo (2001), Rn. 1515.
[1368] Angaben der ČMKOS (Kubinková).
[1369] Angaben der ČMKOS (Kubinková).
[1370] *Casale*, Tarifverhandlungen, S. 55.

blik abgeschlossen werden, vor allem in der Nichtexistenz von Vertragspartnern auf Seiten der Arbeitgeber. Die Arbeitgeber sind häufig auch nicht gewillt, sich zu Arbeitgeberverbänden zusammenzuschließen, um Verbandskollektivverträge abzuschließen, so daß der Verhandlungspartner schlichtweg fehlt[1371]. Denn die ökonomischen Bedingungen der einzelnen Arbeitgeber sind häufig so verschieden, daß viele nicht bereit und fähig sind, Arbeitsbedingungen über den Rahmen der gesetzlichen Vorschriften hinaus zu gewähren. Bisher besteht daher überwiegend auf Seiten der Arbeitgeber die Rechtsansicht, daß Kollektivverhandlungen und –verträge nur in privilegierte Rechte der Arbeitgeber eingreifen[1372]. Diese fehlende Bereitschaft auf Seiten der Arbeitgeber zu Kollektivverhandlungen ist unter anderem auch darauf zurückzuführen, daß die Vertretungsstrukturen für Arbeitgeber nicht die gleiche historische Entwicklung durchlaufen haben wie die der Arbeitnehmer[1373]. Denn der Aufbauprozeß von Arbeitgebervertretungen hatte erst begonnen, als die Gewerkschaftsstrukturen (auch durch den Übergang von ehemaligen sozialistischen Gewerkschaften) bereits bestanden. Diese zeitliche Verzögerung ist auf die Tatsache zurückzuführen, daß der größte Arbeitgeber in der Vergangenheit der Staat war.

Da auch Kollektivverträge höherer Stufe lange Zeit unerwünscht oder gar unzulässig waren, bedurfte und bedarf es auf Seiten der Kollektivvertragsparteien eines Umdenkens hin zur Akzeptanz dieser Kollektivvertragsart. Insbesondere die Arbeitgeberseite muß sich darüber klar werden, daß Kollektivverträge höherer Stufe durch die Vermeidung der sog. „schmutzigen" Konkurrenz, zu der es kommt, wenn einige Arbeitgeber in unlauterem Wettbewerb bessere Wirtschaftsergebnisse durch schlechtere Arbeitsbedingungen erzielen, auch ihren Interessen dienen[1374].

Doch gerade im Haushaltsbereich sind Kollektivverhandlungen auf höherer Stufe praktisch ausgeschlossen. Denn öffentlich-rechtlichen Arbeitgeber haben in der Regel kein Bedürfnis daran, neben ihren bereits bestehenden Verwaltungs- und Organisationsstrukturen eine Vereinigung und damit eine juristische Person mit eigener Satzung i.S.d. Gesetzes Nr. 83/1990 Slg. über die Vereinigungsfreiheit zu gründen, um damit Verhandlungspartner auf höherer Ebene werden zu können[1375].

Jedoch auch auf Seiten der Gewerkschaft und der Arbeitnehmer werden wirkliche Kollektivverhandlungen aufgrund von Mißtrauen und der Ungewohnheit, wirkliche Verhandlungen zu führen, erschwert[1376].

[1371] S. auch *Hrabcová*, Práce a mzda 2000, H. 3-4, S. 62.
[1372] *Hrabcová*, Právo a zaměstnání 1999, H. 1-2, S. 8.
[1373] Vgl. hierzu *Casale*, Tarifverhandlungen, S. 55.
[1374] Vgl. *Ústav státu a práva Akademie věd ČR*, Práce a mzda 1993, H. 10, S. 34.
[1375] S. hierzu 2. Teil, B.II.3)A)a).
[1376] *Carabelli/Sciarra* (-Vimercati), Collective labour law, S. 48.

Was Angaben zu den inhaltlichen Vereinbarungen im Rahmen von Kollektivverträgen betrifft, so kann die Verfasserin lediglich die Auswertung der im Jahr 2001 und im Jahr 2002 abgeschlossenen Kollektivverträge der Gewerkschaftsverbände für das Bewirtungs- und Hotelgewerbe und den Reiseverkehr der ČMKOS beispielhaft heranziehen[1377]:
Danach wurden in diesem Bereich im Jahr 2001 39, im Jahr 2002 37 Kollektivverträge abgeschlossen. Die Kollektivverträge enthielten dabei im Jahr 2001 sowie im Jahr 2002 zu 97 % Regelungen über die Vergütung der Arbeitnehmer; im Jahr 2002 wurden Vergütungsfragen des weiteren darüber hinaus in 11,4 % der abgeschlossenen Kollektivverträge durch interne Lohnvorschriften festgelegt und in 5,7 % in Individualarbeitsrechtsverträgen vereinbart.
Bei den bewerteten Kollektivverträgen war nur in einem Vertrag ein 12-stufiges Lohntarifsystem hinsichtlich der kollektivvertraglich festgelegten Minimallohntarife ausgehandelt worden, während in 19 % der Kollektivverträge ein 10-stufiges Minimallohntarifsystem bestand und es dabei zu einem Anheben der Stufen um ca. 13 % im Vergleich zum Vorjahr kam.
Auch die Bestimmung und Regelung der Lohnformen war ein Hauptbestandteil der Kollektivverträge des Hotel- und Reiseverkehrs (zu 94,6 % bzw. zu 94,3 % der Kollektivverträge im Jahr 2001 und 2002).
Hinsichtlich der Lohnzuschläge wurden im Jahr 2002 in 84 % der Kollektivverträge Lohnzuschläge für Überstundenarbeit[1378], in 81 % für Nachtarbeit und in 65 % für Überstundenarbeit an Samstagen und Sonntagen, in 16 % für erschwerende Arbeitsbedingungen. Auch im Jahr 2001 enthielten die Kollektivverträge zu 90 % Regelungen zu Lohnzuschlägen. Die Vergütung für Arbeitsbereitschaft ist im 2002 (im Jahr 2001) in 68 % (in 70 %) der Kollektivverträge geregelt worden. Dagegen enthielten im Jahr 2002 (im Jahr 2001) nur 46 % (60 %) der Kollektivverträge Vereinbarungen über Lohnersatzansprüche bei Beschäftigungshindernissen auf Seiten des Arbeitgebers. Zuwendungen für Lebensjubiläen wurden kollektivvertraglich in 87 % der Verträge vereinbart, Zuwendungen für Arbeitsjubiläen dagegen nur in 57 %.
Die Dauer der Arbeitszeit wurde 2002 in 92 % der Kollektivverträge vereinbart, allerdings nur in Form der Übernahme der gesetzlichen Regelung. Die Urlaubsdauer verlängerten nur 57 % der Kollektivverträge. Kollektivvertragliche Regelungen über die Bildung des Fonds für soziale und kulturelle Bedürfnisse wurden im Jahr 2002 in 54 % getroffen; hinsichtlich der Abschöpfung der Fonds enthielten die Kollektivverträge zu 28,8 % Regelungen über die Betriebsverpflegung, zu 12, 7 % Regelungen über die Erholungsmöglichkeiten der Arbeit-

---

[1377] S. hierzu die Aufsätze von *Havlasová*, Práce a mzda 2002, H. 2, S. 64 ff. und *dies.*, Práce a mzda 2002, H. 13, S. 35 ff.

[1378] Von der gesetzlichen Möglichkeit, die Übestundenarbeit kollektivvertraglich bereits bei den Grundlöhnen zu berücksichtigen (vgl. § 5 Abs. 2 S. 1 Gesetz Nr. 1/1992 Slg.), haben nur 24 % der Kollektivverträge im Hotel- und Reiseverkehr 2002 Gebrauch gemacht (s. *Havlasová*, Práce a mzda 2002, H. 13, S. 36).

nehmer und iherer Angehörigen, zu 6,7 % Regelungen über die Zuwendungen bei Arbeits- und Lebensjubiläen und zu 6,4 % Regelungen über die Gewährung von Gesundheitsdiensten.
Den Bereich der Sicherheit und des Gesundheitsschutzes beim Arbeitsplatz regelten die betreffenden Kollektivverträge von 2002 zu 94,3 %, wobei in 91,4 % der Kollektivverträge konkrete Maßnahmen im Bereich BOZP zu, zu 88,6 % Fragen im Bereich der BOZP, die der Erörterung mit den Gewerkschaften bedürfen, und zu 62,9 % die Pflicht zur Beurteilung des Zustandes im Bereich der BOZP bei dem Arbeitgeber vereinbart wurden.
Im Bereich der Zusammenarbeit der Gewerkschaften mit den Arbeitgebern wurden in ca. 90 % der Kollektivverträge nähere Regelungen über die Gewährung von Informationen an die Gewerkschaft über die wirtschaftlichen Verhältnisse des Unternehmens vereinbart. 91,4 % der Kollektivverträge enthielten Regelungen über die Konkretisierung der Pflichten des Arbeitgebers gegenüber dem Gewerkschaftsorgan aus § 25 c) ZP (z.B. Informationspflichten und Unterstützungsstützungspflichten bei der gewerkschaftlichen Tätigkeit).

Was die Allgemeinverbindlicherklärung anbelangt, so kam es im Jahr 1991 zur Allgemeinverbindlicherklärung von lediglich drei Verbandskollektivverträgen durch die Bekanntmachung des Ministeriums für Arbeit und soziale Angelegenheiten Nr. 472/1991 Slg Im Jahr 1992 haben sich das Arbeitsministerium, die Gewerkschaften und die Arbeitgeber auf ein Verfahren bei der Allgemeinverbindlicherklärung geeinigt[1379]. Danach sollte die Allgemeinverbindlicherklärung nur möglich sein, sofern der Verbandskollektivvertrag für einen bedeutenden Kreis von Arbeitgebern des betreffenden Bereichs verbindlich war, sofern alle Arbeitgeber, auf die sich die Erweiterung erstrecken sollte, informiert wurden und sie Gelegenheit zur Stellungnahme bekamen und sofern eine eigene Kommission aus Vertretern der Arbeitgeber, der Gewerkschaften und des Arbeitsministeriums diese Stellungnahmen überprüfen mußte[1380]. Unter Einhaltung dieses Verfahrens erfolgten im Jahr 1992 Allgemeinverbindlicherklärungen von sieben Verbandskollektivverträgen auf insgesamt 650 Arbeitgeber[1381]. 1993 wurden vierzehn Verbandskollektivverträge auf insgesamt 280 Arbeitgeber für allgemein verbindlich erklärt[1382]. Im Jahr 1994 nahm der Rat für wirtschaftliche und soziale Übereinkommen ein neues Verfahren für die Allgemeinverbindlicherklärung an, das mehr die Sozialpartner des Verbandskollektivvertrages zur Mitarbeit heranzieht und mehr Wert auf die Beurteilung legt, ob ähnliche wirtschaftliche und soziale Bedingungen i.S.d. § 7 Abs. 2 GKV vorliegen[1383]. Im Jahr 1994

[1379] S. *Týc/Michal*, Práce a mzda 1995, H. 6, S. 39.
[1380] S. *Týc/Michal*, Práce a mzda 1995, H. 6, S. 39.
[1381] S. näher *Týc/Michal*, Práce a mzda 1995, H. 6, S. 39.
[1382] S. näher *Týc/Michal*, Práce a mzda 1995, H. 6, S. 40.
[1383] S. näher *Týc/Michal*, Práce a mzda 1995, H. 6, S. 41.

erstreckten sich die Allgemeinverbindlicherklärungen auf 63 Arbeitgeber[1384]. Dagegen bezogen sich nach Angaben der ČMKOS (Kubinková) im Jahr 1995 die Allgemeinverbindlicherklärungen auf lediglich sechs Arbeitgeber, während in den Jahren 1996 bis 1998 kein Verbandskollektivvertrag für allgemeinverbind-lich erklärt wurde und es erst im Jahr 1999 wieder zu Allgemeinverbindlicherklärungen kam, die 399 Arbeitgeber erfaßten. Im Jahr 2000 erfolgten nach Angaben der ČMKOS (Kubinková) auf der Grundlage eines neuen Verfahrens, das der ‚Rat für wirtschaftliche und soziale Übereinkommen' (RHSD) beschloß, Allgemeinverbindlicherklärungen von Verbandskollektivverträgen auf 1.887 Arbeitgeber.

Über die bisherigen Erfahrungen mit den eingeführten Schlichtungs- und Schiedsverfahren in der Tschechischen Republik berichten Týc/Michal[1385]: Genaue statistische Angaben sind jedoch schwer zu erstellen, da das Ministerium für Arbeit und soziale Angelegenheiten i.d.R. nur von den Verfahren berichten kann, bei denen es zur Bestimmung eines Schlichters und Schiedsrichters angerufen wurde. Im Jahr 1994 forderten 35 Antragsteller das MfAS schriftlich auf, einen Schlichter aus dem geführten Schlichterverzeichnis vorzuschlagen, wobei sich dann bis auf sieben Bewerber alle über die Person des Schlichters einigen konnten, ohne daß das MfAS ihn bestimmen mußte. Im gleichen Jahr schlug das MfAS in acht Fällen, in denen ein Schlichtungsverfahren scheiterte, auf schriftliche Anfrage der Bewerber die Person des Schiedsrichter vor, wobei es dann nur in einem Fall den Schiedsrichter verbindlich festlegen mußte. In fünf dieser Fälle kam es nicht zu einer Entscheidung des Schiedsrichters, weil die Parteien z.B. den Antrag zurücknahmen und sich einigten.
Daneben erfuhr das Ministierium (z.B. durch telefonische Anfragen) von ca. 60 weiteren Fällen, in denen die Koalitionspartner an einer Beilegung des Kollektivrechtsstreits im Schlichtungsverfahren interessiert waren und von weitere 10 Fällen, in denen Interesse an einem Schiedsverfahren bestand. Dies zeigt, daß die Schiedsverfahren in der Tschechischen Republik wenig zur Anwendung kommen[1386].
Bei den Verfahren im Jahr 1994 waren inhaltlich im Schlichtungsverfahren gleichviele Fälle an Regelungs- und Erfüllungsstreitigkeiten zu behandeln, wobei es sich überwiegend um Unternehmenskollektivverträge handelte. Die Streitigkeiten vor dem Schiedsrichter waren ausschließlich Erfüllungsstreitigkeiten und zwar meist im Rahmen von Unternehmenskollektivverträgen. Im Jahre 1994 kam es zum ersten Mal seit Inkrafttreten des Gesetzes über Kollektivverhandlungen 1991 durch einen Schiedsspruch zum Abschluß eines Verbandskollektivvertrages, nämlich zwischen der Vereinigung der Textil-, Kleider- und Lederindustrie und dem Gewerkschaftsverband der Arbeitnehmer in der Textil-, Klei-

---

[1384] S. näher *Týc/Michal*, Práce a mzda 1995, H. 6, S. 41.
[1385] *Týc/Michal*, Práce a mzda 1995, H. 6, S. 45 f.
[1386] So auch *Galvas*, Právo a zaměstnání 1999, H. 3-4, S. 16.

der- und Lederindustrie von Tschechien und Mähren. Die Streitigkeiten beziehen sich meist auf Streitigkeiten im Lohnbereich, auf Mitbestimmungsfragen der Gewerkschaft und auf Fragen der Bezuschussung und der Abschöpfung des Fonds für kulturelle und soziale Bedürfnisse.

Streiks in der Tschechischen Republik haben eine geringe Bedeutung. Zu Streiks, vielmehr nur zur Ausrufung der Streikbereitschaft, kommt es, wenn überhaupt, nur außerhalb des Bereichs von Kollektivverhandlungen und ohne Zusammenhang zu einem Streit über den Abschluß eines Kollektivvertrages[1387]. In den Jahren 1994-1996 gab es zum Beispiel lediglich vier größere Streiks, nämlich von Zug- und Busfahrern zum Zwecke von Lohnerhöhungen, von Kohlenbergarbeitern zur Verbesserung der Sicherheitsbedingungen[1388]. Größere Aussperrungen gab es nicht und sie sind auch nicht in Zukunft zu erwarten[1389].

[1387] *Kostečka*, Právo a zákonnost 1992, H. 1, S. 40.
[1388] *Carabelli/Sciarra* (-Tomeš/Tkáč), S. 90 f.
[1389] *Carabelli/Sciarra* (-Tomeš/Tkáč), S. 91.

8) Zusammenfassung und Schlußbetrachtung

A) Die wichtigsten Änderungen im Bereich des kollektiven Arbeitsrechts in neun Thesen

1. Neugestaltung des gesamten kollektiven Arbeitsrechts

Zur Zeit des sozialistischen Regimes in der ČSSR galt das Arbeitsrecht überwiegend als Individualarbeitsrecht, während sich nach der Wende das kollektive Arbeitsrecht zunehmend als wichtiger Pfeiler neben dem Individualarbeitsrecht herauskristallisierte. Wirtschaftliche Vorbedingung war die Einführung des privaten Unternehmertums verbunden mit der Pluralität der Arbeitgebersubjekte sowie das Aufweichen des zwingenden Charakters der arbeitsrechtlichen Rechtsnormen. Insbesondere das Gesetz Nr. 2/1991 Slg. über Kollektivverhandlungen führte das Kollektivvertrags-, Schlichtungs- und Arbeitskampfrecht neu in das tschechische Recht ein – ein Rechtsgebiet, das in der ehemaligen ČSSR bisher eher vernachlässigt und deformiert war. Dies führte wieder zur Ausbildung einer Zweigleisigkeit des kollektiven Arbeitsrechts, nämlich der Gewerkschaftstätigkeit durch Kollektivvertrag einerseits und der institutionellen Mitbestimmung in Betrieb und Unternehmen andererseits.

2. Wiederherstellung der Funktion der Gewerkschaft als „Interessenverband"

Die neue Rechtsordnung nach der Wende erkannte die ursprüngliche Funktion der Gewerkschaft als „Interessenverband" wieder an. In der totalitären ČSSR war hingegen die Funktion der Interessenvertretung mit der staatlich-zentralen Festlegung der (einheitlichen) Arbeits- und Wirtschaftsbedingungen sowie mit dem Gedanken des Universalismus aller Arbeiter und der Interesseneinheit zwischen dem Einzelnen und der Gesellschaft unvereinbar. Hauptaufgabe der Gewerkschaft im sozialistischen Regime waren betriebliche Angelegenheiten, insbesondere die Erfüllung der staatlichen Planvorgaben zusammen mit der sozialistischen Organisation zu ermöglichen. Im neuen Rechtsverständnis nach der Wende beschränkt sich dagegen der gewerkschaftliche Tätigkeitsbereich nicht nur auf die Ebene der Mitbestimmung in Betrieb und Unternehmen, sondern die Gewerkschaft soll gerade in ihrer Funktion als Interessenwahrnehmerin auch auf höherer (z.B. branchenbezogener) Ebene Kollektivverhandlungen führen und Kollektivverträge abschließen.

3. Rechtliche und wirtschaftliche Unabhängigkeit der Gewerkschaft gegenüber Staat und Arbeitgeber und Verlust der Quasi-Staatlichkeit der Gewerkschaft

Im neuen Rechtsverständnis nach der Wende genießt die Gewerkschaft im Gegensatz zu ihrem sozialistischen Vorgänger eine wirtschaftliche und rechtliche Unabhängigkeit gegenüber dem Staat und dem Arbeitgeber. Denn die wiedergewonnene Funktion der Gewerkschaft als „Interessenverband" setzte für eine effektive Wahrnehmung der speziellen Arbeitnehmerinteressen eine solche Unabhängigkeit voraus.
Die Unabhängigkeit gegenüber dem Staat erforderte auch die Herausgliederung der Gewerkschaft aus dem Staatsapparat („Entstaatlichung"). Der Gewerkschaft wurden daher ihre staatlichen Funktionen, die ihr in der ČSSR als Helfer des Staates zur Erfüllung der Wirtschaftsplanvorgaben zustanden, aberkannt und sie verlor dadurch ihre Quasi-Staatlichkeit.

4. Einführung der Gewerkschaftspluralität

Zu den wichtigsten Änderungen nach der Wende zählt die Beseitigung der Monopolstellung der Einheitsgewerkschaft (ROH) und die Einführung der Pluralität von Gewerkschaften. Zwar war auch vor der Wende die Vereinigungsfreiheit verfassungsrechtlich geschützt; in Wirklichkeit aber war eine Koalitionsfreiheit angesichts der Monopolstelltung der ROH und angesichts des politischen und wirtschaftlichen Drucks zum Beitritt in die ROH, der auf dem Arbeiter lastete, nicht gewährleistet.

5. Einführung von Arbeitnehmerräten und Räten BOZP im Jahre 2000

Zur Anpassung des tschechischen Arbeitsrechts an einige EU-Richtlinien führte die Novelle des Arbeitsgesetzbuchs Nr. 155/2000 Slg. im Jahre 2000 die Arbeitnehmerräte und die Räte für Gesundheitsschutz und Sicherheit am Arbeitsplatz (BOZP) als weitere Arbeitnehmervertretungen neben der bestehenden gewerkschaftlichen Belegschaftsvertretung ein. Damit hob die Novelle das nach der Wende lange Zeit bestehende, noch von dem sozialistischen Rechtssystem übernommene Phänomen der ausschließlichen gewerkschaftlichen Arbeitnehmervertretung auf. Die neuen Räte, die von der gesamten Belegschaft demokratisch gewählt werden, sollen den „sozialen Dialog" zwischen dem Arbeitgeber und den Arbeitnehmern in dem Fall ermöglichen, daß keine Gewerkschaft bei dem Arbeitgeber zuständig ist. Ihnen stehen in bestimmten Angelegenheiten, die die Belegschaft betreffen (z.B. bei geplanten Betriebsübergängen, Massenentlassungen, Fragen der Sicherheit und des Gesundheitsschutzes am Arbeitsplatz), Informations- und Erörterungsrechte zu.

6. Möglichkeit der Errichtung von Europäischen Betriebsräten

In Harmonisierung zu der EU-Richtlinie Nr. 94/45/EG des Rates vom 22. September 1994 über die Errichtung Europäischer Betriebsräte hat die Novelle Nr. 155/2000 Slg. im Jahre 2000 Regelungen zur Errichtung von Europäischen Betriebsräten und von sonstigen Verfahren zur grenzübergreifenden Unterrichtung und Anhörung der Arbeitnehmer in gemeinschaftsweit tätigen Unternehmen in das Arbeitsgesetzbuch (§§ 18 a, 25 d) – l) ZP) eingeführt. Diese Regelungen treten allerdings erst an dem Tag des Beitritts der Tschechischen Republik zur Europäischen Union in Kraft.

7. Kürzung der gewerkschaftlichen Mitbestimmungsrechte auf Betriebs-/ Unternehmensebene

Während es in der ČSSR viele Mitbestimmungsrechte gab, wurde seit der Wende ein Großteil dieser Mitbestimmungsrechte reduziert und in bloße Mitwirkungsrechte umgewandelt (insbesondere im Bereich personeller Einzelmaßnahmen wie der Kündigung und der ‚Überführung auf eine andere Arbeit'). Der Grund für die Reduktion der Mitbestimmung liegt im veränderten Rollenverständnis der Gewerkschaft und in der Einführung des privaten Unternehmertums. Denn die Gewerkschaft ist nicht mehr Mitverwalter der sozialistischen Organisation und Helfer des Staates und darf den Arbeitgeber in seiner unternehmerischen Entscheidungsfreiheit, die ihm verfassungsrechtlich gewährt wird, nicht beeinträchtigen.

8. Neues Rechtsverständnis über Kollektivverträge

Mit dem Wegfall der staatlich-zentralen Festlegung der Arbeits- und Wirtschaftsbedingungen und dem allmählichen Aufweichen des zwingenden Charakters einiger Arbeitsrechtsnormen soll der Kollektivvertrag nach der Wende wieder als wichtiges privatautonomes, vertragliches Gestaltungsmittel der Arbeitsrechtsordnung an Bedeutung gewinnen. Insbesondere seine normative Funktion wurde gestärkt. In der ČSSR war dagegen der Kollektivvertrag zum bloßen betrieblichen Mittel der Gewerkschaft zur Erfüllung der Planvorgaben degradiert und wurde häufig bloß formal als Vertrag geschlossen; in Wirklichkeit gab er aber nur den Inhalt der Wirtschaftspläne und politische Anschauungen wieder. Die normative Funktion von Kollektivverträgen war im Sozialismus stark reduziert bzw. fast völlig verdrängt. Nach dem neuen Rechtsverständnis gewinnt der Kollektivvertrag als Instrument der Interessenwahrnehmung vor allem auch auf höherer Ebene als die Betriebs- und Unternehmensebene wieder an Bedeutung, damit ein effektiver Interessenschutz gewährleistet wird. Demgegenüber war in der ČSSR ein solcher Verbandskollektivvertrag grundsätzlich unerwünscht, später sogar unzulässig. Mit der Einführung von Verbandskollektivverträgen wurde rechtlich auch die Möglichkeit eröffnet, Arbeitgeberorganisationen gründen zu können, da deren Existenz Voraussetzung für den Abschluß von Kollektivverträgen höherer Stufe ist.

9. Einführung von Schlichtungs- und Schiedsverfahren und Arbeitskampfmitteln

Das tschechische Arbeitsrecht nach der Wende hat für den Bereich der Kollektivstreitigkeiten im Zusammenhang mit Kollektivverträgen ein zweistufiges Streitbeilegungsverfahren eingeführt. Auf der ersten Stufe steht das Schlichtungsverfahren als ein nicht förmliches Verfahren, bei dem der Schlichter den Sozialpartnern einen Streitbeilegungsvorschlag unterbreitet. Das Schlichtungsverfahren ist sowohl für Regelungsstreitigkeiten, d.h. Streitigkeiten über den Abschluß von Kollektivverträgen, als auch für Erfüllungsstreitigkeiten, d.h. Streitigkeiten über die Erfüllung schuldrechtlicher Kollektivverpflichtungen, auf Antrag einer Partei eröffnet. Ist dieses Verfahren erfolglos, so können die Sozialpartner die zweite Stufe, nämlich das Verfahren vor dem Schiedsrichter, einleiten. Der Schiedsspruch ist für beide Sozialpartner verbindlich und auch gerichtlich vollstreckbar; im Falle einer Erfüllungsstreitigkeit ist zum Zwecke der Überprüfung der Rechtsweg zu den Zivilgerichten eröffnet.
Lediglich bei Regelungsstreitigkeiten besteht ferner die Möglichkeit, anstelle des Schiedsverfahrens den Einsatz von Arbeitskampfmitteln (Streik, Aussperrung) zu beschließen. Das Erfordernis eines vorangegangenen Schlichtungsverfahrens in diesen Fällen ist eine gesetzliche Ausprägung des Verhältnismäßigkeitsgrundsatzes. Das Streikrecht wurde nach der Wende verfassungsrechtlich verankert; der Streik gilt als Hilfsfunktion der Tarifautonomie.
Die Rechtslage vor der Wende sah demgegenüber, sofern Kollektivstreitigkeiten im Zusammenhang mit Kollektivverträgen überhaupt entstehen konnten, lediglich eine Streitbeilegung durch Organe bestehend aus den Mitgliedern der Gewerkschaft und der sozialistischen Organisation, also nicht wie nach heutigem Recht durch neutrale Personen, vor. Auch war vor der Wende nicht die rechtliche Durchsetzbarkeit dieser Streitbeilegungsentscheidungen rechtlich gewährleistet. Der Einsatz von Arbeitskampfmitteln war trotz der Ratifizierung des Abkommens über die wirtschaftlichen, sozialen und kulturellen Rechte von 1966 im Jahre 1975, das ein Streikrecht garantierte, innerstaatlich unzulässig. Denn der Einsatz von Arbeitskampfmitteln widersprach dem sozialistischen System, in dem die Lohn- und Arbeitsbedingungen zentral und einheitlich festgelegt wurden.

B) Notwendige Reformen im Bereich des kollektiven Arbeitsrechts in zehn Thesen

1. Einführung gewerkschaftsunabhängiger Belegschaftsvertretungen in Betrieb und Unternehmen oder eines „dualistischen Systems"

Die Gewerkschaften fungieren auch nach der Wende als wichtigste Vertretungen der Arbeitnehmer in Betrieb und Unternehmen. Sie genießen gegenüber den Arbeitnehmerräten und den Räten BOZP eine Vorrangstellung. Denn sobald sie bei einem Arbeitgeber zuständig sind, d.h. sobald ein bei dem Arbeitgeber beschäftigter Arbeitnehmer Gewerkschaftsmitglied ist, verhindern sie die Entstehung der anderen Arbeitnehmervertretungen bzw. führen zu deren Erlöschen. Auch stehen ihnen neben den Informations- und Erörterungsrechten, die auch den Räten zukommen, noch viele weitere Mitwirkungs- und Mitbestimmungsrechte zu, so daß sie eigenlich das hauptsächliche Belegschaftsvertretungsorgan sind. Das „monistische" System, d.h. die Vertretung nur durch Gewerkschaften, ist somit als sozialistisches Überbleibsel in gewissem Maße beibehalten worden, da Gewerkschaften und andere Arbeitnehmervertretungen nicht parallel tätig sein dürfen und mit Existenz einer zuständigen Gewerkschaft bei dem Arbeitgeber diese dann alleiniges Repräsentationsorgan ist.
Eine Einführung gewerkschaftsunabhängiger Belegschaftsvertretungen ist zugunsten einer effektiven (kollektivvertraglichen) Interessenvertretung und einer (unternehmens- bzw. betriebsbezogenen) Belegschaftsvertretung unvermeidbar. Denn es handelt sich um zwei unterschiedliche Funktionen (Stichwort: Kooperation bei der Belegschaftsvertretung und Konfrontation bei der Interessenvertretung), die ein und dasselbe Organ nicht angemessen ausüben kann. Im übrigen ist das Selbstbestimmungsrecht der nicht gewerkschaftlich organisierten Arbeitnehmer, die keinen Einfluß auf die Entstehung der gewerkschaftlichen Arbeitnehmervertretung haben, verletzt. Es mangelt an einer ausreichenden demokratischen Legitimation des gewerkschaftlichen Belegschaftsvertretungsorgans durch alle Arbeitnehmer des Betriebes.
Denkbar wäre neben der völligen Aufhebung der gewerkschaftlichen Belegschaftsvertretung auch die Einführung eines „dualistischen" Systems, in dem Gewerkschaftsorgane neben dem parallelen Wirken gewerkschaftsunabhängiger Arbeitnehmervertretungen bestimmte Aufgaben im Rahmen der Belegschaftsvertretung wahrnehmen können.

2. Beseitigung des Prinzips der sozialen Repräsentation

Unvereinbar mit der zurückgewonnenen Funktion der Gewerkschaft als „Interessenverband" ist das Prinzip der sozialen Repräsentation, wonach Gewerkschaften ohne Rücksicht auf die Gewerkschaftszugehörigkeit als Repräsentanten aller Arbeitnehmer des Unternehmens, in dem sie zuständig sind, auftreten. Sie handeln in belegschaftsvertretungs- und koalitionsrechtlichen Aufgaben auch für Nichtgewerkschaftsmitglieder. Der normative Teil eines Kollektivvertrages erfaßt daher nicht nur Gewerkschaftsmitglieder, sondern unmittelbar ebenfalls nicht gewerkschaftlich organisierte Arbeitnehmer. Dieses Prinzip hat sich bereits zu Zeiten des sozialistischen Regimes entwickelt und zwar als Folge der Übernahme der Arbeitnehmervertretung durch die Einheitsgewerkschaft in den 60er Jahren. Es stellt sich somit als Überbleibsel des sozialistischen Regimes dar. Allerding ist die Ausdehnung der normativen Wirkung auch auf Nichtgewerkschaftsmitglieder mit Blick auf europäische Nachbarländer keine tschechische Besonderheit.

Die soziale Repräsentationsstellung der Gewerkschaft gefährdet im neuen Rechtssystem die Effektivität sowohl der Interessenwahrnehmung als auch der Belegschaftsvertretung im Betrieb und Unternehmen. Die Gewerkschaft muß sich nicht besonders um die Anwerbung von Mitgliedern und deren Interessen bemühen, da sie auch bei nur geringer Mitgliederzahl Repräsentant aller Arbeitnehmer ist. Darüber hinaus liegt in der Ausdehnung der normativen Wirkung eines Kollektivvertrages auch auf Nichtgewerkschaftsmitglieder ein Verstoß gegen die negative Koalitionsfreiheit.

3. Änderungen der rechtlichen Mißstände bei der Pluralität von Gewerkschaften

Das Phänomen der sozialen Repräsentation der Gewerkschaft führt sowohl bei Fragen der Arbeitnehmervertretung im Betrieb und Unternehmen als auch bei Abschluß von Betriebs- bzw. Unternehmenskollektivverträgen zu Problemen, wenn mehrere Gewerkschaften in einem Betrieb bzw. Unternehmen zuständig sind. Für diesen Fall regelt das Gesetz Nr. 120/1990 Slg. über die Gewerkschaftspluralität das Verfahren bei der Ausübung der gewerkschaftlichen Beteiligungsrechte und bei Abschluß von Kollektivverträgen sehr schwerfällig.

Danach muß bei Angelegenheiten im Rahmen der Belegschaftsvertretung, die mehrere Arbeitnehmer betreffen und eine gewerkschaftliche Zustimmung erfordern, die Zustimmung aller bei dem Arbeitgeber zuständigen Gewerkschaften vorliegen, sofern die Sozialpartner nichts anderes vereinbaren. Lediglich wenn sich die Gewerkschaften innerhalb einer bestimmten Frist nicht über die Zustimmungserteilung einigen können, entscheidet die Gewerkschaft mit der größten Zahl an Arbeitnehmer-Mitgliedern, die bei dem Arbeitgeber arbeiten. Auch der Abschluß von Kollektivverträgen erfordert das Einvernehmen aller Gewerkschaftsorgane, sofern die Gewerkschaften und der Arbeitgeber nichts anders vereinbart haben. Im Gegensatz zur Zustimmungserteilung besteht hier nicht einmal die Möglichkeit, daß das Gewerkschaftsorgan mit der höchsten Mitgliederanzahl im Falle der Nichteinigung entscheidet.

Das Erfordernis des Einvernehmens führt dazu, daß insbesondere kleinere Gewerkschaften durch Obstruktion die geplante Rechtshandlung verhindern kön-

nen und damit unrechtmäßig bevorteilt werden. Die Tarifautonomie der anderen Gewerkschaften, die einen Kollektivvertrag befürworten, wird eingeschränkt. Damit gefährdet das erforderliche Einvernehmen bei dem Abschluß von Kollektivverträgen auch eine angemessene Vertretung der Mitgliederinteressen.
Offensichtlich unbillig ist es, wenn der Arbeitgeber bei Fragen, die nur eine Organisationseinheit betreffen, die Zustimmung aller bei ihm zuständigen Gewerkschaften einholen muß, auch wenn einige Gewerkschaften ausschließlich in einer völlig anderen Organisationseinheit des Unternehmens wirken.
Diese unzufriedenstellenden Ergebnisse könnten im Rahmen des Belegschaftsvertretungsrechts durch die Einführung gewerkschaftsunabhängiger Belegschaftsvertretungen verhindert werden, so daß dann für einen Betrieb oder ein Unternehmen nur jeweils ein Vertretungsorgan tätig wäre. Hilfreich wäre zunächst aber auch eine gesetzlich festgelegte Beschränkung der Erörterungs- und Zustimmungsrechte der Gewerkschaften auf die Organisationseinheit des Unternehmens, in der sie wirken.
Bei dem Abschluß von Kollektivverträgen ist die Ausdehnung der normativen Kollektivregelungen auch auf gewerkschaftlich nicht organisierte Arbeitnehmer bedenklich. Zum einen verhindert dies eine sachgerechte Interessenvertretung der Gewerkschaftsmitglieder. Zum anderen führt dies zu Problemen bei Gewerkschaftspluralität, da bei einer Tarifmehrheit die normativen Kollektivregelungen mehrerer Kollektivverträge sich auf alle Arbeitnehmer beziehen würden. Das tschechische Recht löst diese Situation, indem es für den Abschluß von Kollektivverträgen das Einvernehmen aller bei dem Arbeitgeber zuständigen Gewerkschaften verlangt. Dadurch kommt es in der Regel zu einer zwingenden Tarifeinheit auf der Unternehmens- und der Betriebsebene und wird das Entstehen einer Tarifkonkurrenz von vorneherein grundsätzlich verhindert. Dies schränkt allerdings die Tarifautonomie der Gewerkschaften ein, da kleine Gewerkschaften durch Verweigerung ihres Einverständnisses den Abschluß eines Kollektivvertrages durch eine größere Gewerkschaft behindern können. De lege ferenda sollte daher die Reichweite der normativen Wirkung des Kollektivvertrages auf die Gewerkschaftsmitglieder begrenzt und der Fall der Tarifkonkurrenz über Spezialitätsgesichtspunkte gelöst werden.

4. Beseitigung von weiteren Mängeln im Rahmen des Belegschaftsvertretungsrechts

Zwar war eine Reduktion der zu starken Mitbestimmungsrechte, die der Gewerkschaft im totalitären Regime zukamen, notwendig. Jedoch wurde der Bereich der Mitbestimmungsrechte seit der Wende zu stark gekürzt. In der sozialistischen ČSSR waren nämlich Mitbestimmungsrechte meist nur in der Form der Zustimmung vorhanden und in bestimmten Fällen führte die Verweigerung der Zustimmung zur Ungültigkeit der Arbeitgebermaßnahme und damit zum absoluten Veto.

Eine Abschwächung dieser zu großen Gewerkschaftsrechte wäre allerdings auch auf andere Weise als durch bloße Reduktion auf Mitwirkungsrechte sinnvoll und vielleicht sinnvoller möglich gewesen. Das tschechische Belegschaftsvertretungsrecht kennt im Bereich der Mitbestimmung und der Mitwirkung nur wenige vertragliche Beteiligungsformen zwischen den Sozialpartnern, obwohl diese flexible und sachgerechte Instrumente im Rahmen des Belegschaftsvertretungsrecht wären. Sinnvoll wäre daher die Stärkung der vertraglichen Form der Beteiligung neben der Möglichkeit, belegschaftsvertetungsrechtliche Angelegenheiten auch in Kollektivverträgen zu regeln.

Denkbar wäre zum Beispiel, im Bereich der Mitbestimmung die Ermöglichung von Vertragsabsprachen zwischen den Sozialpartnern einzuführen und eine Unterscheidung nach erzwingbarer oder fakultativer Mitbestimmung vorzunehmen. Bei der erzwingbaren Mitbestimmung müßte dann in jedem Fall eine Entscheidung getroffen werden, notfalls durch den zwingenden Spruch einer Einigungsstelle, während es bei der fakultativen Mitbestimmung den Parteien überlassen bleibt, ob sie eine Einigung, notfalls durch freiwillige Inanspruchnahme einer Einigungsstelle, erzielen.

Dadurch würden zum Beispiel bestimmte soziale Angelegenheiten, die wichtige Interessen der Arbeitnehmer betreffen (wie z.B. die Verteilung der Arbeitszeit, die Auszahlung des Lohnes und die Lohngestaltung, zu der die Aufstellung von Entlohnungsgrundsätzen und Entlohnungsmethoden gehören) im Bereich der Mitbestimmung und nicht im Bereich der Mitwirkung verbleiben. Durch die Einordnung dieser Angelegenheiten zur erzwingbaren Mitbestimmung wäre sichergestellt, daß es zu einer Entscheidung kommt, während eine Entscheidung durch die früher möglichen Veto-Blockaden häufig verhindert wurde.

Auch die vertragliche Erweiterung von Mitbestimmungsrechten bzw. die Umwandlung von Mitwirkungs- in Mitbestimmungsrechte, die nach dem tschechischen Recht bisher unzulässig sind, sollte zulässig werden, da es sich bei den Beteiligungsnormen nur um einseitig zwingende Regelungen zum Schutz der Arbeitnehmer handelt.

Des weiteren wünschenswert wäre eine differenzierende Regelung des Belegschaftsvertretungsrechts zum einen für den öffentlich-rechtlichen und den privatrechtlichen Sektor und zum anderen für leitende Angestellte, die im Vergleich zu der restlichen Belegschaft andere, mehr arbeitgeberähnliche Interessen haben.

5. Noch kein völliger Ausbau der Kollektivvertragsfreiheit

§ 20 Abs. 2 S. 1 ZP erlaubt kollektivvertragliche Regelungen arbeitsrechtlicher Ansprüche „nur im Rahmen der“ arbeitsrechtlichen Vorschriften. Demnach sind normative Kollektivregelungen dann möglich, wenn entweder eine ausdrückliche Ermächtigung besteht oder die Regelung nicht gegen zwingende Vorschriften verstößt und sich im gesetzlich vorgegebenen Rahmen hält. Das bedeutet,

daß Kollektivverträge keine Regelungen, die über den Gesetzesrahmen hinausgehen und so den gesetzlichen Mindest- oder Höchstrahmen unter- oder überschreiten, und keine Regelungen von atypischen Ansprüchen, die das Gesetz nicht kennt, treffen dürfen. Im Vergleich zur sozialistischen Rechtslage, die unmittelbar vor der Wende galt, weist die Neufassung des § 20 Abs. 2 S. 1 ZP daher keine inhaltlichen Änderungen gegenüber der alten Fassung des § 20 Abs. 2 ZP auf, die noch auf das Erfordernis des „Einklangs“ mit den arbeitsrechtlichen Vorschriften abstellte.
Mit der Neufassung des Arbeitsgesetzbuchs nach der Wende wurde also der Wirkungsbereich für die Kollektivvertragsfreiheit nicht völlig geöffnet, sondern die Grenzen des Wirkungsbereichs wurden nur durch die Ausdehnung des „Gesetzesrahmens“, insbesondere durch das Aufweichen des zweiseitig zwingenden Charakters einiger Arbeitsrechtsnormen, erweitert. Lediglich in einigen Bereichen wurden die Gesetzesvorschriften für kollektivvertragliche Regelungen gelockert, zum Beispiel hinsichtlich der Vereinbarung von Lohnansprüchen im privatrechtlichen Bereich, der Arbeitszeit, des Umfangs von Arbeitsbereitschaft, der Urlaubsdauer und der Ansprüche auf Arbeitsbefreiung bei Arbeitshindernissen auf Seiten des Arbeitnehmers.
Daß kollektivvertraglich grundsätzlich keine günstigeren, vom Gesetz abweichenden Regelungen vereinbart werden können, stellt eine große Beschränkung der Kollektivvertragsfreiheit dar. De lege ferenda ist eine völlige Umgestaltung des gesamten Arbeitsgesetzbuchs dahingehend erforderlich, daß das Prinzip: *„Es ist alles verboten, was nicht ausdrücklich oder konkludent erlaubt ist.“* aufgegeben und anstelle dessen der Grundsatz *„Es ist alles erlaubt, was nicht ausdrücklich oder konklurdent verboten ist.“* eingeführt wird. Das Vertragsprinzip ist sowohl im individual- als auch im kollektivvertraglichen Bereich erheblich zu stärken.
Bisher sind günstigere Abweichungen über den Gesetzesrahmen hinaus kollektivvertraglich nur möglich, wenn das Arbeitsgesetzbuch hierzu ausdrücklich ermächtigt (vgl. § 20 Abs. 2 S. 2 ZP).

6. Zu weitreichende Einschränkung der Kollektivvertragsfreiheit im öffentlichen Dienst

Auch im öffentlichen Dienst ergeben sich nach der tschechischen Rechtsordnung gegenwärtig zu weitreichende Einschränkungen. Zwar sind in der ČR auch Koalitionen von Beamten und von Arbeitnehmern im öffentlichen Dienst tariffähig, was auf den ersten Blick gegen eine Beschränkung sprechen könnte. Das tschechische Recht unterscheidet somit bei der Tariffähigkeit nicht zwischen Beamten und Arbeitnehmern des öffentlichen Dienstes. Allerdings beschränkt es dann weitreichend den Inhalt von Kollektivverträgen: Das Gehaltsgesetz gibt einheitlich und zwingend für den öffentlichen Dienst die Gehaltsstufen und die Gehaltshöhe vor, ohne zwischen Beamten und Arbeitnehmern des öffentlichen

Dienstes zu unterscheiden. Darüber hinaus wird für Erhöhungen und Erweiterungen arbeitsrechtlicher Ansprüche durch Kollektivverträge im Rahmen des öffentlichen Dienstes, die über den gesetzlichen Rahmen des Arbeitsgesetzbuchs hinausgehen, eine ausdrückliche gesetzliche Ermächtigung speziell für den öffentlichen Dienst verlangt (§ 20 Abs. 2 S. 2 ZP). Auch hier wird nicht zwischen Beamten und Arbeitnehmern des öffentlichen Dienstes unterschieden.
De lege ferenda ist eine Trennung zwischen Staatsbeamten und öffentlichrechtlichen Arbeitnehmern zu fordern, wobei sich das Dienstverhältnis der Beamten nach einem eigenständigen Gesetz abschließend regeln sollte, um ein effektives und ordnungsgemäßes Funktionieren der öffentlichen Gewalt sicherzustellen. Da sich das Dienstverhältnis ausschließlich durch Gesetz und Verwaltungsakt bestimmen sollte, wäre dann auch eine Tariffähigkeit der Beamten nicht möglich. Demgegenüber sollten auf die Arbeitnehmer des öffentlichen Dienstes die Vorschriften des Arbeitsgesetzbuchs anwendbar bleiben und ihre Kollektivvertragsfreiheit sollte auch nicht durch ein Gehaltsgesetz oder eine Regelung wie § 20 Abs. 2 S. 2 ZP beschränkt werden.
Eine weitere Beschränkung der Kollektivvertragsfreiheit im öffentlichen Dienst de facto ist das Erfordernis, daß sich die Arbeitgeberverbände im Bereich des öffentlichen Dienstes nach dem Gesetz über die Vereinigungsfreiheit – und zwar ungeachtet ihrer bereits bestehenden Strukturen - als juristische Personen konstituieren müssen. Für Verbandskollektivverträge besteht somit in der Regel auf Arbeitgeberseite kein Kollektivvertragspartner. Denn die öffentlichen Institutionen sind vielfach nicht bereit, neben ihren bereits bestehenden Organisationsstrukturen noch eine weitere Struktur im Sinne des Gesetzes über die Vereinigungsfreiheit aufzubauen. In der ČR ist daher die Bildung von tariffähigen Arbeitgeberverbänden im Bereich des öffentlichen Dienstes faktisch ausgeschlossen.

7. *Problem der Zweistufigkeit der Kollektivverträge auf Unternehmens- und Verbandsebene*

Unternehmens- und Betriebskollektivverträge sind ungültig, wenn sie arbeitsrechtliche Ansprüche in einem geringeren Umfang festlegen, als es der Verbandskollektivvertrag vorsieht, und wenn sie Lohnansprüche in einem höheren Umfang gewähren, als es der Verbandskollektivvertrag maximal erlaubt (§ 4 Abs. 2 b) und c) GKV). Die Unternehmens- und Verbandskollektivverträge stehen sich somit in dem Verhältnis einer Zweistufigkeit gegenüber, da der Verbandskollektivvertrag den Minimal- und bei Lohnansprüchen den Maximalrahmen für Unternehmenskollektivverträge vorgibt. Insbesondere die Maximalbeschränkung der Lohngestaltung durch Unternehmenskollektivverträge stellt einen wesentlichen Einschnitt in die Kollektivvertragsfreiheit dar und zeigt, daß das tschechische Arbeitsrecht nicht auf die gleichgewichtige Verhandlungsstärke der Sozialpartner vertraut.

8. Problem des Verhältnisses zwischen Kollektivvertrag und Einzelarbeitsvertrag

Im tschechischen Arbeitsrecht besteht keine ausdrückliche Vorschrift, die das Verhältnis von Kollektivvertrag und Einzelarbeitsvertrag festlegt. Allerdings gehen Literatur und Rechtsprechung von dem Günstigkeitsprinzip aus, das heißt, daß der Individualvertrag günstigere Regelungen treffen kann, als der Kollektivvertrag vorsieht. Dafür sprechen im übrigen auch die analoge Anwendung des § 4 Abs. 2 b) GKV, wonach der Unternehmenskollektivvertrag keine gegenüber dem Verbandskollektivvertrag ungünstigere Regelungen treffen darf, sowie Sinn und Zweck der Kollektivverhandlungen, der in der gleichgewichtigen Verhandlungsstärke auf Arbeitgeber- und Arbeitnehmerseite liegt.
De lege ferenda sollte das Arbeitsgesetzbuch zum Zwecke der Rechtssicherheit das Verhältnis von Kollektiv- und Einzelarbeitsvertrag ausdrücklich festlegen, um etwa die Auslegung zu vermeiden, daß der Einzelarbeitsvertrag – etwa in analoger Anwendung des § 4 Abs. 2 c) GKV, wonach der Verbandskollektivvertrag dem Unternehmenskollektivvertrag für Lohnansprüche Höchstgrenzen vorgeben kann, - keine günstigeren Lohnregelungen als der Kollektivvertrag treffen darf.
Überhaupt gibt es im tschechischen Arbeitsrecht keine konsequente Normenhierarchie Gesetz – Kollektivvertrag – Individualarbeitsvertrag, der grundsätzlich über die kollektivvertragliche Ebene gestellt ist. Zum Beispiel können in einigen gesetzlich vorgesehenen Fällen nur Kollektivverträge oder einseitige „interne Vorschriften“ des Arbeitgebers (§ 21 Abs. 1 ZP) Regelungen treffen, ohne dass der Individualarbeitsvertrag hiervon zugunsten der Arbeitnehmer abweichen darf.

9. Mängel im Rahmen des Schiedsverfahrens und des Arbeitskampfes

Im tschechischen Arbeitsrecht gibt es keine Möglichkeit, den Schiedsspruch im Rahmen einer Regelungsstreitigkeit – anders als bei einer Erfüllungsstreitigkeit - gerichtlich überprüfen zu lassen, obwohl hierdurch einem Sozialpartner inhaltlich ein Kollektivvertrag aufgezwungen werden kann. Insofern besteht die Gefahr eines unzulässigen Eingriffs in die Tarifautonomie durch staatlich oktroyierte Zwangsschlichtung.
Das tschechische Arbeitsrecht stellt für die Rechtmäßigkeit eines Streiks eine Vielzahl von Anforderungen auf (wie z.B. die Urabstimmung der Arbeitnehmer, schriftliche Mitteilungen an den Arbeitgeber, Vorlage von Namensverzeichnissen der Streikenden), deren Nichteinhaltung zur Rechtswidrigkeit des Streiks führt. Diese detaillierten Anforderungen erschweren die Ausübung des Streikrechts und führen de facto zu seiner Einschränkung.
Daneben weist die tschechische Rechtslage hinsichtlich des Einsatzes von Arbeitskampfmitteln einige Schwächen auf, die die Arbeitskampfparität der Sozi-

alpartner beeinträchtigen und die den Arbeitskampf zu sehr einschränken können:
Zum Beispiel sieht das tschechische Arbeitsrecht bei einem rechtmäßigen und rechtswidrigen Streik eine einheitliche Rechtsfolgenlösung hinsichtlich der Hauptleistungspflichten aus dem Arbeitsverhältnis vor: Sowohl die Beschäftigungs- und die Lohnzahlungspflicht des Arbeitgebers als auch die Arbeitsleistungspflicht des streikenden Arbeitnehmers sind suspendiert. Die Rechtmäßigkeit des Streiks hat lediglich Auswirkungen auf bestimmte, andere arbeitsrechtliche Ansprüche (wie zum Beispiel Urlaubs- und Lohnersatzansprüche bei Feiertagen), da hierfür die Beurteilung der Arbeitsabwesenheit als entschuldigt oder unentschuldigt relevant ist. Für eine Gleichstellung der rechtmäßigen und rechtswidrigen Streikteilnehmer hinsichtlich der Hauptleistungspflichten besteht allerdings kein sachlicher Grund; vielmehr sollte gerade der rechtswidrig streikende Arbeitnehmer gegenüber dem in diesem Fall schutzwürdigen Arbeitgeber aus Gründen der Kampfparität wegen Verletzung des Arbeitsverhältnisses schadensersatzpflichtig sein.
Ähnlich wie bei den Hauptleistungspflichten unterscheidet das tschechische Arbeitsrecht auch bei der Haftung der Streikteilnehmer für die während des Streiks verursachten Schäden nicht nach der Rechtmäßigkeit und Rechtswidrigkeit des Streiks und verweist für beide Fälle auf die Haftung nach dem Bürgerlichen Gesetzbuch, die gegenüber der rein arbeitsrechtlichen Haftung strenger ist. Das bedeutet, dass der rechtmäßig Streikende genauso wie der rechtswidrig Streikende der härteren zivilrechtlichen Haftung unterliegt, während sich die Haftung bei einem nicht streikenden Kollegen für Schäden während der Arbeit nach dem schwächeren Arbeitsgesetzbuch orientiert. Hier liegt eine sachlich nicht gerechtfertigte Schlechterstellung des rechtmäßig streikenden Arbeitnehmers gegenüber einem Nichtstreikteilnehmer und damit eine unzulässige Einschränkung des Streikrechts vor.
Bei einer Aussperrung kommt es anders als beim Streik nicht zur Suspendierung der Lohnzahlungspflicht des Arbeitgebers. Dieser ist bei einer rechtswidrigen Aussperrung zur Zahlung des vollen Durchschnittslohns, bei einer rechtmäßigen Aussperrung zur Zahlung des hälftigen Durchschnittslohns verpflichtet. Der Arbeitgeber ist demnach auch bei einer rechtmäßigen Aussperrung zur Lohnzahlung verpflichtet und wird vielfach aufgrund dieser wirtschaftlichen Belastung von der Aussperrung Abstand nehmen. Dies birgt die Gefahr der Störung der Arbeitskampfparität.
Des weiteren bestehen nach der tschechischen Rechtslage Unklarheiten darüber, ob Streiks außerhalb des Gesetzes über Kollektivverhandlungen, also Streiks, die nicht im Zusammenhang mit Kollektivverträgen stehen, zulässig sind. De lege ferenda ist eine Klärung dieses Streitpunkts zu wünschen.

10. Errichtung einer eigenständigen Arbeitsgerichtsbarkeit, auch für Kollektivstreitigkeiten

De lege ferenda ist die Errichtung einer eigenständigen Arbeitsgerichtsbarkeit nicht nur für Individualarbeitsrechts-, sondern auch für Kollektivrechtsstreitigkeiten zu fordern, um eine effektive und sachnahe Erledigung von Arbeitsrechtsstreitigkeiten zu ermöglichen.

Während für Individualarbeitsrechtsstreitigkeiten bisher die Zivilgerichtsbarkeit eröffnet ist, besteht für kollektivvertragliche Streitigkeiten keine gerichtliche Überprüfungsmöglichkeit. Nach bestrittener, aber richtiger Auffassung erfasst die Zivilgerichtsbarkeit nämlich nur Individualarbeitsrechtsstreitigkeiten, nicht aber Kollektivrechtsstreitigkeiten. Lediglich in zwei Fällen besteht eine aufdrängende Sonderzuweisung zu den Zivilgerichten, nämlich bei der Überprüfung eines Schiedsspruchs über eine Erfüllungsstreitigkeit im Zusammenhang mit einem Kollektivvertrag (§ 14 Abs. 2 S. 2 GKV) und bei der Feststellung der Rechtswidrigkeit eines Streiks oder einer Aussperrung (§§ 21, 29 GKV). In den übrigen Fällen (insbesondere bei Verletzung bestehender Mitbestimmungs- und Mitwirkungsrechte durch den Arbeitgeber) besteht bislang nur die Möglichkeit, daß das Arbeitsamt dem Arbeitgeber die Beseitigung der Rechtsverletzung anordnet und eine Geldstrafe auferlegt.

Zukünftig sollte das tschechische Recht auch im Rahmen des Belegschaftsvertretungsrechts eine genaue Differenzierung zwischen Rechts- und Regelungsstreitigkeiten vornehmen und im Interesse eines effektiven Rechtsschutzes eine gerichtliche Überprüfungsmöglichkeit bei Rechtsstreitigkeiten einführen. Denn es handelt sich bei den Rechtsstreitigkeiten um Streitigkeiten über *bestehende* Rechte, deren Durchsetzbarkeit durch die Gerichte zu gewährleisten ist. Bei den Regelungsstreitigkeiten im Rahmen der Belegschaftsvertretung ist die Einführung einer freiwilligen oder erzwingbaren, paritätisch besetzten Einigungsstelle zur Schlichtung wünschenswert, um die belegschaftsautonome Rechtssetzung zu fördern.

Literaturverzeichnis

Associace pro rozvoj kolektivního vyjednávání a pracovních vztahů: Dokument AKV (Souhrn ustanovení zákoníku práce, zákona o mzdě a zákona o platu, který vyžaduje výklad, popřípadě novelizaci), Práce a mzda 2001, H. 5, S. 36 ff.

Associace pro rozvoj kolektivního vyjednávání a pracovních vztahů: K vládnímu návrhu zákona, kterým se mění zákon č. 65/1965 Sb., zákoník práce, ve znění pozdějších předpisů a některé další zákony, Práce a mzda 2000, H. 1-2, S. 91 ff.

Baloušek, Antonín/ Měchura, Vojtěch: Poznatky z praxe kolektivního vyjednávání, Práce a mzda 1994, H. 1, S. 3 ff.

Bělina, Miroslav et.al.: Československé pracovní právo, Praha 1990 [zitiert als: Bělina (-Bearbeiter), Pracovní právo (1990)]

Bělina, Miroslav et.al.: Pracovní právo, Praha 1997 [zitiert als: Bělina (-Bearbeiter), Pracovní právo (1990)]

Bělina, Miroslav et.al.: Pracovní právo, Praha 2001 [zitiert als: Bělina (-Bearbeiter), Pracovní právo (2001)]

Bělina, Miroslav: Problémy pracovního práva na přelomu tisíciletí, Právník 2001, H. 7, S. 680 ff.

Bělina, Miroslav et.al.: Úvahy nad koncepcí budoucího pracovního zákonodárství v Československu, Právo a zákonnost 1990, H. 6-7,S. 364 ff.

Birk, Rolf: Die Tarifautonomie in rechtsvergleichender Sicht, Recht der Arbeit 1995, H. 2, S. 71 ff.

Boulin, Olivier/Ducrueux, Marie-Elisabeth (Hrsg.): Politická a ekonomická transformace v zemích střední a východní Evropy, Praha 1993 [zitiert als: Boulin/Ducrueux (-Bearbeiter), Transformace]

Brodický, Josef: Rozhodování pracovních sporů (K otázce zrušení rozhodčího řízení), Právny obzor 1971, H. 2, S. 176 ff.

Carabelli, Umberto/ Sciarra, Silvana (Hrsg.): New Patterns of collective labour law in Central Europe (Czech and Slovak Republicks, Hungary, Poland), Mailand 1996 [zitiert als: Carabelli/Sciarra (-Bearbeiter), Collective labour law]

Casale, Giuseppe: Tarifverhandlungen und das Recht in Zentral- und Osteuropa: Jüngste Trends und Themen (International Society for Labour Law and Social Security – VII. European Regional Congress, Stockholm, 4.-6. September 2002), Stockholm 2002 [zitiert als: Casale: Tarifverhandlungen]

Císařovská, Blanka et.al.: Charta 77 očima současníků – Po dvaceti letech, Praha 1997 [zitiert als: *Císařovská* (-Bearbeiter), Charta 77]

Čapek, Karel: K problematice ústavněprávní úpravy vydávání podzákonných právních předpisů, Právník 1989, H. 7, S. 612 ff.

Čapek, Karel: Poznámky k majetkovému postavení státního podniku, Právník 1990, H. 4, S. 326 ff.
Čermák, Petr: Velká privatizace na startovní čáře, Národní hospodářství 1991, H. 9, S. 1 ff.

David, Jiří: Smluvní volnost subjektů kolektivní smlouvy, Právní rádce 2002, H. 4, S. 39
Dütz, Wilhelm: Arbeitsrecht, 6. Auflage, München 2001 [zitiert als: Dütz, Arbeitsrecht]

Eliáš, Ladislav: Důsledky zrušení mzdové regulace, Práce a mzda 1996, H. 4, S. 33 ff.

Fenz, Ivan: Práce, pracovní trh a mzda, Práce a mzda 1996, H. 11-12, S. 33 ff.
Fiala, Josef/Pekárková, Vítězslava: Úvaha nad restitučním zákonem a některými problémy jeho interpretace, Právo a zákonnost 1991, H. 3, S. 154 ff.
Fremr, Jiří: Vývoj zaměstnanosti a mezd v I. pololetí 1987, Práce a mzda 1987, H. 10, S. 52
Fuchs, Maximilian/ Tröster, Petr: Das Arbeitsrecht der Tschechischen Republik, Arbeit und Sozialpolitik 1998, S. 43 ff. und S. 60 ff.
Fuchs, Maximilian: Základy evropského pracovního práva, Právo a zaměstnání 1998, H. 3, S. 2 ff.
Fuchs, Miroslav: Sociální dialog v právu Evropského Společenství, Sociální politika 1998, H. 7-8, S. 2 ff.

Galvas, Milan: K některým otázkám sdružovacího práva v pracovním právu ČR, Právo a zaměstnání 2003, H. 1, S.2 ff.
Galvas, Milan: K některým základním problémům kolektivního pracovního práva, Právo a zaměstnání 2002, H. 1, S. 8 ff.
Galvas, Milan: Kolektivní pracovní právo České republiky, Brno 1995 [zitiert als: Galvas, Kolektivní pracovní právo]
Galvas, Milan: K rozšiřování kolektivních smluv vyššího stupně, Práce a mzda 2002, H. 4, S. 48 ff.
Galvas, Milan: O spolurozhodování závodního výboru ROH (zvláště při rozvazování pracovního poměru jednostranným právním úkonem organizace), Právny obzor 1977, H. 4, S. 332 ff.
Galvas, Milan: Poznámky k působení ochranné funkce pracovního práva v současnosti, Právo a zaměstnání 2001, H. 2, S. 12 ff.
Galvas, Milan et.al.: Pracovní právo České republiky, Brno 1999 [zitiert als: Galvas (-Bearbeiter), Pracovní právo]
Galvas, Milan: Úvaha o některých otázkách spojených s rozhodováním kolektivních pracovních sporů rozhodci, Právo a zaměstnání 1999, H. 3-4, S. 12 ff.

Gerauer, Alfred/ Baron, Frank/ Britz, Thomas: Arbeitsrecht in der Tschechischen Republik, München, Berlin 1999 [zitiert als: Gerauer/Baron/Britz, Arbeitsrecht]

Haarland, Hans Peter/Niessen, Hans-Joachim (Hrsg.): Der Transformationsprozeß in der Tschechischen und Slowakischen Republik, Bonn 1995 [zitiert als: Haarland/Niessen, Transformationsprozeß]

Havlan, Petr: Transformace státního vlastnictví, Brno 1992 [zitiert als: Havlan, Transformace]

Havlasová, Dagmar: Vyhodnocení kolektivních smluv uzavřených na rok 2001 v Českomoravském odborovém svazu pohostinství, hotelů a cestovního ruchu, Práce a mzda 2002, H. 2, S. 64 ff.

Havlasová, Dagmar: Vyhodnocení závazků kolektivních smluv uzavřených na rok 2002 odborovými organizacemi ČMOS pohostinství, hotelů a cestovního ruchu, Práce a mzda 2002, H. 13, S. 35 ff.

Hochman, Josef: Mzdové nároky a jejich krácení při porušování pracovní kázně, Socialistická zákonnost 1986, H. 10, S. 537 ff.

Horsinka, Jaromír: K mzdovým formám, Práce a mzda 1988, H. 4, S. 39

Hrabcová, Dana: Několik úvah o současném stavu českého kolektivního pracovního práva a jeho úkolech při jeho harmonizaci s normami Evropské unie, Právo a zaměstnání 1999, H. 1-2, S. 7 ff.

Hrabcová, Dana: Sociální dialog, sociální reprezentace zaměstnanců podle Směrnice Rady 94/45/EHS a harmonizační novela zákoníku práce, Práce a mzda 2000, H. 3-4, S. 57 ff.

Hůla, Libor: Kolektivní smlouva a pravomoci odborů, Práce a mzda 1991, H. 9, S. 45 ff.

Chyský, Jiří: Stávka a právo na stávku, Právník 1969, H. 7, S. 505 ff.

Jakubka, Jaroslav: Co má řešit návrh novely zákoníku práce?, Práce a mzda 2000, H. 1-2, S. 3 ff.

Jakubka, Jaroslav: Konkrétní změny zákoníku práce podle věcných okruhů, Práce a mzda 2000, H. 7-8, S. 10 ff.

Jakubka, Jaroslav: Novela zákoníku práce a odbory, Práce a mzda 1993, H. 7-8, S. 48 ff.

Jakubka, Jaroslav: Obecné poznámky k novele ZP, Práce a mzda 2000, H. 7-8, S. 2 ff.

Jakubka, Jaroslav: Odborové sdružování a zastupování zaměstnanců, Práce a mzda 2001, H. 10, S. 25 ff.

Jakubka, Jaroslav/ Benhák, Vlastimil: Účast odborových orgánů v pracovněprávních vztazích, Práce a mzda 1989, H. 7, S. 45 ff.

Janáčková, Stanislava/Janáček, Kamil: Privatizační strategie v mezinárodním srovnání, Politická ekonomie 1991, H. 7-8, S. 590 ff.

Janáčková, Stanislava: Transformation, technological gap and foreign capital, Politická ekonomie 1991, H. 9-10, S. 783 ff.

Jefremovová, N.: Leninské učení o odborech, Praha 1979 [zitiert als: Jefremovová, Leninské učení]

Jičínský, Zdeněk: Charta 77 a právní stát, Praha 1995 [zitiert als: Jičínský, Charta 77]

Jonáš, Jiří: Ekonomická transformace v České republice: Makroekonomický vývoj a hospodářská politika, Praha 1997 [zitiert als: Jonáš, Ekonomická transformace]

Jouza, Ladislav: Praktické otazníky dnes na téma: Mzdové příplatky po novele zákona o mzdě, Právní rádce 2000, H. 12, S. 38 ff.

Jouza, Ladislav: Praktické otazníky dnes na téma: Zástupci zaměstnanců podle zákoníku práce, Právní rádce 2001, H. 3, S. 36 f.

Kahle, Bohuslav: Kolektivní pracovní právo a mezinárodní ochrana mzdy, Právo a zaměstnání 2001, H. 11, S. 16 ff.

Kahle, Bohuslav: Kolektivní smlouvy v roce 1990, Práce a mzda 1990, H. 2-3, S. 1 ff.

Kahle, Bohuslav: Konec pracovního práva v Čechách?, Práce a mzda 1996, H. 4, S. 1 ff.

Kahle, Bohuslav: Minimální mzda a minimální mzdové tarify, Práce a mzda 1996, H. 2, S. 1 ff.

Kahle, Bohuslav: Mzdová reforma a kolektivní smlouvy na rok 1991, Práce a mzda 1991, H. 1, S. 1 ff.

Kahle, Bohuslav: Nový zákon o vztazích mezi odbory a zaměstnavateli výklad), Práce a mzda 1990, H. 7, S. 1 ff.

Kahle, Bohuslav: Omezení smluvního principu při kolektivním vyjednávání o mzdách, Práce a mzda 1994, H. 2, S. 44 ff.

Kahle, Bohuslav: Pravomoci odborových orgánů při uplatňování nové mzdové soustavy, Práce a mzda 1988, H. 9, S. 27 ff.

Kahle, Bohuslav: Zrušíme pracovní právo?, Právo a zaměstnání 1996, H. 5, S. 5 ff.

Kalenská, Marie: Aktuální vývojové tendence pracovního práva v Evropských socialistických zemích, Právník 1977, H. 7, S. 594 ff.

Kalenská, Marie et.al., Československé pracovní právo, Praha 1980 [zitiert als: Kalenská (-Bearbeiter), Československé pracovní právo (1980)]

Kalenská, Marie/ Bělina, Miroslav: Dvacet let od kodifikace československého pracovního práva, Právník 1986, H. 4, S. 291 ff.

Kalenská, Marie/ Tröster, Petr: Ke vzniku, postavení a perspektivám dalšího vývoje českého pracovního práva, Jubilejní sborník, Právnická fakulta 1998, S. 30 ff. [zitiert als: Kalenská/Tröster, Ke vzniku pracovního práva]

Kalenská, Marie: K některým základním otázkám práva na odborové sdružování v Československu, Právník 1969, H. 2, S. 92 ff.

Kalenská, Marie: Kolektivní smlouvy, Práce, Praha 1966 [zitiert als: Kalenská, Kolektivní smlouvy]

Kalenská, Marie: K otázkám rozšiřování závaznosti kolektivních smluv vyššího stupně, Právo a zaměstnání 2000, H. 1-2, S. 3 f.

Kalenská, Marie: Návrh novely zákoníku práce – Jen určitý mezistupeň, Právní rádce 2000, H. 4, S. 5 ff.

Kalenská, Marie: Zbožní a společenská povaha pracovní síly v pracovněprávních vztazích, Právník 1967, H. 3, S. 273 ff.

Kanda, Antonín: K problematice nového čs. občanského práva, Právník 1991, H. 6, S. 518 ff.

Kanda, Antonín: Úvaha o nové koncepci soukromého práva, Právník 1993, H. 12, S. 1041 ff.

Klacek, Jan: Ekonomická reforma v ČSFR (Průběžné hodnocení), Politická ekonomie 1991, H. 9-10, S. 721 ff.

Klvačová, Eva: Funkce státu v ekonomice, Politická ekonomie 1990, H. 6, S. 691 ff.

Klusoň, Václav: Akciová společnost I, Politická ekonomie 1991, H. 3, S. 249 ff.

Klusoň, Václav: K vývoji vlastnických vztahů a podnikatelských forem, Politická ekonomie 1990; H. 3, S. 275 ff.

Klusoň, Václav: Transformace státního podniku na akciovou společnost, Politická ekonomie 1990, H. 10, S. 1159 ff.

Königová, Marie: Co do kolektivní smlouvy na rok 1988, Práce a mzda 1987, H. 10, S. 26 ff.

Kornai, János: Cesta ke svobodné ekonomice (Vášnivý pamflet ve věci ekonomického přechodu), Praha 1990 [zitiert als: Kornai, Cesta ke svobodné ekonomice]

Kostečka, Jan: Jak dál v právní úpravě účasti pracovníků a jejich kolektivů na řízení pracovišť, Právo a zákonnost 1990, H. 5, S. 251 ff.

Kostečka, Jan: K novelizaci zákoníku práce, Socialistická zákonnost 1989, H. 3, S. 128 ff.

Kostečka, Jan: K rozhodování soudů o nezákonnosti stávky nebo výluky, Právní praxe 1993, H. 10, S. 616 ff.

Kostečka, Jan: Některé problémy právní úpravy stávky a výluky, Právo a zákonnost 1992, H. 1, S. 40 ff.

Kostečka, Jan: Neues Arbeitsrecht in der Tschechischen Republik, Arbeit und Recht 1994, S. 433 ff.

Kostečka, Jan: Neugestaltung des kollektiven Arbeitsrechts in der ČSFR, Arbeit und Recht 1992, S. 321 ff.

Kostečka, Jan: Právní postavení pracovních kolektivů a jeho zakotvení v nové ústavě, Právo a zákonnost 1990, H. 2, S. 88 ff.

Kostečka, Jan: První československá kodifikace pracovního práva (Zamyšlení k 40. výročí osvobození Československa a k 20. výroČí zákoníku práce), Socialistická zákonnost 1985, H. 6, S. 321 ff.

Kostečka, Jan: První etapa reformy pracovního práva, Právo a zákonnost 1991, H. 6, S. 343 ff.

Kostečka, Jan: Rozšíření závaznosti kolektivní smlouvy vyššího stupně, Právo a zákonnost 1991, H. 9, S. 513 ff.

Kostečka, Jan: Řešení kolektivních (hromadných) pracovních sporů, Právník 1970, H. 5, S. 396 ff.

Kostečka, Jan: Sedmnáctá novela zákoníku práce, Právní praxe 1994, H. 7, S. 378 ff.

Kostečka, Jan: Změny v právní úpravě odměňování práce a překážek v práci, Socialistická zákonnost 1989, H. 4, S. 207 ff.

Kottnauer, Antonín et.al. K novelizaci zákoníku práce, Práce a mzda 1988, H. 12-13, S. 1 ff.

Kottnauer, Antonín/ Součková, Marie/ Šubrt, Bořivoj: Nová právní úprava kolektivních smluv s komentářem, Práce a mzda 1989, H. 10, S. 4 ff.

Kubínková, Marcela/ Kindlová, Zdeňka: Zpráva o současném stavu prací na nové úpravě pracovněprávních vztahů, Právo a zaměstnání 1996, H. 6, S. 2 ff.

Kubínková, Marcela/ Sádková, Věra: Problematika stávky v právním řádu ČR, Pravo a zaměstnání 1996, H. 7-8, S. 10 ff.

Lenin, Vladimir Iljitsch: Spisy, svazek 32 (prosinec 1920 – srpen 1921), SNPL, Praha 1955 [zitiert als: Lenin, Spisy]

Marek, Karel: Ke konstituování obchodního práva, Národní hospodářství 1991, H. 12, S. 24 ff.

Marhoul, Jaroslav: Jak sestavit mzdovou kapitolu kolektivní smlouvy, Práce a mzda 1989, H. 12, S. 23 ff.

Mařík, Vladimír: Za rozvoj revolučního poslání odborů, Odbory a společnost 1972, H. 3, S. 1 ff.

Mervart, Josef: Způsoby interpretace tržního mechanismu v ekonomické teorii, Politická ekonomie 1991, H. 5, S. 421 ff.

Měchura, Vojtěch: Minimální mzdové tarify – ano či ne, Práce a mzda 1994, H. 13, S. 7 ff.

Měchura, Vojtěch: Výklad k výnosu pro uplatňování mzdových forem, Práce a mzda 1985, H. 12-13, S. 19 ff.

Michal, Pavel: Obsah kolektivních smluv, Práce a mzda 2002, H. 12, S. 37 ff.

Minsterstvo práce a socialních věcích: Návrh novely zákoníku práce, Právo a zaměstnání 1999, H. 11-12, S. 3 ff.

Mlčoch, Lubomír: Zastřená vize ekonomické transformace – Česká ekonomika mezi minulostí a budoucností, Praha 1997 [zitiert als: Mlčoch, Zastřená vize]

Moravec, Emil/ Hoffman, Josef: Novelizovaná vyhláška FMPSV o usměrňování mzdových prostředků, Práce a mzda 1989, H. 4, S. 11 ff.

Moravec, Emil: Regulační a sankční opatření v mzdové oblasti zrušeno, Práce a mzda 1995, H. 9, S. 1 ff.
Mrázek, Josef: Mírové soužití a lidská práva, Mezinárodní vztahy 1979, H. 2, S. 14 ff.

Novák, Ladislav: Úloha odborů v našem socialistickém politickém systému, Praha 1971
Novotná, Zdena (-Autor): Pracovní právo zaměstnavateli je vždy nerovné?, Sondy 1995, H. 49, S. 10 f.

Píchová, Irena: Evropské pracovní právo po Amsterodamské smlouvě, Právo a zaměstnání 2000, H. 11-12, S. 20 ff.
Plíva, Stanislav: Změny v hospodářském zákoníku, Právo a zákonnost 1990, H. 8, S. 470 ff.
Prečan, Vilém: Charta 77 (Od morální k demokratické revoluci), Bratislava 1990 [zitiert als: Prečan, Charta 77]
Přenosilová, Věra et.al.: Výklad novely zákoníku práce a prováděcích předpisů k němu, Práce a mzda 1991, H. 2-3, S. 3 ff.
Přib, Jan: Ke vztahu občanského práva a pracovního práva, Právo a zaměstnání 1996, H. 7-8, S. 2 ff.

Rychetník, Luděk: Cesta k efektivní struktuře vlastnictví, Národní hospodářství 1991, H. 2, S. 11 ff.
Rychetník, Luděk: Strategie přechodu na tržní hospodářství z hlediska britské zkušenosti, Politická ekonomie 1990, H. 10, S. 1178 ff.

Sádková, Věra: Úprava forem zastoupení zaměstnanců v některých zemích Západní Evropy (II. část), Práce a mzda 1997, H. 3, 32 ff.
Sádková, Věra: Úprava forem zastoupení zaměstnanců v některých zemích Západní Evropy (III. část), Práce a mzda 1997, H. 4, 28 ff.
Sádková, Věra: Zastoupení zaměstnanců v Západní Evropě, Práce a mzda 1997, H. 2, S. 27 ff.
Schulz, Jaroslav: Líc a rub kolektivního vyjednávání, Právní rádce 2000, H. 2, S. 24 ff.
Seibold, Robert: Die Osterweiterung der Europäischen Union und das Arbeitsrecht der Tschechischen Republik, Eine Kompatibilitäts-untersuchung, Frankfurt a.M. 2001 [zitiert als: Seibold, Die Ost-erweiterung]
Spáčil, Jiří/ Sedlaková, Alice: K problematice vztahů mezi občany poskytujícími služby, Socialistická zákonnost 1989, H. 6, S. 331 ff.
Společnosti pro pracovní právo a právo sociálního zabezpečení: K připravované rekodifikaci občanského a pracovního právo, Právo a zaměstnání 1996, H. 5, S. 2 f.
Steiner, Marek: K právu na stávku, Práce a mzda 2001, H. 5, S. 26 f.

Steiner, Marek: Úskalí kolektivních smluv, Právní rádce 2000, H. 7, S. 33 f.

Steinich, Ilja: Výklad zákona o zaměstnanosti, Práce a mzda 1991, H. 4-5, S. 4 ff.

Steinichová, Ladislava: „Euronovela" zákona o zaměstnanosti, Právo a zaměstnání 2002, H. 5, S. 2 ff.

Šamořil, Karel: Budoucí úprava pracovněprávních vztahů v ČR, Právní rádce 1996, H. 4, S. 23

Šmolcnop, Vlastislav: Změny v právní úpravě odměňovaní, Práce a mzda 1989, H. 12, S. 38 ff.

Štangová, Věra: Vznik, změny a skončení pracovního poměru ve světle novely zákoníku práce, Právo a zaměstnání 1995, H. 1, S. 3 ff. und H. 2, S. 12 ff.

Šubrt, Bořivoj et.al.: Aktuální otázky kolektivního vyjednávání, Práce a mzda 1994, H. 13, S. 20 ff.

Šubrt, Bořivoj: Důsledky změn pracovněprávní legislativy pro obsah kolektivních smluv a kritika některých názorů, Práce a mzda 2000, H. 9-10, S. 61 ff.

Šubrt, Bořivoj: Jak je to v Česku s právem na stávku, Práce a mzda 2001, H. 1, S. 44 f.

Šubrt, Bořivoj: K některým sporným problemům kolektivních smluv, Práce a mzda 1992, H. 4-5, S. 46 ff.

Šubrt, Bořivoj: Kolektivní pracovní vztahy po novele zákoníku práce, Práce a mzda 2000, H. 13, S. 1 ff.

Šubrt, Bořivoj: O právu na stávku, Práce a mzda 1991, H. 12, S. 31 ff.

Šubrt, Bořivoj: Poznatky z kolektivního vyjednávání v roce „jedna", Práce a mzda 1991, H. 13, S. 10 ff.

Šubrt, Bořivoj: Právní postavení odborových orgánů ve státních podnicích, Práce a mzda 1988, H. 11, S. 43 ff.

Šubrt, Bořivoj: Zákon o kolektivním vyjednávání a právní úprava kolektivních smluv s komentářem, Práce a mzda 1991, H. 1, S. 10 ff.

Šubrt, Bořivoj: Změny v uzavírání a obsahu kolektivních smluv na rok 1989 v souvislosti s novelou zákoníku práce, Práce a mzda 1989, H. 3, S. 10 ff.

Tkáč, Vojtěch: Postavení a úkoly ROH v novele zákoníku práce, Socialistická zákonnost 1989, H. 5, S. 261 ff.

Tomandlová, Ludmila et.al.: Zákoník práce a související právní předpisy s komentářem, Brno 2001 [zitiert als: Tomandlová, Zákoník práce]

Tomandlová, Ludmila: Zákoník práce po harmonizační novele – Úvod, Práce a mzda 2000, H. 7-8, S. 1 f.

Tomeš, Igor: Zaměstnánecká participace a řízení podniku, Právník 1991, H. 5, S. 369 ff.

Tröster, Petr: Kolektivní pracovní právo a evropská právní úprava, Právo a zaměstnání 2002, H. 1, S. 2 ff.

Tröster, Petr: K semináři na téma „Problematika pracovněprávních vztahů", Právo a zaměstnání 1996, H. 5, S. 4

Tröster, Petr: Postavení pracovního práva v právním systému České republiky, Kodifikace a dekodifikace soukromého práva v dnešním právním vývoji (sborník), Karolinum, Praha 1998 [zitiert als: Tröster, Postavení pracovního práva]

Tröster, Petr: Zákoník práce po pětatřiceti letech, Právo a zaměstnání 2000, H. 7-8, S. 3 ff.

Tröster, Petr et.al.: Zákoník práce ve znění platném od 1.1.2001 předpisy související v aktuálním znění s komentařem, Praha 2001 [zitiert als: Tröster (-Bearbeiter), Zákoník práce]

Týc, Jiří/ Michal, Pavel: Problematika kolektivního vyjednávání v ČR, Práce a mzda 1995, H. 6, S. 27 ff.

Uhl, Petr: Právo a nespravedlnost očima Petra Uhl, Praha 1998 [zitiert als: Uhl, Právo a nespravedlnost]

Ústav státu a práva Akademie věd ČR: K některým teoretickým otázkám dalšího postupu reformy pracovního práva, Práce a mzda 1993, H. 10, S. 32 ff.

Ústav státu a práva Akademie věd ČR: K některým teoretickým otázkám dalšího postupu reformy pracovního práva, Právní praxe 1993, H. 10, S. 579 ff.

Vacík, Milan/ Klimša, Marcel: K problematice stávky, Právo a zaměstnání 1999, H. 9-10, S. 12 ff.

Vladárová, Marta: Pracovné právo a kolektívne vyjednávanie, Práce a mzda 1993, H. 10, S. 38 ff.

Vladárová, Marta: Úvahy o potřebnosti novelizovat zákon o kolektivním vyjednávání, Práce a mzda 1995, H. 11-12, S. 53 ff.

Waltermann, Raimund: Zu den Grundlagen der Tarifautonomie, Zeitschrift für Arbeitsrecht 2000, S. 53 ff.

Witz, Karl et.al.: Československé pracovní právo, Praha 1967 [zitiert als: Witz (Bearbeiter)], Československé pracovní právo]

Zrutský, Jaromír: Harmonizace s právem ES, Právní rádce 2000, H. 4, S. 10 f.

Zvánovec, Vít: Jaký by měl být nový zákoník práce? Několik poznámek, Práce a mzda 2002, H. 10-11, S. 74 ff.

Studien zum Arbeitsrecht und zur Arbeitsrechtsvergleichung

Herausgegeben von Manfred Weiss und Spiros Simitis

Band 1 Sebastian Fritzsche: Die Vereinbarkeit des Arbeitnehmer-Entsendegesetzes sowie der erfassten Tarifverträge mit höherrangigem Recht. 2001.

Band 2 Arnd Hermann: Outplacement. Eine Untersuchung der individualvertraglichen Gestaltung und kollektivarbeitsrechtlichen Aspekte eines neuen Instruments des Personalabbaus. 2001.

Band 3 Christoph Schmid: Das Personalrecht der Europäischen Zentralbank. Grundlagen und Grenzen der rechtlichen Bindungen der Europäischen Zentralbank unter besonderer Berücksichtigung der Bereiche Arbeitnehmervertretung, Kündigungsschutz und Datenschutz. 2002.

Band 4 Charis Chaldoupis: Auswirkungen neuer Technologien auf die Tarifautonomie. Funktionsfähigkeit und Legitimität qualitativer Tarifpolitik anhand der Rationalisierungsentwicklungen im industriellen Produktionsbereich. 2003.

Band 5 Robert Kretzschmar: Die Rolle der Koalitionsfreiheit für Beschäftigungsverhältnisse jenseits des Arbeitnehmerbegriffs. Zur Abgrenzung abhängiger von selbständiger Beschäftigung und zur Eröffnung kollektiver Handlungsformen für selbständig Beschäftigte durch Art. 9 Abs. 3 GG. 2003.

Band 6 Thilo Mahnhold: Compliance und Arbeitsrecht. Insiderrechtliche Verhaltenskonzepte im nationalen und multinationalen Unternehmen. 2004.

Band 7 Nicole Löblich: Transformation des kollektiven Arbeitsrechts in der Tschechischen Republik. 2004.

www.peterlang.de

Kolibri 360 GmbH
Ferdinand-Jühlke-Straße 7
99095 Erfurt, Deutschland
produktsicherheit@kolibri360.de

Druck:
CPI Druckdienstleistungen GmbH
im Auftrag der
Kolibri 360 GmbH
Ferdinand-Jühlke-Str. 7
99095 Erfurt